BIBLIOTHÈQUE D'HISTOIRE CONTEMPORAINE

E. de Marcère

Une Ambassade

à Constantinople

La Politique orientale
de la Révolution française

—

TOME II

LIBRAIRIE FÉLIX ALCAN

UNE AMBASSADE A CONSTANTINOPLE

UNE AMBASSADE A CONSTANTINOPLE

LA POLITIQUE ORIENTALE DE LA RÉVOLUTION FRANÇAISE

PAR

E. DE MARCÈRE

———— ❖ ————

TOME II

PARIS

LIBRAIRIE FÉLIX ALCAN

108, BOULEVARD SAINT-GERMAIN

—

1927

Tous droits de traduction, de reproduction et d'adaptation réservés.

CHAPITRE PREMIER

LES FÊTES RÉPUBLICAINES

Les fêtes républicaines. — Célébration de la fête du 14 juillet
1793 à Constantinople et de celle du 14 Juillet 1794 à Smyrne. —
Inauguration du pavillon républicain dans le port de Constantinople, le 10 messidor 1794. — Les fêtes décadaires. —
Propagande de Descorches dans le Levant en faveur des idées
de la Révolution.

En même temps que Descorches poursuivait ses laborieuses
négociations avec la Porte, il avait cherché à entretenir dans
la partie de la colonie française qui s'était prononcée pour la
Révolution l'enthousiasme avec lequel il avait accueilli lui-
même les idées nouvelles. Ses démonstrations patriotiques
auraient dû détourner de lui tout soupçon et désarmer les
ennemis qu'il avait dans son propre parti. Dès son arrivée à
Constantinople, il avait eu le soin de faire détruire tous les
signes de la royauté qui se trouvaient dans le Palais de l'Ambassade ; il n'y avait laissé qu'une statue très belle de
Louis XV, placée dans la grande salle, et que son successeur,
Verninac, devait faire enlever un peu plus tard (1).

Les journaux de l'époque relatent l'éclat dont il voulait
entourer les fêtes républicaines.

Sur son initiative, les Français qui résidaient à Constantinople s'étaient déjà réunis le 29 juin 1793, au nombre
de 141, à l'effet de rédiger un projet de fête pour la célébration du 14 Juillet.

Les frais de cette fête devaient être faits au moyen d'une

____

(1) *Gazette nationale de France* du 27 messidor an III (mercredi
15 juillet 1795).

souscription. Le 6 juillet, une nouvelle assemblée, composée de souscripteurs, nomma des commissaires pour s'occuper des préparatifs de la fête. Il fut décidé que les citoyens français se réuniraient le 14 Juillet, à midi, pour renouveler le serment qui devait être prêté à la même heure « dans toutes les parties du monde où respirait une âme républicaine »; qu'il y aurait un banquet et un bal et qu'on ne pourrait y assister sans cocarde; que la série des toasts à porter au banquet serait arrêtée à l'avance par les commissaires, et que ceux-ci pourraient se concerter avec des artistes afin de recueillir leurs idées sur les meilleures dispositions à prendre pour la célébration de cette journée.

Il avait été convenu que les hommes seuls assisteraient au banquet. L'adoption de cet article occasionna d'assez longs et curieux débats que mentionne le procès-verbal de la réunion. Un membre de la société soutenait que les femmes étant censées partager les sentiments qui avaient fait désirer cette fête, il était juste qu'elles prissent aussi leur part des plaisirs attachés à sa célébration. D'autres membres firent observer que le repas donnerait nécessairement lieu à des élans de patriotisme prononcés peut-être d'une manière trop énergique et trop mâle pour que la délicatesse du sexe n'en fût pas sinon blessée, du moins embarrassée. Ils ajoutaient qu'à la vérité les femmes plaisent toujours dans une fête, qu'elles en font même l'un des principaux ornements, mais aussi qu'il arrive souvent que l'on n'y voit qu'elles, tandis que dans cette solennité du 14 Juillet on ne devait voir que la Liberté et l'Egalité, qu'on n'y devait respirer que des sentiments « moraux et républicains ». Ils craignaient sans doute que la République ne fût jalouse.

L'assemblée se rendant à ces motifs, applaudit néanmoins à l'opinon du citoyen que son amour pour l'Egalité avait rendu le défenseur officieux du civisme des femmes.

On ne pouvait toutefois exclure les femmes du bal, ni craindre que leur présence à ces exercices chorégraphiques détournât, comme au banquet, leurs admirateurs du culte de la déesse Raison. Elle y furent donc admises. Cette proposition fut même peu combattue, « la société ayant cherché à se dédommager par là de la privation qu'elle s'était imposée en adoptant l'article précédent »; mais, pensant que des républicains doivent toujours se montrer observateurs sévères des bonnes mœurs et prévoyant que dans lé nombre des femmes qui se présenteraient, il ne serait pas impossible qu'il y en eût qui ne se conformassent pas à ce principe, elle arrêta que les souscripteurs donneraient le 10 juillet, aux commissaires chargés de la distribution des billets, les noms des citoyennes qu'ils voudraient amener au bal, que les commissaires en dresseraient un tableau et que, s'il s'en trouvait quelqu'une qui ne pût point être admise, il ne lui serait pas envoyé de billet. On ne badinait pas avec les mœurs en 1793, et pour pénétrer dans les lieux de divertissement, il fallait montrer de la vertu.

La fête ne put pas se dérouler conformément au programme qui avait été dressé. Elle devait primitivement être célébrée dans le Palais de la République. Mais la Porte qui ne reconnaissait encore officiellement ni la République française ni son envoyé, avait formellement refusé l'ouverture du Palais à la Société des Amis de la Liberté.

Aussi celle-ci décida de célébrer la cérémonie de la prestation du serment dans le bureau de la Nation, à Galata, et de supprimer le banquet et le bal officiels, à la grande déconvenue sans doute de tous ceux et celles qui s'apprêtaient à s'y rendre.

Le serment fût prêté dans les conditions prévues entre les mains de Descorches qui, pour la présidence de l'assemblée, n'obtint que trois voix de majorité sur son concurrent et futur dénonciateur, le citoyen Florenville, négociant de l'Echelle. On avait eu recours pour le choix du président au vote à haute voix et par appel nominal qui avait l'inconvénient de faire connaître l'opinion des électeurs et de troubler ainsi la bonne harmonie qui aurait dû exister dans cette journée.

Comme dans toutes les fêtes révolutionnaires, un certain nombre d'étrangers avaient été admis à se joindre aux Français imbus alors de ces idées de cosmopolitisme et d'internationalisme que la Révolution se proposait de répandre chez

les autres peuples. C'est ainsi qu'au milieu d'applaudissements réitérés, le président donna l'accolade à Barthélémy
Bartelli, milanais, ci-devant officier aux gardes-nobles du
roi d'Espagne ; à Thormton et Humphrys, négociants anglais ;
à Datemis, originaire du Frioul et antérieurement au service
de l'Autriche ; à Preta de Bergame, docteur en médecine ; à
Aksak, comte polonais ; à Cserneczky, musicien hongrois.

Avant la prestation du serment devait avoir lieu la lecture
de la Déclaration des Droits de l'Homme qui décorait la salle.
Mais elle n'y figurait pas seule. Les murs étaient encore
tapissés d'anciens portraits représentant des hommes de
l'ancien régime, couverts de décorations, de cordons et de
brillants uniformes.

Un citoyen, dont cette vue ne devait pas manquer d'offus-
quer la simplicité démocratique, prit la parole pour demander que ces tableaux ne fissent pas ombre plus longtemps à la
Déclaration des Droits de l'Homme « qui suffisait à des cœurs
libres et à des yeux républicains ». Les applaudissements
de l'assemblée donnèrent le signal de la disparition de « ces
antiques et ridicules peintures ».

Cette opération accomplie, il fut possible de donner lecture
de la Déclaration des Droits de l'Homme, puis de la formule
du serment que tous les citoyens prêtèrent individuellement.
Elle était ainsi conçue : « Je jure d'être fidèle à la République
une et indivisible, de maintenir de tout mon pouvoir et de
toutes mes forces la sainte Liberté, la sainte Egalité, la sûreté
des personnes et le respect des propriétés ou de mourir à
mon poste en défendant ces Droits sacrés de l'Homme ; je jure
de plus de vivre avec mes frères dans l'union républicaine ;
enfin, je jure de remplir avec fidélité et courage les missions
particulières dont je pourrais être chargé. »

Quelques incidents accentuèrent encore le caractère civique
de la réunion.

Le citoyen Brun, ingénieur des constructions navales, qui
relevait de maladie et « dont le civisme venait de ranimer les
forces », reçut de ses concitoyens, à cette occasion, des
témoignages nombreux d'intérêt et d'estime.

L'Italien Martelli fit hommage d'une ode écrite dans sa

langue ; il la lut « avec l'accent énergique du sentiment de la Liberté dont elle portait tous les caractères ». Le président lui répondit : « Malgré la différence du langage, les hommes libres s'entendront toujours, et si nous avons perdu quelque chose de la force de vos expressions, nous avons saisi toute celle de vos sentiments ; ils sont tels que nous nous félicitons toujours de pouvoir fraterniser avec vous. »

En se séparant, les membres de l'assemblée eurent soin de ne pas former de groupes trop nombreux, « pour ne pas attirer l'attention des malveillants aux aguets et disposés à toujours calomnier. »

Enfin, bien que le banquet officiel eût été supprimé, ils ne voulurent pas se quitter sans prendre part à un repas civique organisé par quelques citoyens « dont l'intention était de se livrer aux charmes d'une réunion fraternelle après l'accomplissement de l'acte imposant qui venait de commencer la journée ».

Le citoyen Descorches présida encore ce banquet où « l'égalité et la fraternité, la cordialité et l'union furent les sentiments qui assaisonnèrent l'abondance frugale du repas ».

On avait avec prudence limité le nombre des toasts. On en avait dressé une liste à l'avance qui était affichée dans la salle afin que tous les citoyens en prissent connaissance. Ils furent portés par le président dans l'ordre suivant :

« A la prospérité de la République française, de Sélim III ;

« A la mémoire immortelle de tous ceux qui étaient morts en défendant les droits de l'Humanité ;

« Aux soldats de la Patrie et aux amis de la Liberté ;

« Aux femmes et aux mères des braves Sans-Culottes ;

« A la propagation des lumières ;

« A la fraternité universelle ;

« A l'honneur des Français persécutés sur les Echelles du Levant pour leur patriotisme ;

« A l'exécration éternelle des traîtres et des parjures. »

Comme les dimensions du local ne permettaient pas à tous les citoyens de se trouver réunis dans la même salle, on avait placé des tables dans plusieurs pièces voisines. Des commissaires allaient de table en table « pour faciliter entre les convives le commerce des idées et des sentiments civiques. »

Les chants de la Liberté inconnus dans le Levant terminèrent le repas. Des Marseillais firent entendre l'hymne qui portait leur nom et « l'on put se convaincre que l'accent du midi de la France en augmentait encore l'énergie ». Des étrangers chantèrent dans leur langue des couplets appropriés aux circonstances. « La société reçut avec satisfaction et sensibilité ce tribut de leurs talents et de leurs sentiments libéraux. »

Avant six heures, les convives s'étaient retirés en conservant le même calme qu'à la sortie de la réunion où ils avaient prêté serment. Quelques retardataires qui n'avaient pu le faire le 14 Juillet prêtèrent serment le 18 entre les mains du chancelier de la Légation de France, le citoyen Fonton, qui bientôt allait cesser d'éprouver les bienfaits de cette fraternité qu'on venait d'exalter, car il devait faire l'objet de cette dépêche du 17 messidor an II, adressée par Buchot à Descorches :

« Les agents qui ont déserté leur poste et leur patrie, les négociants qui ont renoncé au titre de Français, n'échapperont point à la vengeance nationale. Jusques-là qu'ils soient livrés aux remords que leur feront éprouver les victoires de la République à laquelle ils se sont jugés indignes d'appartenir. Il importe cependant de faire un exemple qui effraye et les déserteurs et ceux qui pourraient être tentés de le devenir. Que ce soit un des plus coupables qui leur en serve. Le Comité te charge, citoyen, de demander au ministère ottoman l'extradition de l'ex-chancelier Fonton qui, en offrant de lui remettre les clefs de la chancellerie, a osé tenter de faire la Porte ottomane elle-même complice de sa trahison. » On sait ce que devenaient les agents qui étaient livrés à la justice du Comité de Salut public.

Dans les autres parties de l'Empire ottoman, l'anniversaire du 14 juillet était aussi célébré avec la plus grande pompe.

A Smyrne, la frégate *la Sibille* commandée par le patriote Rondeau, chef de l'escadre du Levant, fêta cette date mémorable (1). Dès la pointe du jour, la frégate parut couverte de pavillons et de rameaux de myrthes et de lauriers. Elle tira quatre salves de vingt et un coups de canon auxquels répondirent les nombreux navires marchands qui étaient en rade. Le citoyen Rondeau donna un magnifique dîner auquel, « pour que l'Egalité ne fût pas choquée », un mousse de la frégate fut invité. Les santés de la République furent portées au bruit du canon tiré par les navires français et tous les bâtiments de commerce qui se trouvaient présents et qui étaient pavoisés, « tintamarre qui dura dans le port pendant toute la journée et qui ne flatta certainement pas les oreilles aristocrates et ennemies ».

Le citoyen Rondeau, qui avait mis le pavillon turc à la place d'honneur, avait en même temps arboré les pavillons anglais et hollandais, d'après l'observation judicieuse « que la France combattait les rois, mais qu'elle n'était pas en guerre avec les peuples et que les sociétés populaires avaient toutes conservé les drapeaux anglais et hollandais ».

Aux Dardanelles, les équipages de la corvette *la Sardine* et des bâtiments marchands descendirent à terre pour fixer un arbre de la Liberté au-dessus du mât du pavillon consulaire (2). Le capitaine de la corvette invita ensuite à dîner sur son navire pavoisé le consul et tous les Français qui se trouvaient aux Dardanelles. Le pavillon turc fut après le pavillon français le plus honoré. Une salve de vingt et un coups de canon et trois décharges de mousqueterie furent tirées par l'équipage français en son honneur. Aussi les Turcs témoignèrent-ils leur satisfaction de cette cérémonie.

A l'occasion de l'inauguration du pavillon républicain dans le port de Constantinople, une nouvelle fête, dont le but était d'entretenir les sentiments de patriotisme des citoyens fran-

---

(1) Papiers de Descorches. Relations de ce qui s'est passé à Smyrne à l'occasion du 14 juillet 1793, à Constantinople. De l'imprimerie de la République française.

(2) Papiers de Descorches. Relation de la célébration du 14 juillet aux Dardanelles.

çais et leur amour de la Révolution, fut célébrée le 10 messidor an II (1).

Le citoyen Descorches avait fait savoir à la colonie française par une lettre du 6 messidor qu'il avait reçu le décret de la Convention supprimant le pavillon adopté par l'Assemblée constituante « qui paraissait économiser les couleurs nationales sur les étendards du despotisme » et lui substituant un drapeau républicain « et véritablement tricolore ». Il invitait les membres de la colonie à se réunir tous à la fête décadaire pendant laquelle, avec l'agrément de la Porte, le nouveau pavillon devait être arboré dans le port de Constantinople.

Le 10 messidor au matin, deux vaisseaux français furent amenés en rade, presqu'à la pointe du Sérail.

« Les pavillons ottoman, américain et ceux de quelques puissances qui n'avaient pas souillé leurs armes dans la ligue impie des tyrans, flottaient sur ces deux vaisseaux avec l'ancien pavillon prêt à disparaître. »

A deux heures, les agents de la République s'embarquaient sur un canot peint aux trois couleurs et conduit par douze marins français parés des cocardes nationales. Deux cents Français, qui les attendaient sur le pont et sur les vergues des vaisseaux, les accueillirent au son d'une musique guerrière et par les cris de : « Vive la République ! »

Arrivé à bord, l'envoyé de la République prononça un discours. Après avoir rappelé le but de cette cérémonie, il constata que le pavillon français avait toujours été respecté dans le Levant et que c'était une observation digne d'être recueillie que, depuis l'existence de l'Empire ottoman, il n'avait pas eu de combats à livrer dans ces parages. Une destinée plus heureuse encore attendait sans doute le pavillon républicain, les Turcs prouvant tous les jours, par une hospitalité plus amicale qu'elle n'avait jamais été, par des vœux et un intérêt prononcé à l'égard de la France, qu'ils avaient su de bonne heure

---

(1) Papiers de Descorches. Procès-verbal de la fête d'inauguration du pavillon républicain dans le port de Constantinople, le 10 messidor, l'an II de la République française une et indivisible, à Constantinople. De l'imprimerie de la République française.

voir dans ses couleurs ce qu'elles exprimaient effectivement, énergie, candeur, fidélité. Les marins devaient connaître leur tâche qui était de défendre partout le drapeau de la Liberté et de l'Egalité : « Vous la remplirez, terminait-il, à l'exemple de vos frères d'armes dont les drapeaux sont devenus l'effroi des despotes et du vice, l'asile du malheur, l'enseigne des vertus; vous la remplirez, car, vous aussi, vous êtes sans-culottes.

« Etre suprême, témoin de nos pensées, confident de nos sentiments, tu continueras de leur accorder ta puissante assistance que ta justice ne refusa jamais à des cœurs purs, droits, aimant le bien, qui ne respirent que pour le bonheur de leurs semblables et la destruction des méchants; tu sais que c'est aussi pour ta cause que nous versons notre sang, puisqu'en brisant tous les jougs qui pesaient sur nos têtes nous avons recouvré l'usage de nos yeux pour te contempler dans toute ta grandeur, celui de notre raison pour t'offrir des hommages plus dignes de toi ! »

Après ce discours composé dans le style le plus pur de la littérature révolutionnaire, le pavillon républicain fut hissé à la place de l'ancien pavillon royal au son du canon et au milieu des acclamations et des cris de : « Vive la République ! »

Une collation fraternelle avait été préparée à bord où de nombreuses citoyennes françaises embellissaient cette fête « dont la frugalité, l'amitié et la gaieté étaient l'âme ». Il n'y eut pas moins de seize toasts portés entre autres au peuple souverain qui, le premier, avait affirmé les droits sacrés de l'homme, au jour mémorable où la Convention nationale avait solennellement proclamé que le peuple français reconnaissait l'Etre suprême et l'immortalité de l'âme, au succès des armes polonaises, à l'immortelle Société des Jacobins qui avait démasqué tant de traîtres, déjoué tant de complots, anéanti toutes les factions liberticides, à la destruction de la moderne Carthage, de ces Anglais éternels ennemis des nations libres que le peuple français debout s'apprêtait à anéantir, à l'exécration du roi de Pologne qui avait dit aux Polonais insurgés : « Méfiez-vous des maximes jacobites. »

Ces différents toasts furent entrecoupés de chansons patriotiques. Il était six heures quand quelques citoyens proposèrent de terminer cette journée mémorable par une carmagnole républicaine qui fut dansée à Péra autour de l'arbre de la Liberté sur lequel flottait le nouveau pavillon. Les assistants se retirèrent ensuite en poussant ce cri farouche : « La République ou la mort ! »

Le procès-verbal de cette imposante cérémonie fut envoyé à la Convention nationale, à la Commission des Relations extérieures, aux consuls et proconsuls du Levant, pour être communiqué aux citoyens français qui se trouvaient sur leur Echelle.

Le Moniteur universel rendit ainsi compte de ces patriotiques manifestations : « Les républicains français qui résident dans cette capitale viennent de donner une grande fête au milieu du canal, en face de la ville. Le drapeau tricolore a été arboré avec pompe sur les vaisseaux de la République qui se trouvent ici. Les Turcs l'ont salué par une décharge d'artillerie à laquelle les Français ont répondu. On a fait ensuite un repas fraternel à bord et il s'y est trouvé deux agents de la République de Pologne nouvellement arrivés (1). »

On écrivait encore de Constantinople le 10 août : « Les Français ont célébré le 10 messidor dernier l'inauguration du pavillon républicain. Il s'est fait un banquet civil et fraternel ; on y a porté des toasts à la prospérité de la nation française, de la Pologne et de tous les peuples libres. Le soir on a dansé autour de l'arbre de la Liberté planté à Péra, dans la cour du ministre de France. »

A cette occasion, le correspondant annonçait en ces termes le départ prochain d'Hénin : « Des intrigants, des hommes immoraux avaient porté le trouble parmi les patriotes. On vient de faire une cargaison de ces hommes turbulents et factieux pour les débarquer à Marseille. Le fameux Hénin se trouve au nombre des déportés (2). »

---

(1) Constantinople, le 10 juillet. *Le Moniteur universel*, n° 340, 10 fructidor, l'an II (mercredi 27 août 1794).

(2) Constantinople, le 10 août 1794. *Le Moniteur universel*, n° 24, le 24 vendémiaire, l'an III (mercredi 15 octobre 1794).

En dehors de ces fêtes, il y avait de fréquentes réunions, dans lesquelles Descorches cherchait à grouper ses concitoyens et à entretenir parmi eux la foi républicaine dont il était lui-même animé. Il fit imprimer le rapport présenté au nom du Comité de Salut public à la Convention nationale par Maximilien Robespierre pour lui proposer le décret d'institution des fêtes décadaires qui fut voté le 18 floréal an II. Il veilla à ce que ces fêtes fussent célébrées. Il se servait de l'Imprimerie de la République française à Constantinople pour répandre dans le Levant les principaux discours prononcés à la Convention, les lois républicaines, les nouvelles du théâtre de la guerre dont les Turcs étaient avides. C'était un moyen de propagande qu'il croyait bon pour répandre parmi les Turcs et les étrangers établis dans le Levant les idées de la Révolution française.

CHAPITRE II

POLITIQUE EXTÉRIEURE
AVANT LE 9 THERMIDOR

Lettre de Buchot, le nouveau commissaire des Relations Extérieures, à Descorches, du 17 messidor an II sur la situation de
la République. — Rapports de Descorches des 6, 21 et 23 thermidor à la Commission des Relations Extérieures. — Rapports
de Thainville. — Intrigues d'Hénin et de son parti. — Projet
de mission du général Bonaparte en Turquie. — Les Turcs
continuent leurs préparatifs de guerre. — Conférence de Descorches et du nouveau Reis-Effendi, le 4 vendémiaire (25 septembre 1794). — Descorches et l'insurrection polonaise. —
Projet d'ouverture de la mer Noire au commerce françai —
Rapport de Thainville sur sa mission à Smyrne. — Rappel de
Descorches par lettre du Comité de Salut public du 6 brumaire
an III. — Instruction sur l'objet de la mission de Verninac,
le nouvel ambassadeur. — Descorches, ignorant encore son
rappel, poursuit ses négociations. Il intervient en faveur de la
Pologne. — Son entrevue avec le nouveau Reis-Effendi. — Il
rappelle ses propositions pour la conclusion d'un traité
d'alliance. — Offre de médiation de la Porte en faveur de la
paix et sa promesse d'une alliance ultérieure.

Cependant, à défaut de secours effectif, Descorches devait
être un peu réconforté par les nouvelles qu'il avait reçues du
théâtre de la guerre et que lui apportait une lettre du Gouvernement français, du 17 messidor an II (1).

Ce n'étaient plus Lebrun non plus que son successeur
Deforgues qui en étaient les rédacteurs, mais elle était signée
par le citoyen Buchot en sa qualité de commissaire des Relations extérieures. Cette grande faucheuse d'hommes que fut

---

(1) Papiers de Descorches. Le commissaire des Relations extérieures
au citoyen Descorches, à Constantinople. A Paris, le 17 messidor de
l'an II de la République une et indivisible. Relations extérieures,
3e division.

la Révolution avait renversé Lebrun que ses relations avec la Gironde avaient rendu suspect. L'emprisonnement et la guillotine avaient été la récompense du zèle de l'ancien ministre des Affaires étrangères pour le triomphe des idées révolutionnaires. Le ton orgueilleux de ces nouvelles instructions se ressentait des succès remportés par les armées de la République. C'était un résumé de la situation actuelle. Le récit des victoires républicaines devait, dans l'esprit du Gouvernement français, exercer une impression favorable sur l'esprit des neutres et les déterminer à se rapprocher plus étroitement d'un peuple dont la puissance se manifestait avec tant de force et d'éclat. La lettre indiquait les conséquences politiques à dégager de cette série de victoires et la perspective la plus brillante pour les destinées de la République.

Dans le Piémont, deux armées devaient opérer leur jonction. Celle qui avait donné le Mont-Blanc à la France était déjà descendue dans les plaines d'Italie; celle qui était sortie du département des Alpes Maritimes, renforcée par les vainqueurs de Toulon, avait commencé à rompre toutes les communications du Piémont avec la Méditerranée, Oneille, Loano, repaires de brigands qui troublaient la navigation, avaient été occupés. La Sardaigne avait chassé les satellites du tyran de Turin. Les formidables redoutes de Saorgio avaient été emportées au pas de charge. Turin et Milan tremblaient du sort qui les attendait.

Du côté des Pyrénées, une suite de victoires avait chassé les Espagnols des places fortes et des territoires que la trahison leur avait livrés. Les républicains s'approchaient de Barcelone. Bellegarde seule, cernée par les troupes françaises, appartenait encore à l'ennemi.

Du côté du Rhin, depuis les honteuses défaites de Wurmser et de Brunswick, le Palatinat avait été le théâtre de la guerre. Mais les Français, sages au milieu de leurs triomphes, avaient borné au Rhin leurs incursions et leurs succès et les ennemis n'avaient pas osé les attaquer. Il avait suffi aux Français de maintenir leur supériorité.

Un autre théâtre concentrait les efforts des coalisés, les combinaisons du Comité de Salut public et l'attention de l'Europe. C'était au Nord où Valenciennes, Condé, Le Quesnoy, Landrecies étaient d'abord tombés au pouvoir de l'ennemi, où Cobourg avait fait de la forêt de Mormalle une vaste forteresse, « où le duc d'York promenait ses espérances royales, où les Autrichiens rêvaient de réaliser les plans magnifiques du colonel Mack, où le petit François, arrivé de Vienne, montrait Paris aux émigrés et à ses esclaves comme une conquête prompte et facile. C'est là que devaient être frappés les coups terribles qui allaient entraîner l'anéantissement de la République. »

Les Français formaient un vaste demi-cercle autour de ces nombreuses cohortes. Ils avançaient d'un côté vers l'Escaut, de l'autre vers la Sambre et la Meuse. Pas un jour ne s'écoulait sans combat, pas une décade sans victoire. Sans cesse les Anglais reviennent à la charge pour délivrer Menin et Courtrai. Trois fois les troupes françaises passent et repassent la Meuse. Trois fois Charleroi est cerné et dégagé. Enfin, dans la West-Flandre, Ypres est écrasé par les bombes et 7.000 Autrichiens rendent les armes, 3.000 autres sortent prisonniers des ruines fumantes de Charleroi.

Le danger devient pressant pour les coalisés.

La forêt de Mormalle ne paraît plus pour Cobourg un asile inexpugnable. Il accourt avec des forces formidables auxquelles se joignent celles de Beaulieu et d'Orange et le lendemain de la prise de Charleroi a lieu la bataille immortelle de Fleurus.

« La bataille a commencé à trois heures du matin. A six heures du soir, elle n'était pas encore terminée et restait indécise. Enfin, les républicains, las de tant d'obstination, s'ébranlent. Point de retraite aujourd'hui, crie-t-on dans tous les rangs. La ligne immense des bataillons se meut au pas de charge. Les esclaves prennent la fuite et 15.000 hommes restent morts sur le champ de bataille. »

Mons, Bruges, Tournai, Ostende sont le prix de cette victoire, « Ostende, l'entrepôt des troupes et des magasins anglais, des conseils perfides et des projets infâmes de Pitt. » C'est la chute d'Ostende, a dit Barrère, qui présage celle du trône chancelant de Georges.

Condé, Valenciennes, Le Quesnoy sont cernés par les Français : « La Convention nationale a décrété que si les garnisons ennemies ne se rendaient pas à discrétion vingt-quatre heures après la sommation, elles seraient passées au fil de l'épée et la Convention sera obéie. »

Les coalisés avaient perdu 80.000 hommes en morts et prisonniers du seul côté du Nord depuis l'ouverture de la campagne. « Voilà la République en toute son intégrité, disait Buchot, dans sa terrible attitude et un million de défenseurs en avant. »

La flotte avait été aussi reconstituée. Sous la protection de cette flotte qui avait livré une bataille sanglante le 20 prairial, un convoi venant d'Amérique et composé de cent seize voiles portant les richesses des îles et les récoltes des Etats-Unis était entré dans le port de Brest. La prétendue supériorité britannique sur mer avait jeté son dernier éclat *et la destruction totale de l'Angleterre* devait dater du jour de cette bataille!

D'après les dernières nouvelles reçues à Paris, les ennemis avaient été chassés de la forêt de Soignies et les armées de la West-Flandre et de Sambre-et-Meuse avaient opéré leur jonction à Bruxelles pendant que les esclaves fuyaient vers Liége et Maëstricht. Landrecies s'était rendu et les Français étaient entrés dans Namur. Du côté du Rhin, une attaque générale avait eu lieu et avait coûté cher aux Prussiens. « Le pas de charge, la baïonnette en avant rendaient nos bataillons républicains irrésistibles. C'est ainsi qu'ils enlevaient les redoutes hérissées de canons et qu'ils renversaient la cavalerie qui faisait la force et la gloire des armées des Tyrans (1). »

Si l'on tournait les regards vers l'intérieur, partout on apercevait unité, force, harmonie. Tous les traîtres étaient tombés, tombaient ou allaient tomber sous le glaive de la Loi. Les restes des factions détruites n'osaient plus se montrer. L'étranger avait perdu les fils par lesquels il faisait mouvoir ses agents.

La guerre civile était éteinte. La Vendée n'existait plus. La

---

(1) Papiers de Descorches. Le commissaire des Relations extérieures au citoyen Descorches, à Constantinople. P. S. du 29 messidor.

récolte la plus abondante allait faire échouer les plans de famine de Pitt. Jamais la terre n'avait été mieux cultivée; jamais elle n'avait été plus fertile en productions de toute espèce. Un concert universel de confiance, de félicitations et d'enthousiasme entourait la Convention nationale et le Gouvernement de la République. Les mœurs s'épuraient. Le même dévouement qui éclatait par mille traits généreux sur les champs de bataille se montrait dans les villes, dans les campagnes, dans l'intérieur des familles, et ce n'était pas en vain que la vertu et la probité avaient été mises à l'ordre du jour. Enfin, qui l'eût cru ! la France à l'époque de la Terreur était devenue un petit Paradis terrestre... au dire du personnage officiel qui signait ce document.

« Le Palais national était le théâtre des fêtes et le centre des réjouissances du peuple. C'est là que la bataille de Fleurus, la prise de Bruxelles, le 14 juillet, avaient été célébrées par l'immense population de Paris. Une musique guerrière retentissait dans les ombres des plus belles nuits d'été et parmi l'éclat des illuminations. La joie du peuple était douce. Il jouissait du sentiment de sa force et de la conscience de sa grandeur. »

Si l'on comparait à ce tableau celui que présentaient les tyrans coalisés, on les voyait épuisés d'hommes et d'argent, divisés entre eux, consternés de l'échec de leurs projets criminels, épouvantés de la vengeance qui les attendait, n'ayant plus d'autre ressource que la force qu'ils tiraient des peuples qu'ils opprimaient, mais qui ne resteraient pas toujours aveuglés.

En vain le Tyran de Prusse *que la République avait dédaigné d'acheter* avait-il vendu à l'Angleterre ses esclaves mercenaires; il cesserait bientôt de pouvoir remplacer ceux que la baïonnette des Français aurait massacrés. Tout dévoilait les frayeurs et les embarras des despotes.

Après avoir vainement tenté d'obtenir par la trahison ce qu'ils n'avaient pu avoir par la force des armes et d'entamer l'Unité de la République par des conspirations nourries dans son sein, ils avaient créé chez eux des fantômes de conjurations en même temps qu'ils en redoutaient la réalité.

A Naples, à Rome, à Turin, à Londres même, les prisons étaient remplies de victimes du despotisme, comme si l'époque d'une insurrection générale était proche. Les tyrans d'Autriche, de Piémont, d'Espagne avaient proclamé des levées en masse, comme si les peuples pouvaient s'animer pour défendre leur esclavage de l'enthousiasme qui poussait les Français à défendre la Liberté ! C'est ainsi que se préparait la destruction générale des ennemis de la République française. Les germes des révolutions fermentaient sous le poids même des persécutions qui devaient les étouffer. L'Europe allait être mûre pour la Liberté, et déjà vers le Nord, une nation généreuse, la Pologne, en avait donné l'exemple.

Cet exposé, qui résumait l'impression des hommes au pouvoir sur la situation de la France et leurs pensées secrètes, était utile à reproduire, car il fait comprendre comment la France pouvait alors supporter la tyrannie et les excès de la Terreur dans son Gouvernement intérieur, soutenue par le patriotisme le plus exalté, rassurée comme elle l'était du côté de l'extérieur par les victoires de ses armées et jouissant à l'intérieur, au milieu de cette année 1794, des fruits d'une abondante récolte et d'une tranquillité relative dans les nombreuses parties de la République qui n'étaient pas le théâtre de la guerre et où des troubles n'avaient pas éclaté. Car il faut bien se rendre compte que la tyrannie des Comités révolutionnaires qui nous paraît aujourd'hui intolérable, ne s'exerçait que sur un petit nombre de citoyens, sur certaines catégories et qu'elle était approuvée par la masse de la nation enthousiasmée, dans sa presque totalité, par les idées de la Révolution.

La dépêche ministérielle faisait ressortir les prodiges opérés par l'héroïsme français, les efforts, le dévouement qu'il avait fallu aux défenseurs de la République, non seulement pour la sauver, mais pour en assurer aussi rapidement le triomphe, *au delà de toutes les probabilités et de toutes les espérances*.

Elle excusait le Comité de Salut public chargé de faire mouvoir tous les ressorts du Gouvernement d'avoir paru pendant un instant perdre de vue les intérêts particuliers de quelques établissements éloignés, de missions à l'étranger. Elle répondait ainsi aux plaintes de Descorches sur le dénuement dans lequel il était laissé depuis si longtemps... « Si quelque agent a cru pouvoir se plaindre de l'espèce d'abandon où il croyait avoir été tenu, si le paiement de ses appointements a éprouvé quelques entraves, il suffit d'un seul mot de réponse, c'est qu'un Gouvernement qui a combiné et exécuté tant de vastes opérations se montre sage jusque dans ses délais et prévoyant jusque dans son silence. »

Ainsi l'orgueilleux Comité de Salut public ne pouvait se reconnaître de torts. Il se félicitait même de son inertie et voici l'étrange explication qu'il en donnait. Les Français établis à l'étranger, les agents chargés dans les pays lointains des intérêts de la République devaient se représenter les sacrifices nombreux faits par leurs frères de l'intérieur sur l'autel de la Patrie et se demander s'ils avaient toujours bien espéré de la cause républicaine, s'ils avaient contribué à la soutenir suffisamment par leurs efforts et par leur exemple, si dans tous leurs sentiments et dans toutes leurs actions ils s'étaient montrés dignes du titre de républicain français. C'était plutôt une sorte de blâme auquel Descorches ne devait guère s'attendre après les démonstrations de loyalisme et de pur sans-culottisme qu'il avait prodiguées dans sa correspondance.

Il fallait donc qu'avant d'agir le Gouvernement connût le degré de confiance qu'il pouvait accorder à ses agents politiques et consulaires parmi lesquels la Révolution avait démasqué plusieurs traîtres.

Toujours porté à la sévérité, le Comité de Salut public parlait de les punir, d'écarter les faibles et les pusillanimes qui pouvaient trouver quelques excuses dans leur éloignement du théâtre de la Révolution, l'ignorance où ils étaient des événements, la malveillance qui les entourait. Il comptait sur l'activité et le zèle de ses agents demeurés fidèles, tandis qu'il ne resterait bientôt qu'un repentir tardif et stérile à ceux que la patrie aurait trouvés coupables.

Puis la dépêche donnait en chiffre à Descorches quelques instructions plus spéciales sur l'objet de sa mission et qu'en raison de leur importance pour l'histoire de cette époque il convient de reproduire *in extenso*. « Muni de ces renseignements, présente-toi au ministère ottoman, et s'il est réellement disposé pour la République, si la gloire et le salut de son propre pays le touchent, qu'il abandonne enfin son système de fluctuation et de délais. Que le présent lui apprenne à lire dans l'avenir et que la crainte de déplaire à des ennemis toujours irréconciliables cesse de l'engager à tergiverser avec des amis qui lui tendent les bras au milieu de leurs victoires.

« Au reste, citoyen, *ce sont là les seules instructions que je puisse encore te donner.* Le Comité de Salut public pénétré de cette grande et sublime idée *que la diplomatie du, canon est celle qui convient davantage à la République*, que parmi les neutres mêmes ceux-là sont dignes d'être nos amis et nos alliés qui, sentant leurs intérêts inséparablement liés au triomphe définitif de notre cause, vont au-devant de nos vœux et de nos propositions, *n'a point encore pris de résolution définitive sur nos relations extérieures.* Mais je le crois disposé à sentir que le moment de tant de victoires est aussi le plus propre à nous expliquer et à nous entendre avec nos amis.

« Toutes les opérations diplomatiques, la nomination et la confirmation de tous les agents, l'ordonnancement et la distribution des fonds dépendant entièrement du Comité de Salut public, il n'est point en mon pouvoir de donner jusqu'à présent des directions nouvelles et ma réserve à cet égard a dû être d'autant plus grande que plus j'ai examiné l'état où se trouvent nos affaires dans le Levant et plus je me suis convaincu qu'il ne fallait point de mesures partielles, que les nouvelles mesures qui seraient prises et les nouveaux ordres que tu sollicitais devaient porter ce caractère de fermeté, de grandeur et d'ensemble que le Comité de Salut public seul peut imprimer.

« Je me suis convaincu en même temps que dans cet état de choses provisoire, les pouvoirs dont tu étais investi et les ordres que tu avais reçus de mon prédécesseur devaient suffire pour te diriger et les preuves que tu as données de ton activité et de ton zèle m'ont paru suffisamment garantir la régularité, la convenance et l'utilité de tes démarches. Je me suis donc borné à soumettre avec la plus grande exactitude au Comité de Salut public les extraits et le texte même de toute ta correspondance, à fixer son attention sur les points qui paraissaient la mériter particulièrement et à lui donner à cet égard tous les éclaircissements qu'il m'a demandés ou que j'ai jugés nécessaires.

« J'ai suivi la même marche pour les communications qu'il convenait de donner aux autorités constituées de la République. J'ai eu soin de te faire envoyer régulièrement les papiers publics et les Bulletins des lois. Les lois sur l'émigration que tu as demandées doivent t'être parvenues. Quoique nos ennemis aient établi dans toute l'Europe un système d'interruption de nos lettres, même de celles du commerce, il paraît cependant que la correspondance ministérielle a pu échapper en grande partie à leur perfide vigilance.

« Pour les raisons que j'ai indiquées, il serait inutile de faire un tableau étendu de nos relations extérieures. Quant à nos ennemis, nous n'avons jamais imploré ni ne connaissons d'autre manière de négocier que le canon. L'instinct du patriotisme désigne à tous Français ceux avec lesquels il ne faut ni trève ni paix jusqu'à leur destruction totale. D'autres entraînés dans cette guerre par leurs préjugés en porteront la peine, si leurs vœux et leurs intérêts ne les ramènent prochainement à nous. Ce même intérêt doit de plus en plus attacher à notre cause les Gouvernements neutres qui ont aussi des insultes à venger. Quel meilleur encouragement pourrions-nous leur donner que celui de nos victoires ? Que Gênes se tienne donc fortement attachée à nous et que Venise se prononce. Que la Suisse reste fidèle à cette neutralité qui fait son bonheur et sa sûreté. Que l'Amérique demande la réparation des forfaits dont l'orgueil anglais s'est rendu coupable. Tout Gouvernement non monarchique doit sentir que son existence politique est liée au triomphe de la République française. La Suède et le Danemark ont tenté un premier effort pour faire respecter l'indépendance de leur navigation et pour sauver la liberté de leur commerce. Notre confiance et l'intimité de nos liaisons dépendent du degré d'énergie qu'ils vont déployer.

« L'insurrection polonaise a fixé nos regards ; il n'est donc pas difficile de devenir libre, lorsqu'on est digne de l'être. Les premiers efforts de ce peuple intéressant nous font bien augurer de l'avenir. Il n'est aucune puissance qui ait un intérêt aussi direct aux succès des Polonais et tant de moyens de les secourir que la Porte ottomane. Si elle laisse échapper ce moment, elle regrettera trop tard cette pusillanimité, qui aura laissé rompre la dernière digue qui pouvait arrêter l'invasion de ses ennemis.

« Le parti que la Porte prendra à l'égard des Polonais nous servira de pierre de touche pour ce que nous pouvons attendre de son énergie relativement à nous-mêmes.

« Nous voyons dans tes lettres beaucoup de promesses et de bonne volonté et nous ne doutons pas de la sincérité de nos amis. Mais ce n'est pas sans surprise que nous voyons encore l'envoyé de la République dans cette position précaire qui ne convient point à notre dignité. Lorsque nous verrons des préparatifs de guerre par terre et par mer, lorsqu'il nous aura été prouvé par des faits qu'on ressent les injures et l'insolence dominatrice des cabinets de Pétersbourg et de Vienne, qu'on se défie enfin de la perfidie anglaise, qu'on connaît les dangers de l'avenir et qu'on sait apprécier les avantages du moment actuel, enfin lorsqu'on aura répondu aux ouvertures que nous avons faites, alors seulement la République pourra se convaincre qu'elle ne s'est pas trompée dans ses espérances. En attendant, n'est-ce pas aussi pour la conservation de l'Empire ottoman que nous livrons nos batailles ?... »

« Au reste, citoyen, ajoutait la dépêche ministérielle, la fidélité, la persévérance, le dévouement trouveront tôt ou tard leur récompense aussi inmanquablement que l'intrigue, le crime et la trahison n'échapperont pas à la punition. Que tous les Français soient convaincus de cette vérité ; que par elle tous les républicains soient encouragés au milieu de cette crise dont nous commençons à sortir si glorieusement ! »

Après avoir reçu cette longue missive, Descorches n'était

guère plus instruit qu'auparavant sur la conduite qu'il devait tenir avec la Porte.

Buchot avouait n'être qu'un simple agent de transmission. Aucune instruction précise sur les négociations à entamer, sur les secours que la Porte pouvait espérer de la République française, sur les conditions d'un traité d'alliance ne ressortait de cette phraséologie révolutionnaire, vide, creuse et déclamatoire qu'on retrouvait dans les feuilles publiques de l'époque et dans les discours de la Convention.

La Porte attendait des secours effectifs de la France et le Gouvernement français ne voulait pas se prononcer avant que le Gouvernement ottoman n'eût pris parti contre ses ennemis. Dans ces conditions, les négociations n'avaient guère de chances d'aboutir. Aucune réponse n'était faite d'autre part aux demandes réitérées de Descorches d'hommes et de subsides.

La diplomatie du canon que préconisait le Comité de Salut public avait de grands avantages, — elle en a eu dans tous les temps, — si elle signifiait qu'un pays parle plus aisément aux autres nations quand il peut s'appuyer sur une armée nombreuse et victorieuse, sur des forces militaires réelles. Mais encore fallait-il négocier, entamer des pourparlers, utiliser le prestige de ses victoires pour obtenir la coopération et l'appui des nations neutres, au lieu de se confiner dans un dédaigneux silence et d'attendre dans sa morgue que la Turquie se déclarât, alors qu'elle avait tant de raisons de ne pas sortir de sa réserve !

Buchot promettait à Descorches, en fait de secours, l'envoi dans les Echelles du Levant d'une circulaire relatant les victoires de la République, de la Gazette nationale, des Bulletins de Correspondance et des Lois, maigre pitance pour secourir une si grande détresse !

Ce document officiel envoyé à la veille du 9 thermidor, qui marque la chute du régime de la Terreur, peint à merveille toute la diplomatie de la Révolution et la nature des rapports qu'elle entretenait avec ses agents à l'étranger. A vrai dire, ces rapports avaient été supprimés et il n'y eut jamais à aucune autre époque de l'histoire de la France un pareil abandon de ses intérêts au dehors, abandon qui fait ressortir encore le vice de ce système politique centralisant tous les pouvoirs entre les mains d'un Comité qui, en raison même de l'immensité de sa tâche, était incapable d'y suffire.

Cette circulaire de Buchot ne parvint à Constantinople qu'après les événements du 9 thermidor qui, en amenant la chute de Robespierre et de ses principaux partisans, allaient changer aussi la situation de Descorches qui s'était signalé par son admiration pour les hommes de la Terreur. Le ministre de France à Constantinople devait apprendre l'effondrement de Robespierre par cette autre lettre du même Buchot datée du 28 thermidor (1) : « Les papiers publics t'auront appris, citoyen, avant cette lettre, que, depuis *la bienfaisante révolution du 9 thermidor*, la Convention nationale s'occupe d'une nouvelle organisation du Gouvernement révolutionnaire. Dans ce nouveau système, le Comité de Salut public aura la direction des Relations extérieures pour la partie politique et la surveillance pour la partie administrative. Je t'assure avec plaisir que nous avons lieu d'espérer que, par une conséquence du système qui sera adopté, la Commission dont je suis chargé sortira enfin de sa longue inaction. Quant à toi, citoyen, en te conduisant dans l'esprit des instructions et des pouvoirs dont tu es dépositaire, tu n'as pas pu manquer de règle de tes actions, quoique je conçoive facilement que, pour aller en avant, tu as dû désirer de nouveaux moyens qu'il n'a pas encore dépendu de nous de te donner. Ferme et conciliant, fidèle à la République, tu seras le modérateur des partis et tu sauras remettre dans la ligne du devoir ceux qui s'en écarteraient. Je n'excepte pas le citoyen Hénin à l'égard duquel tu es autorisé depuis longtemps à prendre des mesures de rigueur.

« Tu peux employer sous tes ordres le citoyen Thainville comme coopérateur. J'ai fixé ses appointements à six mille livres en numéraire à partir du 1ᵉʳ pluviôse et il pourra les

---

(1) Papiers de Descorches. Relations extérieures, 3ᵉ division. Le commissaire des Relations extérieures au citoyen Descorches, à Constantinople. Paris, le 28 thermidor, l'an II de la République une et indivisible.

toucher de la même manière que les autres citoyens de la République dans le Levant. »

Buchot avait écrit aussi à la Commission du mouvement des armées au sujet de ce Maret, dénoncé par Descorches, qui se disait colonel en activité de service, pour savoir s'il avait obtenu une mission et s'il avait droit au grade qu'il s'était arrogé. Dans le cas où aucune mission militaire ne lui aurait été confiée, il devait être rappelé. La Commission n'avait pas encore répondu à la question concernant ce Maret « qui paraissait avoir toute la tournure d'un émigré ».

Le langage de Buchot se ressentait des événements qui venaient de s'accomplir. On remarquera qu'il qualifiait de *bienfaisante* la révolution qui avait précipité du pouvoir pour les envoyer à l'échafaud Robespierre et ses principaux acolytes dont il avait été au temps récent de leur toute-puissance l'agent empressé et soumis. Ce haut fonctionnaire de la Terreur donnait un exemple de la facilité avec laquelle les changements de régimes sont acceptés en France. L'un des traits de la Révolution française est la soumission que rencontraient dans la nation, résignée devant les faits accomplis, les partis qui, pendant cette période si agitée, s'emparaient successivement du pouvoir. Il en a été de même à toutes les époques dans ce pays versatile qui aime les nouveautés et qui brise facilement ses idoles.

Buchot avait cru, lui aussi, devoir sacrifier aux idées nouvelles. Il parlait à Descorches de conciliation, de son rôle de modérateur des partis, du rappel de ces agents suspects, émissaires d'un précédent ministère, tels qu'Hénin et Maret, qui entravaient sa mission.

Quant à Descorches, il n'avait pas attendu les vagues instructions de Buchot pour continuer à agir, avec ses faibles moyens, au mieux des intérêts de la France, et pendant que se déroulaient à Paris les mémorables événements du 9 thermidor, il poursuivait à Constantinople ses laborieuses négociations qui devaient être rendues plus difficiles encore par le changement du titulaire du ministère ottoman des Affaires étrangères.

Dans un rapport du 6 thermidor à la Commission des Relations extérieures, il signalait un échec considérable essuyé par Kosciusko et qui avait dû être suivi de la prise de Cracovie et de son territoire par le roi de Prusse.

Il y avait peut-être de l'exagération dans cette nouvelle dont la Porte s'était montrée très affectée. Il avait appris aussi l'affaire d'Ouessant et la prise de six bateaux par l'amiral Howe. Mais les coalisés ne parlaient pas de leur situation critique dans les Pays-Bas, en Italie et vers les Pyrénées.

Les Turcs activaient leurs armements avec l'appui des Français. Les fortifications d'Ismaïl et de Bender allaient être bientôt terminées, ainsi que les ouvrages de défense du Canal dirigés par Meunier.

Obert avait fait adopter un nouveau modèle de grils pour boulets rouges. Un vaisseau de 74, œuvre du maître-charpentier Toussaint-Petit, venait d'être mis à flot. Le Capitan-Pacha, toujours en faveur, avait obtenu de rester avec sa flotte dans le Canal, prêt à l'offensive.

Le Divan délibérait sans cesse et semblait avoir de la peine à fixer ses idées dans ce chaos d'intérêts qui le pressaient en sens contraires. Pour obtenir un résultat positif, il eût fallu que la France montrât sa puissance et entretint des pourparlers suivis avec le Gouvernement ottoman.

Descorches éprouvait du dégoût de n'avoir toujours à présenter que le tableau des flasques mouvements de ses bons et pauvres amis, malgré les bonnes dispositions du Sultan Selim qui semblait vouloir recouvrer son autorité et prenait souvent conseil de Mourad-Cha, l'ancien drogman de l'ambassade de Suède. Grouvelle, le ministre de France à Copenhague, avait fait une tentative inutile pour envoyer à Constantinople des émissaires de l'estimable ministre Bernstörff. Quant au ministère suédois, sa marche était timide.

Descorches sollicitait quelques cordiaux, si la Commission des Relations extérieures en avait à sa disposition. « Je m'étonne et m'afflige, écrivait-il, que les Polonais n'aient pu encore établir aucun rapport direct avec moi ; le nerf de tout manque. Je suis menacé de nouveau de toutes les horreurs de la misère et les prêts turcs restent à rembourser. Les marchandises du convoi de Smyrne ne suffisent plus. Je ne sais de quel bois nous allons faire flèche ! »

Pierre Bermond, proconsul à Coron, en Morée, et l'un des rares agents de la France qui fût resté fidèle à Descorches, lui donnait à cette époque son opinion sur les Grecs, peuple d'un esprit inquiet et vain, fatigué des vexations dont il espérait que les Russes le délivreraient, attaché à ces derniers et aux Impériaux par des relations de commerce, fanatique à l'excès et ennemi de la France par les insinuations et les intérêts qui le gouvernaient, jaloux de l'amitié des Turcs pour les Français, égaré enfin par les gazettes de ses correspondants de Trieste, Livourne, Naples et Vienne.

Il y avait cependant des causes qui pouvaient modifier l'état de choses actuel dans un sens favorable à la France. La supériorité maritime de ce pays rétablie dans la Méditerranée, des avantages marquants sur les Anglais, l'abandon de la coalition par le roi de Prusse, la demande à la Porte d'une réponse catégorique sous peine de voir mettre un terme à la mission confiée à Descorches qui n'aurait plus que des relations purement commerciales, la formation d'un nouveau ministère si souvent annoncée à tort à la déception du ministre de France, et enfin obtenue, tous ces faits seraient de nature à influencer heureusement le Divan.

Pour remplacer l'incapable Dantan, Descorches se servait de John Humphrys et *d'un médecin juif-polonais*, Marco Calmann. Mais le premier était un novice et le second ne présentait pas assez de garanties ni d'aptitudes pour lui accorder une confiance entière. Ces deux agents secrets servaient surtout à cultiver des amitiés privées dans le monde musulman. Un drogman politique et attaché officiellement à la Légation devenait de plus en plus nécessaire.

Descorches insistait encore sur la nécessité d'avoir des informations exactes sur l'état des affaires générales, une direction, une correspondance suivie et indépendante. Un service de courriers étant établi à travers la Suisse jusqu'à Coïre, il ne restait qu'à faire communiquer ce point avec Edolo pour gagner les Etats vénitiens.

Descorches rappelait enfin la demande du Grand-Seigneur

pour qu'on lui envoyât de nouveaux officiers et des ouvriers d'art. Trois officiers ingénieurs pour la construction des forteresses, quatre fondeurs de canons, mortiers boulets et bombes, des architectes et ouvriers habiles et en nombre suffisant pour la création d'un bassin dans l'arsenal étaient particulièrement réclamés.

Le 21 thermidor, Descorches donnait de nouveaux renseignements à la Commission des Relations extérieures. Les trois ministres de Russie, de Prusse et d'Autriche s'étaient réunis pour annoncer officiellement à la Porte la défaite des Polonais, la prise de Varsovie par les Russes, la soumission de la Lithuanie.

La Porte avait renouvelé ses firmans de neutralité à l'occasion de l'incident de Miconi et envoyé une escadre dans l'Archipel pour les faire respecter (1).

Descorches avait rendu compte le 23 thermidor à la Commission des relations extérieures du refus d'Hénin de quitter Constantinople. Une fête avait été célébrée à cette date, anniversaire du 10 août, au Palais de la République ; 160 couverts avaient été dressés en fer à cheval dans une vaste salle. Descorches présidait. Suivant le programme habituel de ces cérémonies, on y avait porté des toasts, chanté des chansons patriotiques, dansé la carmagnole autour de l'arbre de la Liberté et recueilli une souscription de 14.092 francs pour l'équipement de cavaliers jacobins.

Thainville avait de son côté renseigné Buchot sur la dernière entrevue de Descorches avec le Reis-Effendi et à cette occasion, il faisait en ces termes l'éloge du ministre de France : « Si Descorches est un traître, c'est un conspirateur bien adroit ; prudence, mesure dans sa conduite, mais fermeté dans ses rapports avec le Gouvernement ottoman, activité infatigable dans ses démarches auprès de tout ce qu'il y a de Turcs influents, amour de la République exprimé dans toutes ses paroles, caractérisé dans toutes ses actions, malgré toute ma propension à me défier d'un

---

(1) Descorches à la Commission des Relations extérieures, 21 thermidor. (8 août 1794).

ci-devant, la vérité me force à rendre ce qui lui est dû à celui qui me paraît tout dévoué aux intérêts de la Patrie... »

Thainville signalait en outre l'action intempestive de Florenville qui, par le moyen d'un Polonais, le comte Aksack, bien connu à Constantinople comme un espion russe, entretenait des correspondances en Pologne dans lesquelles il représentait les Français comme des traîtres. Mais la calomnie avait été déjouée et de bons Polonais avaient éclairé leurs concitoyens (1).

Revenant quelque temps après sur l'insurrection polonaise, Thainville informait Buchot qu'elle avait un peu perdu de l'intérêt qu'elle devait inspirer, les Polonais se défiant des chefs qui la dirigeaient ou étant corrompus par l'or de la faction ennemie. Il rappelait après Descorches que les envoyés de Prusse, d'Autriche et de Russie avaient annoncé dernièrement à la Porte la prise de Cracovie et de Varsovie et l'envahissement total de la Lithuanie. Bien que les communications fussent interrompues, on savait que ces renseignements étaient faux. On espérait avoir bientôt des relations sûres, faisant connaître la situation véritable de la Pologne.

Les ministres étrangers mécontents pour la plupart de la destitution de Raschid, le Reis-Effendi et de Moruzzi, le drogman de la Porte, s'efforçaient de ridiculiser leurs remplaçants. On se félicitait au contraire du côté français de la disgrâce de Raschid, connu comme très immoral, timide ou corrompu dans ses rapports avec l'envoyé de France, nullement à sa place dans le poste qu'il occupait et ne sachant que dire : « Nous verrons, nous examinerons. » On y manifestait généralement une opinion très peu favorable sur sa probité et sa fidélité. Quant au nouveau drogman de la Porte, Callimachi, qui avait été prince de Moldavie et déjà interprète, il passait pour être capable et éprouvé.

Les derniers triomphes de la République française avaient consterné ses ennemis, ils ne parlaient plus que de paix et d'un accommodement, tenant un langage très différent de

---

(1) Thainville à Buchot, le 24 thermidor an II.

celui qu'ils affectaient un peu auparavant. « Mais, disait Thainville, épargner les ennemis du peuple, c'est barbarie... Tuons, exterminons tous les léopards, coupons les griffes de tous les aigles et réduisons tous ces animaux voraces à l'impossibilité de nous nuire... »

Faisant allusion à la correspondance du trio Hénin, Florenville et Chenié, il trouvait qu'elle consommait plus de papiers que la Commission des relations extérieures n'en employait pour l'intérêt public (1).

Hénin qui avait reçu de Descorches l'ordre de s'embarquer et qui n'y avait pas obéi était allé trouver le prince Moruzzi après sa retraite. Il lui avait dit son intention de se cacher dans quelque maison turque ou arménienne, comptant sur la protection de la Porte. Mais le drogman l'avait détrompé et assuré que les réquisitions de Descorches seraient écoutées et qu'il lui serait livré ; car Descorches était reconnu tacitement et jouissait de l'estime et de la confiance du ministère turc (2).

Bien que privé de son emploi, Hénin n'en continuait pas moins à dénoncer ses adversaires. Il signalait de prétendues malversations des autorités françaises de Smyrne qui auraient dépensé en frais de toutes sortes 190.000 piastres sur les 420.000 piastres, montant de la vente des marchandises d'un convoi faite pour les besoins des services publics. Il accusait Rondeau de s'être approprié une partie de cette somme. Ce Rondeau dont le navire avait été pris à Miconi par les Anglais, avait, disait-il, été reçu amicalement par Descorches. Il avait eu aussi l'audace de chanter le 10 août une chanson qui contenait ce passage : « Ils sont domptés, ces fiers Anglais ! »

Gaudin continuait à être l'objet de vieilles accusations pour n'avoir pas arboré la cocarde nationale, pour entretenir des relations suspectes (3)...

_____

(1) Thainville à Buchot, le 8 fructidor an II.
(2) Constantinople, le 8 fructidor. Descorches à la Commission des Relations extérieures.
(3) Hénin à Buchot, le 8 fructidor an II.

Hénin s'était ému du rapport présenté par Saint-Just au Comité de Salut public dans sa séance du 11 mars 1794 et où il était question des négociations avec les puissances neutres.

Les ministres de la coalisation l'avaient fait circuler dans leur entourage. Comme Hénin y était l'objet d'accusations particulièrement graves, il écrivait à ce propos à Buchot : *«Loin de recevoir 80.000 livres, j'ai souffert à Venise toutes les angoisses de la misère, de la détresse et de l'abandon le plus accablant. Je n'ai reçu que 5 à 6.000 livres par an. Aujourd'hui que j'ai lu l'opinion de Saint-Just dans son entier, je ne puis plus douter que cet écrit ne soit de lui. On reconnaît la main du maître.* Mes négociations à Venise pour faire reconnaître la République n'ont rien couté (1). »

Hénin était donc convaincu de l'authenticité de ce document extraordinaire qui présente le Comité de Salut public sous un jour moins qu'avantageux.

Noyane fils ne voulait pas se laisser devancer par Hénin dans ses accusations. Il se plaignait aussi de Descorches, ancien maréchal de camp, homme de cour, de Gaudin, Pech et Thainville, créatures du ministre disgrâcié Deforgues, de tous les consuls et agents, à un ou deux près. Il réclamait l'envoi de deux commissaires pour prendre dans le Levant la direction des affaires et signalait que le nouveau pavillon national n'était pas encore arboré à Smyrne (2).

Il ne devait pas tarder à l'être le 20 fructidor et par les soins du citoyen Martin, lieutenant de vaisseau sur *le Rossignol* qui remplaçait dans le commandement de l'escadre Rondeau fait prisonnier à Miconi.

A l'occasion de cette inauguration, le lieutenant Martin avait déclamé ces vers à ses marins :

Défenseurs de la France et vengeurs de la Terre,
O de la République intrépides enfants,
Vos destins sont d'abattre esclaves et tyrans.
Frappez, exterminez les fils de l'Angleterre.
Frappez, plus de quartier pour ces lâches brigands.

---

(1) Hénin à Buchot, le 15 fructidor an II.
(2) Noyane au Comité de Salut public, le 11 fructidor an II.

Puis, il avait terminé ainsi son discours : « Citoyens, guerre aux Anglais. Vive la République ! Vive la Convention nationale ! Vive la Montagne ! »

Thainville avait assisté aussi à cette fête patriotique. Il était arrivé le 20 fructidor de Constantinople à Smyrne sur *le Parlementaire*, navire prêté par la Porte pour ramener dans leur patrie un certain nombre de Français qui se trouvaient sans ressources dans les Etats du Grand-Seigneur. La Porte avait obtenu pour ce voyage des passeports de tous les Etats qui combattaient la France, à l'exception de la Russie. Le ministre de ce pays avait déclaré que sa nation n'entretenait aucun armement dans la Méditerranée *et que d'ailleurs elle ne faisait pas la guerre à la République française*. Marchi, médecin vénitien attaché à Sémonville, Pouberg, gouverneur de ses enfants, avaient accepté de se faire rapatrier à cette occasion et Thainville les accompagnait pour faire encore embarquer à Smyrne une centaine de Français.

Il avait donné connaissance aux équipages de la flotte du rapport fait à la Convention nationale sur l'immortelle action du vaisseau *le Vengeur*. Ecouté avec enthousiasme, il avait produit, disait-il, le meilleur effet.

Que dire après ces manifestations patriotiques de la petitesse d'esprit d'Hénin qui, le 22 fructidor, signalait au Commissaire des relations extérieures que le pavillon national n'était pas encore arboré à Smyrne le 17 !

Il faisait encore cette révélation : Gaudin avait écrit au proconsul que Robespierre s'était attaqué dans le sein du Comité de Salut public aux dénonciateurs de Descorches, qu'ils étaient perdus, que Descorches attendait des ordres pour le faire arrêter ainsi que Florenville, Chenié et Noyane fils. Rondeau et Thainville étaient partis pour Smyrne sur *le Parlementaire* dans cette persuasion et devaient revenir à Constantinople sur une frégate dont le commandement serait confié à Rondeau auquel les Anglais avaient rendu la liberté.

Pour qu'Hénin se permit de parler ainsi de Robespierre, il fallait qu'il eût connaissance des événements du 9 thermidor. Il les avait appris, en effet, comme en témoigne cette lettre qu'il adressait au Président de la Convention le 22 fructidor après avoir été si souvent le thuriféraire de Robespierre. « Le nouveau complot formé par *l'infâme triumvirat* m'a pénétré d'horreur. Le danger était imminent et les ennemis du peuple voulaient lui enlever son plus ferme appui, la Représentation nationale ».

Hénin dénonçait encore les agents consulaires et l'envoyé de la République qui les protégeait et donnait l'exemple le plus funeste. *Il avait écrit à ce sujet plus de 130 lettres depuis un an.*

Représenter Descorches comme le protégé de Robespierre, n'était-ce pas désormais le meilleur moyen de lui nuire !

Et Chénié cet autre adulateur de Robespierre, son correspondant habituel renchérissait sur Hénin. Il écrivait à Noyane : « Enfin, le voile est levé, cet homme qui a si longtemps trompé le peuple français, ce Robespierre en qui nous avions tant de confiance est tombé sous la hache de la loi. Voilà sans doute la raison du peu de succès de nos démarches. Il a vécu, n'en parlons plus ; il était l'ennemi le plus cruel de notre liberté. Adieu, je pars pour Gênes dans huit ou dix jours, je t'invite à redoubler de surveillance (1). »

Le jour même où Chénié faisait ainsi connaître son ingratitude, Courtois chargé d'examiner les papiers de Robespierre trouvait deux lettres d'Hénin du 18 germinal qui n'étaient pas encore ouvertes. Il en faisait passer copie au Comité de Salut public.

Descorches avait signalé que les ministres étrangers cherchaient à interpréter l'événement du 9 thermidor comme désavantageux pour l'union intérieure de la République. Mais dans ses Bulletins, il avait rétabli la vérité, montrant l'inébranlable stabilité de l'esprit public en France (2).

En attendant des mesures gouvernementales sans cesse promises et toujours ajournées ainsi que la reprise de ses pourparlers avec le Reis-Effendi, Descorches cherchait à se

---

(1) Chénié à Noyane, négociant à Smyrne, le 22 fructidor an II.
(2) Descorches à la Commission des Relations extérieures, le 23 fructidor an II.

maintenir en relations avec ses collègues à l'étranger, pensant que ces communications réciproques ne pouvaient que l'aider dans l'accomplissement de sa mission. C'est ainsi que le 22 thermidor, il écrivait à Cacault, ministre à Florence, qu'il n'avait reçu aucune de ses lettres, hormis une seule. Il craignait qu'elle ne fussent interceptées par les Anglais. Or, il attachait un grand prix à sa correspondance.

Le 30 thermidor, il engage Tilly à Gênes à faire cesser le silence fâcheux qu'il a gardé jusqu'ici, bien qu'il l'ait invité à lui écrire.

Le 15 fructidor, il annonce à la Commission des relations extérieures qu'il doit voir prochainement le nouveau Reis-Effendi. Il ne trouve d'autre remède à la situation que l'envoi d'officiers vigoureux, appuyés par la présence d'une escadre dans l'archipel. Il écrit à ce sujet : « J'y compte, je l'avoue, cette idée est le calmant de mes angoisses. J'y compte parce qu'il est impossible, à ce qu'il me semble, que le Comité, *dans ses vastes et grandes combinaisons*, ait envisagé avec indifférence l'insurrection polonaise, qu'il la laisse s'évanouir, qu'il n'y voie pas son principal point d'appui ici et qu'il ne sente pas que les heureux et importants développements qui y tiennent dépendent des mouvements à imprimer aux Turcs qui les recevront au point où ils en sont, du moment où nous y travaillerons autrement que par des paroles tellement animées que puisse les rendre un pauvre agent abandonné à lui-même. Il me semble impossible également qu'un Comité doué de lumières et de vertus qui ont produit de si grandes merveilles ne mette au nombre de ses devoirs envers l'Humanité, envers l'Europe et envers nous-mêmes l'écroulement facile *de ce colosse hideux de la puissance russe que tous ceux qui veulent le bien trouveront toujours et partout sur leur chemin* et dont l'influence putride ne cessera d'infecter l'Europe tant qu'elle subsistera.

« Sa force est toute dans la corruption qu'elle a l'art exécrable de porter chez les autres. Ecrasons l'Angleterre, dissolvons la Russie et les beaux jours de l'Europe commenceront...

« Je crois le moment venu où les Suédois doivent prendre

une contenance plus assurée. J'ai provoqué le ministre de cette Cour ici à sortir un peu de sa réserve avec nous, à me voir au moins dans quelques promenades éloignées. Il m'a fait les réponses d'un homme bien pensant et pénétré de sentiments correspondant aux miens. Mais ses pas restent enchaînés, m'a-t-il dit, par ses instructions qui sont encore celles du feu roy. »

Au sujet d'Ali, pacha de Janina, auprès duquel il avait envoyé en mission Bermond, Descorches écrivait encore : « Je m'applaudis beaucoup d'avoir senti de bonne heure l'importance des relations que je me suis appliqué à établir avec le pacha de Janina. C'est un homme qui nous deviendra très utile. »

Ali-Pacha informait en effet vers cette époque Descorches de l'amitié qu'il avait conçue depuis plusieurs années « pour l'incomparable nation française ».

Quelques jours plus tard, le 23 fructidor, Descorches annonçait qu'il avait vu *un matador* du pays attaché à une Légation neutre et qu'il devait avoir une conférence prochaine avec le Reis-Effendi. Il avait appris que l'Empereur avait fait effectivement des démarches pour obtenir la paix, mais que l'Angleterre était opposée à toute paix séparée. Il émettait l'avis que le Gouvernement français aurait dû depuis longtemps établir un concert entre les puissances neutres pour leur faire reconnaître en même temps la République.

Hénin prétendait aussi renseigner le Gouvernement sur la situation telle qu'il la jugeait. Son rôle était surtout de dénoncer et de critiquer. Il trouvait que Smith qui dirigeait la construction des forteresses de l'Empire ottoman était *un ingénieur de faible mérite*. Quant à Kauffer, ex-intendant de Choiseul-Gouffier devenu ingénieur et qui avait la confiance des Turcs, il le disait dévoué aux Autrichiens et vendu aux Russes. Il trouvait l'état des forces militaires ottomanes en stagnation et il pensait que les Turcs n'étaient pas prêts à faire la guerre.

Ils n'étaient pas faciles d'ailleurs à émouvoir et n'agissaient que contraints par la nécessité absolue. Leur neutralité était forcée en raison de leur état de faiblesse et il eût été plus facile de les chasser d'Europe que de les soutenir contre leurs ennemis. Le représentant de la France à Constantinople était naturellement responsable pour Hénin de cet état de choses par son inaction et l'infériorité de ses spéculations politiques. Mais Hénin venait de remporter une grande victoire sur Descorches. Les armes du Tyran avaient enfin disparu des grilles du Palais dans la nuit du 14 au 15 fructidor (1) !

C'est aussi vers cette époque que Chénié écrivait insolemment à Descorches, « espérant qu'il ne resterait bientôt plus d'un homme si vertueux que ses froides reliques ».

Quel cas le Gouvernement de Paris faisait-il de ces communications et comment appréciait-il les efforts de Descorches ?

Buchot avait communiqué au Comité de Salut public le 28 fructidor quelques lettres de cet envoyé, les seules qui lui fussent parvenues depuis deux mois. Il venait seulement d'apprendre officiellement par une note de Descorches au Reis-Effendi la capture de *la Sybille* connue déjà par les gazettes étrangères.

Quant à la Porte ottomane ou plutôt au ministère, il lui paraissait avoir rétrogradé au lieu d'avancer dans la manifestation des dispositions que la France était en droit d'en attendre. « Il est temps, citoyens, concluait-il dans son rapport au Comité de Salut public, que nous agissions et que nous fassions agir par des agents éprouvés, par des moyens vigoureux, d'après un plan uniforme et même dans les pays que les mêmes intérêts, les mêmes ennemis lient aussi étroitement à nous que la Turquie. »

Ce n'étaient, hélas ! que des intentions excellemment énoncées.

Thainville était resté à Smyrne et Descorches donnait en ces termes de ses nouvelles : « Voici ce que le bon, l'excellent Thainville m'écrit de Smyrne : « La scène est bien différente ici de celle de Constantinople. Nulle fraternité, point « d'union, nul esprit public, l'intrigue la plus active et la

______

(1) Hénin au commissaire des Relations extérieures.

« plus dangereuse. Comme elle s'exerce au milieu de 800 à
« 900 marins, on peut les égarer par des dîners, par l'argent
« même qu'on distribue avec adresse et à propos. On a des
« affidés jusque dans les bâtiments... Point d'ordre, point
« de subordination dans cette division. Eh ! comment pour-
« rait-il en exister ! La plupart des officiers eux-mêmes fré-
« quentent journellement les Négrin, les Manuel, etc. Mon
« ami, un vent impur soufflait sur Toulon quand cette divi-
« sion en est sortie ; elle a besoin de l'air pur qu'on respire
« aujourd'hui au Port-la-Montagne. Au surplus, nos frégates
« manquent de tout ; *les hommes sont nuds et l'hyver*
« *approche.* Quels seront nos embarras, si nous ne sommes
« pas secondés (1) ? »

Il résultait de ce rapport de Thainville que les marins de
la République étaient loin de partager les sentiments patriotiques qui animaient ses armées. L'éloignement du théâtre
de la guerre était la cause du mal. Faut-il voir dans cet état
d'esprit le motif principal pour lequel la marine de la Révolution joua un rôle si effacé pendant toute cette période ?

Après le 9 thermidor, le bruit de la proclamation d'un roi
constitutionnel s'était répandu à Constantinople. On citait
des dates, on montrait des lettres. Les émigrés acclamaient
déjà Louis XVII. Mais un courrier avait appris le triomphe
des armées républicaines à Trèves et à Fontarabie. On
annonçait même la prise de Bréda. Aussi l'amour de la
Liberté et de l'Egalité n'avait-il fait, comme cela devait être,
disait Descorches « que s'allumer toujours davantage au
spectacle des conspirations qui avaient voulu l'étouffer ».

Le Reis-Effendi continuait à opposer des délais à une nouvelle entrevue. Il avait de si importantes choses à dire ! Il
fallait pardonner à un novice qui voulait étudier sa leçon. Il
avait eu des conseils répétés qui le surchargeaient de travail.
Il avait reçu de l'ambassadeur à Londres, Aghiah-Effendi,
des dépêches relatives sans doute aux plaintes de la France

---

(1) L'envoyé extraordinaire de la République française à la Commission des Relations extérieures, le 4 vendémiaire an III.

au sujet du brigandage de Miconi et il avait besoin de les déchiffrer avant d'avoir une entrevue avec Descorches (1).

Descorches faillit à cette époque trouver un concours qui, s'il s'était produit, aurait pu changer l'histoire du monde. Après la prise de Toulon, le général Buonaparte manifesia le désir d'aller servir en Turquie, ainsi que le constate cet arrêté du Comité de Salut public daté du 11 vendémiaire et ainsi conçu :

« Article premier. — Le général Buonaparte se rendra à Constantinople pour être employé d'une manière conforme à ses talents et à la connaissance qu'il a acquise dans la partie de l'artillerie.

« Art. 2. — Le commissaire de la marine, en vertu de l'arrêté du 12 brumaire, avisera aux moyens de faire parvenir ledit général à sa destination. »

Les archives du ministère des Affaires étrangères mentionnent encore ce projet d'arrêté :

« Le Gouvernement de la République considérant que le général Buonaparte, commandant en chef l'artillerie de l'armée d'Italie, a des connaissances profondes sur l'art de la guerre et spécialement sur la partie de l'artillerie dont il a donné des preuves en dirigeant le siège de Toulon, nos succès en Italie et en mettant en défense respectable les côtes de la Méditerranée, décide que ce général se rendra à Constantinople avec deux aides de camp pour prendre du service dans l'armée du Grand-Seigneur, contribuer de ses talents et de ses connaissances acquises à la restauration de l'artillerie de ce puissant Empire et exécuter ce qui lui sera ordonné par les ministres de la Porte. Il servira dans son grade et sera traité par le Grand-Seigneur comme les généraux de ses armées.

« Le Comité de Salut public voulant donner au général Buonaparte les moyens de remplir sa mission en Turquie avec succès, arrête :

« Lui seront adjoints les citoyens Songis et Roland, chefs

---

(1) L'envoyé extraordinaire de la République française à la Commission des Relations extérieures, le 4 vendémiaire an III.

de bataillon d'artillerie, Marmont, Aguettant, employé à Valence, Blaise de Villeneuve et Bourgeois, capitaines, Moissennet, sergent de la Compagnie, Mathieu, du 1ᵉʳ régiment d'artillerie, Scheir, sergent-major d'une compagnie d'ouvriers à Antibes, Bourgeois, lieutenant d'une compagnie de canonniers à Marseille.

« Ils devront se rendre à Besançon pour prendre les ordres du général Buonaparte. La Commission des Relations extérieures devra lui faire remettre six mois d'appointements en numéraire pour lui et ses compagnons pour leur servir de frais de route.

« Une caisse d'instruments de mathématiques et de dessin dont une note sera donnée par le général sera mise à la disposition de la Commission des Relations extérieures qui la fera passer à Constantinople à l'adresse du général.

« De même, la Commission d'Instruction publique enverra une caisse de livres relatifs à l'artillerie et à l'art de la guerre. »

Que serait-il advenu si, Bonaparte, mettant son génie militaire au service du Grand-Seigneur, avait conduit les armées ottomanes contre la Russie et l'Autriche, ou si, réalisant en Orient ses rêves grandioses, il les avait menées après la conquête qu'elles avaient faite naguères d'une partie de l'Europe, à celle de l'Asie centrale et des Indes ?

Mais, Bonaparte ne devait jamais venir à Constantinople où il n'aurait pas non plus trouvé Descorches. Car le rappel de l'ambassadeur français était décidé. Un rapport et un projet d'arrêté du 15 vendémiaire au sujet de fonds à remettre à son successeur Verninac allaient être soumis au Comité du Salut public.

On y rappelait que quatre millions avaient été déjà mis à la disposition de Descorches par un arrêté du Comité de Salut public du 20 vendémiaire an II, dans le cas où il déterminerait la Porte à déclarer la guerre à l'Autriche. D'après un autre arrêté du 26 frimaire, ces fonds devaient servir aussi à rembourser les prêts faits par la Porte qui se montaient à 78.000 piastres et 30.000 autres piastres avancées par les négociants. *Descorches avait promis une somme de*

150 bourses (150.000 francs) au Reis-Effendi qui venait d'être remplacé.

Le Comité devait décider si cet argent serait employé à *aider les négociations* et jusqu'à quel point. Un crédit de 500.000 francs était prévu pour Verninac, afin qu'il pût en toucher sur le champ la valeur en traites. Ces documents donnaient encore des renseignements sur le traitement de Descorches fixé à 80.000 francs par an en janvier 1793 et réduit en avril à 60.000 francs. Ils fournissaient aussi des indications instructives sur les gaspillages financiers qui déjà fleurissaient. C'est ainsi que Tilly, Mergey, Lamarre et Charpentier avaient touché des traitements en 1792 et 1793 comme secrétaires de la Légation de Constantinople où ils ne parurent jamais !

Descorches avait écrit dès le 4 fructidor au nouveau Reis-Effendi lui demandant de nouer des relations, faisant appel au témoignage de son prédécesseur qui pourrait attester le zèle avec lequel il désirait s'acquitter de sa mission et la sincérité de ses sentiments pour la prospérité de l'Empire ottoman (1). Avec une profonde conviction, « la sollicitude de l'amitié alarmée et de la sensibilité blessée », il lui faisait remarquer que les atermoiements de la Sublime Porte lui paraissaient très périlleux. Ils ne tendaient à rien moins qu'à altérer les dispositions de la France dont il était venu apporter des gages si substantiels. Il était urgent de remédier au mal qui était déjà fait et de réparer la perte d'un temps précieux. Descorches sollicitait donc une prochaine conférence qu'il jugeait indispensable dans les grandes et importantes circonstances que l'on traversait.

Cette conférence annoncée, même fixée, n'avait toujours pas lieu.

« Pauvres gens, écrivait Descorches, au sujet des Turcs ! Mais, en même temps, ce sont de bonnes gens qui nous aiment sincèrement, ce qui mérite sans doute d'être compté pour quelque chose et qui nous offrent des relations commerciales

---

(1) A Son Excellence le Reis-Effendi de la Sublime Porte ottomane. Galata, le 4 fructidor, l'an II de la République française (21 août 1794, ère vulgaire). Correspondance ministérielle.

déjà considérables et pourtant encore dans l'enfance (1). »

Pour ces motifs, Descorches se résignait encore à la patience. Il s'étonnait même que l'affection des Turcs pour la France, leur joie d'apprendre ses succès, leurs espérances dans les fruits de son amitié républicaine aient pu survivre aux calomnies dont elle ne cessait d'être l'objet de la part de ses ennemis aussi nombreux qu'influents et au système de corruption qui les gangrénait, système suivi de longue main, avec profusion et une grande persévérance par les Russes principalement et par les Impériaux, tandis que la République française avait négligé jusqu'alors tout ce qui pouvait lui acquérir ainsi du crédit auprès d'eux.

Les préparatifs des Turcs continuaient toujours et d'après l'opinion générale de ceux qui approchaient le Grand-Seigneur, ce prince voulait se mettre en mesure d'agir au printemps prochain. La forteresse de Bender était achevée. On devait augmenter le corps des canonniers et des fusiliers exercés à l'européenne.

Le Sultan lui-même avait travaillé au règlement élaboré pour l'instruction de ces troupes à laquelle il s'intéressait particulièrement. L'endroit où elles s'exerçaient, situé à une lieue de Constantinople, et appelé Leven-Tchiflick, était devenu le rendez-vous de tous les grands de la capitale qui y étaient invités de la part du Sultan et régalés à ses frais. La flotte devenait aussi chaque jour plus redoutable et s'accroissait de nombreux navires.

Le Moniteur universel continuait aussi à relater tous les bruits qui circulaient à Constantinople sur la prochaine rupture de la Russie et de la Porte. Il publiait cette correspondance : « L'espoir d'un accommodement s'éloigne plus que jamais et les différends s'élèvent de plus en plus entre la Russie et la Porte dans les conférences de l'envoyé de Catherine avec le Reis-Effendi. La cour de Russie insiste avec opiniâtreté.

« Quelques bâtiments vénitiens qui avaient obtenu l'autori-

---

(1) Constantinople, le 4 vendémiaire, l'an III de la République. L'envoyé extraordinaire à la Commission des Relations extérieures. Correspondance ministérielle.

sation d'arborer le pavillon russe, étant de retour de la mer Noire, l'ont quitté ces jours passés et ont repris celui de leur propre pays. Trois bâtiments russes qui se trouvaient dans ce port se sont empressés d'en sortir ; *enfin tout annonce qu'on est à la veille d'une guerre.* En attendant, la Russie fait répandre les bruits les plus exagérés pour inspirer la terreur. A en croire les nouvellistes à sa solde, 140.000 de ses soldats sont déjà près des frontières de Turquie ; 60.000 autres se trouvent dans la Crimée et 150 voiles sont déployées dans la mer Noire.

« L'escadre ottomane mouille en ce moment devant Beschik-teack ; le Capitan-Pacha doit la commander en personne. On ignore encore quelle sera sa destination ; mais, les équipages ont reçu l'ordre de se tenir prêts pour le départ fixé au 27 de ce mois. Le Divan a en outre ordonné que tous les vaisseaux de guerre désarmés soient rendus disponibles. Trois vaisseaux de ligne neufs construits à Sinope et dans l'archipel sont encore attendus ici et doivent joindre la flotte quand l'occasion le requerra (1). »

Cette autre lettre de Constantinople donnait encore les détails suivants : « La Porte, malgré les intrigues dont la perfidie anglo-russe l'environne, reste fidèlement attachée à la neutralité.

« La nation ottomane n'a peut-être jamais eu une occasion plus féconde en moyens de venger ses injures et d'assurer son indépendance en relevant son antique gloire ; elle pourra penser que les outrages de Pétersbourg se laveraient glorieusement sous les murs de Vienne. Les travaux de l'arsenal se continuent avec activité ; deux frégates sont parties pour la mer Noire afin d'y chercher des matériaux.

« Une nouvelle forteresse vient d'être bâtie ; par un ordre de la Porte, à l'entrée de la mer Noire, près du village de Sari-Jer.

« Tout le canal de la mer Noire est maintenant fortifié. Ces ouvrages sont garnis d'un grand nombre de gros canons et

---

(1) Constantinople, le 25 juillet 1794. *Le Moniteur universel*, n° 352, 22 fructidor. l'an II (lundi 8 septembre 1794).

gardés par un corps de canonniers. Le Reis-Effendi, cet ennemi déclaré des Russes, avait offert sa démission, mais le Grand-Seigneur, loin de l'accepter, l'a comblé de louanges et de témoignages de contentement et lui a ordonné de continuer ses fonctions (1). »

Pour faire respecter sa neutralité confirmée par un nouveau firman, la Porte avait envoyé dans l'Archipel une division de la flotte du Capitan-Pacha, composée d'un vaisseau de ligne, de trois frégates et de deux autres bâtiments.

Un incident nouveau avait empiré l'état des relations avec la Russie. Le Grand-Seigneur s'était rendu près de Constantinople à Buyakder pour assister à des jeux. Pendant qu'il dînait sous sa tente, l'envoyé russe, qui était venu incognito, s'en étant approché de trop près et refusant de s'éloigner, fut frappé par l'officier de garde, bien qu'il eût décliné sa qualité.

Le Grand-Seigneur avait dégradé l'officier coupable et l'avait renvoyé au sérail pour être puni. Le Bostangi-Bachi avait en outre reçu l'ordre de faire une visite publique au ministre russe à titre de réparation et de lui offrir un présent. Malgré tout, la tension des rapports n'avait fait qu'augmenter.

Le Divan avait fait prendre note de tous les bâtiments mouillés dans le port de Constantinople, avec l'indication de leurs ports d'attache et du nombre de leurs canons. On ignorait le but de cette mesure, mais on remarquait qu'on s'était attaché surtout à relever les noms des bateaux portant les pavillons russes et autrichiens.

Les préparatifs de guerre sur terre et sur mer se continuaient avec une grande vigueur. Le Capitan-Pacha était alors dans les Dardanelles où l'on construisait des vaisseaux de ligne et les janissaires avaient reçu l'ordre de préparer leurs tentes (2).

Ces nouvelles étaient encore confirmées un peu plus tard

______

(1) Constantinople, le 1er août 1794. *Le Moniteur universel*, n° 24, le 24 vendémiaire an III (mercredi 15 octobre 1794).

(2) Constantinople, le 18 septembre 1794. *Le Moniteur universel*, n° 47, 17 brumaire an III (vendredi 7 novembre 1794).

par cette lettre de Constantinople : « Ceux des Français dont la présence ici avait paru dangeureuse à leurs compatriotes ont été embarqués au nombre de 50 sur des bâtiments turcs faisant voile pour Marseille.

« L'agent de la République française a présenté dernièrement au Grand-Seigneur un mémoire historique contenant le récit de toutes les opérations des armées françaises.

« Les parages de l'Archipel sont remplis de corsaires et d'armateurs français. Les puissances coalisées font à ce sujet les protestations les plus vives; leurs efforts ont été inutiles.

« On construit aux Dardanelles trois vaisseaux de 74 canons. Le Capitan-Pacha est allé lui-même en surveiller la construction. On travaille ici avec la plus grande activité à mettre la flotte en état de sortir au printemps prochain.

« Toutes les forteresses sur les bords du canal ou de la mer Noire son mises en état de défense. Le Gouvernement occupe 10.000 hommes à ces travaux. On augmente les troupes de terre et on les exerce sans relâche (1). »

« Les Français, écrivait-on toujours de Constantinople, viennent de célébrer dans une fête les victoires de leur patrie. Un concert patriotique a eu lieu dans la maison nationale, à un signal donné par 21 coups de canon tirés du seul vaisseau français en rade. Ce concert ouvert par l'hymne des Marseillais s'est terminé par une ronde autour de l'arbre de la Liberté.

« Une autre fête a été célébrée à Smyrne. Le vaisseau turc en rade a tiré 11 coups de canon que les frégates françaises nouvellement rentrées dans le port et les vaisseaux neutres ont appuyés de leur artillerie.

« L'ambassadeur britannique a présenté à la Porte cinq mémoires contre de prétendues violations de la neutralité.

« On a vu à Smyrne, assure-t-il, des bâtiments s'armer pour aller faire la course contre les Anglais, sans opposition du Gouvernement. Des vaisseaux français ont fait des prises à la vue des forteresses turques. Les Anglais n'agissent pas

---

(1) Constantinople, le 30 septembre 1794. *Le Moniteur universel*, n° 58, 29 brumaire an III (mercredi 19 novembre 1794).

de même; ils n'attaquent l'ennemi que là où il n'y a ni fort, ni pavillon turc pour éviter toute insulte à la juridiction de la Porte. Les Français paraissent avoir des titres et des privilèges exclusifs (1).

« Les troupes ottomanes exercées depuis longtemps par des officiers européens manœuvrent avec plus d'art et plus d'ensemble. Elles ont défilé le 11 de ce mois devant le Grand-Vizir dans la plaine de Tustilick. Elles y ont fait différentes évolutions et ont pris un fort d'assaut. On a remarqué dans ces mouvements beaucoup de précision et d'habileté. Le Grand-Vizir a fait distribuer des récompenses.

« Un vaisseau français est parti sous pavillon tricolore et va faire en Syrie un chargement de 3.000 mesures de blé pour le compte du gouvernement ottoman, en raison de la disette qui règne dans la capitale par suite de la grande sécheresse.

« Les ministres étrangers ont été requis de lui donner des laisser-passer à ce sujet.

« La tranquillité paraît rétablie en Egypte. Le tribut annuel est payé à la Porte avec régularité. Quoi qu'il en soit, les beys ne renoncent pas à leur système d'indépendance. Leurs prétentions restreignent beaucoup l'autorité du gouvernement ottoman (2). »

Descorches avait imaginé de rédiger avec les nouvelles qu'il recevait des bulletins contenant le récit des succès des armées républicaines et des renseignements sur la situation intérieure de la France qui, présentés sous un jour favorable pour les idées révolutionnaires, devaient dans sa pensée servir d'utile propagande auprès des Turcs.

Ces bulletins très recherchés en Turquie circulaient dans les provinces les plus reculées où ils produisaient, assurait Descorches, le meilleur effet pour la République (3).

---

(1) Constantinople, le 6 octobre 1794. *Le Moniteur universel*, n° 74, 14 frimaire an III (jeudi 4 décembre 1794).

(2) Constantinople, le 30 octobre. *Le Moniteur universel*, n° 79, 19 frimaire an III (mardi 9 décembre 1794).

(3) Constantinople, le 19 vendémiaire an III. L'envoyé extraordinaire au citoyen commissaire des Relations extérieures. Correspondance ministérielle.

La conférence si souvent annoncée entre Descorches et le
Reis-Effendi eut lieu enfin le 4 vendémiaire (25 septembre
1794). Mais le nouveau Reis-Effendi ne fut qu'un écho de
son prédécesseur. Il parut à Descorches que Dury-Effendi,
soit par incapacité, soit par impuissance d'agir, faute d'un
crédit suffisant, n'était dans cette circonstance que le porte-
paroles d'autres personnages plus puissants que lui dont il
semblait même regretter de rapporter la pensée. Il y avait
toutefois dans son langage plus de bonhomie et de sensibilité
que dans celui de Raschid. A cela près, mêmes paroles avec
moins d'esprit.

Quant au drogman, le prince Callimachi. Descorches en fut
très satisfait. Il semblait sincère et même peiné de l'inutilité
des efforts du représentant de la France. C'est du moins ce
que ce Grec dit presque en larmoyant, quand il prit congé de
Descorches.

Dans cette entrevue, le ministre de France insista de nouveau sur les graves conséquences qu'il voyait dans l'inaction
de la Porte, sur la différence surprenante qui existait entre
les actes du Gouvernement ottoman et le langage amical qu'il
tenait à l'égard de la République, alors que les actes seuls
avaient vraiment de l'importance.

Cependant les triomphes de la République, la détresse de
ses ennemis qu'ils ne pouvaient même plus dissimuler, l'insurrection polonaise, les disposition des cours du Nord rendaient plus frivoles que jamais les motifs que faisait valoir
la Porte pour justifier son attitude expectante qui ne pouvait
que très mal impréssionner le Gouvernement français. Son
représentant ne pouvait donc que déclarer qu'à défaut :

1° De l'admission immédiate d'un ministre de la République française publiquement accrédité ;

2° De la nomination de plénipotentiaires pour s'expliquer
sur les bases d'un traité d'alliance,

il se verrait obligé de considérer comme non avenues les
propositions qu'il avait faites jusqu'ici et que la Porte se
nourrirait d'illusions, si elle continuait de compter sur la

même activité dans les dispositions bienveillantes de la République française.

Toutefois, dans la persuasion que de nouvelles réflexions déjà beaucoup trop tardives pourraient modifier l'attitude de la Porte dans un sens conforme aux intérêts communs des deux pays, qu'elle ne serait pas dupe plus longtemps des intrigues des Russes qui, précisément dans ce moment, redoublaient d'efforts et de *dépenses* pour qu'elle persistât dans un système qui devait lui être si funeste, le ministre français consentait à différer de quelques jours, selon les termes d'une note remise le lendemain de l'entrevue, le compte qu'il avait à en rendre à son Gouvernement (1).

Le Reis-Effendi, ému par le ton de cette note, avait lui aussi demandé un délai pour faire connaître une réponse que la Porte très embarrassée devait éluder, d'après l'avis de Descorches. Quinze jours après la conférence, n'ayant reçu en effet aucune communication de la Porte, Descorches fit remettre une nouvelle note au Reis-Effendi pour lui faire savoir qu'il ne pourrait différer au delà des premiers jours de la semaine suivante l'expédition du rapport qu'il devait faire au Gouvernement de la République (2).

Rappelant ses efforts aussi vains que persévérants depuis qu'il était à Constantinople, il espérait dans tous les cas que le Reis-Effendi reconnaîtrait qu'il s'était appliqué à s'acquitter jusqu'à la fin de ses devoirs dans l'exécution de la mission dont il avait été chargé auprès de la Sublime Porte.

Il priait enfin le Reis-Effendi de fixer son attention sur un événement dont le courrier venait de lui apporter la nouvelle, l'arrivée à Paris d'un ministre plénipotentiaire des Etats-Unis d'Amérique ainsi que sur la présentation de ses lettres de créance et son admission dans le sein de la Convention. Or, rien ne pouvait s'assimiler mieux que la situation poli-

____

(1) Note pour la Sublime Porte. A Tatavola, le 5 vendémiaire de l'an III de la République française (26 septembre 1794, ère vulgaire). Correspondance ministérielle.

(2) Note pour la Sublime Porte. Tatavola, le 18 vendémiaire, l'an III (9 octobre 1794). Correspondance ministérielle.

tique des Etats-Unis avec celle de la Porte ottomane, avec cette double différence toutefois :

1° Que les puissances anglaise et espagnole menaçaient les Américains avec toute la force de la haine, de l'envie et de l'ambition de dangers plus grands que ceux qui pouvaient venir en ce moment pour la Turquie de la Russie et de l'Autriche ;

2° Que les Etats-Unis étaient loin de posséder les moyens de défense de l'Empire ottoman.

Que devait-on donc en conclure ?

En rendant compte à son Gouvernement du résultat négatif de sa dernière entrevue, Descorches faisait cette réflexion mélancolique : « Citoyen commissaire, tu vois que je n'épargne pas mes éperons, mais ce sera toujours bien peu de chose, tant que le Comité de Salut public ne m'assistera pas des siens (1). »

Dans la note remise au Gouvernement ottoman, Descorches avait fait allusion aux dépenses des Russes pour favoriser leurs intérêts. Il y était autorisé par les confidences d'un de ses affidés Dib-Oglou, que les Russes avaient voulu corrompre et qui avait su par eux que la Légation russe avait reçu des fonds extraordinaires pour répandre tout l'argent nécessaire au soutien de l'intrigue qui paraissait l'emporter dans le ministère en faveur du maintien de la paix ; que les Russes craignaient beaucoup la guerre et la volonté que le Grand-Seigneur avait de la faire ; qu'ils attachaient un grand prix à la réintégration du prince Moruzzy dans ses fonctions de drogman de la Porte ; qu'ils comptaient beaucoup sur l'ancien Reis-Effendi Raschid, qui leur aurait dit : « Faites tout pour terminer en Pologne, si vous voulez conjurer l'orage. » Si ce propos était vrai, il prouvait la duplicité de Raschid qu'on avait vu tenir un tout autre langage dans les entretiens qu'il avait eus avec Descorches.

Ce dernier avait obtenu une entrevue du ministre de la Guerre, Tchélébi-Effendi, l'homme alors en évidence, en rai-

______

(1) Constantinople, le 19 vendémiaire, l'an III. L'envoyé extraordinaire au citoyen commissaire des Relations extérieures. Correspondance ministérielle.

son de l'attention toute spéciale que le Grand-Seigneur portait aux affaires de son Département. Tchélébi-Effendi avait témoigné, en y joignant ses instances personnelles, de la vive impatience du Sultan de voir arriver les officiers français dont l'envoi avait été promis.

Il était question à cette époque de désigner des généraux en chef ou séraskiers pour former à Ismaïl et à Erzeroum des armées dont la concentration sur les frontières devait occuper l'attention des Russes et opérer une diversion utile en faveur des Polonais révoltés.

Descorches n'avait pas négligé non plus le parti qu'il pouvait tirer de l'insurrection polonaise. Dès les débuts des troubles de Pologne, il avait pensé aux moyens de se mettre en rapports avec Kosciuszko. Mais l'état de ses ressources pécuniaires et le défaut d'agents dignes de leur confiance commune et propres à remplir cette mission lui avaient fait ajourner l'exécution de ses projets.

Il avait enfin trouvé un jeune Polonais, Sulkowski, qui, ayant dû primitivement faire partie de la mission de Sémonville, n'avait pu continuer au delà d'Alep sa route pour l'Inde où le Gouvernement français se proposait de l'envoyer comme agent secret. Il prétendait être devenu citoyen français pendant un séjour à Paris et paraissait professer un grand dévouement pour la France. Descorches l'avait connu à Varsovie, et comme il possédait une éducation militaire il lui avait donné à cette époque des lettres de recommandation pour être employé dans l'armée française. L'ayant retrouvé à Constantinople, il lui fit la proposition qui parut conforme à ses désirs de se rendre déguisé auprès de Kosciuszko, en s'occupant sur sa route d'établir des moyens de communication pour permettre à Descorches de correspondre avec ce général. Descorches lui fit même obtenir de la Porte pour cet objet, sous la promesse d'un profond secret, une somme de deux mille piastres. Il le chargea aussi de lettres pour Kosciuszko et son ancien ami Ignace Potocki, directeur des Affaires étrangères. Il s'applaudissait de leur écrire en s'inspirant d'un discours du président de la Convention adressé à des Polonais qui avaient comparu à la barre de cette

Assemblée et leur recommandait par-dessus tout de *se répu-blicaniser* le plus possible, s'ils voulaient obtenir le succès pour leur cause.

Quelque temps plus tard, le drogman de Pologne, Pierre Crusta, venant de Varsovie, avait vu Descorches à son arrivée à Constantinople et, suivant les ordres qu'il avait reçus, lui avait remis un chiffre pour qu'il le copiât ainsi qu'une lettre d'Ignace Potocki. Crusta était mis à l'entière disposition de Descorches qui allait pouvoir entretenir des rapports suivis avec la Pologne.

Potocki disait, dans sa lettre : « Sache que nous sommes décidés à soutenir une seconde campagne; que nous avons entrepris notre insurrection par devoir et par un désespoir actif. Les calculs ne nous arrêteront pas. *On peut donc compter sur nous. Et cependant, malgré les superbes promesses du Gouvernement français*, malgré un agent que nous y avons dans la personne du citoyen Bars, malgré l'unité des intérêts des deux nations, enfin, malgré l'évidente utilité de notre campagne pour la République, nous ne recevons aucun secours de la France. »

Ces plaintes d'Ignace Potocki, preuve irrécusable de l'indifférence de la France à l'égard de la Pologne, ces cris de détresse si semblables à ceux de Descorches, ne confirment-ils pas les reproches d'impéritie et d'inertie qu'on peut justement faire au Comité de Salut public pour sa politique étrangère ?

Descorches s'en rendait bien compte, car il ajoutait en transmettant à Paris la lettre d'Ignace Potocki : « Ces plaintes datent de l'époque où les triumvirs (1) dominaient et *ne combinaient que des ruines*. Il faut les lui renvoyer, car sans doute aujourd'hui que c'est l'intérêt public qui nous gouverne, il me semble impossible qu'on ne cultive pas un aussi bon et beau germe que cette insurrection. Le succès des affaires de Pologne nous mène à tout philosophiquement et politiquement. Aidons donc ces braves gens, *inquibus et rostro*. »

----

(1) Robespierre, Couthon et Saint-Just.

Puis Descorches faisait ce tableau de la situation de la Pologne : « N'oublie pas, je t'en conjure, citoyen, toutes les fois que tu voudras fixer ton jugement et celui des autres sur ce pays que le peuple y a croupi jusqu'à ce moment dans l'esclavage, qu'il est dégradé en proportion; que la classe intermédiaire entre lui et la noblesse est beaucoup trop peu nombreuse pour devenir impulsive. Tels sont les éléments. Les conséquences se présentent d'elles-mêmes. La première, et la plus importante pour le moment, à ce qu'il me paraît, c'est qu'il faut attendre du temps ce que l'on ne peut espérer de l'état des lumières et se confier dans les meneurs auxquels j'ai connu pour la plupart des principes très libéraux et dont je garantirais au besoin la pureté des vues. Qu'ils repoussent leurs ennemis, qu'ils puissent acquérir la liberté de leurs mouvements, je réponds du reste (1). »

Les nouvelles les plus contradictoires, rendues plus confuses encore par l'éloignement et la difficulté des communications, arrivaient alors à Constantinople sur les événements de Pologne. Malheureusement, elles étaient le plus souvent défavorables aux Polonais. Tantôt le bruit courait de la prise de Varsovie par les corps combinés de Repnin, Fersen et Souwarow. Tantôt la capitale polonaise n'était plus prise, mais il s'agissait seulement de l'un de ses faubourgs, Praga. Un autre jour, Souwarow avait été défait et tué; les Russes se retiraient vers les frontières. Dans ces nouvelles contradictoires, il était difficile de démêler la vérité. Ce qui était certain, c'est qu'aucun succès décisif ne se dessinait pour la cause polonaise.

Potocki avait demandé à Descorches d'avancer à son envoyé un millier de ducats de Hollande pour faire les présents qui seraient nécessaires. « Il s'adresse à un pauvre banquier, faisait observer Descorches, mais sa bonne volonté suppléera à tout. Je crois pouvoir m'assurer, citoyen, que je remplirai tes intentions, en leur rendant ce service. »

C'est ainsi que Descorches cherchait à nouer des relations

---

(1) Constantinople, le 19 brumaire de l'an III (9 novembre 1794, ère vulgaire). L'envoyé extraordinaire au citoyen commissaire des Relations extérieures. Correspondance ministérielle.

qu'il s'efforçait à rendre de plus en plus étroites avec la
Pologne dont il considérait l'adhésion à son système d'alliances comme très importante pour les intérêts de la France,
qui ne paraissait pas lui donner l'appui empressé qu'il eût
été en droit d'attendre pour la récompense de son zèle. Ainsi
qu'il le faisait observer, du succès des armes polonaises
dépendait pour une grande part celui de ses propres négociations. Les affaires polonaises avaient donc un intérêt considérable pour la France. Aussi Descorches s'était-il employé
à obtenir dans le plus grand secret pour Crusta l'envoyé de
Potocki, — car le temps des ménagements n'était pas passé,
— une entrevue avec le drogman de la Porte. Crusta devait
voir aussi le Reis-Effendi, le Conseil suprême de Pologne
l'ayant chargé de demander aux Turcs des secours effectifs.
Il aurait fallu aux Polonais, avec la protection du ministre
de France, 30 ou 40.000 fusils. Il était urgent que la Pologne
apportât à l'alliance projetée l'appui de ses victoires, car les
autres pays sur lesquels avait compté Descorches continuaient à se tenir sur une grande réserve.

« Il est bon que tu saches, citoyen, écrivait-il à ce sujet au
commissaire des Relations extérieures, que la Légation suédoise continue d'être dans une réserve avec moi telle qu'elle
me deviendrait suspecte, si les agents étaient moins estima-
bles personnellement. La Danoise est nulle pour ainsi dire, le
chargé d'affaires et négociant Hubsch ne pouvant être réputé
que comme un commissionnaire, d'ailleurs Russe jusqu'au
fond de l'âme. Qu'attendent donc ces deux Gouvernements
et, s'ils sont décidés dans leur système, comment restent-ils
indifférents ou froids sur ce point ? » Et pour ce qui concernait le Gouvernement français qui paraissait aussi inerte et
figé que ceux de Suède et de Danemark, Descorches ajoutait :
« Tu m'annonçais, citoyen, le 17 messidor, de prochaines
résolutions du Comité à notre égard et bientôt quatre mois
déjà se sont écoulés sans autre effet que d'épuiser un peu
plus nos ressources (1). »

---

(1) Constantinople, le 5 frimaire an III. L'envoyé extraordinaire au
citoyen commissaire des Relations extérieures. Correspondance ministérielle.

Dans l'espoir de lever tout au moins les hésitations de la Porte, Descorches avait communiqué à son drogman, le prince Callimachi, pour être mis sous les yeux du Reis-Effendi, le texte même de la dernière dépêche ministérielle qu'il avait reçue après la bataille de Fleurus et qui contenait des instructions au sujet du langage qu'il devait tenir aux ministres ottomans. Il réclamait en même temps l'extradition de Pierre Fonton, ci-devant chancelier de la Légation de France, suivant les ordres qui lui avaient été également transmis au nom du Comité de Salut public (1).

La nomination d'un nouveau Grand-Vizir, en remplacement du très vieux et très nul Melek-Mehemed-Pacha qui n'en avait que le nom, allait apporter une fois encore à Descorches une lueur d'espoir. Il annonçait cet événement en ces termes au commissaire des Relations extérieures : « Enfin, citoyen, j'ai la satisfaction de pouvoir t'annoncer l'événement invoqué par les vœux de tout ce qu'il y a de bien intentionné dans l'Empire. Le vaisseau a recouvré son gouvernail. Hier, Izet-Mehemet-Pacha fut proclamé et immédiatement installé Grand-Vizir (2). »

L'appel aux affaires de ce Pacha renommé, qui était antérieurement au Caire et qui avait occupé de nombreux emplois avec distinction, ne permettait pas de douter de la ferme résolution du Sultan de relever son Empire de la situation abaissée où il était tombé. On s'accordait à faire honneur à ce prince d'avoir su mener à bien ce projet, au milieu des entraves mises à ses bonnes intentions par les adroits et puissants intrigants qui l'avaient dominé jusqu'alors.

Il fallait attendre toutefois pour savoir comment serait remplie la confiance du Sultan dans ce nouveau collaborateur, voir les œuvres pour juger l'ouvrier. Izet était reconnu pour un homme d'esprit, versé dans les affaires, capable. C'était un élève de l'un des Vizirs les plus recommandables par ses

---

(1) A Galata, le 18 brumaire, l'an III de la République (8 novembre 1794). Correspondance ministérielle.

(2) Constantinople, le 30 vendémiaire, l'an III de la République une et indivisible. L'envoyé extraordinaire au citoyen commissaire des Relations extérieures. Correspondance ministérielle.

vues, ses talents, son caractère qui eussent gouverné l'Empire, feu Halil-Pacha, grand partisan de l'union intime de la Turquie et de la France. Il s'était lui-même toujours montré l'ami des Français, mais on le savait aussi fort lié avec Raschid, élève comme lui de cet Halil. Arrivant à Constantinople, venant d'Asie, il était lui-même passé par la maison de campagne de cet ancien ministre et l'avait vu avant qui que ce fût.

Il fallait désormais attendre que le nouveau Grand-Vizir eût dans la tête le tableau assez net des affaires politiques de l'Empire pour continuer avec lui les négociations engagées avec son prédécesseur. C'était encore un nouveau délai qui allait s'imposer à l'impatience de Descorches.

Quant au Reis-Effendi que Descorches jugeait inutile de revoir pour le moment, il paraissait toujours bien disposé et même très malheureux de son impuissance à réaliser ses désirs. Il avait dit à Dantan dans un accès de découragement : « Je n'en puis plus; vos ennemis m'accablent de reproches; M. Descorches, de même; je ne sais que faire. La place n'est pas tenable. Comment, grand Dieu, mon prédécesseur a-t-il pu y rester si longtemps ! Pour moi, je vais donner ma démission (1). » Mais, quand il apprit la nomination du nouveau Vizir, il parut rasséréné et promit que l'une de ses premières occupations serait de l'entretenir des affaires de France et de mettre sous ses yeux toutes les notes de Descorches (2).

Celui-ci avait mis à profit les paroles de découragement qu'avait laissé échapper le Reis-Effendi pour lui écrire cette lettre : « Que Votre Excellence trouve bon que je le lui dise; cet effet qu'elle éprouve commence la justification de ce que je prévois et annonce depuis longtemps, que la marche de la Sublime Porte ou plutôt sa stagnation politique, au milieu du mouvement général imprimé à l'Europe, la conduit nécessairement à la plus désagréable, à la plus périlleuse des positions; la plus désagréable, parce qu'elle sera sans cesse

---

(1) Correspondance ministérielle.
(2) Note de Descorches du 4 brumaire an III.

froissée de tous les côtés; la plus périlleuse, parce qu'en même temps qu'elle irritera ses ennemis qui trouveront toujours qu'elle en fait trop, elle dégoûtera ses amis qui trouvent qu'elle n'en fait pas assez et elle finira par être abandonnée à elle-même, discréditée jusque dans l'esprit de la très grande majorité de vos nationaux et en proie aussi à toutes les entreprises des ambitieux du dehors et du dedans (1). »

Le Gouvernement français avait décidé d'envoyer Ruffin dans le Levant en même temps que Verninac, comptant mettre à profit sa grande expérience. Ruffin avait fait savoir qu'il lui serait utile d'amener avec lui sa famille, les femmes étant indispensables en Turquie, où toutes les affaires, même politiques, étaient traitées dans les harems. Son gendre *Lesseps* qui, malgré son jeune âge, connaissait déjà une grande partie de l'Empire russe, pouvait aussi l'aider dans la réalisation de son projet d'obtenir pour le commerce français l'ouverture de la mer Noire, projet si important, dont Ruffin s'était occupé pendant une grande partie de sa carrière (2).

En vendémiaire an III, il adressait un rapport au ministre des Affaires étrangères sur cet objet majeur, recommandé depuis plus d'un siècle aux ministres de France à Constantinople, examiné, abandonné, repris par eux et toujours resté en souffrance. Les Turcs, jaloux de leur situation dans ces parages, n'avaient accordé ce privilège qu'à la Russie et à l'Allemagne à la suite de leurs efforts pendant les deux dernières guerres et *parce que ces ennemis de l'Empire ottoman faisaient peu de commerce*. Mais la Porte redoutait l'activité mercantile des Français; de là sa répugnance à accorder un droit dont l'obtention ne pouvait être que l'œuvre du temps, le fruit de la confiance personnelle secondée par quelques sacrifices sous la forme de présents.

---

(1) Tatavola, le 27 vendémiaire an III (18 octobre 1794, v. s.). A Son Excellence le Reis-Effendi de la Sublime Porte. Correspondance minist'r¹elle.

(2) Note de Ruffin du 27 vendémiaire an III. Ruffin (Pierre-Jean-Marie), âgé de 52 ans, était natif de Salonique. Lesseps (Jean-Baptiste-Barthélemy), né à Cette, n'était alors âgé que de 29 ans.

Les importations et les exportations de la France devaient
être doublées, si ce projet aboutissait; sa navigation au long
cours et son cabotage portés au même chiffre de 600 navires.
La France pourrait ainsi recevoir les grains de Pologne, les
riches productions de l'Ukraine, des mâtures pour l'arsenal
de Toulon, les bois de la Lithuanie et de la Moldavie.

Ruffin comptait charger spécialement de cette négociation
Lesseps qui avait fait un voyage autour du monde avec La
Pérouse et sous la direction du savant navigateur de l'Angle.
Il le chargeait aussi d'étudier les nouvelles relations de la
Russie avec les Turcs et les ports d'Italie, ainsi que ses forces
navales. Lesseps avait été nommé consul général à Péters-
bourg, mais n'avait pas encore exercé ses fonctions.

Ruffin devait emmener avec lui sa famille ainsi qu'il l'avait
demandé. Quiconque connaissait, en effet, la manière de traiter les affaires en Turquie devait savoir qu'elles étaient toutes
élaborées dans les harems ainsi qu'il vient d'être dit. Or, les
femmes pouvaient seules y pénétrer, et c'était à leur secrète
influence que presque tous les négociateurs étaient redevables
de leur succès, tout en s'en attribuant exclusivement le
mérite. Le préjugé religieux leur était garant de la discrétion de leurs coopératrices.

Thainville, revenu de Smyrne, avait, dans un long rapport, renseigné Buchot sur la situation de cette Echelle et
sur les agitateurs qui y entretenaient la division, Manuel,
immoral, fourbe, comptant dans son passé trois banqueroutes
frauduleuses, ancien correspondant des traîtres Pétion et
Manuel dont il se disait le parent, Négrin et Noyane, tous
trois agents actifs de l'intrigue dans laquelle, avec Jean et
Peyron, chirurgiens-majors de *la Sybille* et du *Rossignol*, ils
cherchaient à entraîner les marins de l'escadre. Rondeau
fréquentait ces intrigants. Thainville représentait, au contraire, le proconsul Roubaud comme un homme froid et prudent. Noyane, beau-frère de Manuel, poussait la violence
jusqu'à frapper son père; c'était le Brutus de Smyrne. Il
avait fait partie de la garde de Marseille établie par Caraman
et qui avait tiré sur le peuple. Négrin, médecin de l'hôpital,
en était aussi l'administrateur et le fournisseur au moyen de

prête-noms. Arrivé sans fortune, il était devenu riche des diètes qu'il prescrivait aux malheureux malades. Il affichait un luxe insultant, tenait table ouverte ainsi qu'une banque de pharaon où plusieurs officiers s'étaient ruinés pendant le dernier hiver. Tels étaient les patriotes de Smyrne. Quels sacrifices avaient-ils fait à la cause de la Liberté ?

D'accord avec Descorches, Thainville devait retourner à Smyrne pour y remettre le bon ordre. Au sujet de la division navale, il écrivait : « Le peu de discipline et de subordination qui y règnent, la faiblesse de quelques officiers ne contribuent pas peu à entretenir l'agitation de Smyrne et même un des plus puissants ressorts de l'intrigue. Rondeau, son commandant est léger, sans caractère. Les délices de la Capoue du Levant l'ont peut-être un peu trop attaché au port. »

Thainville rappelait la perte de *la Sybille*, parlait de l'état déplorable du *Rossignol*. Le remplacement de la division était une mesure urgente à prendre. A propos de l'affaire de Miconi, il racontait qu'à la vue des Anglais un officier s'était écrié : « Allons, mes amis, voilà l'instant de crier : Ça ira, vive la République ! » et que tous les marins étaient restés muets. On s'embarqua confusément dans des canots pour gagner la terre. Le combat ne dura qu'une heure. Tous ces détails lui avaient été donnés par le proconsul Roubaud et même par quelques officiers de *la Sybille*.

« Deforgues, continuait Thainville, a été reconnu pour une des victimes du Catilina que vous venez de frapper. Or, on m'a dit agent de Deforgues. Hénin a quitté le Palais pour prendre avec son ami Lizon, rue de Péra, une maison louée 1.000 piastres où on va essayer de ressusciter le Club prétendu populaire.

« Florenville, lié dans tous les temps avec les ambassadeurs anglais, est soupçonné d'être protégé par eux. Le comte d'Aksack, polonais intrigant et adroit, est un espion russe affilié à ce parti.

« Tilly, à Gênes, ne répond pas à mes lettres. « Les agents de la République dans le Levant, disait-il à un négociant de Marseille, sont des hommes suspects. » Il en était instruit par le patriote Florenville.

« Noël, à Venise, ne correspond plus. Grouvelle et Constantin Stamaty sont les seuls agents qui correspondent quelquefois. Au sujet de la Pologne, le secret le plus profond enveloppe toutes les pensées du Divan.

« Descorches a, pour négocier avec les Turcs, ce pliant, cette douceur de caractère, cette patience, ce sang-froid sans lesquels on n'obtient rien sur leur esprit. Dantan, premier drogman, allié aux Fonton, est un Levantin faible de caractère. Pousitch, deuxième drogman, patriote très prononcé, est sourd et d'une incapacité absolue.

« Parmi les consuls, il n'y a à conserver que Pierre Bermond, consul aux Dardanelles, et Bonnaventure Beaussier, vice-consul à Seyde. On parle aussi avec avantage d'Henry Mure, consul à la Canée. La réduction de Marseille entraîna de nombreuses émigrations, car les négociants craignirent de voir leurs correspondances découvertes. Il faudrait confisquer leurs biens et les fonds immenses qui leur ont été envoyés de Marseille.

« Joseph Fonton et Mathieu Deval, anciens drogmans, sont nos ennemis les plus dangereux. Fonton a de grands talents. Il resta premier drogman pendant que se traitait l'affaire des Douanes et donna à la Porte une idée exagérée de la puissance anglaise. Il démissionna après le supplice de Capet. Puis la guerre avec l'Angleterre et la trahison de Dumouriez éclatèrent parce qu'il fallait frapper partout la République. Fonton passe ensuite au service de la Russie, devient l'âme des ministres étrangers, pousse les Turcs à la stagnation de leur système favori. *Je réclame son supplice.*

« Mathieu Deval, chargé pendant cinq ans de la correspondance du Levant, a des dehors austères comme les enfants de Loyola. Il est devenu premier drogman de Naples, a cherché à détourner de nous le Capitan-Pacha. *L'aventurier Isaac-Bey l'a servi.* Ce vil Ottoman ne s'est souvenu des bienfaits dont il a été comblé en France aux dépens du peuple que pour conjurer son infortune et sa ruine.

« Pierre Fonton, chancelier, neveu de Joseph Fonton, prêta serment le 14 juillet (1). Peu de temps après, il démissionna

____

(1) 1793.

et remit au Reis-Effendi les clefs de la Chancellerie, la laissant dans un désordre complet.

« Antoine Fonton, chef provisoire, père de Joseph Fonton, les drogmans Charles Testa et Louis Formetty sont des agents très actifs de la coalition. Il en est de même de Taitbout, consul en Morée, de Saint-Marcel à Alep, Amoreux, Pierre Deval, vice-consul de Bagdad; son frère, chancelier et drogman d'Alep; Butet, vice-consul d'Alexandrie; Beaumé du Pavillon, vice-consul de Rhodes; Renard, chancelier de Salonique; les six derniers forment la cour de Chalgrin.

« Je dois te dire en outre que presque tous les consuls et vice-consuls des Echelles sont *dans la plus grande détresse. J'ai vu des lettres de quelques-uns qui annoncent qu'ils en sont réduits à l'extrémité de vendre leurs effets pour exister.* Citoyen, la Commission ne peut ouvrir trop tôt les yeux sur la détresse des agents du Levant. »

Thainville annonçait aussi que Melek-Mohammed-Pacha, le Grand-Vizir, venait d'être déposé et remplacé par Izet-Mohammed-Pacha.

Enfin, se mettant en parallèle avec tant d'agents infidèles, il rappelait avantageusement comme titres aux faveurs du Gouvernement qu'il avait servi dans un régiment de Dragons, que tous ses frères étaient en ce moment devant l'ennemi et qu'il était *le fils d'un laboureur que les nobles et les droits féodaux avaient écrasé* (1).

A l'occasion du départ de Chénié qui devait rentrer en France par Tunis, Gênes, Livourne ou Venise, Descorches appelait de son côté l'attention du commissaire des Relations extérieures sur le système de trahisons qu'il voyait pratiquer sous ses yeux : « Comme je ne puis me refuser, écrivait-il, à la conviction sur une assez grande quantité d'indices que cette intrigue formée ici, qui serait quelque chose s'il suffisait de la scélératesse qui se plaît à nuire et qui ne regrette aucun moyens, mais qui, heureusement, s'est trouvée aussi pauvre en facultés que riche en mauvaise volonté, *comme je suis convaincu, dis-je, que cette petite intrigue n'est qu'un*

---

(1) Rapport de Thainville à Buchot, le 30 vendémiaire an III.

détachement de la grande qui s'était attachée aux entrailles de la République pour la faire périr de pourriture, convaincu en outre qu'elle a des rapports avec les étrangers, je recommande la surveillance de ce Chénié s'il rentre en France. Il aurait emporté une somme en sequins fort au-dessus de ses moyens. »

Marc Bruère, que Descorches avait envoyé comme son agent en Bosnie, lui écrivait à cette époque au sujet des bonnes dispositions de cette province : « Je ne pourrais pas, si je le voulais, te donner tous les détails qui m'assurent que nous sommes fort bien dans l'esprit de ce pays et qu'on nous y recevrait à bras ouverts. En un mot, sache que tout conseil, tout mouvement que tu voudrais insinuer ici seraient suivis très aisément, vu la confiance qu'on y a en toi. Dans mon voyage à Saraio, la capitale, l'incognito m'a donné l'occasion de m'en assurer et mon cœur a éprouvé une bien douce satisfaction. »

C'est à ce moment même où ce subordonné de Descorches constatait la confiance dont il jouissait auprès des populations de l'Empire ottoman et manifestait l'espérance des grands résultats qu'on pourrait en retirer que le Gouvernement français prenait la résolution de le rappeler !

Le Comité de Salut public lui avait adressé, le 6 brumaire, une première dépêche ainsi conçue : « Nous te prévenons que, par le décret de la Convention nationale du 7 fructidor, la partie politique des Relations extérieures a été réunie aux attributions du Comité de Salut public. C'est donc au Comité que tu devras adresser toutes les dépêches qui concernent la politique et les négociations dont tu es spécialement chargé. »

Mais ce nouveau changement, qui venait bouleverser une fois de plus l'organisation du ministère des Affaires étrangères, devait intéresser plutôt le successeur de Descorches. Cette seconde lettre était en effet adressée à ce dernier quelques jours après :

« Les représentants du peuple composant le Comité de Salut public au citoyen Descorches à Constantinople : Nous avons nommé le citoyen Raymond Verninac, ancien ministre plénipotentiaire en Suède, pour se rendre à Constantinople en qualité d'envoyé extraordinaire de la République. Nous t'adressons en conséquence cette lettre de rappel qu'il est chargé de te remettre et nous t'invitons à te rendre sans délai dans le sein de ta patrie, conformément à la loi.

« Des motifs importants qui tiennent à la nature des institutions républicaines et la nécessité d'employer comme interprète de nos intentions à l'égard de la Porte un citoyen qui, sortant du sein de la France régénérée et du foyer des événements, connaisse parfaitement les vues et les maximes du Gouvernement et réunisse à ces avantages la présomption de notre confiance entière ont déterminé notre résolution et notre choix.

« Nous t'invitons, citoyen, à mettre le citoyen Verninac au fait de tout ce qui pourrait être utile au succès de sa mission et à remplir à son égard avec dévouement et confiance tous les devoirs d'un bon républicain. »

Cette lettre portait les signatures de Treilhard, Merlin (de Douai), Bréard, Richard, Charles Cochon, L.-B. Guyton, Eschassériaux et J.-B. Delmas. L'arrêté qui rappelait Louis-Marie Descorches et révoquait ses pouvoirs était contresigné par Thuriot (1).

La phraséologie du Comité de Salut public masquait le caractère purement politique de la mesure prise contre Descorches, représenté comme un protégé de Robespierre et victime de la réaction thermidorienne. Le Comité de Salut public, obéissant à la passion politique, ne s'était pas inquiété de la répercussion que produirait sa décision sur les négociations si importantes pour la France engagées auprès de la Porte.

Par un autre arrêté du même jour, Félix Hénin, premier secrétaire de la Légation française à Constantinople, était rappelé; Ruffin était nommé à sa place avec un traitement fixé annuellement à 20.000 francs. Son départ était décidé pour le 1ᵉʳ frimaire en même temps que celui de Verninac et d'un second secrétaire de Légation, Laqueique, pourvu d'un traitement de 4.000 francs.

---

(1) Les représentants du peuple composant le Comité de Salut public au citoyen Descorches, à Constantinople. Paris, le 13 brumaire l'an III de la République une et indivisible.

Lesseps, nommé consul général à Pétersbourg en 1793, était autorisé à accompagner Verninac et Ruffin en qualité de secrétaire particulier.

Ce Laqueique, désigné pour accompagner Verninac, servait depuis deux ans sous ses ordres à la Légation de Stockholm comme deuxième secrétaire. C'était un jeune homme de 28 ans, noté comme étant d'un caractère sûr et doux, rempli de capacité et fort attaché à la Révolution. Verninac répondait de lui.

Le nouvel ambassadeur avait pour mission de protéger et ranimer le commerce, maintenir l'union et l'esprit de sagesse qui devait caractériser en pays étranger le véritable patriotisme, conserver à la République toutes les propriétés nationales de quelque nature qu'elles puissent être et en surveiller l'administration dans les Echelles. Il était autorisé à fixer provisoirement le sort des agents attachés à la Légation de la manière qu'il jugerait la plus utile à la République et à employer les moyens que les Capitulations mettraient entre ses mains contre les Français qui troubleraient l'ordre public ou méconnaîtraient ses pouvoirs.

Dans une lettre au Sultan Sélim, ami et allié des Français, datée du Palais national des Tuileries, le Comité de Salut public affirmait solennellement que Verninac avait pour instructions d'entretenir l'amitié qui existait et devait exister à jamais entre les deux Gouvernements.

Déjà, le précédent Comité de Salut public s'était exprimé dans ce style dithyrambique à l'égard du Grand-Seigneur.

« Empereur magnanime, notre très cher ami et fidèle allié : Depuis plusieurs siècles, les nœuds sacrés de l'estime, de l'amitié, de la politique basée sur des rapports naturels et de vastes relations commerciales que les circonstances vont agrandir, unissent la nation française à la Porte ottomane. Lorsque deux grandes puissances ont entrelacé leurs mains et leurs armes, lorsqu'elles ont cueilli ensemble les fruits de l'arbre du commerce, le reste de la Terre s'est abaissé devant elles. Elles ont étendu à la fois leurs bras victorieux sur le Midi et sur le Nord. *Cette union intime, nécessaire, éternelle,* n'a été altérée que lorsque des hommes indignes du nom français en ont trahi la cause. La nation française a puni ces traîtres... » *Signé :* Barère, Carnot, Billaud-Varennes, Saint-Just, Collot d'Herbois, Jean Bon Saint-André.

Les mêmes assurances d'amitié étaient données au Grand-Vizir et au Reis-Effendi par le nouveau Comité. Il exprimait l'espoir que si des circonstances ou des considérations dont la nature était ignorée n'avaient pas encore permis à la Porte ottomane de saisir un moment aussi propice pour réparer des pertes anciennes et prévenir des dangers prochains en associant ses efforts, comme ses destinées l'étaient déjà, à ceux de la République française, il n'en serait pas de même à l'avenir. Verninac, qui avait été ministre en Suède, avait les qualités et l'expérience voulues pour faire entrer aussi ce pays dans une union intime avec la Turquie et la France.

Dans un projet d'instructions portant, comme l'arrêté de rappel de Descorches, la date du 12 brumaire an III, le Gouvernement français précisait ainsi l'objet de la mission de Verninac. Il voyagerait avec célérité et secret. Il pourrait emmener Venture qui était à Venise et logerait dans le Palais. Après une première entrevue ménagée autant que possible avec les ministres turcs, il remettrait à Descorches ses lettres de rappel et ferait connaître le motif de son arrivée.

Il se présenterait comme conciliateur, éviterait d'effaroucher les amis de Descorches et *écouterait l'autre parti*, sans s'y jeter. Sa mission avait un double objet, entamer de nouvelles relations politiques et assurer la conservation et la réorganisation des Etablissements français.

Verninac devait demander aussi la reconnaissance solennelle de son caractère et engager le ministère ottoman à prendre une part active dans la guerre contre les ennemis de la République.

Descorches n'avait jamais été formellement reconnu. Mais, bien que le proconsul, premier député de la Nation, fût resté l'agent ostensible du Gouvernement français, chargé de traiter les questions relatives au commerce, Descorches, en fait, avait négocié toutes les affaires d'une manière officielle, quoique discrète.

Quelle était la situation de la Turquie, par rapport à la France ?

L'Angleterre cherchait à maintenir les Turcs dans l'inaction en leur promettant probablement de contenir la Russie. Son influence était puissante. Quant au nouveau Reis-Effendi, il passait pour intègre et on croyait ce changement favorable à la cause française. Verninac devait combattre la pusillanimité et les préventions de la Porte et lui représenter que si ses ennemis ne l'attaquaient pas, c'est qu'ils trouvaient le moment peu propice. L'Empire ottoman se rétablirait mieux par des succès guerriers que par des réformes lentes et incertaines.

Il y avait un point déterminé de sa mission qui devait surtout occuper Verninac; c'était d'engager les Turcs à secourir la Pologne. Le démembrement de cette nation allait créer de nouveaux contacts entre l'Empire ottoman et la Russie. Kaminieck était aussi menaçant pour Constantinople que Cherson. Mais la Turquie pouvait voir sans la même inquiétude les conquêtes de la Prusse en Pologne qui rapprochaient les intérêts d'une alliée naturelle.

Une preuve des bonnes relations que la Porte entretenait avec la Prusse, c'est qu'elle avait engagé cette puissance à se détacher de la coalition contre la France. Toutefois, si la Porte gardait la neutralité dans les affaires polonaises, il serait difficile de trouver un prétexte pour lui faire attaquer l'Autriche. La Russie devait être regardée comme la principale ennemie de la Porte à qui il était peut-être dangereux de vouloir donner une autre impulsion.

L'effet d'une guerre avec la Russie serait toujours de forcer l'Autriche à se tenir sur ses gardes et bientôt à y prendre part. Il était important d'obtenir qu'une armée turque d'observation fût concentrée sur la frontière autrichienne.

La Porte, en faisant la guerre à la Russie pour secourir la Pologne, menacerait l'Autriche, l'entraînerait à la guerre, embarrasserait et déconcerterait la Prusse, encouragerait le Danemark et la Suède, romprait les liens qui l'attachaient à l'Angleterre. La guerre que soutenait la France était pour la Porte le plus grand des subsides. Verninac devait l'assurer que si elle attaquait la Russie, la France serait en mesure de décider la Suède à attaquer aussi la Russie sur terre et sur mer et de rendre le Danemark et Venise tout au moins favorables à cet événement.

Verninac devait dire aussi que, si la Russie faisait passer sa flotte dans l'archipel, la flotte française la combattrait. Le Gouvernement français pourrait même envoyer quelques vaisseaux dans la mer Noire et mettre au service des Turcs des officiers, des ingénieurs, des ouvriers d'art. Si la Porte demandait une alliance formelle, on pourrait lui promettre que la France ne ferait pas la paix sans tenir compte de ses intérêts et sans l'inviter à y participer. Mais si la France n'avait plus les mêmes raisons de conclure une alliance ferme, ainsi que Descorches en avait été informé, on pouvait faire savoir à la Porte que les délais qu'elle avait elle-même apportés en étaient la cause.

Il était désirable que Verninac parvint au but *sans prendre d'engagements autrement que de vive voix et sans remettre de note officielle.*

Si le Divan en faisait la condition d'un accord, il était toutefois autorisé à signer un traité en stipulant qu'il serait soumis à la ratification de son Gouvernement et en en limitant la durée à l'époque de la paix. Il faudrait de plus faire promettre à la Porte de donner en ce cas à ses forces une impulsion vigoureuse contre l'Autriche.

L'intérêt le plus pressant était de faire cette diversion en s'appuyant sur la Bosnie et sur la Galicie qui avait été détachée de la Pologne et qui contenait, ainsi que les autres provinces autrichiennes limitrophes de la Turquie, des ferments de révolte.

Après la Russie et l'Autriche, l'ennemi le plus redoutable des Turcs qu'ils ne connaissaient pas était l'Angleterre. Elle ambitionnait la maîtrise du commerce de l'Univers en assurant sa domination sur la Méditerranée et sur la route des Indes. Elle voudrait bientôt joindre à Gibraltar et à la Corse de nouveaux échelons pour atteindre Constantinople et la mer Rouge. Elle avait déjà offert à Malte de devenir une île anglaise. Par la réalisation de ce projet, les Turcs seraient peut-être délivrés de la piraterie maltaise, mais un autre danger les menacerait. L'Angleterre avait en effet des vues sur les îles de l'archipel, sur Rhodes ou Candie. Instruire la Porte de ces projets serait lui rendre un grand service.

La France et Venise dont l'Autriche menaçait les possessions adriatiques avaient des intérêts communs. Le commerce vénitien avait aussi à craindre la rivalité de l'Autriche et de l'Angleterre. Mais, si l'alliance de la France était nécessaire à Venise, les principes républicains constituaient un danger pour l'aristocratie vénitienne qui était toute-puissante dans cet Etat. Aussi, si les agents de la République de Venise montraient de l'amitié pour la France à l'étranger, à Venise même, on constatait trop de réserve et même de la malveillance.

Il convenait que Verninac entretint des relations avec les envoyés de Suède, de Danemark et de Venise, mais avec circonspection et après s'être assuré de leurs sentiments personnels. Il correspondrait aussi avec les agents de la République en Italie et dans le Nord. Il emporterait 500.000 livres en numéraire et des présents. De plus, il était autorisé à toucher 236.000 livres provenant des traites de Sémonville se trouvant entre les mains de Borelly, négociant à Constantinople.

Quelques temps après, il ne devait plus recevoir que 63.000 livres en valeur métallique et 250.000 livres en traites sur les 500.000 livres qui lui avaient été promises (1).

La deuxième partie de sa mission concernait la conservation et la réorganisation provisoire des Etablissements français du Levant et le maintien des Capitulations. Des Français avaient été molestés en Egypte et en Syrie; il avait à défendre leurs intérêts.

La réforme des traités avec la Porte et de l'ordonnance de 1781 sur l'administration civile des Etablissements français ne pouvait être faite que par le Gouvernement français; les membres de la colonie française ne pouvaient les modifier de leur propre initiative *et les dispositions anciennes devaient*

______

(1) 25 brumaire an III. Reçu de Verninac à Reinhardt des arrêtés du Comité de Salut public.

rester en vigueur jusqu'à ce qu'il en fût autrement ordonné.

Verninac avait à préparer ces projets de réformes. Il était autorisé à faire des réformes provisoires qui seraient délibérées et consenties dans une réunion de Français établis depuis un an à Constantinople. Les députés des autres Echelles y seraient admis et ces changements seraient soumis à l'approbation du Gouvernement. Les agents de la République dans le Levant, *ayant besoin de passer par un scrutin épuratoire,* Verninac recueillerait des notes sur leur compte qu'il transmettrait au Gouvernement. Le Comité de Salut public prendrait des mesures pour réorganiser successivement les services. Verninac pourrait conserver les agents qui auraient sa confiance et envoyer en France ceux pour lesquels il jugerait cette mesure nécessaire.

En ce qui concernait les commerçants, il ne s'agissait *que de scruter leurs opinions avec une rigueur inquisitoriale.* Les faiblesses et erreurs passées devaient même être excusées ou oubliées. C'était de prudence, de ménagements, de conciliation qu'il fallait user et non de démonstrations d'un patriotisme bouillant entièrement déplacées dans un pays si éloigné, si différent des mœurs et des habitudes françaises. On voit par ce seul exposé que ces instructions étaient postérieures à la Révolution du 9 thermidor et qu'elles ne faisaient qu'approuver la ligne de conduite suivie par Descorches qui était cependant rappelé.

Il convenait toutefois de continuer les poursuites contre l'ex-chancelier Fonton, Chalgrin, Taitbout et Saint-Marcel, ex-consuls de Morée et d'Alep. Mais toutes ces mesures étaient subordonnées à la convenance des circonstances.

Il résultait de cette note que le Gouvernement issu de la Révolution du 9 thermidor ne montrait plus pour la conclusion de l'alliance ottomane la même impatience que l'ancien Comité de Salut public. Il ne tenait pas non plus à prendre d'engagements officiels. Mais ces instructions si vagues, si peu précises, n'étaient pas de nature non plus à faciliter la nouvelle mission de Verninac et l'insuccès de ses démarches pourra être aussi imputé au manque de résolution, aux hésitations qui sont la marque caractéristique de la politique française pendant toute cette période révolutionnaire.

Verninac avait proposé de faire demander au Gouvernement suédois, auprès duquel il était précédemment accrédité, d'autoriser son ministre à Constantinople à lui rendre tous les bons offices qu'il pourrait requérir de lui. Il exprimait aussi le désir que l'agent destiné à le remplacer à Stockholm partit incessamment. Son intention était d'amener la Suède, où il avait conservé de nombreuses relations, à concerter une action commune avec la Turquie.

A la même époque, un rapport relatif à la mission de Verninac adressé aux bureaux du ministère des Affaires étrangères et destiné, dans la pensée de son auteur, à compléter les instructions déjà données à cet envoyé, constatait que l'Angleterre avait fourni à la Russie des officiers de marine et l'avait aidée de ses conseils contre la Turquie. La France, au contraire, devait amener la Turquie à reconnaître le Gouvernement insurrectionnel de Pologne, à faire marcher une armée sur Kaminiek et à tenir en échec les Impériaux du côté du Banat. Mais existait-il un grand intérêt à faire restituer par les Russes les conquêtes qu'ils avaient faites aux dépens de la Turquie ? La Russie possédant déjà 200 lieues de côtes au nord de la mer Noire, les bouches du Don, du Dnieper, du Bug, du Dniester, rivières profondes et navigables, n'avait plus besoin de s'agrandir. Ses conquêtes devaient même servir les intérêts de la République française, la Russie ne pouvant jamais devenir pour elle une ennemie dangereuse, *mais pouvant être, au contraire, une alliée puissante*, n'ayant pas besoin d'être défendue, n'ayant pas de conquêtes nouvelles à faire, ni d'ambitions pouvant lui attirer des ennemis et étant appelée à devenir un riche champ d'exploitation.

Le commerce français pourrait s'étendre en Pologne, dans l'Ukraine russe et polonaise, en Moscovie, dans la grande et la petite Tartarie et de ces contrées dans les Indes. Avant la découverte du Cap, le commerce des Indes ne se faisait-il pas par Samarcande et la Caspienne ? Pour développer ces relations, il serait nécessaire d'accorder aux négociants étrangers de plus longs crédits et d'obtenir des facilités de la Porte pour le passage dans la mer Noire par le Bosphore.

Si, au contraire, les Turcs reprenaient les contrées qu'ils avaient perdues, elles deviendraient des déserts. Toutefois, la France, ayant intérêt à y maintenir la paix, pourrait donner sa protection aux Turcs qui en sentiraient le prix. Il faudrait faire avec eux des traités, leur fournir des secours en hommes et en vaisseaux; mais exiger alors des avantages marqués en faveur du commerce.

On pourrait traiter en même temps en secret avec l'ambassade russe à Constantinople et il serait aisé de persuader des personnes aussi éclairées sur les véritables intérêts de leur pays que les ministres de l'Impératrice.

Il faudrait limiter le nombre des navires de guerre russes dans la mer Noire, ne pas laisser la Russie étendre ses conquêtes au delà de la rive gauche de la Dwina et de la rive droite du Dniester, obtenir des tarifs très réduits des droits d'entrée et de sortie. Le commerce de la mer Noire réservé à la France présenterait d'énormes avantages; il diminuerait à son profit celui de l'Angleterre et de la Hollande dans le Nord. L'alliance de la France enrichirait la Russie. *L'auteur du mémoire avait vu dix ans auparavant l'esprit romanesque de Catherine et de Potemkine poursuivre cette entreprise.*

Grâce à ce commerce, le prix des objets nécessaires à la marine, bois, toiles à voiles, lins et chanvres, serait diminué. Des moyens d'existence seraient assurés à un nombre considérable de marins et d'ouvriers des ports.

Mais il fallait trouver des agents pour assurer l'exécution de ce plan. Or, dans un temps de Révolution tous les agents devenaient suspects. Une extrême surveillance, il est vrai, écartait les intrigants et les malintentionnés; elle devait rassurer les timides et ne pouvait déplaire aux hommes probes. Il fallait donner à l'agent envoyé à Constantinople une grande confiance et des pouvoirs étendus en raison de la difficulté des communications.

Comme il pourrait hésiter à prendre un grand parti, il convenait de confier cette mission, non pas à un seul envoyé, mais à trois personnes choisies dans une classe distinguée, d'un âge mûr, ayant de l'expérience et de la considération personnelle. L'une d'elles aurait le titre d'ambassadeur. Quant aux deux autres, l'une serait désignée pour l'ambassade de Russie, aussitôt qu'un traité serait conclu avec cette puissance; la seconde serait destinée à la Pologne pour le jour où il conviendrait à la République d'y avoir un représentant. La présence simultanée à Constantinople de trois envoyés aurait encore cet avantage, c'est que l'un d'eux pourrait quitter son poste au besoin, soit pour se rendre à Paris et y recevoir de nouvelles instructions, soit pour se transporter sur place là où il y aurait une affaire intéressante à régler (1).

Ce rapport avait suggéré au ministère des Affaires étrangères les observations suivantes. L'alliance avec la Turquie avait été recommandée dans les instructions données à Descorches; mais on ne pouvait attendre de la Turquie une déclaration de guerre. Il fallait d'abord qu'elle réparât ses forces.

L'auteur du mémoire paraissait peu connaître l'état de la France dans la Méditerranée quand il voulait qu'on y envoyât des secours destinés à la Porte. La trahison y avait en effet anéanti une grande partie des forces maritimes de la France. Pour que, d'autre part, la Porte pût reconnaître la Pologne, il fallait que cette nation se constituât en République, qu'elle fût reconnue aussi par la France et que les insurgés eussent donné à leur Révolution un caractère plus prononcé; or, ils paraissaient en ce moment battus.

En se plaçant au point de vue des principes, la Constitution républicaine avait proscrit les guerres offensives. Une alliance défensive devait être aussi rejetée surtout avec un Gouvernement despotique, sujet à des caprices. Il n'y avait de guerre juste que celle dont le but était de conserver l'indépendance d'un peuple, de maintenir ses droits attaqués et menacés, d'obtenir la réparation d'injures. Dans tous ces cas, il s'agissait d'une guerre défensive et les principes du

____

(1) Rapport de P. Poterat, rue Mêlée, n° 61, sur la mission à confier à Verninac, 2 frimaire an III

Gouvernement français ne permettaient pas d'en entreprendre d'autres.

Une alliance turque, même défensive, serait dangereuse. Quant à l'alliance russe, elle était indigne de la République, impolitique et inutile.

Avant de songer à rivaliser dans le Levant avec un commerce tel que celui des Anglais, il fallait relever le commerce de la Métropole, ses manufactures, reconstituer une flotte puissante dans la Méditerranée pour en chasser les Anglais. Tel devait être l'objet le plus pressant de la politique française. La flotte et les intrigues de l'Angleterre seraient plus puissantes à Pétersbourg que les envoyés français.

Ce langage, qui trahissait la pensée secrète des dirigeants de la politique étrangère, était peu encourageant et en contradiction manifeste avec les efforts qui avaient été tentés jusqu'alors par la France pour réaliser l'alliance ottomane.

Quant à Descorches qui ignorait encore son rappel ainsi que le nouvel état d'esprit qui régnait au ministère des Affaires étrangères, il poursuivait, inlassable, la réalisation de ses instructions antérieures. Suivant l'ordre qu'il avait reçu du Comité de Salut public, il avait réclamé à la Porte, le 16 brumaire an III (6 novembre 1794), l'extradition de Pierre Fonton, ex-chancelier, en lui faisant remarquer qu'en vertu des capitulations le Gouvernement ottoman ne pouvait accepter qu'un ministre étranger protégeât des Français. Il avait remis aussi au Reis-Effendi, par l'intermédiaire du prince Callimachi, un tableau de l'état de la République après la bataille de Fleurus qui lui avait été adressé par la Commission des Relations extérieures, ce document devant, dans sa pensée, inspirer au Gouvernement ottoman une haute idée de la puissance de la France (18 brumaire an III, 8 novembre 1794).

Il avait vu Pierre Crusta, le premier drogman de la République polonaise, de retour de Varsovie où il était en congé. Il lui avait apporté des nouvelles satisfaisantes et lui avait remis son chiffre pour qu'il en prît copie ainsi qu'une lettre de l'inspirateur de la politique étrangère en Pologne, son ancien ami, Ignace Potocki. Crusta s'était mis entièrement à sa disposition. Potocki s'en rapportait aussi à lui pour décider de l'utilité d'une mission polonaise en Turquie. Le langage que la Porte allait tenir à l'égard des Polonais lui dicterait sa réponse. Potocki disait les Polonais décidés à soutenir une nouvelle campagne. Le devoir, le désespoir leur avaient mis les armes à la main; les calculs ne les arrêteraient pas et on pouvait compter sur eux. Mais le patriote polonais jetait ce cri de détresse à propos de l'indifférence de la France : « Et cependant, *malgré les superbes promesses du Gouvernement français*, malgré un agent que nous y avons dans la personne du citoyen Bars, malgré l'union des intérêts, l'évidente utilité de notre insurrection pour la République, nous ne recevons aucun secours de la France ! » Descorches faisait observer que ces plaintes dataient déjà du temps *où les triumvirs dominaient et ne combinaient que des ruines*. Mais aujourd'hui l'intérêt public guidait seul le Gouvernement français. Descorches n'admirait donc plus Robespierre. Qu'eût-il dit, s'il avait connu les dispositions de ses successeurs !

« Le succès des affaires de Pologne, ajoutait Descorches, nous mène à tout philosophiquement et politiquement... Aidons donc ces braves gens, *inguibus et rostro*. »

Mais le peuple avait croupi dans l'ignorance, la classe moyenne était trop peu nombreuse; il faudrait du temps pour régénérer cette nation. On pouvait toutefois avoir confiance dans ses chefs, dans Potocki notamment.

Ce dernier avait demandé à Descorches d'avancer à Crusta 1.000 ducats de Hollande pour les présents qu'il pourrait être appelé à faire, et l'envoyé français avait cru remplir les intentions de son Gouvernement à l'égard des insurgés polonais en leur rendant ce service.

Il y avait alors un temps d'arrêt dans les attaques des ennemis de Descorches. Chénié était parti. Hénin, se tenant dans l'ombre, avait quitté le Palais et loué une maison avec Lizon qui était venu à Constantinople pour tailler un diamant du Grand-Seigneur (1).

____

(1) Rapport de Descorches au commissaire des Relations extérieures, 19 brumaire an III.

Thainville, à la même époque, écrivait à Buchot, insistant sur la nécessité d'une prompte reconnaissance de la République par la Porte pour en imposer aux ministres des puissances vaincues. Il représentait la Russie faible, sans moyens, occupée par l'insurrection polonaise, l'Autriche écrasée par la France. Que pouvait donc redouter la Porte de ces deux puissances, ses plus grandes ennemies ?

Quant aux envoyés de la République, ils restaient sans direction, sans ordres, sans marche réglée, sans système de conduite (1) !

Descorches se lamentait aussi de ne pas avoir encore de réponse décisive du Reis-Effendi et cependant « il faisait pleuvoir au milieu des Turcs toutes les vérités ».

« Que le Comité, écrivait-il, pense un seul moment à nous ; qu'il ne nous voye pas comme des enfants abandonnés et la scène changera bientôt de face. La statue est formée, il ne faut plus qu'un souffle de Prométhée pour faire un Pygmalion.

« Tu m'annonçais, citoyen, le 17 messidor, de prochaines résolutions du Comité à notre égard et bientôt déjà quatre mois se sont écoulés sans d'autre effet que d'épuiser un peu plus nos ressources. *Je ne saurais pourtant trop répéter que le salut de la Pologne est ici;* qu'avec le succès des affaires polonaises, nous allons rapidement à tout. »

Descorches avait procuré à Pierre Crusta une entrevue avec le drogman de la Porte. Mais il avait fallu des instances, du mystère, des promesses et du secret qui prouvaient que le temps des ménagements n'était pas passé. Les deux interlocuteurs avaient été satisfaits de leur entretien. Crusta devait voir aussi le Reis-Effendi.

Le Conseil suprême de Pologne lui avait fait demander des armes, 30 ou 40.000 fusils.

Quelles étaient les dispositions des autres pays sur lesquels pouvait compter la Pologne ?

La Légation suédoise montrait une si grande réserve qu'elle pouvait paraître suspecte, si on ne connaissait les agents de

---

(1) Thainville à Buchot, le 20 brumaire an III.

cette puissance comme des hommes recommandables. La Légation danoise était nulle. Le chargé d'affaires nommé Huhsch était un négociant simple commissionnaire, russe à fond, qui attendait plutôt les conseils de ce Gouvernement pour agir (1).

L'incertitude continuait à régner sur les affaires polonaises qui devaient plus d'une fois encore préoccuper Descorches. Il écrivait le 8 frimaire à Paris que le ministre russe avait dû recevoir un courrier annonçant la prise de Varsovie par les corps combinés de Repnin, Fersen et Souvarow.

Le 19 frimaire, signalant que le faubourg de Praga seulement et non Varsovie avait été pris, il ajoutait : « Nos succès, en revanche, épanouissent tous les cœurs turcs de la manière la plus sensible et la plus satisfaisante pour nous. On ne peut, je t'assure, citoyen, acquitter plus complètement qu'ils ne font à cet égard le tribut des divers sentiments qu'ils nous doivent. »

L'impératrice de Russie, pour faire face à l'insurrection de la Pologne, avait dû augmenter la solde de ses soldats d'un tiers. Comme l'armée russe manquait d'hommes, on enrôlait de force dans la Petite Russie et l'Ukraine polonaise un habitant sur cinquante. On pouvait toutefois se racheter pour 500 roubles. Les impositions avaient été doublées.

Rendant compte d'une conférence qu'il avait eue avec le Reis-Effendi, Descorches faisait observer que le moment lui avait paru urgent pour parler des affaires de Pologne. Les renseignements de la Porte confirmaient en effet la nouvelle de la défaite et de la prise de Kosciuszko et de la présence tout au moins des armées russes devant Varsovie. Il en fallait beaucoup moins pour que la timidité si dominante encore dans le Gouvernement ottoman prévalût sur tout autre sentiment.

Aussi, dans un rapport du 23 frimaire au commissaire des Relations extérieures, Descorches signalait ses craintes de voir succomber encore une fois la malheureuse Pologne. De

---

(1) Descorches au commissaire des Relations extérieures, 5 frimaire an III.

son côté, la Porte se montrait moins empressée à venir en aide à ce pays depuis les mauvaises nouvelles qu'elle en avait reçues. Il se manifestait un arrêt dans ses préparatifs pour concentrer une armée sur le Dniester et elle ne songeait plus à nommer de séraskier. Le Reis-Effendi marquait même le désir de voir partir Crusta. Il donnait comme motif de son peu de sympathie pour l'envoyé polonais, qu'étant précédemment au service de l'Angleterre, c'était Crusta qui avait dirigé l'intrigue par laquelle les Turcs avaient été précipités dans les malheurs de la dernière guerre. Un intermédiaire polonais lui paraissait même sans utilité, puisque Descorches avait la confiance des deux nations.

Descorches avait protesté et obtenu le maintien de Crusta à la condition qu'il se conduirait prudemment.

Le Reis-Effendi s'était décidé à faire appeler Descorches et après avoir renouvelé ses félicitations au sujet des triomphes de la Révolution française, ses assurances sur le désir qu'avait le Sublime Porte de voix approcher, grâce aux succès des armées de la République, l'époque si désirée par les Turcs où, la prudence ne comprimant plus leur inclination, ils pourraient se livrer sans contrainte à l'essor de leurs sentiments, il l'informa qu'il avait témoigné, par ordre de son Gouvernement, aux ministres de quelques-unes des puissances coalisées des vœux pressants pour le rétablissement de la paix et qu'il avait offert ses bons offices pour l'effectuer. Quelles étaient ces puissances ? C'étaient l'Autriche, l'Angleterre et la Prusse. Les ministres de ces puissances avaient donné l'assurance qu'ils transmettraient cette proposition à leurs Cours respectives (1).

De nombreuses questions avaient suivi sur la position des puissances belligérantes, sur ce que Descorches pensait de leurs dispositions pour la paix, sur les traités de Westphalie que le ministre turc ne connaissait pas même de nom et qu'il avait vus cités dans le dernier Bulletin publié par Descorches comme invoqués par les principaux princes de l'Empire pour

____

(1) Constantinople, le 19 frimaire an III de la République une et indivisible. L'envoyé extraordinaire au citoyen commissaire des Relations extérieures. Correspondance ministérielle.

servir de base à la paix, sur la médiation du Danemark et de la Suède à laquelle, suivant le même Bulletin, le Corps germanique pourrait avoir recours.

Le Reis-Effendi demanda aussi à Descorches quelle était la médiation qu'il croyait devoir être la plus agréable au Gouvernement de la République.

La Porte voulait désigner un médiateur qui se rencontrerait dans un Congrès avec les envoyés des diverses puissances.

Le ministre de France répondit qu'étant sans aucune instruction relative à la pacification il ne pouvait donner aucun renseignement sur cette question. Toutefois, l'affection bien connue de la République pour la Turquie l'autorisait à présumer qu'il serait dans ses sentiments de n'accueillir aucune intervention avec plus de faveur que celle de la Sublime Porte. Puis Descorches, bien qu'une proposition de médiation lui parût pour le moment devoir être mal jugée en France, fit de nouveau l'exposé de ses griefs accrus encore par le temps écoulé. Les ouvertures de la France pour resserrer par un traité des intérêts communs étaient restées · sans réponse. Elle avait depuis plus de dix-huit mois un envoyé près de la Sublime Porte qui continuait à le laisser dans une position précaire, obscure et inconvenante à tous égards. Une insurrection contre l'oppression russe que la Porte n'eût pas trop payée de tous ses trésors, tant elle pouvait être utile à l'Empire ottoman, avait éclaté en Pologne, sans aucun effort, sans sacrifices de sa part.

Le Gouvernement de la République avait fait savoir que c'était par la manière dont les Turcs assisteraient les Polonais qu'il jugerait ce qu'il avait à espérer d'eux. Or, qu'avaient-ils fait, que devaient-ils faire pour soutenir l'insurrection polonaise ? L'envoyé de France avait déclaré deux mois auparavant qu'à défaut de la reconnaissance immédiate de son caractère public ou de l'ouverture de négociations pour un traité d'alliance, toutes ses avances antérieures devaient être regardées comme non avenues. Or, ce langage si énergique était resté sans effet. Cette proposition que venait de faire le Reis-Effendi d'une médiation pacifique pouvait-elle suppléer à ce que la France attendait de la Porte depuis si longtemps ! Le Gouvernement français ne pouvait voir au contraire qu'une nouvelle preuve de l'influence ennemie sur la Sublime Porte dans cette proposition de médiation qui favorisait ses atermoiements si funestes à ses propres intérêts, sa répugnance à avoir une politique plus active.

De quel côté, en effet, se trouvait le besoin de la paix ? Sans doute, là où il y avait de la lassitude, de l'épuisement, et n'était-ce pas la position notoire des ennemis de la France comme de ceux de la Turquie ? C'était cette dernière puissance, néanmoins, qui voulait s'entremettre pour amener la paix ! Elle servait donc les ennemis de la France à laquelle elle n'avait donné jusqu'à présent aucun secours ! Ce projet de médiation absolument étranger aux négociations dont était chargé Descorches ne pouvait donc l'empêcher de rappeler ses notes et déclarations précédentes qui conservaient toute leur force.

Le Reis-Effendi fit à ce langage les réponses habituelles ; des protestations d'amitié avec l'accent de la sincérité, de la loyauté, du dévouement à la cause commune ; des vœux ardents, plus ardents même que ceux des Français pour l'alliance déjà scellée au fond des cœurs, mais prématurée, car elle compromettrait la Turquie dans l'état de ses affaires intérieures que personne ne pouvait juger aussi bien que le Gouvernement ottoman. Le moment propice n'était pas encore arrivé, mais il avançait beaucoup, et la démarche que venait de faire le Reis-Effendi y acheminait.

Descorches concluait de toutes ces tergiversations que, dans ce pays, il ne fallait pas compter sur la puissance du raisonnement, mais sur celle de la force et de l'argent. La France n'emploierait pas ce dernier moyen, car il était digne d'elle de chercher à rendre les Turcs meilleurs au lieu de nourrir leur corruption. Elle userait donc du premier, car elle ne renoncerait pas non plus à l'exploitation de la mine immense que ces contrées offraient à son industrie et à son commerce et dont les avantages se proportionneraient à la prépondérance qu'elle devait y acquérir.

Elle ne renoncerait pas non plus au parti qu'elle pourrait en tirer contre la Russie et pour la Pologne, tant de bons résultats devant découler à son profit de l'écroulement de l'une et de la régénération de l'autre.

La répression de l'insurrection polonaise allait anéantir ce rêve de Descorches et tout le système d'alliances qu'il voulait établir en Orient en même temps qu'elle devait accroître la timidité des Turcs qui exerçait déjà sur eux tant d'empire.

A la suite de cette conférence, Dantan fut appelé par le Reis-Effendi chargé par le Grand-Vizir de lui remettre une note destinée à Descorches et au ministère français pour leur expliquer que si la Porte offrait sa médiation en faveur de la paix, c'est qu'elle espérait contracter ensuite l'alliance si désirée. Elle était prête à envoyer un représentant pour se joindre aux plénipotentiaires des autres Cours à l'endroit qui serait désigné pour être le siège du Congrès et elle demandait que Descorches informât d'urgence de ce projet son Gouvernement pour en avoir une réponse le plus tôt possible (1).

En transmettant cette communication au commissaire des Relations extérieures, Descorches exprimait cependant la satisfaction secrète que lui causait cette initiative de la Porte qui, pour la première fois, semblait vouloir sortir de son apathie (2).

Il voyait dans cet empressement un trait du caractère turc aussi brusque et ardent dans le mouvement qu'incertain et froid dans la délibération. « Voilà donc nos victoires qui opèrent, écrivait-il, jusqu'au fond des repaires les plus ténébreux de l'intrigue; voilà leur électricité qui pénètre même la fange levantine, qui perce l'atmosphère brumeux de Constantinople, qui rappelle à la vie ce paralytique Divan. » Il croyait y reconnaître aussi l'œuvre du nouveau Grand-Vizir dont les débuts lui faisaient une favorable impression.

Il pensait que les Turcs lui savaient gré des vérités qu'il

____

(1) Note traduite par Danton, l'interprète de la République, sous les yeux du Reis-Effendi et du drogman de la Porte, le 22 frimaire, l'an III. Correspondance ministérielle.

(2) Constantinople, le 23 frimaire, l'an III de la République une et indivisible. L'envoyé extraordinaire au citoyen commissaire des Relations extérieures. Correspondance ministérielle.

leur avait dites, tout âpres qu'elles étaient le plus souvent;
qu'ils lui accordaient leur estime qui, avec le temps, mène-
rait à la confiance. Certes, la Porte s'était pitoyablement
conduite jusqu'à présent à l'égard de la République, comme
devait se conduire tout Gouvernement habitué aux procédés
de Choiseul-Gouffier et de ses semblables et complices,
« hommes sans principes, sans pudeur, n'ayant dans le cœur
que de l'avidité et de la bassesse et spéculant tous sur la
destruction et la ruine de ces pauvres gens ». De là, le déla-
brement dans lequel étaient tombées toutes les parties de leur
administration, la détente de tous les ressorts du Gouvernement et le poids écrasant pour eux de l'intrigue ennemie.
Descorches avait en outre à lutter contre les préjugés, cor-
tège de l'ignorance, contre les obstacles à la formation d'un
esprit public résultant de mœurs, d'idées et d'un langage si
différents de ceux de la France, dans un pays qui n'avait ni
journaux ni imprimeries. Mais les Ottomans patriotes
s'étaient ressaisis, en voyant les succès de la Révolution, en
recevant des témoignages de l'énergique et sincère amitié de
la France.

Si l'on comparait la situation présente avec un passé
encore récent, il ne fallait pas mal augurer de l'avenir.

La justice voulait même qu'à côté de leurs torts on recon-
nût aux Turcs certaines qualités. Leur neutralité toujours
bienveillante pour la République française au plus fort de
ses difficultés l'assurait de ce qu'elle pouvait attendre de
leurs sentiments dans la prospérité. Enfin, les torts des Turcs
étaient surtout ceux de quelques hommes placés à la tête de
leur Gouvernement. Ils provenaient beaucoup du concours
des circonstances et ne devaient pas altérer les espérances
favorables qu'on pouvait fonder sur leurs dispositions, sur
leur excellent cœur et sur leur opinion publique si prononcée
pour la France.

Celle-ci n'avait-elle pas de grands intérêts commerciaux à
ménager dans le Levant qui, mal exploité, était déjà si précieux pour son industrie ? Que serait-ce, lorsque l'action du
Gouvernement républicain uniquement dirigé vers l'intérêt
public présiderait à ces relations commerciales ! Que d'avan-

tages nouveaux à recueillir lorsque les navires français pourraient pénétrer librement dans la mer Noire, s'enrichir du commerce d'importation et d'exportation, encore vierge pour ainsi dire, que son accès offrirait, lorsque la France aurait la faculté de former par des Etablissements sur les côtes orientales de cette mer les anneaux d'une chaîne qui s'étendrait jusque dans l'intérieur de la Perse et dans les pays jusqu'alors inabordables qui étaient riverains de la Caspienne !

Depuis longtemps cette ouverture de la mer Noire faisait l'objet des désirs de la France et de l'envie de ses rivaux. Elle promettait tant de fruits qu'il n'y avait rien que la France ne dût faire pour y parvenir. L'accomplissement de ce projet récompenserait avec usure la République française de tout ce qui pourrait lui en coûter de dégoûts et de dépenses pour resserrer ses liaisons avec la Porte et préserver cet Empire de la décadence et de son effondrement final au profit de pays voisins encore plus étrangers à la nation française que les Turcs et dont les intérêts différents opposeraient partout dans ces belles contrées autant d'obstacles et de concurrence pour la France qu'elle y jouissait actuellement de faveurs et de facilités pour son commerce.

Il convenait aussi de faire entrer pour quelque chose dans les motifs qui pouvaient déterminer la France à ne pas rompre avec la Turquie, bien que l'exécution fût encore loin de répondre à l'intention, le relèvement de sa marine qui se reconstituait tous les jours par les soins actifs du jeune Capitan-Pacha Hussein et la situation des armées de terre qui prenait aussi de la consistance et de la force par l'instruction européenne qui leur était donnée, d'après un plan méthodique auquel s'intéressait tout particulièrement le Grand-Seigneur.

Descorches, qui « ne devait avoir d'autre stimulant jusqu'à son dernier soupir que l'amour le plus fervent de sa patrie », concluait de cet aperçu que la France n'avait que des motifs de rapprochement avec les Turcs et qu'elle devait d'autant plus veiller sur leur sort que la malheureuse Pologne paraissait devoir succomber encore une fois « à la dévorante ambition russe », ainsi que les dernières nouvelles le faisaient craindre.

CHAPITRE III

FRANCE, TURQUIE ET POLOGNE

La politique extérieure de l'Europe en 1794. — Action envahissante de la Russie. — Exposé par Barère de la politique extérieure du Comité de Salut public, notamment dans le Levant. — Situation respective des puissances européennes en 1794. — La Turquie et la Pologne. — L'insurrection polonaise. — Le redoublement des préparatifs de guerre des Turcs coïncide avec les victoires de la République. — Influence favorable à la France des événements de Pologne et de Turquie.

Un exposé de la politique suivie par les différentes puissances de l'Europe, dans le cours de l'année 1794, servira à compléter et à éclairer les négociations que Descorches entretenait auprès du Gouvernement ottoman. C'était l'action de la Russie qui intéressait principalement la Porte.

Des présents magnifiques avaient été échangés de part et d'autre dans l'audience que le Grand-Seigneur avait accordée à l'ambassadeur russe. Ils indiquaient de la part de la Russie la grande importance que Catherine II attribuait à cette ambassade. « La Porte ottomane, disait un correspondant du *Moniteur universel*, semble se prêter avec toutes les convenances d'usage à tant de démonstrations de bienveillance. Néanmoins, le ministère turc a, par l'expérience du malheur, ouvrage des perfidies politiques, beaucoup acquis, et son habileté peut se comparer aujourd'hui aux talents les plus exercés des cabinets européens, avec cette différence honorable que la bonne foi et la loyauté n'abandonnent jamais ses travaux. Il est donc probable qu'il ne se laissera point entraîner dans des combinaisons contraires aux véritables intérêts des Ottomans.

« L'ambassadeur russe ne cesse de fatiguer la Porte de ses

mémoires et de ses réclamations toutes fondées sur la haine de sa cour pour la France. Il y emploie un ton de hauteur que le Divan néglige en apparence de relever en ne répondant qu'au fond des choses, de manière à satisfaire par la seule vérité. C'est ainsi que cet ambassadeur a remis une note dans laquelle il disait ce qu'un bruit répandu portait à croire, que des frégates françaises sorties du port de Smyrne avec l'agrément de la Porte avaient attaqué dans l'archipel des bâtiments marchands de Russie; que, si cela était vrai, la Russie ne pourrait que s'en prendre à la Porte qui avait négligé d'y mettre obstacle.

« Le Divan a répondu qu'il n'était nullement vrai que les vaisseaux en question eussent été favorisés par la Porte; que leur mise en mer s'était faite dans toutes les règles suivies en pareil cas (1). »

Cette ambassade extraordinaire ne devait pas donner tous les fruits que la Russie en attendait. Car une autre correspondance annonçait peu de temps après que l'ambassadeur russe devait quitter Constantinople et celui de la Porte Saint-Pétersbourg (2). Ces départs étaient le signe d'une mésintelligence marquée entre les deux cabinets, surtout après l'accueil particulier fait aux deux ambassadeurs. Le correspondant s'exprimait ainsi à ce sujet : « Jamais la Russie n'avait déployé autant de faste et cependant on termine aussi promptement ces démonstrations d'amitié ! »

Il n'y a pas de brouille encore. Mais la situation de la Porte ne ressemble en ce moment à la manière d'être d'aucune des autres cours de l'Europe. Les Turcs sont plus éclairés aujourd'hui sur leurs intérêts politiques qu'ils ne l'ont jamais été. La dernière guerre *dans laquelle la Porte a été engagée par l'astucieux cabinet de Londres* et les désastres qui l'ont suivie ont cruellement, mais utilement, exercé et formé la prudence ottomane. Le Grand-Seigneur, revenu de tant d'alarmes et encore occupé à réparer ses pertes, a senti

---

(1) Constantinople, le 25 décembre 1793. *Le Moniteur universel*, n° 130, 10 pluviôse, l'an II (mercredi 29 janvier 1794).
(2) Constantinople, le 15 janvier 1794. *Le Moniteur universel*, n° 165, 15 ventôse an II (mercredi 5 mars 1794).

s'accroître sa juste haine pour le Gouvernement britannique à proportion de ses nouveaux ressentiments contre Catherine II, dont la farouche ambition n'avait su que profiter des plans faux et funestes de la Grande-Bretagne.

Faisant allusion à la politique des grandes puissances contre la Turquie, ce correspondant ajoutait : « Jusque-là le Divan était mal informé du fond d'une si vaste intrigue. Cependant, l'invasion de la Pologne et son second partage, attentat plus atroce que le premier, avaient jeté quelques lumières. Il fallait encore plus. Bientôt les ministres des puissances coalisées levèrent le masque aux yeux mêmes du Divan et, formant leur audacieuse conspiration, achevèrent d'éclairer les Turcs.

« Il ne fut pas impossible d'apercevoir que des deux grands intérêts qui se traitent aujourd'hui dans l'Europe, savoir la liberté de la nation française et l'indépendance du Croissant, le second se trouve invariablement lié au premier. Voilà le véritable esprit qui règne enfin ou ne peut tarder de régner dans l'Empire ottoman.

« La conduite de l'Impératrice de Russie doit mettre au grand jour la liaison qui existe entre cette indépendance du Croissant et le triomphe de la liberté française. En effet, le cabinet de Pétersbourg profite seul de l'immense débat qui occupe le reste de l'Europe; c'est des désastres généraux que s'alimente sa prospérité particulière.

« *Catherine II a, selon son usage, caché dans ses derniers traités avec la Porte les semences de que... es toujours prêtes à revivre à sa volonté.* Déjà des explications ont eu lieu sur des tarifs de douanes et sur des démarcations de frontières, source commode et interminable de chicanes politiques. On en est maintenant à presser le cabinet de Pétersbourg de s'expliquer plus nettement.

« On a multiplié les conférences sur ces objets et à Constantinople et à Pétersbourg. Rien ne s'éclaircit, rien n'avance. Le Divan, de son côté, se tient sur ses gardes et travaille à ne point laisser entamer sa dignité. Tel est un état de choses auquel on ne pourrait ajouter que des considérations vagues. Quant à l'activité des travaux militaires, elle ne se ralentit ni sur terre, vers les forteresses de Bender et d'Anap, ni dans les ports de l'Empire. »

A la même époque, lord Lansdowne, à la Chambre des Pairs, jugeait aussi la politique de la Russie, de *ce colosse* de l'Europe, avec lequel l'Angleterre avait évité la guerre à l'occasion de l'occupation d'Oczakow et à qui elle avait laissé prendre les vastes provinces de la Pologne. La politique de la Russie, selon lui, était d'entretenir la division parmi les puissances méridionales de l'Europe. Elle n'avait pas envoyé son contingent aux alliés, mais elle faisait pour elle des préparatifs de guerre, construisait des forteresses et attendait que ses rivaux fussent épuisés pour attaquer la Turquie, sa victime désignée (1).

Dans un discours qu'il prononçait à cette époque à la Convention, au nom du Comité de Salut public, Barère indiquait dans ses grandes lignes quelle devait être la politique extérieure de la France, notamment dans les pays du Levant. La réorganisation de la marine après la délivrance de Toulon le préoccupait particulièrement. « Le Comité vous propose, disait-il, de charger le ministre de la Marine de donner sur-le-champ les ordres nécessaires pour la construction de tous les vaisseaux que le Port-de-la-Montagne peut contenir. Nous ne devons pas nous borner à ce port reconquis; vous devez ordonner que les mêmes instructions soient envoyées dans tous les ports de la Méditerranée.

« La nature nous appelle presque exclusivement à commercer et à naviguer sur cette mer qui est séparée de l'Océan et de nos ennemis constants par un détroit difficile à franchir.

« La nature nous associe aux peuples italiques; elle nous invite à commercer dans le Levant et à nous allier au pays qui occupe les Dardanelles. On sait au Divan que les Républiques ne se marient pas et que Vienne ne peut plus usurper la France par les femmes (2).

« On sait dans nos manufactures méridionales que leur

---

(1) Chambre des Pairs. Séance du 14 février 1794. *Le Moniteur universel*, n° 166, 16 ventôse an II (jeudi 6 mars 1794).

(2) Barère faisait allusion à un mot attribué au Grand-Seigneur. Quand on lui annonça la proclamation de la République, il aurait dit : « Au moins celle-là n'épousera pas une princesse autrichienne. »

prospérité tient à la conservation du commerce que les Bouches-du-Rhône ont trouvé si utile et que la Méditerranée n'est pour la France qu'un grand canal de navigation dont la police peut et doit lui appartenir. Ce n'est pas d'ailleurs assez de briser le sceptre des puissances territoriales; il faut encore briser celui des puissances maritimes et affranchir les mers comme vous avez affranchi les terres. *Vos canons sont les ambassadeurs que vous envoyez aux puissances du continent; les vaisseaux de guerre et les frégates sont vos ambassadeurs auprès des puissances maritimes.* Soyez bien convaincus *que notre diplomatie pendant la Révolution est tout entière dans l'intérêt commercial et la foi des traités pour les puissances neutres, dans les fonderies de canons, les fabriques de fusils et de salpêtres pour les puissances continentales et dans les ports, les arsenaux et les chantiers de constructions pour les puissances maritimes.* Ainsi donc construisons des vaisseaux et fabriquons des armes. Aux ateliers, citoyens ! Aux chantiers ! c'est le cri de la République (1) ! »

Les desseins ambitieux des Russes, notamment à l'égard de l'Empire ottoman, causaient une émotion non seulement en France, mais dans les autres pays intéressés au maintien de cette puissance. On avait pu craindre à un moment, en Suède, une alliance avec la Russie qui eût été amenée par le mariage du roi. On y persistait néanmoins à croire que le caractère connu du Régent garantirait la nation suédoise d'une alliance où sa dignité et sa sûreté seraient compromises, soit par l'ambition de sa puissante voisine, soit par les orages qui suivraient infailliblement le règne déjà avancé de Catherine II.

On était étonné à Stockholm de voir les desseins du cabinet de Pétersbourg se développer avec d'autant plus d'aisance que les embarras se multipliaient pour les coalisés. Cependant, il n'était aucun de ses plans qui n'offensât les principales cours de l'Europe.

On ne savait que penser de son dernier envahissement de

____

(1) Convention nationale. Séance du 14 nivôse an II. *Le Moniteur universel*, n° 105, 15 nivôse an II (samedi 4 janvier 1794).

la Pologne et personne ne doutait que *cette grande rapine* ne fût liée à de plus vastes complots, tels que le *fameux désir de s'emparer de Constantinople* ou du moins d'acquérir dans le Levant une prépondérance digne d'une cupidité insatiable. On avait beau remarquer théoriquement que l'Angleterre était maîtresse encore de ne point voir passer son commerce si immense en des mains nouvelles et que la maison d'Autriche avait des raisons plus fortes encore de ne point laisser se former si près d'elle une domination trop vaste et trop entreprenante, les Russes n'en mettaient pas moins le temps à profit et gagnaient du terrain.

On était disposé à croire que si la coalition durait encore deux années, les plans de la Russie parviendraient à un tel point de maturité que l'Angleterre elle-même, troublée peut-être alors à l'intérieur, ne se trouverait plus en état d'arrêter les cours des entreprises les plus audacieuses. Quant à l'Empereur qui ne pouvait sortir de la guerre avec la France qu'au prix des difficultés les plus grandes et peut-être d'une dissolution de l'Empire d'Allemagne, il serait indubitablement aussi dans l'impuissance de s'opposer aux succès irrésistibles de la Russie.

Les mêmes considérations pouvaient s'appliquer au reste de l'Europe où les divers Etats qui avaient été entraînés dans la coalition contre la France éprouvaient eux-mêmes, comme les puissances de premier ordre, des secousses terribles. Ces peuples, accablés de maux, ne pouvaient tarder à secouer un joug devenu insupportable.

Il résultait de cette situation que des préparatifs sérieux pouvaient seuls en imposer dès maintenant à l'ambition de Catherine II et il appartenait aux peuples du Nord de former une nouvelle coalition, seule ressource qui restât aux puissances demeurées neutres pour leur tranquillité menacée. Il était même possible que Pitt et ses complices désirassent tous en secret que la ligne du Nord jetât tout à coup un poids respectable dans la balance brouillée des forces européennes (1).

---

(1) Stockhölm, le 10 décembre 1793. *Le Moniteur universel*, n° 108, 18 nivôse an II (mardi 7 janvier 1794).

Les sympathies de la Suède pour la France que cette correspondance ne faisait que constater étaient partagées par le Danemark. Les ministres des puissances coalisées avaient fait des représentations au ministre d'Etat Bernstörff au sujet d'une adresse imprimée du citoyen Grouvelle qui circulait parmi les négociants du Nord, parce que l'auteur l'avait signée de sa qualité de ministre accrédité de la République française. Il s'agissait d'une note relative au commerce des peuples du Nord avec la France. Bernstörff avait répondu avec cette force de raisonnement et cette justesse qui étaient les marques de son esprit et il n'avait pas démenti l'intérêt à la fois philosophique et politique qu'il s'honorait de prendre à la grande cause de la République française (1).

Les intrigues de l'Angleterre semblaient avoir échoué à Constantinople. Tous les Turcs étaient encore sensibles à la perfidie de la cour de Saint-James, indigne instigatrice des derniers malheurs du Croissant. Quant à la Russie, dont l'ambassadeur étalait actuellement à Constantinople un faste sans doute passager, il était notoire qu'elle n'avait point obtenu le passage d'une escadre russe dans la Méditerranée, passage, il est vrai, demandé peut-être sans avoir nourri l'espérance qu'il serait accordé et dans cet esprit fallacieux qui caractérisait Catherine II (2).

Une manifestation qui eut lieu à cette époque à la Convention marquait bien la nature implacable de la lutte entreprise contre la coalition qui excluait l'idée de négociations et de tous pourparlers utiles avec les puissances belligérantes. La Société des Jacobins, l'un des principaux, sinon le principal pilier du régime, était venue en corps à la barre de la Convention avec des délégations de la Garde nationale pour commémorer l'anniversaire de la mort du tyran.

« Soyez assurés, citoyens, leur avait dit Vadier, le président de l'Assemblée, que les hommes qui ont voté la mort du tyran, que ceux qui ont défendu l'ami du Peuple, qui n'ont

---

(1) Conpenhague, le 17 décembre 1793. *Le Moniteur universel*, n° 107, 17 nivôse an II (lundi 6 janvier 1794).

(2) Vienne, le 18 décembre 1793. *Le Moniteur universel*, n° 117, 27 nivôse an II (jeudi 16 janvier 1794).

jamais quitté le sommet de cette glorieuse Montagne (cris de :
« Vivent les Montagnards » dans toutes les parties de la
salle), qui savent détester et punir le crime, sauront aussi
triompher des intrigues et des passions par leur inaltérable
vertu ; ils braveront les forces des vils potentats de l'Europe
et de leurs infâmes esclaves. *Bientôt leurs trônes s'écroule-
ront et tomberont en poudre devant la majesté du peuple
français* et l'on verra s'élever à leur place l'autel de la vertu,
de la justice et de la liberté. »

Ce fut alors que Conthon prononça la phrase célèbre :
« Mort aux tyrans, paix aux chaumières », cri répété par
tous les assistants (1).

Et, dans la séance du 3 pluviôse an II, Barère, après avoir
annoncé au nom du Comité de Salut public que l'Alsace était
reconquise et que le territoire de la République était entièrement évacué sur les frontières de la Moselle et du Rhin,
ajoutait : « Dans les guerres ordinaires, après de pareils
succès, on eût obtenu la paix. Les guerres des rois n'étaient
que des tournois ensanglantés dont les peuples payaient les
frais et dont les rois commandaient insolemment la pompe.
Mais, dans la guerre de la liberté, il n'est qu'un moyen, c'est
d'exterminer les despotes. Lorsque l'horreur de la tyrannie
et l'instinct de la liberté ont mis les armes dans les mains
d'hommes braves, ils ne doivent les poser qu'en datant la
paix ! Lorsque des républicains ont formé quinze armées,
il n'y a ni paix, ni trève, ni armistice, *ni aucun traité à faire
avec les despotes*, qu'au nom d'une République affermie,
triomphante et dictant la paix aux nations...

« Qui donc ose parler de paix ! Oui, ni paix, ni trève, ni
armistice aux tyrans coalisés (2) ! »

Il est intéressant de noter cette disposition d'esprit dans
laquelle était alors le Gouvernement français, car de tels
hommes, qui ne connaissaient *que la diplomatie du canon*,
devaient attacher une importance secondaire aux négocia-

---

(1) Séance de la Convention du 2 pluviôse an II (mardi 21 janvier
1794).

(2) *Le Moniteur universel*, n° 124, 4 pluviôse an II (jeudi 23 janvier
1794).

tions de Descorches, même à celles qui avaient pour but l'alliance ottomane. C'est ce qui explique dans une grande mesure l'insuccès de ses efforts.

Cependant les inquiétudes qu'éprouvait la cour de Vienne au sujet de la Turquie ne faisaient qu'augmenter.

« Du côté de la Porte, écrivait-on de Vienne au *Moniteur universel*, notre cour n'a pas lieu d'être fort satisfaite, puisque, malgré les belles promesses de la Russie qui devait disposer du Divan comme d'un de ses bureaux ministériels, la Porte s'est formellement refusée, comme on vient de l'apprendre, aux instances réunies de l'ambassadeur russe et du nôtre qui demandaient qu'on n'accordât aucune protection aux Français.

« On sait même que la prise par une frégate française d'un bâtiment russe a été conduite à Smyrne, aventure qui paraît augmenter les sollicitudes de notre cabinet (1). »

Mais le cabinet de Saint-Pétersbourg ne suivait-il pas toujours le même système, même à l'égard de l'Autriche, *celui de tromper et d'envahir*. Il savait que les alliés se ruinaient et il se mettait en état de profiter de leur épuisement (2).

Ce qui l'occupait surtout alors, c'était, par l'annexion d'une partie de la Pologne, de faire de la Russie la voisine de la Prusse et de couper aux Turcs toute communication avec la Suède et le Danemark, nations rendues ainsi isolées et dépendantes.

Un nouveau partage de la Pologne était en effet imminent. Une correspondance de Varsovie l'annonçait en ces termes : « Il est question d'un nouveau partage de la Pologne. La Russie et la Prusse, auteurs de tous nos désastres, ont convenu, dit-on, d'achever notre ruine (3). »

Tous les renseignements parvenus en France montraient l'action envahissante de la Russie dans l'Orient de l'Europe. Elle voulait y disposer de toutes ses forces tout en promet-

---

(1) De Vienne, le 1ᵉʳ janvier 1794. *Le Moniteur universel*, n° 129, 9 pluviôse an II (mardi 28 janvier 1794).

(2) Pétersbourg, le 12 décembre 1793. *Le Moniteur universel*, n° 128, 8 pluviôse an II (lundi 27 janvier 1794).

(3) Varsovie, le 8 janvier 1794. *Le Moniteur universel*, 16 pluviôse an II.

tant d'en mettre une partie au service de ses alliés. C'est ainsi qu'on écrivait de Pétersbourg au sujet de la duplicité russe :

« Il paraît que l'on remplit toujours les journaux étrangers, et surtout ceux d'Allemagne et d'Angleterre, des nouvelles promesses que prodigue l'Impératrice à la coalition. Mais l'inaction de notre cabinet, eu égard à la campagne prochaine, n'a pas cessé encore d'être probable. On est donc toujours fondé à croire que l'Impératrice n'abandonne point des principes de conduite auxquels elle pense devoir une partie de la Pologne et qui s'accordent assez avec sa position à l'égard de la Porte ottomane (1). »

La même note était donnée dans cette lettre de Londres :

« La Russie toute coalisée qu'elle se dit être ne songe qu'à ses intérêts particuliers, et depuis qu'elle se voit menacée d'un côté par la Porte et de l'autre par l'insurrection qui s'est élevée contre sa puissance sur les bords de la mer Caspienne; elle aura cent raisons pour s'éloigner de la coalition dont les projets l'ont toujours faiblement intéressée (2). »

L'Angleterre renseignée sur les véritables intentions de la cour de Pétersbourg n'en faisait pas moins cause commune avec elle. Des lettres de Vienne annonçaient que le ministre britannique à Constantinople venait de faire une démarche assez maladroite. Il s'était uni aux autres ministres de la coalition pour exiger de la Porte qu'elle se déclarât contre la France avec menace, en cas de refus, de se joindre aux Russes pour l'y contraindre. Aucun Etat n'aimait ce ton despotique et les Turcs encore moins que les autres. Il était possible que la Grande-Bretagne ne gagnât à la jactance de son ambassadeur que de perdre une partie de son commerce des Echelles et peut-être le tout; car il était presque sûr que le Divan était alors résolu à prendre de telles mesures que la souveraine de toutes les Russies pourrait bien, contre son habitude, se voir réduite à se défendre. On disait, et ce ren-

---

(1) Pétersbourg, le 1er janvier 1794. *Le Moniteur universel* (mercredi 12 janvier 1794).

(2) Londres, du 25 février au 4 mars 1794. *Le Moniteur universel*, n° 178, 28 ventôse an II (mardi 18 mars 1794).

seignement paraissait vraisemblable, que la Suède, le Danemark, la Suisse et Venise étaient entrés en négociations pour former une neutralité armée à laquelle on inviterait la Toscane, Gênes et les Etats-Unis d'Amérique, états tout disposés à y entrer. La place de la Turquie était tout indiquée dans ce groupement (1).

Les nouvelles de la Pologne confirmaient aussi les bruits d'une rupture prochaine entre la Porte et la Russie. On racontait qu'il y avait de nombreux mouvements de troupes dans la Podolie, l'Ukraine et la Tartarie; mais on ne pouvait se fier que très légèrement aux nouvelles qui concernaient les relations de la Porte ottomane avec la Russie, en raison de la surveillance russe qui ne laissait rien écrire à ce sujet sans sa permission (2).

On écrivait encore d'Hambourg que dés lettres de Russie annonçaient le nouvel orage qui se préparait sur les frontières de cet Empire et de la Turquie. Catherine II ne pouvait plus tromper les Turcs sur le but de ses armements. Son invasion de la Pologne, en la rendant maîtresse d'une partie de ce royaume, quant au territoire et du royaume en entier, quant aux forces de la nation polonaise dont elle pouvait disposer, n'avait fait qu'accroître son insatiable ambition. La Porte paraissait intimement persuadée qu'elle n'avait pas un instant à perdre pour se mettre en état de défense et se trouver prête à ne pas laisser échapper une occasion favorable (3).

Les Polonais prenaient toutefois leurs désirs pour des réalités quand ils écrivaient que l'insurrection polonaise atteignait les frontières de l'Empire ottoman et que les Turcs, *le peuple le plus franc de l'Europe*, agissaient déjà de concert avec eux, armés contre un ennemi commun (4).

---

(1) Londres, du 4 au 6 mars 1794. *Le Moniteur universel*, n° 186, 6 germinal an II (mercredi 26 mars 1794).

(2) Varsovie, le 1er mars 1794. *Le Moniteur universel*, 8 germinal an II (vendredi 28 mars 1794).

(3) Hambourg, le 26 mars 1794. *Le Moniteur universel*, 21 germinal an II (jeudi 10 avril 1794).

(4) Cracovie, le 10 avril 1794. *Le Moniteur universel*, 18 floréal an II (mercredi 7 mai 1794).

Cette union des Turcs et des Polonais paraissait naturelle en Allemagne. On écrivait de Dresde où les Polonais avaient des agents qui soutenaient les intérêts de leur nation : « Les Turcs, trop longtemps humiliés par la cour de Russie et les Polonais opprimés par l'ambition féroce de Catherine, sentent aujourd'hui qu'ils ont la même cause à défendre contre le même ennemi. Aussi, écrit-on des frontières de l'Empire ottoman, que l'on remarque depuis l'insurrection polonaise beaucoup plus d'activité dans les préparatifs de la Porte. Des ordres ont été envoyés pour rassembler le plus grand nombre de troupes possible dans la Bulgarie et dans les provinces qui avoisinent la Crimée; il y en a déjà de réunies sur les frontières de Bosnie, vers les bords de la rivière de Lika, qui forment un camp près de Vakup. On dit que le Gouvernement autrichien s'apprête à envoyer de ce côté quelques bataillons. La cour de Vienne pourra payer chèrement sa criminelle alliance avec l'ennemie principale des Turcs. On parle d'instructions que le Divan a données pour ouvrir la campagne vers le mois d'août prochain (1). »

Et de Vienne on écrivait aussi : « Il paraît que les insurgés polonais seront aidés des Turcs qui ont fait de grands préparatifs sur les frontières de la Moldavie et de la Valachie. Ils ont renforcé la garnison de Choczim et y ont fait passer une grande quantité de vivres. Le Gouvernement a envoyé l'ordre aux troupes qui sont en Galicie de former un cordon sur les frontières de la Pologne (2). »

Les ministres de Vienne ne sont pas moins alarmés des dispositions actuelles de la Porte ottomane. Le Divan fait marcher quatre armées, l'une vers Anapa, la seconde dans le Kouban, la troisième sur les bords du Dniester et la dernière à Silistrie (3). »

C'est vers la même époque que Kosciusko envoyait le manifeste des insurgés polonais à la Porte ottomane dont il récla-

---

(1) Dresde, le 25 avril 1794. *Le Moniteur universel*, n° 241, 1er prairial an II (mardi 20 mai 1794).

(2) Vienne, le 28 avril 1794. *Le Moniteur universel*, n° 243, 3 prairial an II (jeudi 22 mai 1794).

(3) Vienne, le 17 mai 1794. *Le Moniteur universel*, 17 prairial an II (5 juin 1794).

mait l'aide en même temps qu'il le faisait parvenir à la Suède, au Danemark, aux Etats-Unis d'Amérique et à la République française (1).

La célèbre bataille de Fleurus, gagnée par les Français le 8 messidor et annoncée à la Convention par Barère dans la séance du 11 de ce mois, ne pouvait qu'encourager les Turcs dans leurs intentions belliqueuses.

« Les nouvelles reçues de Bucharest, de la Transylvanie et du banat de Temesvar, écrivait-on de Vienne, annoncent les dispositions les plus hostiles de la part de l'Empire ottoman (2). »

D'autre part, les succès de la République française s'étendaient jusqu'au Levant. C'est ainsi qu'on écrivait de Smyrne que les frégates françaises, étant sorties de ce port, s'étaient emparées de deux bâtiments ennemis dont la cargaison avait été vendue au château des Dardanelles (3).

Quant à la cour de Russie, elle se voyait engagée dans une lutte difficile contre les Polonais insurgés et était amenée à réclamer de l'Autriche un secours de 24.000 hommes que cette puissance lui devait en vertu de traités réciproques. « Ainsi Catherine, écrivait-on de Vienne, loin de fournir quelque assistance à la coalition, en demande elle-même à l'Autriche épuisée et déjà presque incapable de défendre ses propres domaines (4). »

Les préoccupations que donnait à la Russie et même à la Prusse l'insurrection polonaise expliquent la ligne politique que ces deux puissances tinrent à cette époque. La Russie ne put prendre qu'une part peu active à la coalition contre la France et dut ajourner ses entreprises contre l'Empire ottoman. La Prusse se détacha bientôt de cette coalition, voulant réserver toute son attention aux affaires polonaises et aux événements qui se déroulaient sur ses frontières de l'Est.

---

(1) Lettre de Cracovie du 22 avril 1794.

(2) Mayence, le 25 juin 1794. *Le Moniteur universel*, 21 messidor an II (mercredi 9 juillet 1794).

(3) *Le Moniteur universel*, n° 294, 24 messidor an II (samedi 12 juillet 1794).

(4) Vienne, le 20 juin 1794. *Le Moniteur universel*, 24 messidor an II (samedi 12 juillet 1794).

C'est ce que fait ressortir très nettement cette correspondance de Vienne : « La situation critique des affaires occasionne ici de longs et fréquents conseils. On y traite souvent du système d'inaction et de mauvaise volonté que semblent avoir adopté depuis quelque temps la Prusse et la Russie; car il est évident que les deux cabinets de Pétersbourg et de Berlin, qui ne répondent que par des refus à ce qui concerne nos propres affaires du Rhin, *semblent ne plus prendre d'autre intérêt à notre alliance que celui d'une invasion commune du reste de la Pologne* (1). »

En dehors des inquiétudes que lui donnait encore l'attitude de la Suède et du Danemark, la Russie ne voyait pas non plus sans crainte les dispositions de plus en plus hostiles de la Turquie. L'ambassadeur qu'elle avait envoyé à Constantinople en était reparti et était attendu sous peu à Saint-Pétersbourg, signe non équivoque d'une rupture certaine (2).

L'activité de la Porte était attestée par cette dépêche d'Allemagne : « Tandis que Catherine pense couronner les attentats qu'elle a commis chez divers peuples par d'autres sur sa propre nation, la Porte ottomane songe sérieusement à se relever des coups que lui a portés la perfidie russe et à venger ses injures; son activité ne se ralentit pas. Instruite par une expérience déjà longue et formée dans les périls où un même ennemi l'exposa si longtemps, elle semble avoir pris les plus fermes résolutions. Les Ottomans ne s'en tiendront point à une stérile admiration pour les prodiges de valeur avec lesquels la nation française étonne le monde; ils voudront faire plus dès qu'ils auront reconnu que leur indépendance et leur sort en Europe dépendent l'un et l'autre de la seule nation libre qui, ayant pour ennemis leurs ennemis, combatte pour rester indépendante et libre.

« La Porte s'est déjà signalée par ses sentiments généreux, fruit de ses réflexions. Elle arme sans mystère contre une puissance dont l'inimitié n'est pas non plus secrète et bientôt

----

(1) Vienne, le 19 juillet 1794. *Le Moniteur universel*, n° 331, 1er fructidor an II (18 août 1794).

(2) Pétersbourg, le 16 juillet 1794. *Le Moniteur universel*, 3 fructidor an II (mercredi 20 août 1794).

DE MARCÈRE II. 7

mieux éclairée sur les glorieux et utiles efforts de la Pologne, elle ne voudra point, peut-être, rester neutre dans une querelle si voisine et dans laquelle l'avenir lui réserve une part considérable, soit en bien, soit en mal, selon sa conduite définitive. Le Divan vient de marquer son mécontentement à l'égard des Anglais qui, jusque dans les parages de la domination turque, ont commis les derniers excès. Il a ordonné que, dans le cas où les vaisseaux des puissances coalisées chercheraient à livrer des combats dans les eaux de l'Empire ottoman, les escadres turques seraient tenues de s'y opposer par la force (1). »

Tandis que les Autrichiens, décidés enfin à prendre leur part des provinces polonaises, s'apprêtaient à entrer en possession des territoires qui leur étaient cédés par les Prussiens, on remarquait sur les frontières de Hongrie un redoublement d'activité de la part des Turcs. La cour de Vienne était forcée de laisser en Hongrie des forces plus considérables que celles qu'elle y aurait entretenues sans cette circonstance. La garnison de Temesvar avait été augmentée de plusieurs bataillons et escadrons (2).

On disait aussi que le Divan avait accédé au traité d'alliance conclu entre la Suède et le Danemark (3).

Pendant que les Polonais obtenaient des succès qui inquiétaient la Prusse et la Russie et obligeaient ces puissances à employer contre eux des forces importantes pour préserver d'une invasion les provinces prussiennes, la Silésie notamment, ainsi que la Courlande, la Livonie et la Russie blanche, les mouvements de troupes qui continuaient à se produire sur les frontières de Turquie annonçaient qu'on s'y disposait à la guerre.

Le Divan avait envoyé sur les bords du Danube les janissaires qui se trouvaient à Constantinople et dans les envi-

---

(1) Hambourg, le 10 septembre 1794. *Le Moniteur universel*, n° 11, 11 vendémiaire an III (jeudi 2 octobre 1794).

(2) Francfort, le 19 décembre 1794. *Le Moniteur universel*, n° 22, 22 vendémiaire an III (13 octobre 1794).

(3) Constantinople, le 10 août 1794. *Le Moniteur universel*, n° 24, 24 vendémiaire an III (15 octobre 1794).

rons de la capitale. On renforçait et on exerçait le corps des canonniers. Un grand nombre de bras étaient occupés à la réparation et à l'approvisionnement des places frontières. Le Divan ne donnait pas moins d'attention à la marine. Il y avait sur les chantiers 5 vaisseaux, dont l'un de 120 canons et 4 de 74. On construisait aussi une grande quantité de chaloupes canonnières.

La Porte, fatiguée des manœuvres et des intrigues pratiquées par les agents de la coalition, paraissait enfin résolue à défendre ses intérêts et sa dignité (1).

On peut voir par les mouvements de troupes qui se faisaient alors sur les frontières de Pologne et de la Turquie, combien l'attitude de ces deux pays rendait service à la République française en éloignant des bords du Rhin une partie des armées des coalisés.

C'est ainsi qu'on annonçait de Berlin que le roi de Prusse était obligé de détacher 30.000 hommes pour arrêter les progrès des Polonais sur son territoire et garantir ses provinces méridionales, la Silésie notamment (2).

A l'instigation de l'Impératrice de Russie, la cour de Vienne, qui s'était d'abord montrée hésitante, jalouse de la Prusse, se décidait aussi à s'intéresser aux affaires de Pologne. L'ambassadeur russe Kascimowski lui avait offert la Bavière en compensation de ses frais de guerre sur le Rhin et du lot médiocre qui lui était réservé en Pologne (3).

Frédéric-Guillaume lui-même ne pouvait fournir son contingent aux armées de l'Empire. Il alléguait comme excuse la guerre qu'il était obligé de soutenir en Pologne et comparait sa situation à celle du Grand-Electeur qui, combattant en 1673 sur les bords du Rhin, avait été subitement rappelé pour s'opposer à l'invasion suédoise suscitée par les ennemis de l'Empire (4).

---

(1) Mittau, le 15 septembre 1794. *Le Moniteur universel*, n° 42, 12 brumaire an III (2 novembre 1794).
(2) Berlin, le 25 septembre 1794.
(3) Vienne, le 3 juillet 1794. *Le Moniteur universel*, n° 338, 8 fructidor an II (lundi 25 août 1794).
(4) Hambourg, le 1er septembre 1794. *Le Moniteur universel*, 4 vendémiaire an III (jeudi 25 septembre 1794).

L'Autriche se voyait obligée d'envoyer en Pologne les garnisons de Valenciennes et de Condé (1). Dans le *Moniteur universel* du 19 janvier 1795, on pouvait lire encore que la ci-devant garnison de Valenciennes se portait sur les confins de la Pologne avec 60 canons.

On signalait aussi de Marionverder, le 12 octobre 1794, qu'un contingent prussien de 20.000 hommes, sous les ordres de Kalkreuth, allait quitter le Rhin pour être employé dans la Prusse méridionale.

Mais les échecs des insurgés polonais dans les derniers mois de 1794 allaient rendre de nouveau disponibles les troupes de la coalition et mettre fin, comme on le pensait alors en France, « à la plus juste des guerres, à l'entreprise pour la cause la plus belle et la plus glorieuse qu'un peuple ait eu à défendre ».

Dans une proclamation qui parut après la prise de Varsovie, Catherine II faisait ressortir elle-même les conséquences funestes pour le sort de la Pologne de l'abandon dont elle avait été victime de la part de la Turquie et de la France qui auraient dû joindre leurs efforts pour la défendre. « *Etant tranquille*, disait-elle, *sur les dispositions de nos voisins*, une partie de nos forces postées jusqu'alors sur nos frontières furent détachées sous les ordres des généraux Romansöw et Suwarow, qui marchèrent de deux points différents pour rétablir l'ordre et la tranquillité ; tandis que d'un autre côté, après la retraite des Prussiens, une troisième armée, sous les ordres du général Fersen, attaqua Koscuisko. »

Le 10 octobre, ce chef fut fait prisonnier.

Suwarow se joignit à un corps venant du Nord de la Pologne et marcha sur Varsovie. Il attaqua et prit Raga, ce qui amena la reddition de Varsovie (2).

Pendant que les infortunés Polonais livraient les derniers combats pour leur indépendance, les Bosniaques continuaient leurs agressions contre les détachements autrichiens. Il y

---

(1) Vienne, le 15 octobre 1794. *Le Moniteur universel*, n° 45, 15 brumaire an III (mercredi 5 novembre 1794).

(2) Hambourg, le 8 janvier 1795. *Le Moniteur universel*, n° 133, 13 pluviôse an III (1er février 1795).

avait eu des morts de part et d'autre. Les gazettes de Vienne annonçaient que plusieurs milliers de Bosniaques réunis dans les environs de Valkup avaient manifesté l'intention d'attaquer le cordon des troupes impériales. Les généraux autrichiens avaient dû faire des préparatifs de défense et ordonner même aux habitants de s'armer. Les Turcs étant restés en observation sur leurs montagnes, cette affaire n'avait pas eu de suites sérieuses, mais l'apparence d'hostilités imminentes avait donné de vives alarmes.

En Galicie, des mesures avaient dû être prises aussi contre des mouvements insurrectionnels. Défense avait été faite aux Polonais d'entrer dans cette province ou d'en sortir. Un régiment de Vienne avait renforcé de ce côté les troupes autrichiennes (1).

La cour de Vienne n'était pas moins inquiète de la résolution du Divan de porter à 80.000 hommes le contingent de ses troupes exercées à l'européenne et de créer une école du génie (2).

La déposition du Grand-Vizir qui venait d'avoir lieu avait causé une grande fermentation à Constantinople. Son successeur Izel-Mehemet, ancien pacha du Caire, était arrivé le 20 octobre à Constantinople et avait été aussitôt installé. Agé de 45 ans, plein d'ardeur et renommé pour ses lumières, il inspirait confiance aux patriotes ottomans. C'était un ami intime du Reis-Effendi et du Capitan-Pacha et comme ces deux derniers avaient toujours paru portés à la guerre, on en déduisait que les préparatifs actuels n'étaient pas sans objet (3).

Il y avait eu d'autre part, à la fin de 1794, des conférences fréquentes entre le Reis-Effendi et l'Internance impérial motivées par les dissentiments qui divisaient les deux Gouvernements. La Porte avait continué à insister avec force

---

(1) Frontières galiciennes, le 12 novembre 1794. *Le Moniteur universel*, n° 84, 24 frimaire an III (14 décembre 1794).

(2) Vienne, le 22 novembre 1794. *Le Moniteur universel*, n° 85, 18 décembre 1794.

(3) Les frontières de Moravie, le 15 novembre 1794. *Le Moniteur universel*, n° 95, 5 nivôse an III (25 décembre 1794).

pour la remise des quatre forteresses enlevées aux Turcs pendant la dernière guerre. Elle ne dissimulait pas que si le cabinet de Vienne refusait d'accéder à sa demande, il y avait tout lieu de craindre des tentatives armées de la part des Bosniaques qui ne voulaient entendre parler d'aucune cession (1).

Tels étaient les événements qui, pendant cette année 1794, avaient marqué l'attitude des principales puissances de l'Europe tant à l'égard de la France que de la Turquie.

La crainte qu'inspiraient aux grandes puissances les armements de la Turquie et l'insurrection polonaise n'avaient pu que favoriser la République française en rendant inutilisable contre elle une partie des forces de ses ennemis.

______

(1) Francfort, le 6 janvier 1795. *Le Moniteur universel*, n° 130, 10 pluviôse an III (jeudi 29 janvier 1795).

CHAPITRE IV

RAPPEL
DE DESCORCHES DE SAINTE-CROIX

Deuxième rapport de Descorches au commissaire des Relations
Extérieures sur la proposition de médiation de la Porte. —
Entrevue de Descorches avec le Reis-Effendi, le 9 nivôse an III.
— La Porte propose à son tour un traité d'alliance. — Mort
subite du Reis-Effendi, Dury-Effendi. — Descorches voit le
nouveau Reis-Effendi. — Dénonciations nouvelles dont il est
l'objet. — Rapport de Verninac en route pour Constantinople.
— Rapports de Stamaty, agent à Altona, sur la situation de
l'Europe. — Instructions du Gouvernement français à Verninac. — Rapport de Reinhard du 21 ventôse an III, sur les relations de la Turquie et de la France. — Il blâme le rappel de
Descorches. — La Porte autorise Descorches à habiter le Palais
de la République. — Il est plein de confiance dans le résultat
final des négociations. — Intervention de Mme Descorches pour
obtenir le maintien de son mari à son poste. — Rapport de
Reinhard sur le rappel de Descorches. — Les préparatifs belliqueux des Turcs se continuent. — Descorches présente le
tableau du Gouvernement ottoman. — Il insiste pour faire
entrer la Turquie dans le système des alliances de la République. — La Porte veut envoyer un ambassadeur en France.
— La nouvelle de l'arrivée de Verninac se confirme. — Considérations sur le rappel de Descorches.

Dans un second rapport adressé au commissaire des Relations extérieures, Descorches avait rappelé la proposition de
médiation du Gouvernement ottoman, montrant ainsi l'importance qu'il y attachait (1).

Son premier rapport avait été envoyé en double expédition
par la voie ordinaire de Bosnie et de Venise et sur la demande
de la Porte, par celle du prince de Valachie qui avait reçu
l'ordre de la faire parvenir par les moyens les plus expéditifs

---

(1) Constantinople, le 4 nivôse an III. L'envoyé extraordinaire au
commissaire des Relations extérieures. Correspondance ministérielle.

en son pouvoir. La proposition de la Porte contenait cette phrase essentielle : « Dans l'espoir de faciliter les affaires de la République de France, amie sincère de la Sublime Porte, et de frayer les chemins aux préliminaires de l'alliance projetée déjà depuis longtemps, nous demandons la désignation d'un envoyé en qualité de médiateur pour se rendre avec les plénipotentiaires des autres Cours à l'endroit qui pourra être destiné au Congrès... »

Descorches constatait que le ton de la Porte devenait tous les jours plus amical et plus confiant. Faisant allusion aux événements qui avaient suivi le 9 thermidor, il faisait remarquer que les grandes mesures de Gouvernement prises par la Convention y contribuaient peut-être plus encore que les victoires des armées républicaines. Il ne restait plus qu'à confondre les détracteurs de la République qui n'adoucissaient pas leurs traits dans les tableaux qu'ils présentaient de l'état intérieur de la France pour fixer définitivement une confiance qui existait dans les sentiments des Turcs, mais qui, jusqu'ici, ne s'était pas traduite par des actes décisifs.

« Que le Gouvernement, disait-il, continue de s'asseoir et de se montrer avec la dignité, la sagesse et la vigueur qui conviennent à la majesté du Peuple français, qu'il donne au Levant dans ses combinaisons la place que les intérêts politiques et commerciaux de la République y réclament, que son action s'étende jusqu'à nous et bien que Turcs, toujours Turcs au moins pour longtemps encore, ce qu'il ne faut pas perdre de vue, je les garantis de ce moment tout entiers à la République, en dépit des intrigues anglaises, allemandes et des roubles russes. »

Descorches prévenait aussi son Gouvernement contre les menées de la Russie qui lui avait fait cette confidence au moyen d'un intermédiaire : « Il n'y a plus que deux puissances en Europe auxquelles on ne peut résister. Pourquoi ne penseraient-elles pas à s'allier ? » C'était une première tentative de l'alliance russe.

« Citoyen, écrivait à ce propos Descorches, tu sens la perfidie ; elle ne s'en tiendra pas là probablement. Mais il y a sûrement trop de lumières en France et l'on sait trop bien qu'il n'y a pas de nation plus pourrie, de cabinet plus fourbe que celui des Russes, pour que leurs pièges aient quelque danger. Toujours est-il bon de se répéter souvent que Cathérine a tout l'art d'une femme consommée dans tous les vices et que rien ne lui coûte pour en venir à ses fins. »

Descorches proposait d'envoyer en Pologne, pour y représenter la République, Constantin Stamaty, actuellement à Altona, en qualité d'agent du ministère des Affaires étrangères et y consumant inutilement son zèle. Ce Stamaty annonçait de grandes aptitudes politiques et, ce qui était bien plus essentiel, des sentiments propres à le rendre utile au bonheur de l'Humanité, par conséquent, la vocation d'un digne agent républicain. Descorches le désignait pour la Pologne, ou, s'il n'y avait plus rien à faire de ce côté pour le moment et s'il sentait le bonheur d'être devenu français assez profondément pour ne conserver de sa naissance grecque que l'esprit, l'activité et l'adresse naturels à cette nation, il conseillait de lui donner une mission en Moldavie et en Valachie, pays dans lesquels la France avait une prépondérance à détruire et dont la situation intermédiaire entre la Russie et la Turquie pouvait dans l'avenir importer grandement aux intérêts français.

La cause de la France était déjà défendue auprès du prince de Valachie par Ruffray, son secrétaire, qui occupait un emploi qu'un long usage avait mis à la disposition de l'ambassadeur de France et que Choiseul-Gouffier avait procuré au titulaire actuel, resté fidèle à la République.

Descorches ne doutait pas, d'après les rapports de Thainville, que les menées de ses adversaires à Smyrne ne se rattachassent à la conspiration générale contre la République. Il écrivait à ce propos : « Nous entendions souvent dire ici au milieu des étrangers — « La coalition ne fera rien avec ses « armées; elle n'y compte pas; toute sa force est dans l'in- « térieur. »

« Plusieurs fois les ministres d'Angleterre et d'Allemagne ont annoncé des crises à Paris avant qu'ils n'en pussent apprendre l'événement. Il n'y a pas longtemps que M. l'Internonce parlait à ses affidés comme si le Comité de Salut

public lui eût été ouvert. J'ai su qu'on s'était dans ce cercle réjoui de mon rappel. Mon successeur était nommé; il le nommait. Nos faux patriotes laissent échapper leur douleur ainsi que des soupirs sur la catastrophe du chef de nos tyranneaux : « Ah ! s'écria l'un d'eux dans un moment d'effusion, si Robespierre n'était pas mort, nous allions voir tout changer ici. »

« Au reste, les mesures *énergiques et sages* prises par la Convention nationale pour imprimer à l'action du Gouvernement la justice, la vigueur et la force qui conviennent à la majesté, aux moyens, aux intérêts et à la volonté du Peuple, produisent la plus grande et la plus favorable sensation.

« La confiance s'associe à l'intérêt, à l'admiration et à l'estime et prépare merveilleusement le succès de tout le bien qui peut être dans nos espérances et dans nos vœux. »

Descorches, par cet hommage rendu aux Thermidoriens, lui, fier naguère d'avoir été appelé en Pologne le petit Robespierre, espérait sans doute se consolider dans son poste. Il ignorait qu'ils avaient déjà décidé son rappel !

Descorches était convaincu que le Grand-Seigneur partageait plus que personne ses sentiments, qu'il voulait mettre à profit les circonstances et tenter au printemps de se venger des Russes. Il suivait attentivement les préparatifs militaires des Turcs et les pressait sans cesse. On venait de doubler les ateliers de fabrication de poudre et d'ordonner d'y travailler la nuit. L'arsenal faisait à la hâte des commandes de chanvre et les travaux pour la défense du canal continuaient malgré l'hiver sous la direction du Français Monnier, chef de bataillon du génie.

Le Gouvernement français s'était enfin occupé d'envoyer à Constantinople les nouveaux officiers demandés par le Grand-Seigneur. Lazowski, ingénieur des ponts et chaussées, détenu comme suspect et mis en liberté provisoire par le Comité de Sûreté générale, avait demandé à servir en Turquie. Ce Lazowski, admis le 1ᵉʳ mars 1779 à l'Ecole des Ponts et Chaussées, avait exécuté différents travaux à Cherbourg et à Dieppe. Il était proposé au Comité de Salut public pour être envoyé en Turquie avec le grade de capitaine du génie.

Le 29 brumaire, un avis du Comité de Salut public, signé de Cambacérès, Thuriot, Merlin et Richard, informait Zulati à Sebenico du passage prochain du citoyen Raymond appelé à remplacer le citoyen Mazurier, ingénieur, mort au service de la Porte.

Les 28 et 29 frimaire, La Roque, Monteil et Ranchoux, officiers d'infanterie, Lezou, officier du génie, recevaient l'ordre d'accompagner Lazowski.

Albert le Sarmate avait aussi demandé à être envoyé en Turquie. C'était un Polonais âgé de 36 ans, originaire de Brzec, en Lithuanie. Il avait servi en Pologne comme sous-brigadier, puis comme aide-de-camp du général en chef de Lithuanie. En 1792, il avait fait campagne contre les Russes avec le grade de brigadier équivalant à celui de général-major. Passé en France en septembre 1792 pour y servir la cause de la Liberté et les intérêts de la Patrie, il avait été employé à l'armée du Nord comme adjudant général et chef de brigade jusqu'au 15 germinal an II, date à laquelle il avait été privé de son emploi comme noble et étranger par un arrêté des commissaires de la Convention pris à Réunion-sur-Oise.

Le 1er nivôse, le Comité de Salut public approuvait sa nomination comme officier de cavalerie au service de la Porte. On espérait que cette désignation d'un officier polonais servirait auprès des Turcs la cause de sa patrie (1).

Pour la première fois, un vaisseau marchand ottoman sous la conduite de marins ottomans devait se rendre en France. Il venait de quitter Constantinople pour aller charger du blé en Egypte, le porter ensuite à Marseille ou à Nice et en rapporter d'autres marchandises. L'envoi de ce bâtiment faisait espérer que des relations commerciales plus étroites encore que par le passé s'établiraient entre les deux pays, d'autant plus qu'il avait été ordonné par le Sultan lui-même. Ce vaisseau était un don qu'il avait fait à des officiers de son entourage ; c'était dire l'intérêt qu'il portait à cette expédition.

Descorches fut encore invité le 9 nivôse à se rendre dans

____

(1) Albert le Sarmate, rue Honoré, maison Charrol, n° 86, au citoyen Ville, membre de la Commission de l'Organisation et des Mouvements des Armées de Terre, 11 frimaire an III.

la soirée en grand mystère chez le Reis-Effendi (1). Il trouva pour ainsi dire un autre homme qui semblait sortir d'une longue contrainte, tant les traits de sa figure étaient épanouis. Le ministre turc commença par dire qu'il avait communiqué à Sa Hautesse et au Grand-Vizir les réflexions de Descorches au sujet du projet de médiation que la Porte avait conçu dans l'intérêt de la France aussitôt que les dispositions d'une partie de la coalition avaient semblé la rendre possible et que ceux-ci avaient aussi témoigné leur peine des soupçons que leurs sentiments paraissaient faire naître.

Descorches objecta que plus il croyait à la sincérité du Gouvernement turc, plus il avait lieu de s'étonner du système politique qu'il continuait à suivre.

« Voilà, ajouta le Reis-Effendi, ce que j'étais chargé de vous dire ministériellement : maintenant, c'est Dury-Effendi qui va parler à Descorches, notre ami, et non à l'agent de la République. Mais que tout ce que nous dirons à cet égard reste enseveli dans le plus profond secret. Vous en écrirez seulement à votre Gouvernement auquel je demande aussi le secret. *Je crois le moment venu de parler traité* : Quelles seraient les conditions qui conviendraient à la République ? C'est l'usage en politique que la partie qui propose fournisse le projet. Communiquez-moi le vôtre; je le mettrai sous les yeux du Grand-Seigneur et je vous réponds d'avance du cœur *tout républicain* avec lequel il l'examinera. »

Descorches répondit qu'il n'avait pas pour le moment de projet prêt à être examiné, puisqu'on n'avait jamais jusqu'alors donné une réponse catégorique à ses propositions et c'était là un des inconvénients qu'il n'avait cessé de représenter qui se faisait déjà sentir. Il rappela les dispositions du Gouvernement français lorsqu'il avait été envoyé à Constantinople qui témoignaient de l'intérêt que portait la France à la conservation de l'Empire ottoman, de son désir de déjouer les calculs de ses voraces voisins et d'établir de concert avec lui les bases d'un système politique appelé à

____

(1) Constantinople, le 11 nivôse an III. L'envoyé extraordinaire au citoyen commissaire des Relations extérieures. Correspondance ministérielle.

grouper tous les Etats ayant des comptes à demander ou des dangers à craindre de ces deux ou trois colosses auxquels avait donné naissance en Europe la perfidie de l'ancienne politique française qui avait enchaîné ce pays à la maison d'Autriche. Quant à la France, elle ne désirait pour elle que des facilités commerciales, des capitulations plus précises...

Mais les événements avaient bien changé la face des choses depuis l'arrivée de Descorches et peut-être, ainsi qu'il en avait averti maintes fois le Gouvernement ottoman, attiédi les dispositions de la République. Il allait toutefois communiquer cette ouverture à son Gouvernement et demander une réponse aussi prompte que possible.

Le Reis-Effendi assura de son côté Descorches que la Porte donnerait toutes les facilités commerciales demandées, car elle savait que tout ce qu'elle ferait pour la prospérité de la République contribuerait à la sienne propre. Descorches ne voulut pas parler à ce moment de la liberté du passage dans la mer Noire pour ne pas paraître attacher à cet avantage une importance que les Turcs auraient pu faire payer trop chèrement. Il lui sembla que ce droit de passage ne devait pas faire l'objet d'un article formel du traité, mais qu'il serait spécifié plus tard dans le développement des conséquences du principe que contenaient déjà les anciennes Capitulations de la liberté du Commerce et de la Navigation dans tous les états ottomans.

Descorches fit observer qu'en provoquant une réponse de son Gouvernement il serait bon qu'il pût indiquer les intentions de la Porte pour le printemps prochain à l'égard des Polonais.

« Nous savons que nous n'avons pas d'intérêt plus cher que leur conservation et leurs succès, répondit Dury-Effendi. Vous voyez nos préparatifs ; je crois que vous êtes content. Jamais dans ce pays il ne s'était fait tant de choses en si peu de temps. Nous ne nous relentirons pas, je vous en réponds. Ismaïl, Bender, Choczin sont finies et bien munies. Nous aurions encore à fortifier Kilia et Akerman. Voilà tout ce que je puis vous dire pour le moment. Nous nous concerterons alors. »

Ainsi se termina cette importante conférence dans laquelle, pour la première fois, le ministre de la Porte entrait au sujet d'un traité d'alliance dans les vues du Gouvernement français. Il avait assuré à plusieurs reprises Descorches de la loyauté de la Porte et de la sienne. C'était en effet une qualité que l'envoyé français reconnaissait volontiers au nouveau ministère ottoman et qui était un des traits du caractère du Reis-Effendi. Ce dernier avait demandé à Descorches de lui communiquer les informations qui lui parviendraient sur les affaires d'Europe. Les Turcs étaient toujours entourés d'intrigants qui falsifiaient les nouvelles. Ils voulaient y voir clair et attendaient ce service de leurs amis.

C'est au moment où le nouveau ministère ottoman paraissait vouloir s'engager dans une politique active qu'un événement imprévu vint encore retarder la solution que poursuivait Descorches depuis près de deux ans. L'envoyé français semblait vraiment jouer de malheur.

Dans un *post-scriptum* du 21 nivôse ajouté à son rapport du 14 du même mois, il informait le commissaire des Relations extérieures que le Reis-Effendi avec lequel il venait d'avoir cette conférence était mort subitement quatre jours auparavant. Cette mort était-elle bien naturelle ? Son successeur déjà nommé était Sil-Defsi-Bach-Teskeredjil, grand-maître des Requêtes, d'un âge avancé et depuis très longtemps employé dans les bureaux de la Porte. Il jouissait comme son prédécesseur d'une réputation de probité. Il avait fait dire à Descorches qu'il le trouverait dans les mêmes dispositions que Dury-Effendi, également pénétré d'estime, de confiance et d'admiration pour la République française.

Il lui avait en outre fait savoir qu'il désirait le voir le soir chez lui, mais d'une manière si discrète que les siens eux-mêmes ne pussent pas s'en apercevoir. Descorches était donc convoqué pour venir le 29 décembre après le coucher du soleil, dans le plus grand incognito et sans même amener avec lui son drogman Dantan (1).

____

(1) Callimachi à Marie Descorches, le 29 décembre 1794. Correspondance ministérielle.

Cette conférence n'avait pas d'autre objet que la confirmation de la part du nouveau ministre des Affaires étrangères de tout ce que son prédécesseur avait dit à Descorches. Le prince Callimachi, drogman de la Porte, avait avoué confidentiellement à Descorches l'inexpérience politique et l'ignorance des affaires européennes du nouveau Reis-Effendi, mais il avait garanti sa loyauté et sa probité.

Ce n'était au reste, paraît-il, qu'un intermédiaire, toutes les affaires étant délibérées et décidées par le Grand-Vizir qui, d'après ce que beaucoup de personnes assuraient, était encore inspiré par Raschid, le prédécesseur de Dury-Effendi, toujours tout-puissant derrière la toile pour ce qui concernait la politique étrangère. Les Turcs paraissaient donc dans la bonne voie et il appartenait désormais au Comité de Salut public de les y maintenir (1).

Pendant ce temps, les ennemis de Descorches épuisaient contre lui leurs dernières flèches, en y mettant tout le poison qu'ils pouvaient trouver. Noyane fils écrivait de Smyrne au Comité de Salut public : « Les patriotes sont victimes de la rage et des vengeances du ci-devant marquis de Sainte-Croix, danseur et courtisan de la cour de Versailles, et qui a été nommé envoyé à Constantinople par le traître Lebrun. Il se cache aujourd'hui sous le nom de Marie Descorches et il est, je vous le garantis, l'ennemi le plus implacable, le plus astucieux et le plus fourbe de la République et de ceux qui ont le courage de défendre son honneur et son intérêt. Vous apprendrez un jour, citoyens, le mal que cet homme a fait à la chose publique dans ces contrées. » Noyane demandait que les dénonciateurs de Descorches fussent appelés avec lui en France pour exposer contradictoirement leurs griefs (2).

Bertrand, cet envoyé d'Hénin qui était revenu en France sur *le Parlementaire* et avait, dès son arrivée à Port-la-Montagne, le 18 brumaire, fait parvenir au Comité de Salut

----

(1) Constantinople, le 5 pluviôse an III. L'envoyé extraordinaire au citoyen commissaire des Relations extérieures. Correspondance ministérielle.

(2) Noyane fils au Comité de Salut public. Smyrne, le 12 nivôse an III.

public les lettres de dénonciations dont il était porteur, insistait le 16 pluviôse pour que Descorches fût rappelé. Il l'accusait de nourrir le dessein de se réfugier en Russie ou en Pologne où il avait laissé son mobilier. Il le représentait comme un ennemi de la Patrie, comme un homme couvert de perfidies, de dilapidations et de crimes (1).

Reinhard, qui avait eu connaissance de la lettre de Bertrand, faisait remarquer, le 18 pluviôse, que chaque mot de ce factum respirait la haine et la passion. Il conseillait toutefois de faire comparaître son auteur devant le Comité pour en tirer des aveux.

Hénin reprochait à Descorches de décourager par ses procédés Le Brun, l'ingénieur constructeur mis au service des Turcs, ainsi que l'avaient fait déjà Saint-Priest et Choiseul-Gouffier. Il voyait dans ces agissements de Descorches une complicité possible avec les Russes qui craignaient les progrès de la marine ottomane. Il se plaignait aussi que Descorches eût fait insérer dans le *Moniteur* des articles inexacts sur l'esprit des Turcs en exagérant leurs préparatifs de guerre et en cachant la crainte qu'ils avaient de la Russie (2).

Descorches ayant été averti par les rapports de Thainville et de Roubaud qu'il avait confirmé sur la demande de ses concitoyens dans ses fonctions de proconsul de Smyrne, que Noyane cherchait à soulever contre les autorités les équipages des frégates, avait fait mettre les scellés sur ses papiers et procéder à son arrestation (3). Cette mesure avait eu pour résultat d'inspirer une crainte salutaire aux autres membres de son parti. « *Le lâche et judaïque Manuel*, écrivait à ce sujet Thainville, est venu hier faire bassement sa cour à Roubaud, protester de son obéissance aux lois et aux autorités constituées, assurer qu'il avait toujours cherché à modérer Noyane alors qu'il a été le rédacteur clandestin de tous les mémoires (4). »

---

(1) Bertrand au Comité de Salut public, le 16 pluviôse an III.
(2) Lettre d'Hénin du 22 pluviôse an III.
(3) Descorches au commissaire des Relations extérieures, le 5 pluviôse an III.
(4) Lettre de Thainville du 29 pluviôse an III.

Hénin ayant protesté auprès du Comité de Salut public contre l'arrestation de Noyane, Descorches écrivait à son sujet : « Je voudrais, citoyen, ne plus jamais abuser de ton temps, au point de t'entretenir d'un homme qui, en vérité, n'en vaut pas la peine et dont il ne peut être question encore que par l'effet des circonstances qui ont suspendu ta justice qu'il a trop provoquée pour n'être pas sûrement déjà prononcée sur son compte. »

Descorches signalait aussi que plusieurs citoyens avaient témoigné à diverses reprises avec insistance leur étonnement de n'entendre parler d'aucune manière de la souscription recueillie à Constantinople lors de la fête du 10 août pour l'armement de cavaliers jacobins. Cette souscription s'était-elle égarée avant d'arriver à destination (1) ?

Dans un autre rapport sur l'arrestation de Noyane, Descorches constatait que Français et étrangers y avaient applaudi. La demi-douzaine d'intrigants qui formaient son parti n'osaient rien dire. L'incomparable patriote Florenville se montrait lui-même plein d'aménité pour ses confrères les négociants qu'il ne traitait plus comme des contre-révolutionnaires. Tels étaient les heureux fruits de la justice et de la vertu (2) !

Ces dispositions plus favorables d'une portion de la colonie française n'étaient pas encore partagées par les femmes. « Il n'en est pas encore tout à fait de même des femmes, écrivait toujours Descorches. Nous les plaignons de leurs erreurs ou plutôt de leur faiblesse, car ce n'est que pour ne pas déplaire à de vieux parents ou à quelques prêtres qui les dominent, mais comme nous croyons que ce n'est que par tolérance qu'on opère des conversions, par la raison indulgente qu'on parvient à guérir des esprits malades, nous évitons même les reproches. »

Les femmes montraient en effet peu d'empressement à se rendre aux réunions décadaires organisées par Descorches.

---

(1) Descorches au commissaire des Relations extérieures, le 6 ventôse an III.

(2) Descorches au commissaire des Relations extérieures, le 19 ventôse an III.

Il n'y admettait aucun Ottoman ni Raya. Ses ennemis avaient manœuvré à la Porte pour faire interdire ces réunions, mais on y avait jugé superflu même la plus légère exhortation à la prudence (1).

Descorches ignorait toujours le départ de Verninac. Celui-ci s'était mis en route pour Venise d'où il donnait de ses nouvelles, le 21 nivôse, au Comité de Salut public. Il lui signalait que l'agent en résidence à Sebenico ne recevait plus de traitement et qu'il avait même fait des avances pour le service de la République. Lallement lui avait proposé de faire passer sa correspondance par Gênes au lieu de la Suisse et des Grisons. Il n'avait qu'à se louer de la réception qui lui avait été faite par Lallement et Jacob.

Verninac était encore à Venise le 5 pluviôse, car, à cette date, il adressait de cette ville un rapport au Comité de Salut public dans lequel il annonçait que le partage de la Pologne était résolu entre la Prusse et la Russie.

La Prusse devait donc avoir de pressants motifs pour conclure la paix avec la France, comme le bruit en courait. Elle avait, en effet, à tenir désormais en échec la Porte, la Suède et le Danemark peut-être hostiles au partage. Berlin aspirait peut-être aussi à faire payer par le consentement de certaines puissances à ses conquêtes en Pologne la continuation de sa participation à la coalition, car le partage de la Pologne affectait Vienne, Londres et Dresde. La Prusse, en parlant de paix, demandait aussi à la France, d'une façon indirecte, d'y acquiescer.

Il y avait là un piège à éviter. La Prusse, en effet, par cette annexion de territoires, chercherait des gages de sécurité ailleurs que dans l'appui de la France.

La Russie allait compter 6 millions de nouveaux sujets. La Suède et le Danemark se trouveraient, en raison de cette disproportion de forces. dans un état trop subordonné à l'égard de leur puissante voisine.

La Prusse verrait sa population augmentée de 3 millions

____

(1) Rapport de Descorches au commissaire des Relations extérieures sur les réunions décadaires, le 29 pluviôse an III.

d'habitants avec la possession de Varsovie, Cracovie, Posen, Sandomir, Dantzig et Thorn.

Verninac écrivait ces lignes prophétiques au sujet du projet déjà formé de rejeter les Turcs en Asie après le partage de la Pologne. « Et combien alors, si ce projet s'effectue, n'aurons-nous pas à craindre pour notre commerce, pour notre tranquillité, pour notre prépondérance, et disons aussi pour la liberté ! Car, ne nous le dissimulons pas; il n'existe de liberté civile pour les peuples, surtout pour ceux dont les richesses territoriales, industrielles et topographiques enflamment l'avarice et l'ambition des conquérants, qu'autant qu'ils sont assez forts pour maintenir leur indépendance politique. Vérité consacrée par l'histoire *et qui nous fait la loi de ne rien souffrir en Europe de plus puissant que nous.*

« J'ose opiner contre la paix avec la Prusse, au moins avant d'avoir pressenti la Porte, la Suède et le Danemark sur le parti à prendre au sujet de la Pologne. On peut donner la paix au Midi qui ne présente que des ennemis peu redoutables et désarmés, mais elle serait précoce pour le Nord. *Il nous faut poser d'abord solidement les limites de la République sur les bords du Rhin et reconquérir à notre commerce et à notre considération l'Empire de la Méditerranée;* nous en avons les moyens dans le courage de nos armées et dans les richesses de la Hollande (1). »

Stamaty, agent à Altena, renseignait à la même époque le Gouvernement français dans un important rapport sur la situation de l'Europe (2).

On parlait alors de la mort prochaine de Catherine, des préparatifs russes dirigés contre la Turquie et la Suède plutôt que contre la France, la Russie n'armant contre elle qu'une armée de soixante mille hommes.

Depuis que Deforgues avait envoyé Stamaty à Hambourg, il n'avait reçu que 1.500 livres, somme tout à fait insuffisante pour le défrayer de ses frais. Stamaty préconisait la création d'un consulat dans les provinces qui avoisinaient la Pologne,

---

(1) Verninac au Comité de Salut public. Venise, le 5 pluviôse an III.
(2) Altona, le 19 pluviôse an III.

à Bucharest notamment ou à Iassy. La Valachie et la Moldavie étaient en effet tombées sous l'influence de l'Autriche et de la Russie depuis la paix de Kainardji et celle de Sistova, et ces deux puissances cherchaient à détruire les communications de ces provinces de l'Empire ottoman avec la Pologne.

La ruine de la Pologne devait amener la création d'une nouvelle puissance maritime dans l'Archipel. Il importait à la France de s'y opposer. Les Cosaques et les Tartares pourraient se joindre aux Moldaves et aux patriotes polonais, mais Stamaty exprimait l'avis qu'ils fussent mis en mouvement par une guerre entre la Porte et la Russie.

Il convenait d'exiger de la Prusse la restitution de ses usurpations en Pologne, à l'exception de Thorn, de Dantzig et de quelques districts de la Prusse méridionale. Il faudrait armer la Suède et le Danemark en prévision d'une guerre turco-russe entreprise pour rendre l'indépendance à la Pologne.

Il conviendrait toutefois de retenir que les rapports de la Suède et du Danemark n'étaient pas parfaits. La Suède se plaignait de l'accueil fait par le ministre danois Bernstorff aux assassins de Gustave III, et à Hambourg les nobles suédois se montraient partisans de la Russie !

La Russie méditait dans le Levant la ruine du commerce français rival du sien et la conquête de l'Empire ottoman *dont l'intégrité et l'indépendance seraient toujours la base de la diplomatie française.*

Stamaty disait encore : « La Russie, depuis l'extension de ses frontières méridionales jusqu'au Dniester, projette l'envahissement de la Moldavie et de la Bessarabie pour s'approcher du Danube et l'Autriche convoite la Valachie dont les montagnes renferment des mines de sels gemmes et de métaux et dont les rivières, facilement rendues navigables, offrent des débouchés aux produits des manufactures de Hongrie et de Transylvanie.

« L'occupation de ces provinces par les Russes et les Impériaux à deux reprises différentes pendant plusieurs années, leur connaissance des ressources et de la fertilité d'un vaste pays à peine connu avant la dernière guerre avaient encore ajouté à leurs motifs d'ambition.

« Mais la Révolution française fut un dérivatif pour la maison d'Autriche dans ses projets sur la mer Noire. La paix de Sistova fut conclue. L'Autriche dut rendre ses conquêtes en Valachie et en Servie, sauf quelques forts, objet encore de contestations avec les Bosniaques. Cependant, Herbert, à Sistova, obtint que la Porte ne pourrait nommer de Princes de Moldavie ou de Valachie ou les destituer qu'avec l'agrément des deux Cours impériales et qu'on établirait à Bucharest et à Iassy des agents russes et impériaux qui veilleraient au maintien des privilèges des deux provinces et à leur administration. Les Turcs résistèrent longtemps à donner des provisions à ces consuls. Mais, abandonnés par Versailles, ils durent céder.

« *Depuis cette époque,* la Turquie avait cessé ses relations politiques avec la Pologne et jusqu'à ses communications de voisinage avec les Palatinats qui la bordaient. Dans le Nord de son Empire, les consuls et agents russes eurent seuls la direction des postes sur les frontières polonaises et moldaves, tracassèrent les voyageurs, mirent leur veto pour ainsi dire sur les décisions du Prince et de son Conseil qui, par suite de l'humiliation de la Turquie, n'osèrent pas résister.

« Tout cela se fit parce que Saint-Priest et Choiseul-Gouffier ne protestèrent pas ou opposèrent une faible résistance aux tentatives de l'ambassadeur de Russie. La divergence des intérêts de l'Europe sauva seule la Turquie. Mais si la France n'opposait pas sa volonté, la Turquie serait envahie et une nouvelle puissance maritime, celle de l'Angleterre, se créerait dans la Méditerranée.

« Un agent français eût été très utile dans les provinces du Danube pour agir d'accord avec les Princes grecs. *Le partage de la Pologne n'aurait peut-être pas eu lieu.* Son utilité aurait été encore plus grande au moment de l'insurrection polonaise pour entretenir des intelligences dans tous les Palatinats et les Starosties jusqu'en Courlande et en Russie avec les mécontents de la Volhynie, de la Podolie et de l'Ukraine, avec les Grecs schismatiques et leur bas clergé.

« Au début de l'insurrection, Michel Soutzo, hospodar de Moldavie, avait été pressé par la Porte de publier un firman pour donner asile aux Polonais pourchassés et réfugiés dans les districts situés le long du Dniester. Cet ordre resta sans effet par suite de la corruption et des manœuvres des agents russes.

« Cette mesure était en ce moment plus que jamais nécessaire pour rallier les débris des Confédérés. La situation de la Moldavie était favorable pour les recevoir en raison de sa proximité de la Gallicie, de la Podolie et des provinces polonaises mécontentes du joug autrichien.

« Les Cosaques, les Tartares et les Polonais qui erraient encore avec leurs charrettes et leurs bestiaux sur les rives du Pruth et du Sereth se rallieraient à l'avant-garde d'une armée turque passant le Dniester.

« La Russie ne convoite la Pologne, ajoutait Stamaty, que pour s'ouvrir une voie vers les plaines fertiles de la Roumélie et le Bosphore de Thrace, projet qu'elle nourrit depuis la paix de Pruth; elle vise aussi à devenir une nouvelle puissance maritime dans l'Archipel.

« Saint-Priest se conduisit avec perfidie pendant les négociations qui eurent lieu à Constantinople au sujet de la démission de Kirini-Guirai, dernier Khan de la Petite Tartarie et de la cession qui s'en est suivie à la Russie de cette importante presqu'île. Catherine lui envoya la décoration de Saint-André. Choiseul-Gouffier a actuellement un traitement de 12.000 roubles fait par la Russie. La préface de son *Voyage pittoresque* contient les louanges de Catherine.

« Quel serait le plan à suivre ? 1° Armer la Suède et le Danemark; 2° démontrer à la Prusse la nécessité de se contenter de quelques districts de la Prusse méridionale avec Thorn et Dantzig, de ne plus s'immiscer dans les affaires de Pologne, de renoncer à son alliance de partage avec la Russie; 3° faire prononcer les Turcs en faveur de la Pologne, leur faire déclarer la guerre si la Russie ne renonçait pas à la Pologne et à la Lithuanie. Il faudrait encore donner à Verninac un adjoint dans les Provinces Danubiennes, connaître les forces maritimes des Russes depuis Ackermann jusqu'à l'île de Taman, s'assurer de l'état des forteresses en Bessarabie, en Valachie et en Moldavie où les deux hospadars sont dévoués à la Porte et à la République française, former une Confédération polonaise en Moldavie ou dans la province de Choczim, surveiller l'effervescence qui se manifeste dans plusieurs comtés en Hongrie et en Transylvanie, surveiller aussi l'Autriche qui, par le Danube, fournit à la Turquie des marchandises qui venaient autrefois de la Provence et du Languedoc et qui proviennent aujourd'hui des manufactures établies depuis Joseph II en Hongrie. »

Constantin Stamaty, qui manifestait ainsi la connaissance approfondie qu'il avait des affaires d'Orient, rappelait que, depuis le commencement de la Révolution, il entretenait une correspondance suivie avec le prince de Moldavie. Mais Deforgues l'avait laissé sans instructions depuis son arrivée à Hambourg ! Il demandait à venir en France pour y occuper un emploi plus utile.

Cet agent si éclairé et perspicace adressait d'Altona un nouveau rapport le 20 pluviôse. Il y parlait encore de la maladie de Catherine qu'on disait atteinte d'hydropisie, des préparatifs formidables qu'on faisait en Russie pour la guerre. Mais les politiques clairvoyants qui connaissaient la marche tortueuse et oblique du cabinet de Saint-Pétersbourg n'ajoutaient aucune foi au bruit d'une expédition contre la France. C'étaient la Suède et la Turquie qui étaient menacées.

Stamaty estimait que si un consul français était installé à Bucharest au même titre que ceux de Russie, de Prusse et d'Autriche, la liberté de la navigation dans la mer Noire en serait bientôt la suite. Depuis les débuts de la Révolution, Stamaty n'avait cessé de correspondre avec le prince de Moldavie dont l'influence était grande dans le Conseil du Grand-Seigneur. C'était un fait connu de tous ceux qui avaient étudié les ressorts de ce Gouvernement. « J'ai dû, disait Stamaty, combattre les rapports de Choiseul et des ministres étrangers. Ma correspondance avec le Prince dans l'idiome du pays était traduite en turc et expédiée par un Tartare au Divan qui, à cause de mes connaissances vérifiées par les faits sur l'état de la France, sur ses immenses ressources, m'a témoigné confiance, ce qui a dirigé sa politique.

« Il serait utile de renseigner le Sultan sur la situation de l'Europe par des agents fidèles. Descorches a dû le dire. Aussi, presque toujours, les ambassadeurs de France ont placé auprès des hospodars de Valachie et de Moldavie des secrétaires français qui dirigeaient la correspondance de ces princes dans le sens français. Le secrétaire actuel du prince de Moldavie n'est pas né Français, mais il est philosophe et tout dévoué à la cause de la Liberté. Je lui suis redevable des services que j'ai rendus à la République. Mais ce digne Athénien, depuis la contre-révolution de Pologne, est persécuté par la faction russe. Je crains que les Turcs ne le sacrifient à la Russie. Deforgues, connaissant mon travail en Moldavie par Lebrun, a voulu que j'aille de Paris à Hambourg avec le titre de vice-consul pour observer le Nord de l'Allemagne, communiquer avec la Prusse, pénétrer le cabinet de Pétersbourg et servir d'intermédiaire entre les agents du Nord de l'Europe et la Turquie. *Mais, n'ayant reçu ni appointements, ni instructions, je n'ai éprouvé qu'une vaste illusion.* Buchot m'a envoyé, il y a six mois, 1.500 livres, qui m'ont servi à vivre. Depuis mon départ tout a changé; c'est aujourd'hui la prudence qui guide le Comité de Salut public. J'ai écrit, il y a deux mois, à Miot, commissaire actuel, pour lui demander un congé de dix décades; j'attends sa réponse. »

Constantin Stamaty, ayant été désigné par le Comité de Salut public comme agent dans les provinces du Danube, exposait dans un autre rapport la situation de la Russie épuisée d'hommes et d'argent, n'ayant pas de crédit, n'ayant pu trouver de recrues dans sa dernière guerre avec la Turquie. Le papier russe perdait 50 % de sa valeur à l'intérieur et de 70 à 80 % au dehors. Il s'étendait aussi sur l'antipathie qui régnait entre la Suède et le Danemark et sur les intrigues des ministres russes dans ces pays pour les diviser.

Le Danemark, de tout temps le plus fidèle client de la Russie, avait été forcé par Pitt de se rapprocher de la Suède. Mais ce danger avait disparu pour la Russie et la Suède resterait isolée. C'était donc la Turquie qui devait surtout fixer l'attention du Comité de Salut public pour arrêter les empiètements de la Russie.

C'était une nécessité pour la Porte de se concilier les Grecs dont la protection avait été toujours poursuivie avec soin par le Gouvernement russe. Les Grecs de l'Archipel s'étaient toujours déclarés pour la Russie; ceux de Constantinople qui comprenaient le haut clergé et la noblesse hellénique se montraient dévoués à la Porte. Mais, depuis la paix de Sistova, les hospodars de Valachie et de Moldavie choisis dans cette noblesse n'étaient plus amovibles. La Russie avait obtenu qu'ils seraient désignés de concert avec son ambassadeur. La Russie s'était ainsi attaché les Grecs par l'influence qu'elle pouvait acquérir sur les grandes familles de cette nation.

Constantin Moruzzi, fils d'Alexandre Moruzzi, ancien prince de Moldavie, était actuellement prince de Valachie, emploi qu'il avait obtenu en récompense de la fidélité de son père à la Porte. Il avait rempli les fonctions de premier drogman à Sistova, était âgé de trente-deux ans, versé dans la littérature française et attaché à la Révolution; mais il sacrifiait ses opinions à son intérêt, les deux Cours impériales lui garantissant l'hérédité de son titre. Aussi ses rapports au Divan étaient-ils peu favorables à la France. Cela n'aurait pas eu lieu si un agent français avait été placé auprès de lui. Pendant dix-sept ans, feu M. de la Roche avait servi comme secrétaire auprès des trois hospodars.

Le prince de Moldavie était Michel Soutzo, ancien interprète de la Porte. Il avait rendu des services depuis quarante ans sous les trois derniers Empereurs, Mustafa, Abdul-Hamid et Sélim. Très influent, il avait été renseigné par Stamaty depuis les débuts de la Révolution. De là, ses rapports favorables en opposition avec ceux des autres agents du Gouvernement ottoman.

Son secrétaire Kadrika, Athénien de naissance, partisan de la France, était mal vu de Choiseul et de la cour de Pétersbourg, comme le prouvaient les papiers trouvés à Varsovie dans le palais d'Igielstrom. Stamaty n'avait pu obtenir pour lui de Lebrun que la promesse d'un exemplaire de l'Encyclopédie !

La Moldavie pouvait être un refuge pour les mécontents de Podolie et les réfugiés des autres Palatinats. Stamaty réclamait une mission officielle comme consul dans ce pays (1).

Cependant, en ventôse an III, il était encore à Altona d'où il écrivait au Comité de Salut public : « La cour de Berlin se montre très irrésolue dans son système politique. La Russie continue à avoir une grande influence sur le Roi et son ministère. La mésintelligence entre les deux cours n'était qu'une feinte pour inspirer à la République française une fausse sécurité. Il existe une convention secrète entre Suwarow et Bucholtz, envoyé prussien en Pologne, signée à Varsovie le 21 janvier. On croit même que la Prusse s'allierait avec la Russie, si celle-ci était attaquée par les Turcs. La persuasion où est la Prusse, que l'ambition de Catherine est de s'étendre au Midi, et l'envie prussienne de s'étendre en Pologne expliquent cet accord. La Prusse est décidée à traiter avec nous, s'il n'est pas question des Polonais dans la négociation (2).

« Dans la convention secrète, on règle les rapports des deux armées en Pologne; on craint même qu'il s'y trouve des stipulations offensives et défensives contre les Turcs en cas de guerre avec les Russes. Ce serait, il est vrai, le comble de l'absurdité et de l'extravagance. *Mais à quel oubli des principes ne doit-on pas s'attendre de la part d'une cour vaine et aveuglée par l'ambition qui ne cherche qu'à se faire une vaste domination aux dépens de la justice et au mépris des droits des nations, dans la vue seule de pouvoir rivaliser en puissance comme en grandeur avec la maison d'Autriche* (3).

« N'ayant aucun moyen d'empêcher l'exécution immanquable de ce grand projet, la conquête de la Turquie, si la Pologne reste dans son assujettissement actuel, la Prusse doit la favoriser pour se ménager des prétentions éventuelles et

---

(1) Rapport de Constantin Stamaty, né à Constantinople, mais depuis six ans citoyen français, ci-devant, vice-consul de la République à Hambourg, pluviôse an III.

(2) Lors de la paix de Bâle, la Pologne fut en effet sacrifiée.

(3) Stamaty, ce Grec subtil, prévoyait dès cette époque Sadowa, en même temps qu'il savait juger la valeur morale du gouvernement prussien.

des droits à de nouveaux arrondissements ou tout au moins pour consolider son Empire chancelant dans la portion de la Pologne qui lui est tombée en partage. »

Stamaty se faisait l'écho de scandales à la Cour de Berlin, d'un différend entre le Prince royal et Bischofwerder qui voulait s'occuper de son régiment, d'une discussion entre Schulenbourg, président du Collège de la Guerre, et le Roi qui lui avait jeté sa tabatière à la tête. Stamaty terminait son rapport en demandant instamment son rappel d'Altona (1).

Par arrêté du 8 ventôse, le Comité de Salut public lui avait donné par avance une satisfaction partielle en le nommant agent secret à Iassy et à Bucharest avec un traitement de 5.000 livres à dater du 1er germinal.

On peut rapprocher ces réflexions de Stamaty sur la situation de l'Europe des instructions que le Gouvernement français donnait à Verninac, déjà parti pour rejoindre son poste. On lui annonçait l'entrée des Français à Amsterdam et à la Haye, la fuite du stathouder en Angleterre, l'insurrection du parti patriote hollandais, l'occupation des provinces d'Utrecht, de Hollande et de Zélande, la fuite des armées autrichiennes et anglaises vers la Westphalie, les conférences de Bâle entre Barthélemy et de Goltz pour préparer la paix avec la Prusse. Des premières ouvertures avaient déjà été faites en fructidor par le feld-maréchal Mollendorff. La persévérance de la Prusse à vouloir la paix indiquait sa sincérité et la mort de de Goltz venait seule d'arrêter un peu les pourparlers déjà engagés.

A la diète de Ratisbonne, la médiation de la Suède et du Danemark avait été écartée. La France l'avait cependant acceptée, bien qu'une médiation fût peu digne de la République et peu convenable à ses intérêts. La République pouvait seule servir d'appui aux petits Etats d'Allemagne mal engagés dans la guerre.

Il était de leur intérêt de demander directement la paix à la République pacifique. La Suède et le Danemark étaient

____

(1) Constantin Stamaty au Comité de Salut public. Altona, le 21 ventôse an III.

toujours unis. Le ministre de Suède, de Staël, était arrivé à Paris depuis quelque temps et le Gouvernement français devait insister sur la nécessité d'établir des rapports d'amitié et de confiance entre les agents des deux Gouvernements accrédités auprès de la Porte. La Toscane avait de son côté envoyé un agent, Carletti, chargé de demander l'oubli de la rupture involontaire avec la République qui n'avait eu lieu que sur les menaces de l'Angleterre.

Un traité de paix, signé par le Comité de Salut public et cet envoyé, venait d'être ratifié par la Convention nationale. Les nouvelles de Pologne étaient attristantes. L'avenir montrerait si l'occupation de ce pays resserrerait les liens entre les trois puissances co-partageantes ou aurait pour résultat de les diviser.

« Les pays intéressés au sort de la Pologne, écrivait le Comité de Salut public à Verninac, ont laissé passer le moment décisif. Il faudrait de grands sacrifices, un Gouvernement et une nation pour refaire l'insurrection.

« La République ne peut qu'influer indirectement sur le sort de ce pays. Nous comptons sur toi à ce sujet. Nous avons reçu des lettres de Parandier. Il cherche à pénétrer en Pologne et nous dira ce qui reste à espérer.

« Le ministère anglais déclare son intention de continuer la guerre. Il compte sur l'Autriche et cherche par tous les moyens à retenir l'Espagne dans son aveuglement. La République marche vers l'abaissement de ses ennemis ou une réconciliation. Elle va jeter les bases d'une paix solide et glorieuse.

« Le projet de médiation de la Porte annoncé par Descorches est intéressant seulement parce qu'il donne une mesure de la politique ottomane.

« Tu prendras possession du Palais avec un caractère officiel pour triompher des embarras de la Porte. Elle paraît désirer notre alliance, mais voudrait avant nous savoir en paix avec nos principaux ennemis. Elle en est encore à se convaincre de la certitude du triomphe définitif de la République. Si la paix générale se faisait, la République ne pourrait recommencer une guerre pour un pays qui n'a rien fait pour elle pendant l'époque la plus décisive. C'est ce que ne voit pas la Porte. Nous ne comprenons pas son projet de médiation ; il faudrait avoir d'elle des vues précises à ce sujet. Il faut empêcher l'effusion du sang pour longtemps. Remercie la Porte. Mais connaît-elle les dispositions de nos ennemis à son égard et au nôtre ? Il convient de la renseigner exactement.

« La coalition sera bientôt entamée ; sa dissolution suivra. La République, ayant dicté les conditions de la paix, pourra jouir, dans sa force, du fruit de ses victoires. La turbulence ennemie se tournera ailleurs pour obtenir des compensations faciles. Les trois puissances co-partageantes de la Pologne exigeront de nouveaux sacrifices de la Porte et l'Angleterre liée à la Russie y consentira. La Porte exigera-t-elle que la République, à peine sortie d'une guerre terrible, reprenne les armes ?

« Il faut d'abord que l'Autriche, abandonnée par la Prusse et la plupart des Etats de l'Empire, mûrisse pour l'état d'abaissement où elle doit être réduite et que l'Angleterre succombe dans la guerre maritime. Ce n'est que pendant cette époque intermédiaire entre la paix partielle et la paix générale que la Pologne peut être sauvée, qu'une coalition peut se former dans le Nord contre la Russie, que la Porte peut être garantie d'un avenir menaçant et destructeur.

« Il n'y a plus de temps à perdre. La Porte doit prévenir ou être prévenue pendant que ses ennemis sont occupés par nous, par la nécessité de contenir le désespoir des Polonais, par le danger d'une alliance du Nord. Après la paix, l'Autriche fera refluer ses armées vers la Hongrie et la Russie, abandonnant la Baltique, se tournera vers Constantinople.

« Des présents partiront bientôt avec les personnes désignées pour Constantinople. Ruffin est parti déjà avec sa famille vers le milieu de nivôse. Différents consuls récemment nommés sont partis ou vont partir. »

Ces instructions portaient les signatures de Cambacérès, Merlin de Douai, Lacombe du Tarn, Chazal, Pelet, Dubois-Crancé, Carnot et Boissy (1).

---

(1) Instructions à Verninac qui les recevra, on l'espère, à son poste, 3 ventôse an III (mars 1795). Reinhard en avait été le rédacteur.

Verninac ayant engagé le Comité de Salut public par une lettre du 5 pluviôse datée de Venise à ne pas traiter avec la Prusse ou à attendre les dispositions de cette puissance ainsi que celles de la Suède et du Danemark à l'égard de la Pologne, le Comité lui répondait qu'il se trompait au sujet des conditions de partage de ce pays et que l'Autriche serait aussi favorisée que la Prusse et la Russie.

« Nous sommes placés au centre, lui écrivait-on, et nous devons considérer les choses sous plusieurs points de vue.

« Le roi de Prusse désire sincèrement la paix qui est utile à la République. L'Autriche est pour nous sur le continent ce que l'Angleterre est sur mer et nous mettons sur la même ligne la Russie qui tend à envahir le Nord et le Midi.

« La République ne donnera point son assentiment au partage de la Pologne, quand même elle ne croirait pas devoir s'y opposer formellement et qu'elle se déciderait à attendre, du temps et du concours des autres puissances intéressées à empêcher ce partage, les moyens de rendre ce pays à son indépendance.

« Si la Porte déclare la guerre, soit à la Russie, soit surtout à l'Autriche, si la Suède et le Danemark se réunissent pour agir de concert avec la Porte, nous aurons gagné le point le plus essentiel, celui de mettre la Pologne en état de coopérer elle-même à sa délivrance. Il n'est sans doute point indifférent pour la République que, dans les affaires de Pologne, la Prusse agisse ou non de concert avec la Russie et l'Autriche, mais le Comité estime que le moyen le plus puissant pour la faire revenir au bon système est précisément sa paix avec la République.

« Quant à la Porte ottomane, quel que soit le rôle que le roi de Prusse continuera à jouer dans les affaires de Pologne, elle ne voudra pas sans doute l'avoir pour ennemi direct; il sera de sa politique de pouvoir compter, sinon sur son assistance, du moins sur sa neutralité. Il importe peu à la Porte que la Prusse s'empare de quelques districts de la Pologne, mais il lui importe que la Russie et l'Autriche ne s'agrandissent point aux dépens de ce pays. Nous pensons que la Porte ne peut voir qu'avec plaisir la paix de la République avec le roi de Prusse, puisque, si d'un côté elle n'a rien à démêler avec celui-ci au sujet des affaires de Pologne, l'amitié rétablie entre la République et le roi de Prusse pourra contribuer à lui assurer la neutralité de ce prince dans la guerre qu'elle fera à la Russie et à l'Autriche.

« Nous pensons en conséquence, citoyen, que les négociations entamées avec la Prusse ne doivent rien changer aux instructions que tu as reçues et que tu es chargé de nouveau de suivre et d'exécuter dans toute leur teneur (1). »

Un rapport de Reinhard du 21 ventôse complétait les indications sur l'opinion qui régnait à cette époque au ministère des Affaires étrangères au sujet de l'attitude que la France devait avoir à l'égard de la Porte. On y lisait : « La Porte a demandé l'envoi d'un plénipotentiaire au Congrès général qui aura lieu pour la paix ; elle paraît y attacher une grande importance. Déjà, le Reis-Effendi avait dit dans une conférence à Descorches que la Porte avait offert sa médiation aux ministres de la coalition. On sait de Berlin que cette démarche y a été réellement faite. Le Comité a écrit à Verninac qu'il remercie la Porte, mais décline la médiation. On peut dire à Verninac que la République demandera que la Porte envoie un représentant lors des négociations pour la paix générale.

« Cette idée de médiation assez baroque en elle-même paraît un expédient sublime pour les ministres ottomans. C'est un terme mitoyen par lequel ils veulent passer pour se déclarer et pour agir en notre faveur, sans rompre avec la coalition.

« Il serait inutile de repousser cette idée impraticable par la nature des choses. On profitera des conséquences auxquelles elle va donner lieu. On ne peut s'empêcher de faire ici une observation importante. *On ne saurait douter que Descorches ne jouisse de la confiance entière de la Porte;* dans ce pays plus qu'ailleurs, la confiance personnelle fait tout. Il serait bien difficile de dire que Descorches, *sans instructions*, sans autre secours que celui de la force des choses, aurait pu faire mieux qu'il n'a fait. *Il est malheureux qu'il quitte son poste au moment où la Porte paraît vouloir*

---

(1) Le Comité de Salut public à Verninac, 8 ventôse an III.

se prononcer. Cet événement est sans remède, à moins que Descorches dans sa conduite avec son successeur ne montre le dévouement du véritable patriotisme. Celui-ci est parti avec la résolution de montrer à Descorches tous les égards possibles. Il a été averti d'être en garde contre les ennemis de Descorches, *intrigants méprisables*. Il sera le maître de continuer à employer tous ceux qui l'ont été sous Descorches, tandis que le chef du parti opposé, Hénin, a été décidément rappelé. »

Reinhard reconnaissait courageusement ce qui était la vérité, l'inopportunité évidente du rappel de Descorches, au moment précis où il semblait devoir aboutir. Son rapport contient en outre la condamnation irrémédiable des hommes incapables et légers qui avaient pris la direction de la politique étrangère de la Révolution par l'aveu que Descorches avait été laissé sans instructions pendant tout le cours de son importante mission !

Le ministre de Suède à Paris, M. de Staël, s'était mis aussi en rapports avec Verninac, afin de se concerter avec lui au sujet du concours que la Suède devait donner à ses démarches. Il lui adressait le 1ᵉʳ germinal cette dépêche chiffrée : « M. d'Asp, citoyen, devant solliciter près la Porte ottomane l'exécution des engagements contractés par cette puissance envers la Suède, a reçu l'ordre du Gouvernement de se concerter avec vous pour tout ce qui pourrait comprendre les intérêts respectifs de nos deux nations. Le duc Régent, attachant la plus haute importance aux succès de ce ministre, m'a aussi chargé de vous inviter à ce concert de mesures et de bons offices et de vous assurer que vous trouverez en M. d'Asp toutes les dispositions désirables *pour vous faciliter les moyens de parvenir à une alliance entre la Porte et la France contre la Russie*. La bonne intelligence qui règne entre nos deux nations et qui prend tous les jours un nouvel accroissement me fait espérer, citoyen, que vous appuierez de tout votre pouvoir les négociations de M. d'Asp, comme vous pouvez être persuadé que ce ministre ne négligera rien pour hâter le succès de celles qui vous sont confiées. N'ayant aucun chiffre, je remets cette lettre à votre Gouvernement qui m'a promis de vous la transmettre.

« J'ai l'honneur d'être, citoyen, avec un sincère attachement, votre très humble et très obéissant serviteur. — Staël-
Holstein (1). »

Enfin, cette autre dépêche rédigée également par Reinhard,
qui était alors chef du 2° bureau politique au Comité de Salut
public, complétait les instructions données à Verninac. On
lui écrivait à Constantinople dans la supposition qu'il y était
déjà arrivé : « Descorches aura dû te mettre au courant des
derniers événements. Il avait adressé deux dépêches. Dans la
première, il faisait part de l'offre de la Porte d'envoyer un
ambassadeur au futur Congrès de pacification. Dans sa
seconde lettre, il rend compte de la demande de la Porte de
nos conditions du traité d'alliance.

« Le ministre plénipotentiaire de Prusse à Bâle nous a fait
part de l'offre de médiation de la Porte. La réponse a été
polie, mais déclinatoire.

« Le ministre ottoman a voulu sans doute cette transition
pour arriver, sans trop heurter la coalition, à reconnaître la
République, puis à se prononcer en sa faveur et à se lier à
ses intérêts.

« Quoique la réunion d'un Congrès de pacification générale
soit entièrement hypothétique, cependant comme la Porte paraît
se complaire dans son idée, nous pensons qu'on peut en tirer
parti pour lui faire sentir que, d'après cette idée même, elle
ne peut tarder davantage à se prononcer et à agir avec énergie. Ce n'est que par des paix partielles que nous arriverons
à la pacification générale. La tenue d'un Congrès est aussi
incertaine qu'éloignée. La République ne peut accepter ni
proposer de médiation; celle-ci serait donc seulement utile
à la Porte en lui procurant la présence d'un ambassadeur
turc à ce Congrès.

« Si la Porte prenait part à la guerre, son admission aux
négociations pour la paix serait de rigueur. La France ne s'y
opposerait pas en tout cas, à cause de ses liens avec la Turquie, leurs intérêts ne devant jamais être opposés. Mais elle
l'exigerait et la garantirait d'avance à la Porte, si celle-ci

____

(1) Lettre expédiée à Verninac, le 13 germinal an III.

se prononçait enfin en faveur de la Pologne, contre la Russie et l'Autriche.

« Quant aux conditions du traité d'alliance, il faut s'en rapporter aux instructions et aux lettres précédentes. Le changement de notre position politique et les longs et funestes délais de la Porte rendent la République moins empressée à se lier irrévocablement au sort de cette puissance qui, si elle prend les armes, ne le fait que pour sa propre conservation, sans cependant l'empêcher de prendre et de combiner avec la Porte toutes les mesures qui pourront assurer le succès d'une guerre entreprise contre les mêmes ennemis.

« La République reconnaît la perspective d'avantages commerciaux et communs aux deux pays et la nécessité de la revision de nos Capitulations avec la Porte et du Code qui régit nos Etablissements dans le Levant.

« Il convient aussi de préparer la libre navigation de la mer Noire d'après ie principe très juste de Descorches qu'aucune nation ne devra être plus favorisée, soit pour le commerce, soit pour la navigation que la nation française. Ruffin pourra t'aider. Tu poursuivras l'extradition de Pierre Fonton avec circonspection et mesure à cause de la protection que lui donne la Russie. Accélères aussi la marche politique du Gouvernement sans la déranger.

« Nous avons ordonné à Stamaty de se rendre à Iassy ou à Bucharest comme agent secret. C'est un point important à cause de la Pologne. Stamaty devra se rapprocher des patriotes polonais et chercher à leur être utile de tous ses moyens. Il sera subordonné à tes directions et tu auras à obtenir pour lui la protection de la Porte. Tu peux aussi y envoyer quelqu'un. Parandier ne pouvant aller en Pologne est autorisé à rester à Altona. M. de Staël, qui a reçu ses lettres de créance, nous a remis une lettre qu'il nous a prié de te faire passer chiffrée (1). »

La phraséologie de la diplomatie républicaine était toujours la même. Elle voulait bien faire servir la Turquie à ses desseins, mais sans laisser entrevoir à cette puissance des moyens

---

(1) Lettre à Verninac approuvée par le Comité, le 8 germinal an III.

de concours effectifs. Elle trouvait même que l'alliance ottomane n'était plus désirable ! Et cependant c'était l'heure où Descorches, plus confiant et croyant ses désirs accomplis, écrivait au Comité de Salut public : « Citoyens représentants, je puis enfin vous annoncer aujourd'hui le commencement des réalités dont mes rapports n'ont pu jusqu'ici offrir que des augures. Aujourd'hui, c'est de Péra, c'est du Palais de la République que je vous écris. J'y suis établi avec le bureau de la Légation depuis avant-hier soir. Nous voilà donc au but ; ils sont à nous ; tout le reste dépend de nous (1). »

Descorches expliquait qu'il s'était rendu quatre ou cinq jours auparavant chez le drogman de la Porte sur l'invitation du Reis-Effendi. On lui avait communiqué une note écrite de la Porte qui se fondait pour l'autoriser à habiter le Palais de la République sur le mauvais état de son logement, ses demandes antérieures à Raschid, le mauvais air qu'il respirait à Galata dont sa santé était ébranlée, la mauvaise conduite de Fonton qui avait compromis la surveillance de la Chancellerie.

Il était donc autorisé à habiter le Palais, mais comme si cette prise de possession eût été faite de son propre mouvement. « Pitoyable farce, platitude ! disait Descorches. Leurs ennemis reprocheront aux Turcs non seulement de se laisser entraîner vers nous, mais de vouloir les jouer. Néanmoins, subordonnant tout à l'intérêt public, j'ai accepté.

« J'exposais toutefois que cette mesure était au-dessous de la dignité d'un grand Empire. Le drogman promit de le dire au Reis-Effendi. Il me dit que les puissances protesteraient, mais que pendant ce temps la réponse attendue de France aux ouvertures qui lui étaient faites arriverait et que nous irions de l'avant...

« Je m'excuserais de ce long rapport, s'il n'était essentiel de vous mettre à portée de bien connaître ces gens-ci qui doivent se présenter souvent, à ce qu'il me semble, aux combinaisons du système politique dont vous préparez les bases et qui y entreront vraisemblablement au nombre des princi-

____

(1) Descorches au Comité de Salut public, le 5 ventôse an III.

paux éléments ; j'oserais presque, malgré le dégoût qu'ils me causent quelquefois, vous garantir d'avance tout ce que vous en désirez avec l'aide de ce que notre électricité républicaine est en état de faire et saura faire pour leur donner de la valeur...

« Je vis beaucoup avec les Turcs dont les qualités sont précieuses à côté de leurs vices et qui sont dans un état moral plus près du bien, en général, que des nations qui se vantent de leur civilisation en comparaison de la leur. Le drogman promit de donner mon avis au ministre. Cela nous achemine et nous fait arriver ; mais comment ?

« Les notes vont pleuvoir à la Porte, m'a dit le drogman. Le Reis-Effendi fera l'ignorant. Dantan sera appelé pour semblant d'explication. La réponse de la France arrivera sur les entrefaites et le tour sera joué. Si nous voulons conserver cet intermédiaire qui offre tous les avantages au lieu de tous les inconvénients entre l'ambitieuse et perfide Russie et nous, nos ports et notre commerce, il sera important de penser au sort des Turcs. Après la Pologne, la Turquie sera menacée par la Russie qui empêchera la restauration de cet Empire. On parle d'un projet de Catherine pour s'emparer du port de Sinope sur la côte d'Asie de la mer Noire. La demande en aurait été faite à la Porte. Ce port, à cause de ses écueils et des vents du Nord qui y soufflent, est difficile d'accès et l'une des plus sûres défenses du canal qui conduit à Constantinople. Le Capitan-Pacha a eu aussi le projet d'y installer un arsenal. Mourad-Cha, premier drogman de Suède, est toujours en crédit. Le ministre d'Asp a parlé plus librement avec Gaudin *sur l'horreur du partage de la Pologne.* Il a dit qu'il attendait toujours des instructions. Les présents de Sémonville toujours ici sont très inférieurs aux donatives d'usage. Le Palais est délabré. Qui le meublera... ? »

Quelques jours après, Descorches écrivait encore : « Rien de nouveau après mon installation dans le Palais (1). Le Reis-

---

(1) Descorches prit possession du Palais de la République le 3 ventôse.

Effendi m'a fait demander si ma santé se trouvait mieux de l'air plus libre que je respirais. D'après Callimachi, il y aurait eu des reproches, des menaces des coalisés. On dit que j'aurai une audience publique du Grand-Vizir avant le Ramazan, dans dix ou douze jours... J'estime qu'il faut laisser venir.

« Les Légations de Suède et de Venise m'ont fait témoigner leur désir de me voir reconnu officiellement pour pouvoir établir avec moi des rapports. Les mines et les propos changent. Que sera-ce maintenant que la Hollande est conquise !...

« L'admiration et la joie des Turcs ne peuvent se décrire.

« On parle de Ratib-Effendi, intendant des subsistances, ci-devant ambassadeur à Vienne, ou de Moukilifzadé, intendant des travaux de l'arsenal, pour les envoyer à Paris (1). »

Pour le moment, c'étaient deux émissaires du Comité de Salut public, Percin et Cablat qui, munis d'une recommandation de Buchot, arrivaient à Constantinople *pour vendre au Grand-Seigneur ces fameux diamants de la Couronne* dont une partie avait été volée au début de la Révolution. Des démarches avaient été faites dans ce but auprès d'un des principaux officiers du Sérail en crédit auprès du Sultan.

Ces envoyés portaient à Descorches une lettre du commissaire des Relations extérieures datée du 28 thermidor, dont la lecture motivait cette réponse de l'ambassadeur français : « Encore des espérances quand il faudrait des réalités ! » Venture était arrivé avec eux. Descorches l'avait logé dans le Palais de la République, bien qu'il fût sans direction à son égard (2).

Descorches exprimait encore en ces termes au Comité de Salut public l'heureuse impression que lui laissaient les derniers événements : « Nous touchons le but de bien près. Je pourrai annoncer par le prochain courrier que nous l'avons atteint. L'attitude plus imposante de la Convention nationale rendue aux sentiments qui lui sont propres, nos victoires agissent sur les Turcs. Pour contrarier ces dispositions, les

---

(1) Descorches au Comité de Salut public, le 18 ventôse an III.
(2) Descorches au Comité de Salut public, le 3 germinal an III.

coalisés tirent parti de tout, *du bruit de mon rappel*. On eût dit que c'était leur ouvrage. Ils annonçaient Verninac à Venise (1). J'ai reçu des avis anonymes de prétendus amis qui voulaient me sauver de périls imminents. Que faut-il donc faire pour apprendre à ces âmes de boue qu'elles ne sont pas toutes coulées dans leur moule ? Les émigrés ont annoncé que tout changerait bientôt, que le nouvel arrivant apporterait des principes et des sentiments bien contraires au Roberspiérisme, qu'il avait témoigné son mécontentement de la scission des républicains de Constantinople avec eux. Ils ont manifesté l'espérance d'une prochaine résurrection de notre feue Royauté, déjà bien pourrie pourtant, quand elle vivait encore. Le bon sens et la confiance des Turcs ont fait justice de la plus grande partie de ces sottises. Mais, en même temps, ils n'ont pu se défendre de quelque impression de peine et d'inquiétude. Elle m'est revenue de divers côtés et même directement de la part du ministère (2). »

Une communication faite à Descorches par un de ses affidés auprès du Gouvernement ottoman l'avait confirmé dans ses espérances en lui laissant entendre que l'objet principal de sa mission allait être rempli. L'ex-drogman Moruzzi, resté conseiller occulte pour la politique étrangère, de Raschid-Effendi, plus que jamais l'âme secrète du Divan, avait appelé Dantan et l'avait chargé de confier au ministre de France la résolution de la Porte de remplir les formalités d'usage pour la reconnaissance de son caractère officiel.

De son côté, le consul Bruère écrivait de Raguse le 10 germinal que la Porte était à la veille d'entreprendre une guerre pour reprendre la Crimée et la forteresse d'Oczaköw et que le Sultan verrait avec plaisir se former une alliance des puissances du Nord en faveur de la Pologne.

Le 19 germinal, Descorches écrivait de nouveau au Comité de Salut public : « Le germe prêt à éclore dont je vous ai parlé dans ma dernière dépêche est resté engourdi jusqu'ici apparemment dans les longueurs du Ramazan. Les Turcs qui

____

(1) Hénin, mieux informé que Descorches, annonçait au Comité de Salut public, le 12 germinal, l'arrivée prochaine de Verninac.
(2) Descorches au Comité de Salut public, le 3 germinal an III.

font abstinence le jour s'en dédommagent la nuit ; toutes leurs habitudes changent ; on dirait presque que ce ne sont plus les mêmes hommes et la marche des affaires en a toujours beaucoup souffert.

« La nouvelle de la venue de Verninac a acquis de la consistance. L'entrée en Bosnie de trois voyageurs français, nouvelle que les Russes et les Allemands ont affecté de faire sonner le plus haut possible, a pu contribuer aussi à ce retard que nous éprouvons (1). »

Les ministres de la Porte manifestaient leur inquiétude au sujet du rappel de Descorches dont le bruit circulait. Le Grand-Seigneur avait dit récemment à sa mère, toujours en grand crédit : « Si cela est, il faut que les choses n'aient pas encore pris leur aplomb, que les bons esprits ne dominent pas dans le Gouvernement et je crains que cela soit, *car le drogman d'Allemagne nous l'a donné comme un fait certain.* » C'était donc par les coalisés que les Turcs apprenaient les nouvelles de France avant même les agents de ce pays.

Au sujet des tergiversations des Turcs, le chevalier d'Obsson, conseiller de la Légation suédoise, avait envoyé ce billet à Descorches : « J'ai encore reproché leur lambinage à nos amis d'ici. C'est l'effet du peu de concert qui règne entre eux, de la crainte de chaque individu de se mettre trop en avant, surtout pour les objets majeurs. Je crois cependant qu'ils ne tarderont pas à se prononcer... »

L'Empereur, parlant de l'offre de médiation de la Porte en vue d'amener la paix, avait fait observer qu'il ne pouvait y répondre seul, qu'il n'était qu'un membre du Corps germanique. La Prusse avait remercié et accepté. — « Et notre ami n'a-t-il pas aussi de réponse, avait demandé le Reis-Effendi à Dantan (2) ? » Descorches attendait toujours cette réponse.

Ce rapport devait être le dernier adressé par Descorches avant l'arrivée de son successeur qui était imminente.

---

(1) **Bruère**, consul général et chargé d'affaires de France à Raguse, accusait réception le 5 germinal, au Comité de Salut public, d'une lettre de recommandation en faveur du citoyen Raymond (Verninac) allant à Constantinople pour remplacer Mazurier, décédé.

(2) Descorches au Comité de Salut public, le 19 germinal an III.

Lorsque Mme Descorches avait été avisée de la nomination de Verninac, elle avait fait tous ses efforts pour conserver à son mari sa situation.

Elle avait écrit cette lettre au Comité de Salut public : « Trop affectée pour pouvoir m'exprimer verbalement, peu en état de rassembler mes idées, les citoyens représentants excuseront leur désordre. Je ne rappellerai pas ici les travaux de mon mari pour assurer le bonheur de l'Humanité; l'amour de la liberté devint chez lui une passion; à elle seule il a tout sacrifié depuis, santé, fortune, talent, même la tranquillité de tous ceux qui lui étaient chers; il n'a trouvé nuls obstacles et les privations sont devenues pour lui des jouissances; il a montré ce que peut une volonté tout entière dirigée par des principes purs et une âme de même trempe et combien il serait à désirer que ceux qui sont à l'étranger fussent mûs par le même mobile.

« Tant qu'il ne fut question que d'intrigues, de cabales, sûre qu'il les surmonterait, je me suis tenue tranquille et me suis contentée de remplir mon devoir en adressant des réclamations et des plaintes sur *le dénuement absolu* en tous genres dans lequel les Comités le laissaient ainsi que les ministres et commissaires placés à la tête *du squelette* appelé Commission des Relations extérieures.

« La besogne faite à Constantinople prouve que ma confiance était fondée, lorsque j'appris par les journaux qu'il était rappelé. Je fus chez le citoyen Cambacérès, celui qu'on disait l'avoir fait rappeler, demander à connaître la vérité ! Il me fit un grand éloge de la besogne de mon mari et m'assura que, s'il était rappelé, le motif *de sa caste* avait seul décidé.

« Je me suis tenue tranquille. Le bonheur d'être mis sous sa remise ne doit pas être sollicité, mais il faut savoir en jouir.

« Mais aujourd'hui je reçois la preuve que mon mari est abandonné, livré à toute la rage des ennemis de son pays qu'il a su déjouer et démasquer et qui lui ont ôté le seul homme qui veillât sur sa personne et qui pût le défendre contre toute espèce de trahison.

« Binet étant mort (c'était le nom de la personne de

confiance qui avait accompagné Descorches), j'espère qu'on lui enverra de suite un homme sur la moralité duquel je puisse compter. Que cet homme soit près de lui pour l'aider ou pour me le ramener mort ou vivant, si l'on désire qu'il revienne, mais qu'il ne sorte ni ne reste à Constantinople sans ce secours.

« Ayant engagé toute ma fortune pour le crédit de Descorches et pouvant mourir d'un instant à l'autre, je demande que le sort de la veuve de l'infortuné qui a péri victime de l'attachement à son maître et à son pays soit pris en considération et qu'ellle reçoive pension ou secours. Je nommerai l'homme plus tard et lorsqu'on aura accordé ma demande. Heureusement que mon mari ignore une partie des dangers qu'il court (1) ! »

Ainsi Cambacérès donnait,, faussement d'ailleurs, comme seul motif du rappel de Descorches sa qualité d'ex-noble. Il eût été piquant de rappeler cette réponse quelques années plus tard à l'Archichancelier de l'Empire, accablé sous le poids des honneurs et des titres.

Cependant l'état d'exaltation dans lequel la nouvelle de la disgrâce de son mari avait mis Mme Descorches ne devait modifier en aucune manière la résolution du Comité du Salut public, ainsi qu'en témoigne cette note sèche de Merlin, le froid et implacable juriste qui, au temps de la Terreur, avait rédigé la loi de prairial.

« 15 germinal, an III de la République. — Le Comité de Salut public arrête qu'il n'y a pas lieu de délibérer sur la présente pétition. »

Cette décision avait été prise sur un rapport de Reinhard du 9 germinal qui signalait la confusion d'intérêts domestiques et publics faite par Mme Descorches en écrivant son mémoire. Binet était un domestique de confiance inconnu du Comité de Salut public et de la Commission des Relations extérieures. La citoyenne Descorches était libre de le remplacer. La demande d'une pension pour sa veuve paraissait insoutenable.

-----

(1) Marie Descorches au Comité de Salut public, le 22 ventôse an III.

Descorches devait rentrer trois mois après la notification
de son rappel. Il fallait attendre les lettres de son successeur pour connaître la date à laquelle il devait être de retour.
Descorches avait été rappelé avec ménagements, tandis
qu'Hénin, le chef de ses antagonistes, l'avait été avec le
mépris qu'il méritait. Au sujet des dangers qu'il pouvait
courir, Descorches n'était pas homme à être pris au dépourvu.
Quant aux agents de la coalition, plus leurs persécutions
seraient vives et plus la gestion de Descorches serait jus-
tifiée.

Faisant connaître les causes réelles du rappel de Descorches, l'auteur du rapport ajoutait : « Il est bien difficile de
dire dès à présent si les inconvénients du rappel de cet envoyé
seront plus grands que ses avantages. Il a été rappelé parce
que dans l'ancien Comité de Salut public, *il était unanime-
ment considéré comme traître* et que cette tradition ayant été
transmise au nouveau Comité, on regarda son remplacement
comme une des opérations les plus instantes. Il était d'ailleurs noble; il était depuis deux ans absent du foyer de la
Révolution; un parti très fort s'était prononcé contre lui à
Constantinople et dans les Echelles. Les dénonciations,
quoique invraisemblables, quoique non prouvées, étaient
extrêmement graves ; son rappel paraissait une bonne mesure
politique dans le cas même où il serait innocent. La conduite
qu'il aura tenue lors de l'arrivée de son successeur le con-
damnera ou le justifiera complètement. »

Le rédacteur de ce mémoire avait le sentiment de la faute
commise en rappelant Descorches à l'heure même où sa mission pouvait aboutir à un résultat efficace. Mais ces révélations sont aussi la condamnation définitive de la politique
révolutionnaire qui voyait des suspects jusque dans ses
agents les plus dévoués et les plus fidèles. Il n'est pas besoin
de démonstration pour juger les hommes de la Révolution. Il
suffit de lire leurs écrits; ils se jugent eux-mêmes.

Non seulement le ministre de France avait pris possession,
en l'habitant, du Palais de l'Ambassade, il devait être reconnu
officiellement, mais en outre c'est à l'heure même où Descorches allait être remplacé que les préparatifs belliqueux

des Turcs s'accentuaient et que ses longs efforts pour les amener à une alliance et à des hostilités paraissaient enfin devoir être couronnés de succès.

Les négociations pour la délimitation des frontières de Bosnie duraient toujours et étaient un sujet d'inquiétudes pour l'Autriche. De son côté, le Gouvernement russe était menacé par une insurrection qui venait d'éclater parmi les hordes des Cosaques du Don et les différentes peuplades qui habitaient le Caucase.

On assurait qu'il y avait parmi les insurgés des hommes capables d'organiser un mouvement de quelque importance et qu'ils avaient nommé un chef pour commander les contingents qui se réuniraient à Erzeroum.

On apprenait de Constantinople que tous les pachas d'Asie avaient reçu l'ordre de compléter leurs divisions et d'en former de nouvelles.

En Europe, le pacha de Scutari s'était de nouveau mis en campagne, inquiétait les frontières de l'Autriche et occupait plusieurs régions qu'il avait soustraites à la domination de la Porte (1).

Cette puissance continuait ses préparatifs de guerre. Elle venait de charger un pacha à deux queues du commandement des forteresses nouvellement construites à l'entrée de la mer Noire et abondamment pourvues d'hommes et d'artillerie.

Le Gouvernement ottoman avait donné à titre de gratification plus de 30.000 piastres à l'ingénieur français qui avait dirigé la construction d'un vaisseau de 70 canons récemment lancé. Une récompense encore plus considérable lui avait été promise quand il aurait avancé la construction d'un vaisseau de 90 à 100 canons qui était déjà sur le chantier.

Le ministère ottoman avait aussi conçu l'idée vraiment utile de se créer une marine marchande. Dans ce but, les principaux personnages de l'Etat avaient été engagés à armer des bâtiments à leurs frais pour faire le commerce de la mer Noire et de la mer Blanche. Ces bâtiments devaient servir aussi au transport des denrées dans la capitale.

____

(1) *Le Moniteur universel*, n° 107, 17 nivôse an III (mardi 6 janvier 1795).

Beaucoup de bâtiments appartenant à des étrangers avaient été achetés et on en construisait un grand nombre d'autres.

Le système actuel de la Porte paraissait donc être de sortir d'une trop longue léthargie et de se faire respecter de ses ennemis et de ses voisins. Le nouveau grand-vizir Izel Mehemet était regardé comme entièrement propre à confirmer sa cour dans des résolutions si salutaires (1).

Bien que la Porte, sur les instances pressantes de l'Autriche, eût envoyé aux Bosniaques des ordres menaçants pour évacuer sans délai les places cédées par le traité de Sistova, ceux-ci n'en avaient pas encore tenu compte. De son côté, Mahmud pacha, le vassal réfractaire d'Albanie, ne cessait d'inquiéter les provinces frontières de l'Autriche. Le Gouvernement ottoman avait fait des efforts pour réduire ce rebelle. Mais toutes ses tentatives avaient été infructueuses. Celles-ci toutefois n'étaient peut-être pas plus sincères que les ordres donnés aux Bosniaques !

Ceux-ci avaient même attaqué un piquet de troupes autrichiennes. Il y avait eu des hommes tués de part et d'autre. *La Gazette de Vienne* annonçait que les Bosniaques réunis au nombre de plusieurs milliers dans les environs de Vakup paraissaient vouloir attaquer le cordon des troupes impériales qui gardait sur ce point la frontière (2).

Le Reis-Effendi, dans une conférence qu'il avait eue récemment avec l'envoyé de l'Empereur, lui avait déclaré que l'intention de la Porte était qu'on lui restituât les forteresses de Dubicza, Novi, Gradiska et Dresnick conquises sur les Turcs pendant la dernière guerre.

La cour de Vienne retenait ces places en se prévalant d'un article du traité de Sistova portant que ces villes ne seraient restituées que lorsqu'on aurait définitivement fixé la ligne de démarcation de la frontière entre la Croatie turque et la Croatie autrichienne.

------

(1) Constantinople, le 20 novembre. *Le Moniteur universel*, ı.ᵉ 111, 24 nivôse an III (mardi 13 janvier 1795).

(2) Des frontières de la Galicie, le 12 novembre 1794. *Le Moniteur universel*, n° 84, 24 frimaire an III (dimanche 14 décembre 1794).

La Porte réclamait aujourd'hui ces forteresses; elle fondait ses prétentions sur ce motif que les Bosniaques n'ayant pas voulu consentir à la perte de la partie de leur territoire destiné à passer sous la domination autrichienne et le cabinet de Vienne ayant annoncé qu'il accepterait un équivalent en Serbie, l'article précité du traité de Sistova demeurait sans effet. On assurait que le ministre autrichien avant de donner une réponse attendait les instructions de sa cour.

Les travaux militaires se poursuivaient avec activité dans tous les arsenaux de l'Empire ottoman. Les nouvelles milices dont la levée avait été ordonnée devaient être portées à plus de 80.000 hommes. Elles devaient être exercées dans la capitale ou dans ses environs et de là se rendre aux frontières.

On parlait en même temps de la suppression des janissaires. Ces anciennes troupes ne voulaient ni quitter leur costume incommode ni se conformer aux règlements qu'on s'efforçait d'introduire dans l'armée ottomane. Il était question de les remplacer par des troupes réglées.

Le Divan donnait aussi la plus sérieuse attention aux préparatifs maritimes. Le nombre des vaisseaux de ligne devait être porté à soixante avec une quantité proportionnée de frégates et on allait élever à vingt mille le nombre des matelots. On leur construisait des casernes dans la capitale et des ordres avaient été envoyés dans tout l'Empire pour fournir les recrues propres au service sur mer.

Le nouveau Grand-Vizir Izel-Mehemet paraissait toujours très lié avec le Capitan-Pacha, confident et favori du Grand-Seigneur. Izel avait pour principe de ne jamais indisposer ceux-là même dont il voulait détruire l'influence dans le Divan où il régnait une grande diversité d'opinions et d'écarter les systèmes politiques trop dangereux. Le Grand-Douanier, remuant et fort riche, exerçait une influence qui était à craindre. Le Grand-Vizir venait de le nommer à un poste recherché, mais qui l'éloignait de la capitale; il avait usé de ce moyen avec d'autres personnages. Il avait aussi visité les nouvelles forteresses construites à l'entrée de la mer Noire. De la grosse artillerie dominait les passages étroits et resserrés entre les écueils. Des redoutes garnies de gros canons avaient été élevées dans tous les lieux propres à un débarquement (1).

Toutes les correspondances de Constantinople concordaient pour annoncer que le Divan s'occupait sans relâche de tout ce qui pouvait intéresser la sûreté de l'Empire. Ses soins se partageaient particulièrement entre la ‹marine et les armées de terre. Les fortifications de Bender étaient achevées à l'exception d'un glacis auquel travaillaient journellement plus de mille ouvriers. L'artillerie nécessaire devait y être envoyée et la place n'allait pas tarder à être pourvue de toutes sortes de munitions de guerre et d'approvisionnements. Le fort d'Ackermann devait être augmenté de trois bastions. On s'occupait de perfectionner les ouvrages d'Ismaïlow qui contenaient une immense quantité de bouches à feu. 300 pièces de canons garnissaient les batteries qui défendaient l'entrée du canal. On devait fortifier aussi les bouches du Danube et construire une nouvelle forteresse à Burgas sur la mer Noire, au fond du golfe de ce nom.

Le Divan avait pris toutes les mesures nécessaires pour faire bâtir de nouveaux moulins à poudre et une fonderie. On construisait aussi des casernes pour loger les troupes qui devaient être disciplinées à la mode européenne. Les janissaires paraissaient plus disposés à se soumettre à ces nouvelles règles et même à un changement de costume (2).

« La nouvelle des succès prodigieux de la République française, écrivait-on encore de Constantinople, a augmenté ostensiblement la considération dont jouissent ses agents auprès de la Cour ottomane.

« Les ministres de la coalition se sont plaints au Divan de la visite que des frégates françaises placées à l'entrée des Dardanelles font des bâtiments qu'elles jugent suspects. Ils n'ont obtenu aucune réponse.

---

(1) Constantinople, le 20 novembre 1794. *Le Moniteur universel,* n° 123, 3 pluviôse an III (jeudi 22 janvier 1795).

(2) Constantinople, le 1ᵉʳ décembre 1794. *Le Moniteur universel,* n° 134, 14 pluviôse an III (lundi 2 février 1795).

« La Porte a placé sous sa protection spéciale les agents polonais envoyés à Constantinople pendant la dernière insurrection et que les ministres de la coalition se disposent à persécuter.

« Le Divan est disposé à mettre sur pied une armée considérable et abondamment pourvue de munitions de guerre ; elle sera commandée par un seraskier ou général en chef et s'assemblera près d'Ismaïlow.

« Cette place est devenue, par les fortifications qui viennent d'y être ajoutées, une des plus fortes de l'Empire turc. On y a envoyé de nombreuses divisions d'artillerie.

« Les agents des puissances coalisées s'occupent entre eux à pénétrer les sentiments et les projets de la Porte (1). »

Le ministre de France avait eu le 3 décembre 1794 une conférence avec le Reis-Effendi. On savait d'avance qu'il devait y être traité de différends déjà connus entre la Russie et la Porte et au sujet desquels des entretiens ministériels avaient déjà eu lieu ; l'attention du Divan y avait été attirée sur l'astucieuse habileté du cabinet de Petersbourg. La Russie, en renouvelant ses plaintes, avait demandé la réparation trop négligée des dommages causés aux négociants de sa nation par la confiscation de quelques marchandises à l'époque de la dernière déclaration de guerre. Elle réclamait une indemnité d'un million et demi de piastres.

Mais cet objet et d'autres également débattus n'étaient pas la principale préoccupation du ministre de Russie. Il avait fait dévier l'entretien sur les affaires de Pologne et déclaré au Reis-Effendi que Catherine avait lieu d'espérer une neutralité continue de la part du Sultan qui s'engagerait à ne favoriser en aucune manière les mécontents de ce pays.

C'était vouloir exciter la Porte par la hardiesse d'une telle demande à y faire une réponse trop vive et peut-être peu mûrie. Le Reis-Effendi s'expliqua au contraire avec beaucoup de convenance sur la neutralité que gardait actuellement la Turquie, de même que sur l'intention ferme où était le Grand-

____

(1) Constantinople, le 15 décembre 1794. *Le Moniteur universel*, n° 146, 26 pluviôse an III (samedi 14 février 1795).

Seigneur d'obtenir de Catherine II la fin des massacres commis dans les provinces polonaises et qui déshonoraient l'espèce humaine. Il parla très pertinemment de la Constitution libre du 3 mai 1791 et finit par déclarer à son tour que le désir de la Porte était de recevoir de la part de Catherine, sur ce sujet important, une réponse prompte et catégorique.

Cette conversation donna lieu à une autre conférence le même jour avec le ministre de Prusse, à l'issue de laquelle ce dernier avait expédié un courrier à Berlin. La dignité des intentions que manifestait le Grand-Seigneur était encore soutenue par l'activité de ses préparatifs militaires.

Toutes les forteresses de l'Empire étaient alors dans le meilleur état, pourvues d'artillerie et de munitions de guerre.

Les arsenaux, les chantiers étaient remplis de travailleurs. C'était un Français qui conduisait les travaux du canal; c'était un ingénieur français qui dirigeait les constructions navales et qui faisait construire en ce moment un vaisseau à trois ponts; c'était sous l'inspection d'officiers français que s'exerçait un nouveau corps de canonniers. Il semblait que la renommée de la valeur française eût triomphé de l'espèce d'éloignement qu'avaient les Turcs pour de nouvelles méthodes d'instruction et pour des exercices d'un nouveau genre.

La Porte montrait aussi par des attentions marquées son attachement pour une nation qu'elle estimait brave et qu'elle aimait comme une amie fidèle. Elle avait déclaré valables des prises faites dans ses parages par des frégates françaises (1).

Il régnait alors à Constantinople une grande disette de subsistances. Aussi plusieurs incendies, comme il s'en produisait si fréquemment dans cette ville, avaient-ils manifesté, croyait-on, le mécontentement du peuple. Deux de ces incendies avaient éclaté à l'Arsenal dans la matinée du 18 janvier 1795 ; on avait pu y pourvoir à temps.

On assurait de nouveau que le Grand-Seigneur avait

____

(1) Constantinople, le 15 décembre. *Le Moniteur universel*, n° 156, 6 ventôse an III (mardi 4 février 1795).

annoncé à la cour de Pétersbourg qu'il désirait vivement que les affaires de Pologne se terminassent de manière qu'on laissât jouir cette nation de son indépendance et qu'on lui rendit la Constitution de 1791. Le ministre russe n'avait pas encore répondu à cette demande.

Les envoyés russes qui s'étaient succédé à Constantinople avaient tous réclamé une indemnité d'un million et demi de piastres pour en faire la distribution aux sujets russes dont les vaisseaux et autres propriétés avaient été confisqués par ordre de la Porte, au commencement de la dernière guerre. L'ambassadeur actuel avait déclaré positivement qu'il était chargé de renouveler cette demande. Le Divan, après de longues délibérations, s'était résolu à un compromis et il avait retiré une décharge de la totalité de la somme exigée moyennant le paiement comptant de 230.000 piastres.

Un parti de rebelles qu'on appelait des brigands désolait alors les environs d'Andrinople. La Porte craignait que ces troubles ne fussent liés à ceux d'Asie. *Au reste, on ne doutait pas que les uns et les autres ne fussent excités et encouragés par la Russie* (1).

L'audace de ces brigands ne connaissait pas de bornes. Une troupe de 1.500 révoltés avait menacé la ville même d'Andrinople qui n'avait trouvé d'autre moyen de les écarter que de leur payer une rançon de 30.000 piastres. L'inaction du Pacha d'Andrinople qui aurait pu rassembler autant d'hommes contre ces brigands qu'il leur avait laissé donner de piastres prouvait une *profonde corruption* dont on avait été indigné à Constantinople (2).

Pour remédier à la famine qui se faisait sentir tant dans la capitale que dans plusieurs parties de l'Empire, le Grand-Seigneur avait ordonné l'armement de vingt vaisseaux de guerre chargés d'escorter un grand nombre de bâtiments qui devaient aller chercher des grains en Syrie.

Le bruit que la Porte voulait offrir sa médiation entre les

---

(1) Constantinople, le 1er février 1795. *Le Moniteur universel*, n° 193, 13 germinal an III (jeudi 2 avril 1795).

(2) Constantinople, le 1er mars 1795. *Le Moniteur universel*, n° 207, 27 germinal an III (jeudi 16 avril 1795).

puissances belligérantes était parvenu jusqu'à Vienne, car on écrivait de cette ville : « La Porte ottomane a fait signifier aux ministres coalisés que Sa Hautesse vivement affectée de voir continuer une guerre si meurtrière et si offensante pour l'humanité offrait de son propre mouvement sa médiation. Les ministres des puissances alliées ont paru disposés à croire que leurs cours respectives s'empresseraient de répondre aux intentions du Grand-Seigneur pour le rétablissement de la tranquillité en Europe et ont promis d'en instruire sur-le-champ leurs maîtres (1). »

Mais ces ministres n'en continuaient pas moins leurs menées contre la France, ainsi qu'en fait foi la lettre suivante de Constantinople : « Les ministres des principales puissances liguées contre les Français n'oublient rien pour mériter la confiance et servir la haine de leurs maîtres respectifs. Effrayés du nouvel esprit qui dirige les délibérations du Divan, ils regardent comme un déshonneur personnel l'impuissance où paraît les réduire la conduite ferme d'un gouvernement plus éclairé sur leurs mauvais desseins et sur ses propres intérêts.

« On peut citer, parmi les échecs dont leur réputation s'est alarmée, l'accueil qu'a reçu de la Porte une déclaration du ministre de Prusse tendant à justifier sa cour d'une connivence secrète avec celle de Pétersbourg pour un nouveau partage de la Pologne. Les intrigues de tout genre avaient été employées surtout de la part de la Russie et de l'Empereur; mais elles ont échoué. »

Cette lettre annonçait en outre que les procédés traditionnels pour se débarrasser de personnages gênants n'avaient pas encore cessé d'être employés dans l'Empire ottoman.

« Le Reis-Effendi, homme habile et courageux qui avait été porté à cette place au mois d'août dernier par le Capitan-Pacha, est mort dans d'horrible convulsions, après avoir pris une tasse de café. Cette perte est si évidemment funeste pour l'intérêt national que, selon la clameur publique, le poison a

---

(1) Vienne, le 15 février 1795. *Le Moniteur universel*, n° 177, 27 ventôse an III (mardi 17 mars 1795).

terminé les jours du Reis-Effendi. Le nouveau Reis-Effendi se nomme Buzeck-Deschikresk.

« Le Divan a expédié deux grosses caravelles à Smyrne pour y porter l'ordre de faire respecter les eaux territoriales de l'Empire, attendu que trois frégates anglaises faisant partie d'une escadre de la même nation qui croise dans l'Archipel, manifestent des intentions hostiles contre des bâtiments français (1). »

Les vaisseaux turcs devaient encore s'opposer à toute exportation de grains des Echelles et donner la chasse aux corsaires qui infestaient l'Archipel.

Fidèle à sa politique, la Porte avait ordonné quelque temps plus tard au gouverneur de Smyrne de réclamer et de mettre provisoirement sous séquestre un bâtiment français dont un vaisseau anglais s'était emparé dans le golfe de Smyrne sans égard pour le firman qui ne légitimait les prises qu'à une distance de trois milles des côtes.

On avait vu arriver à Constantinople un courrier extraordinaire de Stockholm avec des dépêches envoyées au ministre de Suède. Il circulait à ce propos un bruit dont le temps seul pouvait permettre d'apprécier la valeur; on parlait du renouvellement récent du traité de subsides entre la Porte et la Suède sur le même pied qu'avant la mort de Gustave III. On ajoutait qu'il y avait sur le tapis un traité d'alliance offensive et défensive entre la Porte, la Suède, le Danemark, la Prusse, la République française et la Hollande. En supposant ce traité véritable, l'objet précis d'une alliance aussi formidable était encore un mystère. On remarquait que le citoyen Descorches, ministre de la République française, avait de fréquents entretiens avec le Reis-Effendi.

Le célèbre Mahmoud, pacha de Scutari, était rentré en grâce ainsi que le pacha d'Alep. Ces arrangements faisaient croire que la Porte pour se rendre les mains libres cherchait à se débarrasser de ses ennemis intérieurs (2).

------

(1) Constantinople, le 28 janvier 1795. *Le Moniteur universel*, n° 189, 9 germinal an III (dimanche 29 mars 1795).

(2) Constantinople, le 30 mars 1795. *Le Moniteur universel*, n° 251, 11 prairial an III (lundi 30 mai 1795).

D'utiles changements s'opéraient en même temps dans le système politique et militaire de l'Empire ottoman. On y introduisait les meilleures institutions des autres pays de l'Europe. On avait déjà apporté des améliorations considérables dans la partie des relations extérieures, dans la tactique et dans la nautique.

Une nouvelle milice était exercée par des officiers français. Les soldats qui la composaient avaient quitté le costume asiatique et ne portaient plus la barbe.

Il était question d'établir des écoles publiques pour toutes les branches de l'instruction et notamment pour les mathématiques, le génie et l'artillerie. On s'était assuré à cet effet d'habiles professeurs français et italiens.

Enfin, changement considérable dans les habitudes de la Porte, le Grand-Seigneur avait résolu d'entretenir auprès des Etats de l'Europe des ambassadeurs permanents (1).

La pénurie de subsistances qui régnait alors en Turquie inquiétait le Gouvernement ottoman.

Descorches avait été invité à se rendre chez le Capitan-Pacha pour s'entretenir avec lui de cette question (2).

De l'état des approvisionnements dépendaient non seulement la tranquillité de la Capitale et de tout l'Empire, mais encore l'exécution des projets et de toutes les opérations de la Porte. Les bâtiments turcs et ceux 'es nations amies dont elle pouvait disposer pour amener des vivres étaient insuffisants. Il lui fallait recourir aux navires impériaux et napolitains, mais, en raison de l'état de guerre qui existait, ils avaient besoin de l'autorisation du Gouvernement français ou de son envoyé pour ne pas être inquiétés dans le cours de leur traversée. C'était cette autorisation que le Capitan-Pacha demandait à Descorches. Le Capitan-Pacha lui-même n'avait-il pas antérieurement laissé passer les approvisionnements abondants que des navires grecs avaient portés en France et qu'il pouvait d'un seul mot arrêter ?

---

(1) Constantinople, le 20 avril 1795. *Le Moniteur universel*, n° 270. 30 prairial an III (jeudi 18 juin 1795).

(2) Constantinople, le 22 pluviôse an III. L'envoyé extraordinaire aux représentants du peuple, membres du Comité de Salut public. Correspondance ministérielle.

Descorches avait promis qu'il demanderait à son Gouvernement des instructions à ce sujet et qu'en attendant sa réponse, les navires de guerre français pourraient, avec la garantie de la Porte, relâcher provisoirement les bâtiments qu'ils auraient saisis et leur laisser suivre leur destination.

Descorches trouvait dans ces facilités accordées à la Porte le moyen d'entrer plus avant encore dans sa confiance et d'arriver plus vite à l'alliance. Toutefois, pour ne pas s'exposer à des mécomptes, ainsi qu'il l'écrivait au Comité de Salut public, il convenait relativement à ce dernier objet de ne pas s'attendre au moins d'ici longtemps, tant que des changements importants dans les mœurs et l'état social de la Turquie n'auraient pas presque entièrement changé la scène, à un appui bien puissant de la part de ce pays pour l'établissement en Europe du système politique et pour le groupement des puissances que Descorches avait préconisés. La disette d'hommes capables de mettre en valeur les réformes qui commençaient à s'accomplir paraissait bien grande. La jalousie, l'ambition et la cupidité étaient encore les seuls ressorts qui conservassent quelque activité. L'intrigue en faisait merveilleusement son profit, tandis que l'égoïsme engourdissait, s'il n'étouffait pas, les bons germes.

Descorches présentait ce tableau du Gouvernement ottoman. Le Sultan voulait le bien, mais il ne paraissait guère capable que de velléités. Le Capitan-Pacha, sincèrement attaché à ce Prince, ennemi de ses ennemis, ami de ses amis, était partisan d'une politique d'action, mais il y avait dans les sentiments qui l'animaient plus de besoin de mouvement, plus d'ardeur de jeunesse que de grandes conceptions, d'idées combinées et arrêtées avec sagacité et jugement. Il administrait parfaitement l'Arsenal; il y avait lieu de croire qu'il serait bon soldat, mais sa tête n'était pas assez bien organisée pour en faire un homme d'Etat. Le Grand-Vizir annonçait de la sagesse, de l'esprit, de bonnes intentions, mais aucun de ces talents éminents et prononcés que réclamaient les circonstances. Raschid, l'ancien Reis-Effendi, resté le directeur occulte de la politique ottomane, en approchait davantage, mais il avait la mollesse physique et morale que laisse une vie débauchée et il passait pour vénal. Il était pourtant vrai de reconnaître qu'il n'avait cessé de soutenir la France dans les moments les plus difficiles. Youssouf-Aga, le tout-puissant favori de la Sultane mère et par elle en grand crédit jusqu'alors auprès du fils, mais débauché aussi, n'avait pour lui que son audace et le pouvoir de l'argent.

Tcheleby-Effendi, placé à la tête des nouveaux Etablissements militaires, fort influent par là, à raison de l'intérêt que le Sultan portait à la réorganisation de l'armée, étroitement lié avec les deux personnages précédents et formant avec eux le triumvirat dirigeant, n'était qu'un fat, avec toute la souplesse et l'astuce d'un courtisan. On avait généralement les yeux en ce moment sur un personnage considérable de l'Uhléma, Abdullah-Mollah que la faction au pouvoir avait fait exiler quelques mois auparavant, mais dont le Grand-Vizir venait d'obtenir le rappel, dans l'intention secrète, disait-on, de s'en servir pour la renverser.

Cet Abdullah-Mollah s'était, en effet, hautement déclaré contre elle et blâmait sans détour la direction donnée aux affaires, spécialement en ce qui concernait la République française en faveur de laquelle il ne craignait pas de se prononcer ouvertement. L'avenir montrerait ce qu'on pouvait attendre de ce nouveau concours.

L'entrée de Descorches dans le Palais de l'Ambassade avait eu pour effet, ainsi qu'on l'a vu, de faire sortir un peu la Légation de Suède de la réserve qu'elle conservait à l'égard du ministre de France, malgré les sentiments bien connus de son premier drogman Mourad-Cha, dit le chevalier d'Ohsson, qui continuait à jouir du plus grand crédit auprès de la Porte, ayant de longues et fréquentes conférences avec les ministres et qui était détesté des coalisés à cause des sympathies qu'on lui connaissait pour la France.

Le ministre de Suède d'Asp, parlant à Gaudin, secrétaire de la Légation française, avait manifesté les mêmes principes que Descorches et s'était félicité, au nom de la cause commune, de l'entrée de celui-ci dans le Palais de la République. Il attendait à chaque courrier des instructions qui le missent à même d'entrer ouvertement en relations avec l'envoyé français. A la prudence presque excessive qu'il témoignait, ce dernier propos pouvait faire croire que ces instructions étaient déjà arrivées. Mourad-Cha avait faire dire de son côté à Descorches, en sortant d'un tête-à-tête de trois heures avec le Reis-Effendi, d'être content, que tout allait au mieux pour la France.

La nuée prévue des drogmans ennemis n'avait pas manqué de fondre sur la Porte. « Ils bourdonnaient comme des frelons un jour d'orage », allant, venant d'un ministre chez l'autre. On s'inquiétait de savoir où aboutirait cette agitation.

Descorches voyait déjà le moment où il serait reçu avec son caractère public et il se préoccupait de l'embarras où il se trouverait, faute de direction relativement au cérémonial, aux présents à faire, à l'emploi de formes particulièrement surannées dans ce pays et qui s'accordaient si mal avec la diplomatie régénérée de la France et ses nouvelles institutions. Ne faisait-il pas penser alors, à la veille de son rappel, à Perrette qui, le pot au lait sur la tête, nourrissait elle aussi dans son esprit mille rêves d'avenir ?

Il y avait toujours à Constantinople les présents destinés à l'ambassade de Sémonville que Descorches n'avait pas vus, mais qui avaient été estimés par les dépositaires comme très inférieurs et insuffisants pour leur objet. Enfin, quelles dispositions fallait-il prendre dans le Palais de la République ? Comment et par qui serait-il meublé, garni de tout ce qui était nécessaire à la maison de l'envoyé français ? Descorches avait rendu compte dans le temps de l'état où se trouvait cette maison bien délabrée et dans laquelle il allait rester provisoirement campé, en attendant la décision du Comité de Salut public qu'il sollicitait sur ces différents points (1).

Ce qu'il désirait aussi, c'était le témoignage de la satisfaction du Comité, la seule qui lui importât, que sa conscience, il est vrai, lui faisait pressentir dans la conviction intime où il était d'avoir fait ce qui était utile à la France (2).

---

(1) Correspondance ministérielle.
(2) Constantinople, le 6 ventôse an III. L'envoyé extraordinaire aux représentants du peuple, membres du Comité de Salut public. Correspondance ministérielle.

Cependant il n'entendait pas parler de réception officielle. Depuis qu'il était entré dans le Palais de la République, le Reis-Effendi n'avait fait allusion à cet événement que pour demander à plusieurs reprises des nouvelles de sa santé, savoir s'il se trouvait mieux de l'air plus libre qu'il respirait.

Descorches eût préféré que la sollicitude de la Porte s'étendit sur d'autres objets !

Quant aux ministres des coalisés, ils n'avaient épargné ni les reproches ni les menaces même, ainsi qu'il l'avait su par le prince Callimachi. Les réponses convenables leur avaient été données, sans que le drogman de la Porte voulût dire lesquelles et ils avaient été réduits à exhaler leur humeur dans leurs rapports à leurs Cours (1).

Suivant certains bruits qui couraient, Descorches devait être invité avant le Ramazan à une audience publique du Grand-Vizir. Toutefois il en doutait et pensait que les Turcs, ainsi qu'il l'avait déjà expliqué, voudraient attendre une réponse du Comité de Salut public à leurs ouvertures. Il estimait que, pour le moment, l'attitude la plus convenable était de les voir venir. Aussi, lorsque ses amis Turcs le félicitaient, — car le jour de son changement de demeure avait été comme un jour de fête dans Constantinople, — il leur répondait invariablement : « Eh ! de quoi donc me faites-vous compliment ? Qu'importent les maisons, une habitation plus petite ou plus grande ? La chose publique et ses intérêts, nous ne connaissons et n'estimons que cela, nous autres Républicains. Si c'est un événement dont vous devez vous réjouir comme je le pense, à la bonne heure, je m'en réjouis aussi ; mais c'est seulement par rapport à vous. »

Après la Légation de Suède, celle de Venise fit témoigner à Descorches son impatience que les formalités officielles de reconnaissance la missent à même d'entretenir avec lui des relations plus intimes et plus conformes à ses sentiments. Descorches constatait qu'en général les mines et les propos changeaient beaucoup à son égard. Que serait-ce à présent

---

(1) Constantinople, le 18 ventôse an III. Correspondance ministérielle.

que la Hollande conquise, à ce qu'il venait d'apprendre, allait apporter du côté de la France un si gros poids dans la balance !

Quand donc les Levantins français qui avaient, eux, les yeux tournés vers la Méditerranée, verraient-ils aussi leurs espérances réalisées ?

Descorches faisait encore savoir au Comité de Salut public que le ministre suédois d'Asp avait confié à Emile Gaudin dans une conversation particulière que suivant des informations de diverses parties de l'Allemagne, autant le Robespierrisme avait aliéné les esprits à la France, *autant les grandes et sages mesures de la Convention depuis la chute de ce conspirateur*, y multipliaient chaque jour ses partisans; que le régime républicain tel qu'il se pratiquait acquérait tant de crédit, qu'il ne faudrait pas s'étonner de voir ce lourd et monstrueux colosse appelé le Corps germanique ne pas tarder à faire place à un édifice élevé par des mains libres sur le modèle de la République française.

Mais, si la République après le 9 thermidor avait changé ses méthodes dans le Gouvernement intérieur, ses agents à l'étranger ne s'apercevaient pas de modifications dans sa politique extérieure, si l'on en juge par cette partie du rapport de Descorches où, après avoir transmis au Comité de Salut public des informations du consul de Bagdad sur la possibilité d'établir des relations politiques et commerciales intéressantes avec la Perse, il ajoutait : « Votre attention, je vous en conjure, citoyens, au tableau que cet agent fait de sa détresse ! Il n'y a qu'un cri semblable dans tout le Levant. La justice et la dignité de la République y sont sans doute essentiellement intéressées. Vous savez d'ailleurs ce qu'il arrive d'une machine dont le jeu dépend du mouvement de ses roues, lorsqu'on néglige trop longtemps de les graisser (1). »

Comme mesure complémentaire à l'admission de Descorches dans le Palais de la République, la Porte avait délibéré sur l'envoi d'un ambassadeur en France. Ses vues encore

---

(1) Correspondance ministérielle.

incertaines s'étaient portées sur Ratif-Effendi, intendant des subsistances, ci-devant ambassadeur à Vienne, homme d'esprit, d'assez de caractère peut-être pour qu'on ne fût pas fâché de l'éloigner, le Turc le plus Européen de Constantinople et ne manquant pas d'instruction, et sur Moukelef-Zadé, intendant des travaux de l'Arsenal de terre, jeune homme en crédit à ⸱ Porte, ayant aussi de l'esprit, point de préjugés, mais en qui le goût des plaisirs avait paru jusqu'ici dominer tous les autres. Descorches était en relations d'amitié avec tous les deux. Ils s'étaient prononcés de bonne heure, le premier surtout, pour la cause de la France et pour l'alliance.

Descorches devait d'autant moins s'attendre à voir de nouveaux délais apportés à sa reconnaissance officielle qu'il avait reçu de la bouche même de Raschid-Effendi la confirmation de la confidence faite par le prince Moruzzi à ce sujet.

Inquiet cependant des bruits qui continuaient à circuler sur l'arrivée de Verninac, Descorches, dans cette pénible situation, avait fait savoir au Comité de Salut public que, bien qu'il fût personnellement en cause, il ne pouvait pas néanmoins lui laisser ignorer la menace de son rappel. Il fallait donc qu'il lui dise qu'il n'était pas un ministre de la Porte qui ne lui eût fait témoigner des sollicitudes sur ce changement prétendu.

La nouvelle de la prochaine arrivée de son successeur n'était que trop vraie et l'heure de son rappel avait sonné. Ainsi, c'était au moment où il allait toucher au port, recueillir les fruits de ses longs efforts, alors que, d'après les indications formelles du drogman de Suède qui recevait les confidences du Divan, de Raschid-Effendi et du prince Moruzzi, la Porte était à la veille de le connaître officiellement, d'engager des négociations avec les puissances pour amener la paix et contracter une alliance avec la République française, qu'un nouveau représentant de la France allait arriver, ignorant les mœurs et les usages du pays, tout ce qu'avait fait son prédécesseur, n'étant pas au courant des pourparlers engagés, sans relations avec les hommes qui dirigeaient la politique de la Turquie et n'ayant pas avec eux cette

intimité qu'avait fini par posséder Descorches à la suite d'une
longue fréquentation et qui facilite tant la tâche des diplo-
mates. Sans même tenir compte de ce qu'il y avait personnellement pour Descorches d'injuste dans ce rappel, le travail de deux années si laborieusement occupées était à refaire
avec un nouvel envoyé. Le moment était vraiment bien
choisi pour changer le titulaire de l'ambassade ! Il paraît
que Descorches était noté comme appartenant au parti de
Robespierre et qu'il devait être lui aussi une victime de la
Révolution de thermidor. Mais n'avait-il pas, avec cette facilité que montrèrent les Jacobins à accepter les changements
de régime, désavoué l'homme qu'il encensait la veille et que
Mme Descorches saluait des éloges les plus flatteurs ? Ne
s'était-il pas réjoui dans des rapports officiels adressés au
nouveau Comité de Salut public du sort réservé *au tyran et
aux conspirateurs*, de même qu'il avait naguère applaudi à
la mort *d'un autre tyran*, le doux et faible Louis XVI ? Il
était prêt comme tant d'autres hommes de cette époque, et
un peu de tous les temps, à accepter toutes les Révolutions
pour garder la haute situation diplomatique que les événements lui avaient obtenue et aussi, — car il arrive quelquefois que les calculs les plus bas ne guident pas seuls les
hommes, même dans leurs mauvaises actions, — pour ache-
cher la mission qu'il espérait, dans sa foi patriotique, mener
à bonne fin.

Son brusque départ ne pouvait évidemment que nuire aux
affaires de la France. Pauvre France qui a été si souvent
victime des partis qui la divisent et qui ne sont pas assez
patriotes pour mettre l'intérêt public au-dessus de querelles
intestines que l'examen du passé fait paraître si vides et si
stériles !

Et quel était l'homme qu'il allait avoir comme successeur !
Carnot, dont le témoignage ne saurait être suspect, va nous
l'apprendre. Il avait proposé au Directoire de ne pas nommer
provisoirement d'ambassadeur de la République et le motif
particulier qui l'animait alors, c'était de faire rappeler de
leur poste ceux qui n'étaient propres « *qu'à déshonorer la
nation française par l'immoralité de leur caractère et la per-*

versité de leur conduite. » Il y comprenait Verninac dont il parle ainsi (1) : « N'était-il pas honteux, par exemple, qu'on laissât chargé de l'ambassade auprès de la Porte ottomane, l'une des plus difficiles dans les circonstances actuelles, un homme taré tel que Verninac de Saint-Maur ? Cet intrigant venu des bords de la Garonne, poussé par l'archevêque de Bordeaux à une place de conseiller au Châtelet, cultivant dans les commencements de la Révolution tous les partis, dînant avec les aristocrates fougueux, soupant avec les conventionnels enragés, s'abandonnant enfin à la faction dominante, envoyé pour je ne sais plus quelle mission à Avignon, chassé au mois d'août 1789 de la maison de Beaumarchais pour escroquerie avérée au jeu envers un Bordelais nommé Labate, qui, quelques jours après, l'insulta en pleine Comédie-Française et le chassa du spectacle, devenu enfin gendre du ministre Charles Lacroix; de bonne foi, était-ce là un choix honorable pour la première nation de l'Univers ? Si quelque émigré eût reconnu le personnage à Constantinople, quelle idée le Divan aurait-il pu se former d'un Gouverenment qui plaçait ainsi sa confiance ? Avais-je tort de vouloir nettoyer les étables d'Augias ? Mais Hercule lui-même eût à peine suffi à cette pénible entreprise. »

Carnot méconnaissait les titres de Verninac. En entrant par une alliance dans la famille d'un ministre, et du ministre des Affaires étrangères dont il épousait la fille, Verninac n'était-il pas par là même désigné pour obtenir une ambassade ?

D'autre part, le rappel de Descorches démontrait mieux que de longues dissertations l'esprit inquiet et méfiant des Démocraties. Pendant la Révolution, peu de citoyens échappèrent à la suspicion. On fit même une loi pour les suspects. Ni l'adhésion bruyante de Descorches aux nouveaux principes, ni ses marques de civisme maintes fois renouvelées, ni les preuves évidentes de son dévouement au Gouvernement républicain ne devaient le sauver de l'accusation de trahison. Il était noble. N'était-il donc pas suspect !

---

(1) Second mémoire de Carnot, à Hambourg, 1799.

CHAPITRE V

RETOUR
DE DESCORCHES DE SAINTE-CROIX

Lettre du Comité de Salut public informant Descorches de son
rappel, remise par Verninac le 23 germinal an III. — Réponse
de Descorches. — Sa lettre au Comité de Salut public. —
— Hénin de retour à Paris continue néanmoins à dénoncer
Descorches, Gaudin et Thainville. — Verninac se plaint des
intrigues de Descorches après son rappel et de son retard à
rentrer en France ; il dénonce ses partisans. — Note du général
Bonaparte au sujet de la mission qu'il voudrait se voir confier
dans le Levant. — Descorches de retour en France le
16 frimaire an IV. — Il adresse un rapport sur sa mission au
ministère des Relations Extérieures. — Rapport sur Descorches
fait par le ministère au Comité de Salut public. — Exposé par
Descorches de la situation politique de l'Empire ottoman et
des mœurs des Turcs. — Conclusions du rapport de Descorches.

Le remplacement de Descorches devait lui être annoncé
par cette lettre du Comité de Salut public datée du 12 brumaire an III et qu'allait lui remettre son successeur le 23 germinal à son arrivée à Constantinople (1).

« Nous avons nommé le citoyen Raymond Verninac, ancien
ministre plénipotentiaire en Suède, pour se rendre à Constantinople en qualité d'envoyé extraordinaire de la République. Nous t'adressons en conséquence cette lettre de rappel qu'il est chargé de te remettre et nous t'invitons à te
rendre sans délai dans le sein de ta Patrie, conformément
à la Loi.

---

(1) Paris, le 12 brumaire, l'an III⁰ de la République une et indivisible. Les représentants du peuple, composant le Comité de Salut
public de la Convention nationale, chargé par la loi du 7 fructidor
de l'an II de la République de la direction des Relations extérieures,
au citoyen Descorches à Constantinople. Correspondance ministérielle.

« Des motifs *importants* qui tiennent à là nature des institutions républicaines et la nécessité d'employer comme interprète de nos intentions à l'égard de la Porte un citoyen qui, sortant du sein de la France régénérée et du foyer des événements connaisse parfaitement les vues et les maximes du Gouvernement et réunisse à ces avantages la présomption de notre confiance entière, ont déterminé notre résolution et notre choix.

« Nous t'invitons, citoyen, à mettre le citoyen Verninac au fait de tout ce qui pourra être utile au succès de sa mission et à remplir à son égard avec dévouement et confiance tous les devoirs d'un bon républicain. »

Ce document portait les signatures de Treilhard, Merlin (de Douai), Richard, Bréard, Charles Cochon, L-.B. Guyton, Eschasseriaux et Delmas. Aucun remerciement, aucun éloge de Descorches au sujet de la manière dont il avait rempli sa mission n'accompagnaient cette missive. On y lisait au contraire, én termes non voilés, que depuis la Révolution du 9 thermidor il n'avait plus la confiance du Comité et qu'appartenant au parti vaincu son remplacement devenait nécessaire. Bien qu'il dût s'attendre depuis quelque temps à cette mesure, il en parut affecté et surpris. Dès le lendemain de l'arrivée de Verninac, qui avait eu lieu le 23 germinal, il lui adressait en effet cette déclaration (1) :

« J'ai pris, citoyen envoyé, communication de la lettre que tu m'as remise hier au soir de la part du Comité de Salut public. Elle porte mon rappel, m'annonce qu'il t'a choisi pour exercer ici les fonctions d'envoyé extraordinaire.

« Le Comité de Salut public est l'organe légal de la volonté du Peuple dans l'administration des Relations extérieures. Ma plus entière soumission lui a été, lui est et lui sera toujours acquise. J'obéis. De ce moment, je vois en toi le dépositaire des Pouvoirs publics dans le Levant; tu peux disposer de moi en tout ce que tu croiras utile au bien de la Répu-

______

(1) Déclaration faite par Marie Descorches au citoyen Raymond Verninac, envoyé extraordinaire de la République auprès de la Porte ottomane, le 24 germinal, l'an IIIᵉ de la République. Correspondance ministérielle.

blique. Je dois seulement te faire observer : 1° que, d'après la connaissance que j'ai de l'état de nos affaires politiques avec la Porte, de l'opinion générale du pays à notre égard, je pense dans mon âme et conscience que la chose publique souffrira et peut souffrir gravement de cet événement; 2° que, depuis ton départ de Paris, j'ai eu à transmettre des rapports qui ont pu faire changer les idées du Comité, que j'ai même des motifs assez forts de présumer qu'elles sont changées, en effet, au point d'avoir fait modifier ses résolutions sur le Levant. Maintenant, citoyen, les événements reposent sur ta responsabilité. Délibère. Vois ce que tu dois faire. A quelque parti que tu t'arrêtes, je te le répète, je suis à ta disposition, conformément à *l'ordre actuel* du Comité qui est et doit-être une loi tant qu'il subsistera.

« Rends-moi, je te prie, la justice d'être bien convaincu qu'il n'entre en cela, ni dans mon esprit ni dans mon cœur, aucune idée, aucun sentiment dictés par des vues ou des intérêts personnels. Je ne crains pas d'appeler en témoignage une carrière déjà longue que j'ai parcourue dans les affaires pour me justifier d'un pareil soupçon, si tu me connaissais assez mal pour le concevoir. Je n'ai voulu, je te le proteste, qu'acquitter ma conscience et payer à la Patrie le tribut que chaque citoyen lui doit, dans toutes les positions, de dire ce qui lui paraît être du bien de la chose publique et d'y contribuer par tous les moyens qui sont en son pouvoir. »

Conservant une illusion assez habituelle aux gens en place, Descorches se croyait indispensable au succès de sa mission. Il y trouvait un prétexte pour essayer de se maintenir encore quelque temps et, dans son naufrage, il s'accrochait désespérément à cette branche de salut. Mais Verninac, pressé d'occuper l'emploi auquel il venait d'être appelé, ne paraissait nullement disposé à laisser en fonctions son prédécesseur et à reprendre à sa place le chemin de la France, bien que Descorches eût pris le soin de lui communiquer toute la correspondance qu'il avait échangée depuis son départ avec le Gouvernement de la République.

Dans cette réponse datée du 26 germinal, il le lui fit savoir

assez sèchement : « J'ai pesé, citoyen, avec une égale attention, les développements dans lesquels tu es entré avec moi
sur ton opinion, ainsi que les circonstances que tu m'as dit
lui servir de base et dont je t'ai prié de me rendre compte.

« Le résultat de toutes mes réflexions, citoyen, est que je
dois remplir, sans modification aucune, les instructions que
j'ai reçues du Gouvernement et je vais lui rendre compte
des motifs qui me déterminent en même temps que je lui
transmettrai ta lettre (1). »

Descorches, à son vif déplaisir, dut donc céder la place
après avoir envoyé une note à la Porte et une circulaire dans
les Echelles pour leur présenter son successeur.

Dans une note au Reis-Effendi, il s'excusait de n'avoir
pu le prévenir plus tôt, le pli de Verninac annonçant son
arrivée et remis au courrier du pacha de Trawnick ne lui
étant pas parvenu.

Il remerciait le Grand-Seigneur et les ministres de la
Sublime Porte de l'accueil qui lui avait été réservé (2).

Aux consuls il leur faisait observer que Verninac, sortant
du foyer des événements, de la France régénérée, connaissait parfaitement les vues et les maximes du Gouvernement
et qu'il jouissait à tous ces titres de l'entière confiance du
Comité de Salut public.

Il ajoutait : « Mon cœur me dit que les consuls voudront
bien me continuer leurs sentiments honorables et flatteurs,
parce qu'il m'assure que je ne cesserai de les mériter par
mon inaltérable fidélité à notre excellente et chère République et par mon dévouement sans bornes à ses intérêts en
tout et partout où je pourrai leur être de quelque utilité.
Vive à jamais la République! Union et fraternité parmi tous
les bons républicains, soumission et respect pour la loi et ses
organes. » Il demandait en outre aux consuls de publier sa
lettre (3).

Ces formalités remplies, il crut devoir écrire cette autre

---

(1) Péra, le 26 germinal an III. Correspondance ministérielle.
(2) Note du 24 germinal an III.
(3) Circulaire du 25 germinal an III.

lettre au Comité de Salut public dans laquelle il ne cachait pas son désappointement.

« Maintenant, citoyens, j'aspire avec toute l'ardeur d'une âme brûlant d'amour pour la Patrie au bonheur de rentrer dans son sein, à l'avantage de me rendre auprès de vous.

« Quelle distance malheureusement ! que d'obstacles ! Je prendrai la voie de mer comme étant encore la plus sûre, la moins longue et la plus commode. Je compte partir au premier jour pour Smyrne où je me flatte de trouver un prompt embarquement pour Livourne ou Gênes. Je presse en conséquence l'expédition de mes firmans de route (1).

« Je ne me serais sans doute pas acquitté complètement envers la République, si je pouvais me laisser détourner par quelque considération que ce soit de consacrer jusqu'au dernier moment de mes relations officielles avec vous, citoyens, à vous soumettre tout ce qui me paraît vrai et utile que vous sachiez. Rien n'est donc capable de comprimer ma conviction toujours croissante qu'il faut que vous ayez été singulièrement trompés sur l'état politique, moral et administratif du Levant, pour avoir résolu une mesure qui choque, j'ose vous le dire, les circonstances de toute espèce relatives à nos intérêts dans ce pays. Nos ennemis s'en réjouissent comme d'une victoire. Les Turcs sont consternés et les vrais Républicains dans le deuil. *Que de larmes j'ai vu couler depuis quelques jours !*

« Tel est l'effet actuel. Vous pouvez juger des suites. Je désire beaucoup me tromper. Mes vœux sont plus ardents qu'aucun, je vous le proteste, pour le succès de Verninac que je sers de tout ce que je sais, de tout ce que je peux, que je servirais mieux encore s'il mettait moins de réserve avec moi. Mais tout ramène sans cesse malgré moi sur mon esprit et sur mon cœur le poids énorme des préjudices que j'aperçois. »

Descorches demandait en outre qu'on lui expédiât à Mar-

---

(1) Constantinople, le 5 floréal, l'an III de la République une et indivisible. Marie Descorches cy-devant, envoyé extraordinaire de la République près la Porte ottomane aux représentants du peuple, membres du Comité de Salut public. Correspondance ministérielle.

seille, chez le correspondant du ministère des Relations extérieures, les passeports et autres pièces dont il pourrait avoir besoin pour l'entrée libre en France de sa personne, de ses compagnons de route au nombre de sept ou huit, dont trois Turcs, de ses effets et pour la continuation de son voyage jusqu'à Paris.

Malgré le désir qu'il manifestait de rentrer le plus tôt possible dans le sein de sa Patrie pour y retrouver le Comité de Salut public qui avait prononcé son rappel, Descorches devait voir son départ retardé par des circonstances indépendantes de sa volonté. Dès la cessation de ses fonctions, il s'était rigoureusement isolé. Il n'était pas sorti du Palais de l'Ambassade et il s'était même abstenu de rendre visite à ses nombreux amis avant de s'en séparer, d'écrire d'autres lettres que celles qui étaient absolument nécessaires pour ses affaires personnelles, de répondre aux témoignages touchants que ses concitoyens lui avaient donnés de leur estime et de leur attachement dans une adresse couverte de signatures et qu'il gardait comme le titre le plus honorable qu'il pût transmettre à ses enfants.

Il s'était rendu près de Smyrne afin d'y chercher les moyens de s'embarquer pour la France. Mais, « fidèle au système de retraite et d'obscurité » qu'il avait adopté à partir du moment où les fonctions publiques qui lui avaient été confiées étaient passées en d'autres mains, afin de ne pas nuire à la considération dont son successeur devait être entouré et de garder les ménagements dus au caractère officiel dont il était revêtu, Descorches n'avait pas voulu mettre les pieds dans Smyrne et il s'était arrêté à deux lieues de là dans un village où plusieurs Français possédaient des maisons de campagne. Le proconsul Roubaud lui avait offert la sienne qu'il avait acceptée.

Il donnait tous ces détails à Reinhard dans une lettre du 28 messidor (1). « Je respecte, citoyen, lui écrivait-il, les

---

(1) Bournabat, près Smyrne, le 28 messidor, l'an III de la République une et indivisible. Marie Descorches à Reinhard, chef des Bureaux politiques du Comité de Salut public. Correspondance ministérielle.

grandes et importantes occupations du Comité; tous ses instants sont précieux. Je m'abstiens par cette considération de lui donner des nouvelles de ma marche et fais le sacrifice de la satisfaction que je trouverais à lui répéter l'hommage des sentiments qui me pressent vers lui.

« Je te prie, citoyen, de suppléer à ce que je voudrais lui dire. Sans avoir l'avantage d'être connu personnellement de toi, il existe entre nous depuis assez longtemps des rapports tels que ta réputation et ma conscience m'inspirent la confiance de croire que tu ne jugeras pas cette démarche indiscrète. »

Le port de Smyrne se trouvait malheureusement pour le moment dépourvu de bâtiments prêts à partir pour l'Europe. Descorches voulait noliser un navire grec. Le toujours zélé Anselme Roubaud lui avait offert de mettre à sa disposition un navire qu'il avait acheté pour contribuer, ainsi qu'il se le proposait depuis longtemps, au ravitaillement de la République, en y transportant des blés de Syrie et d'Egypte, ces deux greniers de l'Empire ottoman.

Mais ce bâtiment avait besoin de quelques réparations. Elles allaient être terminées lorsque la fatalité voulut que l'un des mâts vint à casser. Premier retard. Lorsqu'on visita le blé à transporter, il était de mauvaise qualité. Roubaud voulut le remplacer par une cargaison de riz, quoique plus coûteux. On chargeait ce riz en secret, car sa sortie était interdite, quand le Gouvernement ottoman s'en aperçut. Il fallut décharger ce qui était déjà à bord. Nouveaux retards. Mais, comme tout s'arrange avec les Turcs, Roubaud obtint que cette expédition de riz serait tolérée à la condition de continuer à faire secrètement le chargement. Pour arriver à ce résultat, les présents avaient coulé abondamment de ses mains. 6.500 piastres avaient été dépensées pour fermer les yeux des fonctionnaires turcs. Tous ces incidents avaient pris du temps. Par surcroît de contrariétés, la Division anglaise qu'on croyait partie avait reparu depuis quelque temps dans le golfe de Smyrne, d'où elle ne bougeait plus, et sa présence ajoutait encore aux angoisses de la position de Descorches.

En donnant ces renseignements à Reinhard, Descorches

voulait justifier le retard mis à son départ, car si les échos qui parvenaient jusqu'à lui ne le trompaient pas, il avait à craindre les traits de la malveillance et les effets de ce système de diffamation qui s'attaquait à sa gestion et à sa personne avec plus de violence encore depuis qu'il avait perdu son emploi. Il faisait observer que les affaires de France ne pouvaient être ni améliorées ni consolidées par son retour.

Quoique réduit à un isolement rigoureux, tenu à une extrême réserve depuis l'arrivée de son successeur, il n'en voyait et n'en entendait que trop pour ne pas éprouver la profonde affliction de sentir s'accroître tous les jours les alarmes dont il avait déjà témoigné sur les conséquences d'une mesure aussi intempestive et aussi peu mûrie que celle de son rappel. A l'entendre, les bons, les francs citoyens qui habitaient ce pays et leurs vrais amis étaient consternés, s'inquiétaient de plus en plus et la considération de la France était entamée dans l'esprit des Turcs. Il terminait ainsi sa lettre à Reinhard : « Je t'en conjure, bon citoyen, veille aux suites. Il y a urgence. Je te le dis, parce que cela est, parce qu'aussi je dois le dire à ceux de qui il est utile de le faire entendre, parce que la chose publique y est gravement intéressée, que je ne connais, ne connaîtrai jamais qu'elle et que, toutes les fois qu'il s'agira de la servir, je ne perdrai qu'avec la vie ma franchise, ma constance et mon courage républicains. »

Descorches avait raison de ne pas cesser de craindre les effets de la malveillance de ses ennemis. Alors qu'il donnait à son Gouvernement ce témoignage d'abnégation, Verninac le signalait comme n'ayant pas encore quitté Smyrne, bien qu'il y fût arrivé depuis un mois et demi et que plusieurs bâtiments fussent déjà sortis de ce port faisant voile pour Gênes, Livourne et la France (1).

Hénin, qui devait aussi rentrer en France en passant par la Morée, l'Archipel et les Etats vénitiens, avait reçu des marques de la bienveillance de Verninac qui lui avait remis 1.200 piastres et 500 livres en assignats pour ses frais de

---

(1) Lettre du 7 messidor an III.

voyage. Il dénonçait Descorches au Comité de Salut public comme faisant signer une pétition en sa faveur. Il se vantait aussi d'avoir fait disparaître les insignes de la Royauté du Palais de la République (1).

C'était sans doute une allusion à la mesure prise par Verninac qui, dès son arrivée, avait fait enlever d'une des salles de ce Palais un dais orné des emblèmes royaux, onze portraits peints sur toile de différents rois de France et ambassadeurs et des fleurs de lys sculptées sur les murs. Il avait en outre fait détruire des médailles en plâtre représentant les rois depuis François Ier jusqu'à Louis XV et effacer des inscriptions faisant mention de leurs noms (2).

Le 20 nivôse an IV, un procès-verbal de la Chancellerie de la Légation constatait que Bonaventure Beaussier, vice-consul à Seyde et chancelier provisoire, avait fait brûler, sur la réquisition de Verninac, onze portraits, ceux de Louis XIV, de Louis XV et Louis XVI, et de plusieurs ambassadeurs dont François Savary de Brèves et Saint-Priest, du ministre Vergennes. Verninac obéissait aux instructions du ministre des Affaires étrangères, ces portraits n'intéressant pas les arts !

Hénin devait faire une communication plus utile à la République, lorsque, quelque temps plus tard, dans le cours de son voyage de retour, il rendait compte d'une conversation qu'il avait eue avec le pacha de Janina, Méhemet-Ali. « Eh bien ! lui avait dit le pacha, dites au Comité de Salut public que je suis sincèrement attaché à la République française, que j'ai toujours aimé la France, sous l'ancien comme sous le nouveau Gouvernement. Ce n'est pas l'amitié d'un jour ; elle existe depuis seize ans. J'en ai donné des preuves à la nation. Je suis Français enfin, et les Français peuvent compter sur mon amitié... *Je n'ai eu aucune réponse depuis quatre ans*

---

(1) Hénin au Comité de Salut public, 12 floréal an III.

(2) 23 germinal an III. Extrait des actes de la Chancellerie. A la réquisition de Verninac, Grépat, chancelier provisoire, fait enlever ces emblèmes avec l'aide de Laqueique, secrétaire de la Légation, et de Bonaventure Beaussier, vice-consul à Seyde.

à ma lettre avec un présent en signe d'amitié. J'ai 40.000 soldats à offrir aux Français, s'ils en ont besoin (1). »

Hénin, de retour à Paris où il précédait Descorches, ne devait pas perdre les habitudes de délation qu'il avait contractées à Constantinople et, dès le 13 fructidor, il dénonçait Thainville, Descorches et Gaudin. Ces Jacobins, ces Terroristes devaient être signalés; l'intérêt de la République l'exigeait. C'est dans la section de la Butte des Moulins dont Thainville était membre, c'est dans cet antre infâme qu'il avait été décidé de l'envoyer dans le Levant; il s'en était vanté en présence d'Hénin. Quant à Descorches, il avait comme maxime que la terreur est une vertu républicaine et il affectionnait une chanson qui célébrait la guillotine. En voici le texte suggestif :

> La guillotine là-bas
> Fait toujours merveille.
> Son tranchant ne mollit pas.
> La loi frappe et veille
> Mais quand viendra-t-elle ici
> Travailler en raccourci
> Cette guillotine, au gué...
>
> N'avait-on pas répandu
> Qu'elle était en route.
> Cet espoir quoique perdu
> Renaîtra sans doute.
>
> Ces bruits nous ont attiré
> De légers orages.
> Et la barque a chaviré
> Dans quelques parages.
> Les naufragés sont ici.
> Viens terminer leurs soucis
> Bonne guillotine, au gué...
>
> Il est aussi parmi nous
> De vrais sans-culottes
> Qui t'indiqueront
> Les antipatriotes.
> Nous en connaissons encore
> Sous le ruban tricolore,
> Chère guillotine, au gué...

____

(1) 12 messidor an III, du Lazaret de Venise. Hénin au Comité de Salut public.

> Tu feras de bien des rois
> Branler la couronne.
> C'est ton fer qui les reçoit
> En tombant du trône.
> Et buvons à tes succès,
> Sainte guillotine, au gué...

Cette chanson était chantée dans les réunions décadaires et, assurait Hénin, jusque sous les fenêtres des palais des ministres étrangers à Péra.

Hénin rappelait encore que Gaudin avait servi comme officier au régiment d'Alsace. Thainville avait été chargé pendant deux ans de la correspondance des Jacobins. Il avait le dépôt de leurs archives et quand il le remit en 1792 pour entrer au ministère des Affaires étrangères, il avait procuré à la Société plus de 800 affiliés. Au 31 mai, il avait combattu dans sa section les Brissotins et les Fédéralistes.

Après cette journée, il avait été nommé de nouveau capitaine de la Garde nationale. Toutes ces révélations étaient contenues dans une lettre de Thainville à Hénin du 19 prairial an II, reprochant à ce dernier de n'avoir pris aucune part aux luttes soutenues par les Jacobins, et comme il était devenu dangereux, après le 9 thermidor, d'avoir appartenu à ce parti, Hénin s'étonnait que Verninac eût confié récemment à Gaudin et à Thainville des missions en Valachie et en Egypte (1). Emile Gaudin avait été, en effet, envoyé à Bucharest et Thainville en Egypte. Mais Verninac poursuivait sans doute le but de les éloigner de Constantinople.

Le 16 fructidor, Hénin écrivait une nouvelle lettre au Comité de Salut public. Il n'y traitait que de ses intérêts personnels et faisait valoir ses services. Il avait été absent de France pendant plus de seize années, avec queques interruptions seulement jusqu'en 1786. En 1790, il avait passé à Paris un congé d'un mois et demi. Il avait été pendant cinq ans secrétaire d'ambassade et pendant six ans chargé d'affaires. Grâce à lui, Venise avait été le premier Etat étranger reconnaissant la République. Cette reconnaissance avait eu

---

(1) Lettre d'Hénin. Paris, le 13 fructidor an III

lieu le 26 janvier 1793. Les ennemis de la République lui avaient fait des offres qu'il avait repoussées et il avait fait connaître un partisan secret du royalisme, terroriste tout à la fois, homme à double face en Révolution. Il voulait sans doute parler de Descorches. Il demandait un emploi dans les bureaux en attendant une nouvelle mission.

Avant d'entrer dans la diplomatie, Hénin avait voyagé pendant plusieurs années en Allemagne, en Hollande, en Angleterre et en Italie. Il avait obtenu des ministres d'Etat à Versailles de pénétrer dans le dépôt des Archives des Affaires étrangères. Il avait eu ainsi entre les mains la correspondance des Consulats dont il avait fait des extraits utiles qu'il avait présentés auxdits ministres.

En 1785, il avait passé neuf mois à Coblentz en qualité de secrétaire de Légation auprès de M. de Moustier, ministre plénipotentiaire près l'Electeur de Trèves. En 1786, il avait été secrétaire d'ambassade à Venise, puis chargé d'affaires depuis le 25 décembre 1792. C'est alors qu'il avait fait reconnaître officiellement la République.

En juin 1793, il avait été envoyé comme chargé d'affaires à Constantinople. Il avait demandé depuis son rappel et Lebrun s'était toujours refusé à lui faire passer ses appointements (1).

Verninac, de son côté, poursuivait Descorches dans le cours de son voyage de ses insinuations malveillantes. Annonçant l'arrivée de Ruffin, il s'étonnait de nouveau que Descorches ne fût pas encore parti de Smyrne où il était depuis six semaines, alors qu'il n'avait qu'un délai de trois mois pour rentrer en France (2). On faisait courir le bruit à Constantinople que Verninac aurait reçu de nouvelles lettres de créance pour Descorches, que le départ de ce dernier n'était pas définitif, que le Comité de Salut public serait revenu sur son opinion peu de jours après son départ, qu'un membre du Comité se serait expliqué dans ce sens avec la citoyenne

---

(1) 16 fructidor. Hénin au Comité de Salut public. Paris, rue des Vieux-Augustins, n° 264.

(2) Verninac au Comité de Salut public, le 23 messidor an III.

Descorches. Verninac connaissait les auteurs de cette intrigue qui nuisait à sa considération (1).

Quelque temps après, Verninac revenait dans sa correspondance sur les coupables intrigues de Descorches auxquelles l'approbation de sa conduite par le Comité de Salut public avait mis un terme (2). « C'en était fait, disait-il, de nos intérêts dans ce pays, si ces intrigues avaient prévalu. La volonté du Comité aurait paru flotter entre les deux ministres.· La confiance de la Porte aurait été ébranlée et le résultat eût été funeste pour le bon ordre et la paix entre nos nationaux. » Les événements avaient prouvé que les présages de Descorches dictés par l'intérêt personnel n'étaient pas fondés. Il n'était bien vu ni du Capitan-Pacha ni des principaux personnages qui dirigeaient le Gouvernement ottoman. Ses instruments étaient peu sûrs et le trompaient. C'étaient un moine catholique grec, dom Germano, un Anglais signalé par quelques folies, un médecin juif déshonoré et servant d'espion à toutes les missions, quelques renégats... Ses rapports avaient la même valeur que ses conceptions. Dom Germano lui avait persuadé qu'il dirigeait la conscience de la Sultane mère attachée à la religion catholique. Descorches avait pu ainsi rapporter de prétendus propos qu'aurait tenu le Grand-Seigneur au sujet de son rappel. Il aurait dit que les affaires n'avaient pas repris leur aplomb en France et que les bons esprits ne dominaient pas dans le Gouvernement. Le drogman d'Allemagne aurait garanti l'authenticité de ce langage. Or, rien n'était moins possible à un Franc, même à un Turc, que d'entrer dans le harem d'une Sultane.

Moruzzi, Raschid-Effendi, le Capitan-Pacha, Youssouf-Aga, d'autres personnalités encore s'étaient ouverts à Verninac sur les intermédiaires suspects dont se servait Descorches qui avait conçu l'espoir d'enlacer les premiers pas de son successeur en faisant jouer des intrigues qui avaient commencé à se nouer à Paris.

Descorches avait paru compter sur la Prusse. *Or, c'était*

---

(1) *Id.*, le 26 messidor.
(2) *Id.*, le 14 fructidor.

peut-être la puissance la plus favorable au partage de la Pologne.

Le 17 fructidor (1), Verninac s'étend encore sur les intrigues dont il est l'objet. Le Comité de Salut public, et notamment Treilhard, Merlin de Douai et Cambacérès *chargés de la direction des Affaires politiques* devaient cependant savoir que Verninac n'avait pas sollicité le poste de Constantinople.

A peine sa nomination était-elle connue à Paris que Mme Descorches et ses amis intriguaient contre lui, écrivaient dans le Levant qu'il était l'associé de Parandier qu'il n'avait jamais vu, d'un renégat nommé Achmed-bey Foulha, de Casimir La Roche, de la citoyenne Sémonville dans la campagne entreprise pour faire rappeler Descorches, que le Comité de Salut public averti avait envoyé un courrier après lui pour lui faire rendre ses pouvoirs; que Descorches serait rétabli dans ses fonctions. De là les hésitations de Descorches, ses dénégations jusqu'au dernier moment au sujet de l'arrivée de son successeur; de là son retard à partir.

Dès le 21 frimaire, on écrivait à Descorches, à Paris, pour le prévenir qu'il était remplacé, que Verninac était parti avec Parandier le 13 ou le 14 de ce mois. Pour mener la campagne contre Verninac, 200.000 francs avaient été payés et des spéculations avaient triplé cette somme fournie par Guignebaud, un soupirant, paraissait-il, de la citoyenne Descorches auquel elle tenait rigueur. Le franco-polonais Casimir La Roche aurait trouvé la mesure de rappel trop rigoureuse. Il l'aurait empêchée et aurait averti la citoyenne Descorches d'avoir à faire des démarches dans ce sens.

Une autre lettre du 14 nivôse adressée à Descorches et tombée entre les mains de Verninac confirmait ce dernier dans la connaissance qu'il avait des intrigues ourdies contre lui. On disait dans cette lettre qu'Achmed bey Foulha s'était annoncé comme chargé par le Capitan-Pacha de demander l'envoi d'un ambassadeur plus prononcé que Descorches.

____

(1) 17 fructidor an III. Rapport de Verninac sur les intrigues ourdies à Paris à l'occasion du rappel de Descorches.

C'est le motif qui avait amené la nomination de Verninac et d'autres agents politiques. L'auteur de la lettre ajoutait : « La citoyenne Sémonville, comme tu penses bien, s'est fourrée à travers tout ce galimatias ainsi qu'un certain Chénié. Des lettres de Marseille dévoilèrent Achmed; d'où l'envoi d'un courrier pour faire revenir Verninac. Ta femme alors est allée trouver Cambacérès qui lui dit qu'il n'y avait pas d'arrêté te rappelant, qu'on était satisfait de toi... »

Thainville avait été envoyé précédemment par Deforgues à Constantinople pour faire une enquête sur la mission de Descorches à l'instigation de Mme Descorches, très liée alors avec lui et qui craignait que la situation de son mari ne fût ébranlée. Lorsque le rappel de Descorches fut décidé, elle écrivit cette lettre à Thainville : « Ecoute, observe et réfléchis, *en Normand bien entendu*.

« La patrie est compromise. Il y a une famille que tu aimes. Mais le cœur est sourd quand l'intérêt du pays est compromis. Tu serviras toutefois l'amitié en servant ton pays. Le Comité a été trompé; il manque d'énergie. La Sémonville intrigue. J'ai des amis, des pièces; *mais ma coëffe ne me permet pas d'agir*. Le silence et l'obscurité sont notre partage. Les hommes doivent faire luire la vérité et rendre justice à la vertu. »

Puis elle s'étendait sur les dépenses excessives de Mme Sémonville, ses achats de maisons à Charonne et rue de Provence, le train d'enfer qu'elle menait. La nomination de Verninac avait été le résultat de ses intrigues : « Tu le connais, ajoutait-elle ; c'est l'ami intime de Dumouriez (je ne l'ai vu qu'une fois, faisait observer Verninac); c'est un homme à femmes et un joueur (je ne joue jamais, disait encore Verninac, qui, sur ce point, n'était pas d'accord avec le témoignage de Carnot). La Russie aura beau jeu. D'ailleurs, il fallait à la clique Sémonville un homme traitable pour la vente du mobilier envoyé avant Leurs Excellences et qui sache faire payer la République. Vous autres, sans-culottes, ne savez rien faire. Les Polonais ont été associés un instant à l'intrigue, espérant recevoir, non des éclaboussures, mais un fleuve nourricier. L'on s'est servi de leurs pattes; mais, les marrons tirés, on veut les manger seuls et la Russie est prête à triompher si les Républicains du Levant ne réveillent ceux que les délices de Capoue ont endormis. »

Dans une autre lettre d'un ami à Thainville, Verninac était représenté comme dévoué au parti autrichien et Chénié, établi à Paris, était signalé comme y faisant beaucoup de dépenses.

Vis-à-vis du Gouvernement, Mme Descorches avait affecté, du moment où elle ne pouvait pas l'empêcher, de témoigner sa satisfaction du retour de son mari. En réclamant pour lui des passeports, elle rappelait au Comité de Salut public qu'il l'avait averti depuis huit mois que la Porte reconnaîtrait la République dès qu'une puissance belligérante aurait conclu un traité de paix. La Porte l'avait formellement promis.

Mme Descorches remerciait le Comité pour elle et ses enfants de leur rendre Descorches. Il emportait les regrets des commerçants français du Levant et de Marseille et la preuve de son dévouement était contenue dans la protestation qu'il avait remise à son successeur (1).

Mais à son mari elle conseillait de se faire solder et de payer ses dettes avant de quitter Constantinople. « Jamais il ne faut se fier, écrivait-elle, *à la parole de pareils débiteurs*. Un homme d'honneur se le doit, ou il risque de faire banqueroute, *vu ce qui se passe ici, lorsqu'il s'agit de rembourser celui dont on croit pouvoir se passer.* » Telle était la confiance de Mme Descorches dans la solvabilité de son Gouvernement !

Avait-il conservé le cabinet noir si reproché à l'ancien régime ? Comment ces lettres si compromettantes se trouvaient-elles entre les mains de ce Gouvernement et étaient-elles parvenues à la connaissance de Verninac ? Un nommé Jolivet était l'auteur des lettres adressées à Thainville et à Descorches.

Verninac estimait que le complot ourdi contre lui à son arrivée n'avait pas réussi pour plusieurs motifs : 1° Thainville venait de se marier *et de nouveaux intérêts de cœur avaient fait place aux anciens.* Thainville avait épousé à

---

(1) Marie Descorches au Comité de Salut public, thermidor an III.

Smyrne la fille d'un négociant français nommé Majastre,
dont le frère avait été nommé, très jeune, consul provisoire
à Schio par Descorches. Pour éloigner Thainville, Verninac
lui avait donné une mission en Egypte et l'avait chargé de
rétablir les Echelles de Seyde et d'Acre. Il conseillait de le
nommer dans un Consulat d'Italie ;

2° Descorches s'était montré plus prudent que sa femme
et ses amis ;

3° La fermeté et la surveillance de Verninac avaient enfin
contribué à déjouer les intrigues de ses adversaires.

Mais Verninac n'en poursuivait pas moins ceux qui avaient
été les principaux confidents et les amis de Descorches. Le
17 fructidor, il adressait un rapport sur Gaudin dont il retra-
çait le passé. Sous-lieutenant à la suite du régiment d'Alsace,
sorti de France en mai ou juin 1790 avec un gentilhomme
russe, il s'était rendu à Constantinople par la Suisse et
l'Allemagne, porteur d'une lettre de Montmorin pour l'envoyé français à Stuttgard. Or, les lois sur l'émigration frappaient tous ceux qui étaient sortis de France depuis le
14 juillet 1789.

D'abord secrétaire du chef provisoire de la Nation après
la révocation de Choiseul-Gouffier, désigné comme tel par la
colonie française, il avait été nommé second secrétaire de
l'ambassade par Lebrun qui ignorait son émigration. Il venait
d'être destitué en même temps que Descorches et mis à la
disposition de Verninac pour être employé dans le Levant.
Il avait expliqué qu'il n'avait pu quitter la Valachie pour
traverser l'Allemagne et rentrer en France, que le passage
lui avait été refusé en juin 1792. Deux officiers qui l'accompagnaient auraient rejoint l'armée des Princes. Verninac se
plaignait que Gaudin n'eût pas trouvé suffisante la somme
qu'il lui avait remise comme indemnité ; il y voyait la mesure
de son caractère et de ses principes. Il priait le Gouvernement
de se prononcer sur la tache d'émigration de Gaudin qui
devait en tout cas être éloigné du Levant (1).

____

(1) **17 fructidor an III.** Rapport de Verninac au Comité de Salut
public sur Gaudin.

La sœur de Gaudin lui écrivait de Paris à la même époque. On eût dit qu'elle pressentait la mesure projetée par Verninac. Elle craignait qu'il ne revint avec Descorches, pensant qu'il entrait bien plus dans ses arrangements de rester encore quelque temps à Constantinople que *de revenir au sein des orages*. Elle n'avait pas eu de renseignements sur son sort au Comité de Salut public où elle était allée plusieurs fois pour en demander, les agents subalternes de la diplomatie faisant profession d'être impénétrables à un point qu'il était difficile d'imaginer. Cependant, le nouveau commissaire des Affaires extérieures l'avait assurée que le changement de Descorches n'influerait en rien sur le sort de Gaudin; elle comptait sur le témoignage attendu de Descorches pour l'avancement de son frère.

Or, pour l'écarter momentanément, Verninac avait confié à Gaudin une mission en Valachie et lui adjoignait Jacques Montal, secrétaire de Descorches et parent de sa femme.

Après Gaudin, c'était Humphrys, emmené en France par Descorches qui faisait l'objet d'un rapport de Verninac. Originaire de l'Amérique du Nord, sa famille avait pris le parti de la Métropole et, après la guerre de l'Indépendance, avait dû se réfugier à Londres. Puis elle avait fondé une maison de commerce à Constantinople sous la protection de l'ambassade anglaise. Humphrys s'était déclaré en faveur de la Révolution et portait à son chapeau une cocarde ornée des mots : « *Liberté, Egalité* », au grand scandale des autres Anglais. Il avait reçu une semonce de l'ambassadeur d'Angleterre qu'il dénonça. Il porta lui-même au Reis-Effendi cette dénonciation qui avait été traduite en français par Gaudin et imprimée à la Légation de France. Le ministre ottoman le fit arrêter et le mit à la disposition de son ambassadeur. Mais il s'évada, resta quelque temps caché, puis se rendit au devant de Descorches à Travnick.

Descorches lui meubla une maison et lui fit une pension de 12.000 livres. Humphrys fut alternativement l'objet des plaintes des deux grands partis qui se partageaient l'influence dans le Gouvernement ottoman, ainsi que du drogman de la Porte et du Capitan-Pacha.

Il en était de même du juif Marco Calmann et du moine grec catholique dom Germano, qui possédaient avec Humphrys la confiance de Descorches. Le ministre de Prusse avait averti Verninac de se méfier de ses bureaux, *la coalition ayant toujours eu connaissance de ce qu'insinuait Descorches à la Porte ou de ce qu'il écrivait en France.*

Verninac avait annoncé à Humphrys qu'il ne le conserverait pas, l'engageant à se perfectionner dans la connaissance de la langue turque, afin qu'il pût être employé dans une autre région de l'Empire ottoman. Humphrys témoigna de la mauvaise humeur à la suite de cet avis et rejoignit Descorches à Smyrne. « On le trouvera, disait de lui Verninac, dans les partis les plus exagérés et sous les drapeaux de la déraison. Il se dit Américain, mais son père vit à Londres (1). »

Dans un autre mémoire, Verninac parlait du père d'Humphrys, royaliste américain, résidant à Londres, resté en correspondance suivie avec ses compatriotes, « nos ennemis établis à Constantinople ». Ses lettres étaient colportées, lues, commentées dans Péra et donnaient lieu à des rumeurs et à des propos préjudiciables à la cause de la France (2).

Verninac adressait encore un rapport au sujet de Mourad-Cha d'Ohsson, ce conseiller de la Légation de Suède qui avait cherché à faciliter la mission de Descorches par son dévouement à la France. Par ce motif, les maisons des ambassadeurs lui avaient été fermées ainsi qu'à sa femme et il fut empêché d'être nommé comme envoyé auprès de la Porte ottomane. Après la reconnaissance de la République par ce Gouvernement, un mandat de 10.000 piastres ou 20.000 livres tournois lui avait été octroyé par Verninac pour le remercier de la part qu'il y avait prise. Il en exprima sa gratitude tout en trouvant que la somme n'était pas assez élevée. Verninac lui écrivit qu'il ne s'agissait que d'un acompte, laissant au Comité de Salut public le soin de le compléter. Mouradja lui

---

(1) 17 fructidor an III. Rapport de Verninac au Comité de Salut public sur Humphrys emmené en France par Descorches.
(2) Verninac à Delacroix. Péra, 1er germinal an IV.

remit alors un mémoire où il faisait un exposé de ses services. S'il ne s'agissait que de récompenser son zèle, un témoignage de la satisfaction du Gouvernement français auprès de S. A. R. le duc régent lui suffisait. Mais, si l'on voulait le dédommager, il devait tenir compte de ses intérêts familiaux qu'il mettait alors au-dessus de la délicatesse des sentiments. Or, son avancement, du fait de ses sympathies pour la France avait été suspendu depuis deux années et il lui fallait encore attendre quelques mois pour jouir des promesses de la cour de Suède et des dispositions favorables de S. A. R. mises en suspens depuis le mois d'août 1793. Il s'en rapportait pour la décision à intervenir aux sentiments élevés de la République française et aux bons offices de son représentant à Constantinople.

Quelle somme lui offrir, demandait Verninac qui le trouvait un peu trop enclin à croire à la faiblesse des Turcs et à partager les terreurs de leurs ministres ?

C'est au moment où Descorches allait quitter le Levant qu'on trouve trace dans les archives du ministère des Affaires étrangères d'un document curieux dans lequel le jeune général qui devait remplir le monde de son nom s'offrait de nouveau, ainsi qu'il en avait déjà été question en vendémiaire an III pour implanter aussi dans ces parages l'influence de la France. Il s'agit d'une note du général Bonaparte qui était ainsi libellée (1) : « Dans un temps où l'Impératrice de Russie a resserré les liens qui l'unissaient à l'Autriche, il est de l'intérêt de la France de faire tout ce qui dépend d'elle pour rendre plus redoutables les moyens militaires de la Turquie.

« Cette puissance a des milices nombreuses et braves, mais fort ignorantes sur les principes de l'art de la guerre.

« Le service de l'artillerie, qui influe si puissamment dans notre tactique moderne sur le gain des batailles et presqu'exclusivement sur la prise et la défense des places fortes, est encore dans son enfance en Turquie.

____

(1) Note du général Bonaparte, 27 fructidor an III (13 septembre 1795).

« La Porte qui l'a senti a plusieurs fois demandé des officiers d'artillerie et du génie; nous y en avons effectivement quelques-uns dans ce moment-ci, mais ils ne sont ni assez nombreux ni assez instruits pour produire un résultat de quelque conséquence.

« Le général Buonaparte, qui a acquis quelque réputation en commandant l'artillerie de nos armées en différentes circonstances et spécialement au siège de Toulon, s'offre pour passer en Turquie avec une mission du Gouvernement; il mènera avec lui 6 à 7 officiers dont chacun aura une connaissance particulière des sciences relatives à l'art de la guerre.

« S'il peut, dans cette nouvelle carrière, rendre les armées turques plus redoutables et perfectionner la défense des places fortes de cet Empire, il croira avoir rendu un service signalé à la Patrie et avoir à son retour bien mérité d'elle. — Buonaparte. »

Doulcet lui avait donné cette recommandation (1) : « Le général de brigade Buonaparte a servi avec distinction à l'armée d'Italie où il commandait l'artillerie. Mis en réquisition par le Comité de Salut public, il a travaillé avec zèle et exactitude dans la division de la Section de la guerre chargée des plans de campagne et de la surveillance des opérations des armées de terre et je déclare avec plaisir que je dois à ses conseils la plus grande partie des mesures utiles que j'ai proposées au Comité pour l'armée des Alpes et d'Italie. Je le recommande à mes collègues comme un citoyen qui peut être utilement employé pour la République, soit dans l'artillerie, soit dans toute autre arme, soit même dans la partie des Relations extérieures. »

Et Jean de Bry lui donnait aussi ce témoignage (2). « En adhérant aux sentiments qu'exprime mon collègue Doulcet sur le général de brigade Buonaparte que j'ai vu et entretenu, je crois que, par les motifs mêmes qui fondent son opinion et la mienne, le Comité de Salut public doit se refuser à éloigner dans ce moment surtout de la République un

____

(1) 13 fructidor an III.
(2) 27 fructidor an III.

officier aussi distingué. Mon avis est qu'en l'avançant dans son arme le Comité commence par récompenser ses services, sauf ensuite après en avoir conféré avec lui, délibérer sur sa proposition, s'il y persiste. »

Cette opinion de Jean de Bry fut sans doute la cause qui mit obstacle à la mission désirée par Buonaparte et qui changea ainsi l'histoire du monde ! Son maintien en France allait en effet lui permettre d'entreprendre l'immortelle campagne de 1796.

Enfin, après les longs retards nécessités par le chargement d'une nouvelle cargaison, Descorches avait pu quitter le port de Smyrne déguisé en grec et était arrivé à Livourne. Toujours flatteur, il en informait en ces termes le Comité de Salut public à la date du 8 vendémiaire (1) : « J'arrive à l'instant même, citoyens représentants, sur la rade de Livourne. Mes premiers moments vous sont dus. Je les emploie à vous renouveler l'hommage de mon empressement à me rendre près de vous. »

En raison de la peste qui sévissait à Smyrne à l'époque de son départ, il devait entrer le jour même en quarantaine et, aussitôt après avoir subi « cette mortelle purification », se rendre à Marseille, et de là à Paris. La traversée avait été mauvaise. Depuis le 13 thermidor, il était en mer ou plutôt « au supplice ». Enfin, il arrivait au port sain et sauf, « bien harassé, mais le cœur toujours le même, soutenant tout le reste, toujours brûlant pour sa Patrie, toujours tout entier à la République ! »

Il avait déjà écrit de Smyrne à Reinhard pour lui exposer les obstacles qui semblaient enchaîner ses pas et il apportait avec lui les pièces justificatives de son retard. Le retour de Descorches avait été, en effet, plein de péripéties, comme

---

(1) De la rade de Livourne, le 8 vendémiaire, l'an IV de la République une et indivisible. Marie Descorches aux représentants du peuple, membres du Comité de Salut public. Correspondance ministérielle.

Berthellet, consul à Livourne, et Villars, envoyé extraordinaire à Gênes, avaient été prévenus le 8 fructidor par le Comité de Salut public du retour de Descorches.

son voyage à l'aller, quand, en 1793, il était parti de Paris pour remplir sa mission. Le bâtiment qui avait été frété par Roubaud et qui s'appelait *la Pagana* était vieux, usé et ne pouvait tenir la mer. Comme il était au mouillage en rade de Scio, la cale se trouva inondée par quatre pieds d'eau. Il était survenu un coup de vent assez violent et le seul effort du navire sur ses câbles l'avait fait s'ouvrir pendant la tourmente. Que serait-il survenu en pleine mer ! L'avis unanime de l'équipage fut qu'il fallait débarquer. Descorches dut prendre passage sur un autre bâtiment qui l'amena en dix-neuf jours à Livourne malgré l'équinoxe et les bourrasques qui ne l'avaient pas épargné.

Descorches ramenait avec lui John Humphrys dont il a déjà été question, né à Boston d'un père anglais, riche négociant qui avait résidé autrefois à Constantinople comme chargé d'affaires du Danemark (1). John Humphrys, déjà cité dans la correspondance de Descorches avec le Gouvernement français, était ce jeune homme qui était venu le trouver à Trawnick lors de son arrivée pour lui faciliter son voyage jusqu'à Constantinople. Descorches en faisait le plus grand cas et la connaissance que ce jeune étranger avait de la langue turque lui avait rendu de nombreux services dans le cours de sa mission. Descorches l'avait placé à la tête de l'Etablissement des Jeunes de langues. Humphrys, par l'intermédiaire d'un ancien premier médecin du Sultan chez qui il était allé demeurer, était entré en relations avec plusieurs grands du pays qu'il fréquentait et qu'il cultivait avec soin, en agrandissant toujours le cercle de ses connaissances. Il avait pu ainsi contribuer à en faire des amis de la France, en les préservant des poisons de l'intrigue que les ennemis de la République distillaient continuellement, en leur donnant des idées plus justes sur les événements de la Révolution, en les éclairant sur leurs vrais intérêts. Il obtenait par eux des informations utiles, prêtait son concours dans les conférences secrètes et entretenait entre le ministre

---

(1) John Humphrys devait par la suite épouser une fille de Descorches

de France et les personnages turcs influents des relations intéressantes. Pour mieux jouer son rôle, il avait pris le costume du pays et se conformait à ses mœurs.

Humphrys, ayant eu des difficultés avec Verninac qui ne lui avait pas conservé son emploi, était venu retrouver Descorches à Smyrne et ce dernier espérait que le Gouvernement français assurerait à son jeune protégé des moyens d'existence; car, n'ayant plus d'emploi à la Légation de France à Constantinople, il ne pouvait rester dans un pays où son dévouement à la cause française lui avait fait rompre toutes ses liaisons de parenté, de commerce, même de société.

Descorches avait encore comme compagnons de route deux domestiques, l'un Français, Louis Vibraque, qui l'avait suivi en Turquie; l'autre Turc, Ali, et, en outre, un Bosniaque d'une famille d'agas de cette province, Mullah Saly Aly Aguïtch, qui lui avait servi de guide à son arrivée dans ce pays et qui, comme la plupart de ses « *loyaux* » compatriotes, portait une telle affection à tout ce qui était républicain français qu'il n'avait plus vu de bonheur pour lui qu'en prenant part à ce voyage.

Après avoir subi la quarantaine imposée à tous les voyageurs venant du Levant, Descorches avait pu, le 20 brumaire, prendre la route de Gênes où il était arrivé le 23. Il y avait appris le changement apporté dans l'organisation constitutionnelle de la France, la création d'un Directoire exécutif et d'un ministère des Relations extérieures. Aussi était-ce au titulaire de ce ministère qu'il écrivait le 28 brumaire pour lui faire connaître les raisons qui s'opposaient encore à sa prochaine arrivée, « bien qu'il se sentit poussé par les affections les plus puissantes de son âme et les mouvements de son cœur. Il arriverait toujours trop tard au gré de sa vive impatience (1) ».

Des événements qu'il n'avait pu prévoir, les éléments avaient été plus forts que sa volonté. Il n'était malheureusement qu'un homme, disait-il, et les lois de la nature récla-

____

(1) De Gênes, le 28 brumaire, l'an IV. Marie Descorches au citoyen ministre des Relations extérieures. Correspondance ministérielle.

maient toujours leur priorité. Il ne pouvait donc y avoir de culpabilité qui lui fût personnelle et sa responsabilité devait être à l'abri sous le Gouvernement de la justice. Il ignorait le décret qui obligeait les fonctionnaires rappelés à rentrer en France dans les trois mois et il espérait qu'il n'aurait pas à concevoir à ce sujet la plus légère inquiétude.

Il ressortait de cette correspondance qu'il se croyait encore à l'époque de la Terreur et sous la domination de ce terrible Comité de Salut public qui ne badinait pas avec les agents rebelles à ses ordres, et il craignait qu'on ne le suspectât de ne pas mettre assez d'empressement à regagner la France. Le ministère des Affaires étrangères devait le rassurer le 27 brumaire en excusant son retard.

Cependant il avait appris du citoyen Villars qu'il avait encore des difficultés à vaincre pour terminer son voyage ! Les communications continuaient d'être absolument interrompues par terre et des corsaires nombreux, soutenus par une division anglaise, gênaient la route de mer le plus qu'ils pouvaient.

Villars, avec qui il s'était concerté, lui avait toutefois promis de l'aider de ses connaissances locales pour lui faciliter le reste de son voyage. Il comptait bien aussi trouver à Marseille les passeports qu'il avait demandés.

Enfin, le 16 frimaire, il pouvait, « dans l'épanchement du bonheur inexprimable qu'il éprouvait d'être rendu à sa Patrie, de se retrouver sur la terre de la Liberté, renouveler, de Marseille, au ministre des Relations extérieures et par son organe au Directoire exécutif, l'hommage de son dévouement et de son zèle inviolables pour le service de la République (1) ». Il ne manquait plus à ce moment à sa satisfaction que d'être à portée de les convaincre l'un et l'autre de la sincérité de cette assurance et de pouvoir la leur offrir personnellement.

Il venait d'arriver à Marseille et ne devait s'y arrêter que le temps nécessaire pour prendre les mesures que comman-

---

(1) Marseille, le 16 frimaire de l'an IV. Marie Descorches au citoyen ministre des Relations extérieures. Correspondance ministérielle.

dait le voyage par terre qui lui restait à faire. Mais il n'avait trouvé au bureau de l'agent du ministère des Relations extérieures aucun des ordres ni des passeports nécessaires à son voyage en France qu'il avait prié antérieurement le Comité de Salut public de lui faire adresser. Nouvelle preuve du désordre qui régnait alors dans l'Administration française ! Il était dit que jusqu'au dernier jour de sa mission, l'envoyé extraordinaire de la République aurait à souffrir de l'incurie de son Gouvernement !

Ses compatriotes normands ne devaient pas lui réserver une meilleure récompense de ses services et de son dévouement à sa Patrie. Mme Descorches signalait, en effet, le 8 fructidor, au Comité de Salut public, les dégâts causés par *l'animosité et la vengeance* dans les propriétés de son mari (1).

Le Comité de Salut public avait déjà ordonné à l'Administration du département de l'Orne, le 21 mai 1793, de faire constater les délits commis, ce qui avait été fait le 30 du même mois. Le ministre de l'Intérieur avait prescrit de son côté, le 8 août 1793, au même département, de constater l'incendie du chartrier du château de Descorches, ainsi que le pillage de 400 arpents de bois.

Le 19 septembre suivant, un procès-verbal avait été dressé, toujours d'après les ordres du Gouvernement, pour constater que le remboursement de certaines sommes provenant du produit des droits seigneuriaux avait été exigé, le pistolet sur la gorge, et arraché par la violence à l'homme d'affaires de Descorches, bien que ces droits eussent été payés longtemps auparavant non pas à lui, mais à ses parents, sous la garantie et en vertu des lois alors existantes.

Mme Descorches informait le Comité de Salut public qu'à l'heure où elle lui écrivait, les mêmes habitants, qui croyaient Descorches émigré, mus par les mêmes individus, voulaient se partager ses propriétés, dont elle avait cru prudent de ne pas s'occuper *tout le temps que la Terreur avait été à l'ordre du jour.*

---

(1) 8 fructidor an III. Marie Descorches au Comité de Salut public.

Aujourd'hui que l'on pouvait être écouté et qu'on était sûr d'avoir justice, elle demandait la nomination d'experts par le département de l'Orne pour estimer les dégâts causés et la remettre en jouissance de ses biens. Elle sollicitait aussi du Gouvernement l'attestation d'usage donnée à tout fonctionnaire public qui rentrait en France pour le mettre à l'abri du soupçon d'émigration.

Elle avait à recueillir une succession. L'Administration des Domaines nationaux prétendait que la procuration que lui avait donnée Descorches était antérieure à l'ouverture de la succession et que la législation concernant les fonctionnaires publics n'était pas assez précise; cette Administration se croyait donc en droit de représenter Descorches et de mettre le séquestre sur la portion de la succession qui pouvait lui revenir en communauté avec sa femme. Jean de Bry avait renvoyé la pétition de Mme Descorches au Commissaire des Relations extérieures chargé de délivrer l'attestation réclamée en faveur de Descorches, et *de faire pour le surplus ce qui serait juste et convenable.*

Le Commissaire des Relations extérieures avait bien donné l'attestation, mais il n'avait, disait-il, aucune action sur l'Administration de l'Orne. Telle était alors la situation peu enviable des propriétaires, même de ceux que leur zèle révolutionnaire n'avait pu mettre à l'abri, dans ces temps heureux, des pillages et des exactions de leurs voisins !

Ainsi se terminait la mission de Descorches, parti plein d'espérance le 22 janvier 1793 et de retour en France trois ans après, le 16 frimaire de l'an IV, disgrâcié, découragé, n'ayant pas obtenu les grands avantages sur lesquels il comptait pour son pays, malgré l'activité qu'il avait déployée, les efforts que son patriotisme exalté, son dévouement infatigable à sa Patrie n'avaient pas ménagés.

Il devait remettre, à son retour, au ministère des Relations extérieures qui en avait fait la demande, un rapport très complet, document des plus importants dans lequel il résumait toute sa mission (1).

____

(1) Paris, le 4 pluviôse, l'an IV de la République française une et indivisible, rue d'Anjou, faubourg Honoré.

Il appelait en garantie de sa sincérité le témoignage de toute sa vie passée, de ses travaux dans le département des Affaires étrangères auquel il appartenait sans interruption depuis une vingtaine d'années.

Il croyait, par conséquent, pouvoir compter sur l'attention bienveillante du Gouvernement, la République étant tout pour lui qui ne verrait jamais que sa gloire et sa prospérité.

Ce rapport se composait de quatre parties :

1° D'un précis rapide de la partie politique de sa mission;

2° D'un exposé des intrigues qui avaient cherché à la traverser;

3° De la situation politique et militaire et de l'état moral dans lequel il avait laissé les Turcs;

4° Des intérêts de la République dans ses relations avec l'Empire ottoman.

Il était superflu, après l'exposé qui en avait été fait, de retracer de nouveau en détail les nombreuses démarches de Descorches consignées dans sa correspondance et qui témoignaient qu'il n'avait rien négligé de ce qui pouvait servir la France. Il constatait qu'abandonné presque entièrement à lui-même par l'effet des circonstances, ayant à combattre auprès d'un Gouvernement sans force et intimidé les efforts de la plus formidable Ligue qui ait existé, à maintenir dans l'ordre avec de vieux règlements dont on ne pouvait plus faire usage « dans ces moments d'effervescence de la Liberté naissante, infectés comme ils l'étaient de royalisme et de l'ancien despotisme ministériel », une foule de marins désœuvrés et jetés sur les Echelles par suite de la vente et du désarmement de leurs navires occasionnés par la guerre, à déjouer, en outre, une intrigue intérieure attachée à tous ses pas, il n'avait cessé cependant de gagner du terrain aux

---

Mémoire remis, sur sa demande, au ministre des Relations extérieures par Marie Descorches revenant de sa mission près la Porte ottomane, dans lequel, après avoir rappelé l'historique de cette mission, il s'est appliqué à recueillir tout ce que son expérience des Turcs a pu lui fournir de lumières propres à faire connaître l'état politique et moral de cet empire et le parti que la République peut en tirer pour ses intérêts. Correspondance ministérielle.

dépens de l'ennemi et jusqu'à l'époque de son départ de Constantinople, en dépit du vent contraire et à travers les écueils, il avait maintenu la barque de la France dans la voie du port et n'avait pu obtenir plus de résultats avec moins de moyens.

Ses exhortations aux Turcs — elles avaient rempli des volumes — avaient toujours été bien reçues. Ce qu'elles avaient d'acerbe passait à la faveur de l'amitié qui les dictait. « Les Turcs ont cela de bon, faisait remarquer l'ancien envoyé, que généralement loyaux, raisonnables et amis de la franchise, ils savent entendre la vérité lorsqu'ils ont reconnu que c'est de sa bouche qu'elle leur vient. Ils méritent donc qu'on la leur dise. C'est notre tâche auprès d'eux, à nous principalement intéressés plus que personne à leur conservation et à leur bien-être, et je n'ai pas à me reprocher de leur avoir dissimulé aucune de celles qui pouvaient leur être utiles. Car, ainsi que je me le suis toujours dit, nous ne devons pas seulement avoir en vue dans les travaux de cette Légation les circonstances du moment, le parti à tirer des Turcs d'après telle ou telle combinaison passagère, mais encore les intérêts communs et permanents que nous avons avec eux, tellement inhérents au sort de ce peuple que nous ne pouvons réciproquement éprouver jamais des revers ou des avantages sans les partager. »

Les avis de Descorhces étaient pris en sérieuse considération. Ils faisaient le sujet des délibérations répétées du Gouvernement ottoman. Mais, la nature de la politique du Divan, la situation de la Turquie rendaient d'avance ses efforts impuissants pour faire sortir les Turcs de leur système de temporisation.

Ainsi que le disait Raschid-Effendi, « *la Turquie est un éléphant qu'on ne fait pas marcher comme un lièvre.* » Les événements seuls auraient pu déterminer les Turcs à jouer un rôle actif dans les affaires générales. Aussi, les suivaient-ils avec plus d'attention que leur caractère et leurs préjugés ne le comportaient ordinairement. Mais c'était encore l'une des afflictions de Descorches d'être lui-même mal informé et de ne pouvoir les renseigner exactement. Il en avait représenté l'inconvénient en diverses occasions au Gouvernement français. Il était revenu maintes fois sur sa proposition de l'établissement d'une correspondance régulière et indépendante par les Grisons et Venise. Mais les événements révolutionnaires qui se succédaient à cette époque si rapidement retenaient toute l'attention des Comités de Gouvernement et ne leur permettaient pas de consacrer leur temps à des intérêts éloignés, de sorte que Descorches en était resté réduit à ne recevoir de nouvelles que par le courrier de Vienne, soumis à l'inquisition autrichienne, qui n'avait pas assez d'yeux pour épier tout ce qui le concernait.

Il était donc presque toujours dépourvu de direction, n'ayant reçu, pendant les deux ans de son séjour à Constantinople, que quelques lettres officielles sans suite qui ne lui avaient guère servi qu'à l'assurer de l'arrivée des siennes à force de les multiplier, et de l'approbation qu'elles obtenaient du Comité de Salut public.

Cependant, après que les victoires de la République eurent consolidé sa situatoin, Descorches avait été peu à peu admis à des conférences, d'abord en grand secret avec des plénipotentiaires nommés *ad hoc* par le grand Seigneur, puis avec moins de précautions et directement avec les ministres. Dès lors, *le premier objet de sa mission, qui était de rétablir des rapports politiques avec la Porte, s'était trouvé rempli.* Il n'avait pas tardé non plus à remplir le *second,* c'est-à-dire *à détruire les fausses impressions* données par les ennemis de la République.

Se trouvant dépourvu de moyens d'action auprès des Turcs après la défection des Drogmans, il avait résolu d'entrer directement en relations avec eux. Ce n'était pas l'usage, mais il lui parut bon qu'un ministre républicain ne rappelât en rien les ministres de l'ancienne Cour et qu'un nouvel ordre de choses s'annonçât par de nouveaux procédés. Comme il considérait que la Porte était, ainsi que toutes les Cours, composée communément d'hommes qui ne voyaient dans la chose publique qu'un champ à moissonner, qui ne contribuaient au bien de l'Etat que par les profits qu'ils en retiraient, ce parti lui offrait l'avantage de se faire des amis, de déterminer un courant d'opinion en sa faveur qui accroîtrait sa force auprès du ministère et pourrait en imposer aux mauvaises intentions de ses adversaires. Enfin, il pensait que, comme on ne voit bien que ce qu'on voit par ses yeux, il acquerrait par l'habitude de vivre avec des hommes généralement mal connus, de meilleurs moyens de se diriger dans leur milieu, soit pour contribuer à leur amélioration, soit pour les amener à ce qu'il désirait.

Il eut la satisfaction de s'apercevoir qu'en peu de temps les idées s'éclaircissaient sur la Révolution française, que partout dans le Levant, la République devenait l'objet des vœux et des espérances de la nation ottomane, que la vue d'un Français, reconnaissable à sa cocarde, était un sujet de joie jusque dans les quartiers les plus reculés, là où un étranger n'osait naguère se montrer sans précautions pour sa sûreté, qu'elle donnait fréquemment lieu aux épanchements les plus touchants et fraternels, qu'une curiosité avide des nouvelles de France s'emparait des esprits depuis les dernières classes jusqu'aux premières, qu'enfin les victoires de la République étaient célébrées en Turquie, ce qui lui fit au bout de quelque temps réaliser le projet de la publication d'un Bulletin en turc, sans exemple auparavant, et dont le succès sous tous les rapports dépassa son attente.

Le troisième objet de sa mission, qui était d'obtenir une réparation de la Porte pour le refus qu'elle avait fait de Sémonville, ne pouvait être rempli tant que le Gouvernement ottoman n'aurait pas reconnu l'envoyé de la République avec son caractère officiel. Toutefois, les reproches que Descorches avait faits à ce sujet avaient été compris et la Porte, qu'il avait accusée de s'être laissée tromper et abuser par ceux qui avaient surpris ce refus à sa sagesse et à sa justice, était si bien disposée, que lorsque la nouvelle arriva du départ de Sémonville pour Constantinople, il avait obtenu, sans aucune difficulté, des ordres pour que tous les accès fussent ouverts à son successeur éventuel. Cependant, le Gouvernement ottoman ne comprenait pas cette arrivée si brusque et qui n'était précédée d'aucune démarche préliminaire, alors surtout qu'elle coïncidait presque avec celle de Descorches.

Sémonville aurait été reçu, mais sous la même condition de ne pas se présenter avec son caractère officiel.

Le quatrième objet, et le plus essentiel de la mission de Descorches, celui de l'alliance, l'avait occupé principalement. Toutes ses pensées, ses paroles, ses actions avaient convergé de ce côté. Descorches rappelait à ce propos ses laborieuses négociations avec la Porte. Dès le premier jour, la Porte lui avait fait savoir que cette alliance était déjà formée dans les cœurs, qu'elle existait moralement, mais que, pour la stipuler dans un traité, il fallait attendre que les Turcs fussent plus avancés dans leurs préparatifs, que la République française fût elle-même plus affermie, que le nouvel ordre de choses qui s'y établissait eût plus de solidité. Il fallait surseoir jusqu'à ce que le Gouvernement républicain fût organisé et qu'on lui connût une volonté assez constante pour qu'on y trouvât une garantie de l'exécution du traité. La reconnaissance de la République, l'alliance et la guerre avec les Russes étaient trois éventualités qui se liaient si étroitement qu'elles ne pouvaient se séparer dans les délibérations du Gouvernement ottoman. Or, la France ne pouvait seconder la Turquie dans la Méditerranée où ses forces navales étaient pour ainsi dire bloquées par la flotte anglaise, et, pour la Turquie, avoir la guerre seule, surtout dans les débuts de son relèvement, c'était aller à des revers certains. Il était prudent d'attendre que ses préparatifs, qui augmentaient chaque jour d'importance, fussent complétés.

« Laissez-nous continuer, disaient les Turcs, à endormir nos ennemis comme nous pourrons. Nous ne nous attirerions que de nouveaux malheurs, si nous nous écartions de la circonspection de notre marché; nous ne vous serions qu'à charge. Nous pourrons vous être utiles un jour et nos désirs les plus ardents doivent vous garantir que ce jour ne peut être éloigné. Votre intérêt ne se trouve donc pas moins que le nôtre dans ce plan de conduite. »

Tous les raisonnements de Descorches, ceux tirés notamment de l'insurrection polonaise, ne parvenaient pas à changer les dispositions des Turcs. La guerre immédiate ne cessait de se présenter à leur esprit comme la conséquence nécessaire de leur moindre mouvement en avant et ils ne se sentaient pas en état de la soutenir. « Ils ne l'étaient pas en effet », écrivait Descorches (1).

Cet aveu n'était-il pas un hommage rendu à la sagesse du Gouvernement turc, au souci qu'il avait de l'avenir de son pays et pouvait-on, à bon droit, lui faire un grief de ses hésitations, de sa circonspection préjudiciables peut-être à la France, mais favorables à l'intérêt de la Turquie que le voisinage de ses puissants ennemis invitait à la plus grande prudence.

Au reste, les Turcs témoignaient une extrême considération à la France et il était devenu de notoriété publique que la République, sans avoir de ministre officiellement reconnu auprès de la Porte, y avait plus de crédit que tous les autres pays. Descorches ne s'était pas montré insensible à cette sympathie, mais son langage habituel restait sévère pour la Porte. C'était celui d'un ami peu satisfait de l'inertie du Gouvernement turc et alarmé sur ses suites. Il se plaçait ainsi dans la meilleure attitude que l'on pût prendre dans une négociation, celle qui met la partie avec laquelle on négocie dans le cas d'avoir ou de croire avoir à donner une réparation.

Toutefois, l'éclat de l'incomparable campagne de 1794 avait paru devoir triompher des hésitations des Turcs. C'est alors que Descorches crut le moment venu de mettre la Porte au pied du mur en exigeant sa reconnaissance immédiate et l'ouverture de négociations pour traiter de l'alliance. Sinon, la Porte devait considérer ses propositions antérieures comme non avenues. Il était resté, depuis cette déclaration, silencieux, en observation. Il voyait venir, se réservant même l'avantage de se faire rechercher.

Le Gouvernement ottoman s'était montré ému de ce changement d'attitude. C'est alors qu'il proposa sa médiation pour le rétablissement de la paix, proposition que Descorches accueillit sans enthousiasme, car la France ne devait y voir

____

(1) Mémoire remis par Descorches au ministre des Affaires étrangères. Correspondance ministérielle.

qu'une preuve de faiblesse et peut-être de partialité en faveur d'ennemis qui avaient surtout besoin de cette paix.

Puis vint l'offre de traiter de l'alliance. Mais il convenait, disait le représentant de la Porte, que, suivant l'usage diplomatique, ce fût la partie qui proposait un traité qui en fît connaître les conditions.

Or, quelles étaient les conditions de la France ? Descorches était assez embarrassé pour donner une réponse, n'ayant pas reçu d'instructions depuis son départ de Paris, et la situation s'était bien modifiée depuis cette époque en faveur de la France. Il ne put que donner des paroles vagues, offrant d'en référer à son Gouvernement.

Une nouvelle démarche de la Porte la faisait avancer encore vers le double but poursuivi, reconnaissance officielle et traité d'alliance qui devait en être la conséquence. Sous le prétexte que la santé de Descorches souffrait de son séjour dans sa demeure de Galata, la Porte lui fit savoir qu'elle le laisserait s'installer dans le Palais de l'Ambassade de France. C'était un acheminement à la reconnaissance publique.

Toutefois, la Porte n'ayant pas donné d'autorisation officielle pouvait répondre plus facilement aux reproches furieux des ministres de la coalition pour qui cette entrée de l'envoyé de la République dans le Palais de l'Ambassade de France devait être un coup de foudre. Ces moyens dilatoires étaient familiers à la politique du Gouvernement ottoman qui, disait Descorches, « se ressent du caractère flegmatique des Turcs, calme, ennemi de toute espèce de bruit.

« Pour eux entendre des cris est une importunité, le tableau d'une querelle une fatigue. Leur penchant les porte ainsi à éviter d'aborder de front les difficultés et à se ménager autant qu'ils peuvent une réponse qui puisse leur épargner toute discussion bruyante. »

Descorches avait été avisé de son admission au premier jour à une audience publique, d'où devait résulter sa reconnaissance officielle, lorsque survint la nouvelle de son rappel et de l'arrivée de son successeur. Avant aucun autre, avant les gazettes, ce fut l'internonce impérial qui en informa la

Porte ! Descorches faisait observer que cet événement avait produit généralement un effet déplorable. D'abord on ne voulut pas y croire, tant ce changement paraissait peu s'accorder avec l'état des choses. Le Grand-Seigneur, les ministres exprimèrent hautement la peine qu'ils en éprouvaient. Le public, témoin de la conduite de l'envoyé de la République, étonné des résultats qu'il avait obtenus au milieu de tant de malveillance, sur un terrain aussi ingrat, jugeait son déplacement comme une injustice. Les détails de ce qui se passait en France, qui parvenaient avec chaque courrier, concouraient avec cet événement à alarmer les amis de la République par la crainte dont ils ne pouvaient se défendre de voir se produire une réaction antirépublicaine. Ils n'étaient que trop confirmés dans cette idée par ce qu'ils lisaient sur les visages des ennemis de la France, qui rayonnaient de joie. « C'est à l'âme des bons républicains qui me liront, écrivait Descorches, qui n'auront pu refuser leur intérêt à mes travaux, qui sauront ce que j'avais fait, qui verront le point où j'en étais, à juger ce qui devait se passer dans la mienne. Que j'étais affligé ! J'allais être déchargé d'une grande responsabilité, relevé d'un poste laborieux, périlleux à tous égards, rendu à ma patrie, à ma famille ; j'allais rentrer dans mes droits de citoyen, en un mot recouvrer ma liberté, et cependant je sentais s'affaisser toutes mes facultés sous le poids d'une affliction profonde. Ces jouissances, toutes si précieuses à mon cœur dans tout autre temps, n'étaient plus rien pour moi en ce moment.

« Non, jamais je n'avais encore autant souffert dans aucun instant de ma vie ! »

Ainsi Descorches, convaincu d'avoir rempli dans la mesure où les circonstances le lui permettaient le quadruple objet de sa mission, se croyait autorisé à se plaindre dans ces termes amers de l'injuste mesure qui le frappait, d'autant plus que les intrigues de toute nature n'avaient pas manqué pour entraver ses efforts. Il ne s'agissait pas seulement de la guerre que lui avaient faite les ministres des puissances coalisées, les émigrés et les Français du Levant qui s'étaient déclarés contre la Révolution française. Il voulait parler aussi des trames ourdies par ceux-là même qui, à en juger par l'exaltation de leurs sentiments révolutionnaires, auraient dû être les premiers à le défendre.

Mais, comme la République n'avait peut-être nulle part à l'étranger de plus grands intérêts à débattre qu'à Constantinople, ses ennemis, qui connaissaient aussi le dévouement et la fidélité de Descorches, n'avaient pas manqué de l'honorer de leur plus attentive malveillance, lorsqu'ils l'avaient su chargé d'une mission aussi importante. Il fallait donc saisir toutes les occasions que devait faire naître la mobilité du Gouvernement révolutionnaire pour le discréditer et amener son déplacement. Ces menées n'avaient eu que des effets négatifs à Constantinople, au scandale près de voir des Français, dont l'un d'eux, Hénin, était au service de la République, tenir si longtemps et impunément une conduite aussi coupable. Dès les premiers moments de cette guerre intestine, la très grande majorité de la colonie française s'était groupée autour de l'envoyé de la République et lui avait conservé sa confiance. Quant à Descorches, s'il avait gémi quelquefois de ces discordes, il s'était senti personnellement peu touché par les calomnies dont il était l'objet, n'ayant eu pour elles que de la pitié et du mépris, confiant comme il l'était dans la justice du Gouvernement révolutionnaire et la puissance des vertus républicaine. Mais, si ces attaques avaient eu pour résultat, ce qui paraissait vraisemblable, d'être la cause de son rappel, il ne pouvait l'expliquer que par l'instabilité du Gouvernement révolutionnaire mal renseigné, qui avait permis à l'intrigue de prendre des avantages. Aussi, devait-il se justifier ou plutôt le Gouvernement devait-il faire justice, le punir s'il avait failli, lui rendre son estime si, au contraire, il y avait acquis des droits par la manière dont il avait servi la République. Il réclamait donc une explication qu'il attendait de la loyauté du Directoire, surtout au moment où ce nouveau Gouvernement avait à se préserver des pièges tendus sur sa route par les factions dont il était entouré. Descorches, par cette allusion non voilée aux menées des partis contre-révolutionnaires, s'associait aux craintes qu'inspiraient alors aux républicains les tendances réactionnaires du régime sorti de la Révolution de thermidor et la suspicion qui pesait sur la moralité de plusieurs des directeurs.

Lui-même était une victime de ces mémorables événements du 9 thermidor qui donnèrent naissance à une réaction violente que les historiens n'ont peut-être pas présentée jusqu'à ce jour avec une netteté suffisante. Les adversaires les plus déterminés de la Révolution française n'ont qu'à lire dans le *Moniteur universel* le texte des débats de la Convention pendant la période qui·suivit la chute de Robespierre, les discours des orateurs qui s'étaient jusqu'alors signalés par leur ardeur révolutionnaire pour y puiser à pleines mains des armes terribles à l'appui de leur cause.

Mais le plus grand danger pour l'existence de la République que Descorches signalait dans son rapport, c'était *l'Austriacisme.*

C'était à ce seul point de vue que les intrigues dont il avait été l'objet méritaient l'attention, et il voulait montrer comment elles se rattachaient à tout un système de trahison dirigé contre la République elle-même.

Il venait à peine d'être envoyé à Constantinople pour préparer les voies à la reprise des négociations officielles avec la Porte, que Sémonville, qui jusques-là s'était tenu soigneusement éloigné de Paris, y accourt avec sa femme qu'il faut toujours mettre en relief dans les expéditions de ce genre. Ils parviennent, sans qu'on sache comment, à capter Danton, à effrayer du poids de la toute-puissance d'alors de ce représentant, le ministre Lebrun, et à lui arracher l'ordre de partir pour Constantinople. Il ne fallait pas une sagacité bien aiguisée, ni des réflexions bien profondes pour découvrir dans ces agissements, dont le résultat devait être d'entraver l'action de Descorches, tout autre chose que des intentions zélées pour le bien de la République. Descorches, moins que personne, ne pouvait s'y méprendre, lui qui connaissait les personnages, qui savait leurs liaisons antérieures avec la Cour et les ministres conspirateurs, et qui n'avait été que trop à portée d'être renseigné sur la mesure des principes politiques de « ce couple de caméléons ».

« Lebrun est perdu et il paiera bientôt de sa tête cet instant de faiblesse », tels aussi ont été les premiers mots de Descorches en recevant cette nouvelle. Cependant, voulant éviter à tout prix le scandale d'un conflit qui aurait pu se produire entre les deux envoyés de la République, il avait, dès le premier moment, proposé de s'effacer si Sémonville arrivait et même d'accepter les fonctions de secrétaire du nouvel ambassadeur, pour le faire profiter, tout au moins, de l'expérience qu'il avait déjà acquise du pays. Sacrifice méritoire pour Descorches qui pouvait presque être le père de Sémonville par son âge et qui était un vétéran, par rapport à lui, dans une carrière où il ne faisait que débuter !

Dans cette combinaison dont le but était de faire échouer la mission de Descorches, on avait tout prévu et suppléé à l'avance aux accidents que Sémonville pouvait éprouver dans son voyage et dont il fut effectivement la victime. C'est ainsi qu'Etienne, Félix Hénin, chargé d'affaires à Venise, et qui n'avait pas les mêmes difficultés à surmonter pour faire le voyage, avait aussi reçu l'ordre de se rendre à Constantinople. Sa conduite avec Descorches devait expliquer pour quel motif il y était envoyé.

La première impression de Descorches à la vue d'Hénin fut celle d'une joie très vive, car il supposait que celui-ci, animé des mêmes sentiments patriotiques que lui, reconnaîtrait la sincérité de son désir de faciliter, dans l'intérêt de la République, la mission de Sémonville et qu'il pourrait, au besoin, en témoigner auprès de ce dernier.

Hénin avait montré à Descorches ses instructions, lui prescrivant de pénétrer par tous les moyens jusqu'au ministère ottoman dans le cas où Descorches ne serait pas encore arrivé, pour lui représenter combien la suspension du voyage de cet envoyé en Bosnie affectait le Gouvernement de la République, et de lui ouvrir les voies en même temps qu'à Sémonville jusqu'à Constantinople. Elles le constituaient en outre chargé d'affaires provisoire pendant l'absence de ces deux agents.

Descorches qui ne voyait dans ces instructions rien d'anormal, s'abandonna à Hénin, lui montra ses rapports, toute sa correspondance. Il lui exprima ses craintes au sujet de la mission confiée à Sémonville, la nécessité de maintenir l'union entre les représentants de la France, de serrer les rangs devant l'ennemi prêt à profiter de leurs divisions. Il n'entendait comme réponse que des paroles vagues et froides. Cependant cette attitude embarrassée *qui le faisait douter qu'Hénin eût une âme*, ne l'éclairait pas encore... Mais un jour Hénin se présente chez lui accompagné de quatre membres de la colonie française qu'il lui désigne comme les délégués d'une mission qu'il avait convoquée et qui était composée, suivant lui, des meilleurs patriotes. Descorches était requis d'agir immédiatement auprès de la Porte pour qu'elle expédiât sans tarder des ordres sur tous les points par où Sémonville pouvait entrer en Turquie, afin de lui faciliter son voyage; de faire faire cette démarche, non par le ministère du drogman Dantan chargé du service politique, mais par celui du ragusais Pousitch qui s'en acquitterait avec énergie. Hénin laissait entendre que si Descorches ne s'exécutait pas, c'était avec lui qu'il faudrait engager les hostilités.

Descorches s'était refusé à obéir à cette injonction qui l'étonnait d'autant plus de la part d'Hénin, qu'il n'avait cessé depuis son arrivée de l'entretenir de son opinion sur le compte de Sémonville. D'ailleurs, il avait déjà pourvu à ce que ce nouvel envoyé ne rencontrât aucun obstacle aux frontières de l'Empire lorsqu'il y paraîtrait.

Descorches, quand il fut seul avec Hénin, ne lui cacha pas combien cette démarche lui paraissait blâmable par rapport à la chose publique, à sa personne, à Sémonville lui-même. Il avait trouvé, en effet, les Echelles très divisées. Or, l'intérêt de la France était de faire cesser les inimitiés personnelles qui existaient entre ses nationaux du Levant depuis le commencement de la Révolution. Il fallait mettre un terme à ces misérables haines et querelles intestines qui donnaient tant de prise à l'ennemi, qui décriaient les Français dans l'esprit des neutres, affligeaient leurs amis, rendaient l'administration si difficile dans un moment où elle était désorganisée par la défection de la plupart de ses agents et dans un pays dont l'existence était précaire, sous la protection d'un Gouvernement faible, exposé à la plus active malveillance de ses puissants ennemis.

En provoquant des conciliabules de citoyens sans mandat, alors qu'il venait à peine d'arriver à Constantinople, qu'il n'avait pas d'ordres, d'autorisation, qu'il n'avait pas prévenu l'envoyé officiel de la République, Hénin ne pouvait qu'augmenter ces divisions si regrettables, si nuisibles à l'intérêt public.

Il avait manqué également aux égards qu'il devait à Descorches qui s'était confié à sa loyauté, en travaillant à former un parti contre lui, en venant à la tête d'une députation lui faire des réquisitions dont le but véritable n'était pas celui indiqué, mais qui ne pouvaient tendre qu'à créer la discorde, puisqu'il savait à quoi s'en tenir sur les mesures qui avaient déjà été prises pour faciliter le voyage de Sémonville.

Enfin, en croyant servir les intérêts de ce dernier, il travaillait contre lui. Descorches s'efforçant de créer l'union dans la colonie française, Sémonville à son arrivée n'aurait eu qu'à la maintenir. Les semences de divisions jetées par Hénin ne pouvaient que rendre sa tâche plus difficile et ses débuts plus incertains.

Hénin, très embarrassé dans sa contenance, avait répondu que dans les circonstances présentes il importait de mettre sa resposabilité à couvert et qu'il avait cru sa démarche nécessaire à cet effet.

Mais Descorches en avait vu et entendu assez pour ne pas perdre son temps en essayant de convaincre son collègue. Il continua pendant quelque temps pour sauver les apparences et cacher autant qu'il dépendait de lui « cette affligeante scission », à ne pas la laisser apparaître au public. Hénin avait continué à avoir son couvert chez Descorches. Ce fut de lui-même qu'il finit par s'abstenir d'y venir.

De ce moment, il n'y eut pas de manœuvres que « cet infatigable brouillon » n'employât pour harceler Descorches; contrarier sa marche, semer la division dans les Echelles. La correspondance de Descorches en contenait tout le détail.

Heureusement, grâce au bon esprit de la grande majorité

de la colonie française, à l'énergie, à la fidélité des coopérateurs du ministre de France, notamment d'Emile Gaudin et de Thainville, ces menées n'avaient abouti qu'à rendre l'union des Français plus étroite, à l'exception de huit ou dix individus qui, par ambition, s'étaient groupés autour d'Hénin.

Ce dernier n'avait pas eu plus de succès auprès du ministère ottoman avec lequel il avait tenté secrètement de se mettre en rapport en prétendant que Descorches n'avait pas la confiance des patriotes, qu'il n'était qu'un traître...

« Ce n'était pas sa conscience qui le guidait, disait Descorches, mais des visées particulières, *cette Commission désagréable* dont il était chargé et dont, dans un moment d'épanchement, il avait avoué l'existence. »

Hénin, naguère le chevalier d'Hénin, n'était pas un novice. Attaché à l'ambassade de Venise depuis d'assez longues années, n'ayant pas mis les pieds en France depuis la Révolution, ce n'était pas l'exaltation de son patriotisme qui pouvait lui dissimuler le danger qu'il faisait courir aux intérêts de la République dans le Levant en entravant les négociations de Descorches.

Celui-ci pouvait fournir des preuves plus positives encore de l'intrigue qui avait donné naissance à la mission de Sémonville. Sicard, alors employé dans les bureaux des Relations extérieures et depuis secrétaire de la Légation de Gênes, fut l'affidé que l'on envoya en qualité de courrier à Hénin pour l'endoctriner, l'accompagner, le seconder à Constantinople et y rester à la disposition de Sémonville. Dans le même temps, Noël, ami de Sémonville, fut nommé ministre à Venise, qui, pendant la guerre avec l'Allemagne, pouvait être regardée comme le port le plus important pour les communications de la France avec le Levant. On devait cependant prévoir à cette époque que le Sénat de Venise se trouverait embarrassé par cette nomination qui l'obligerait à entretenir ostensiblement des relations avec la République française, alors qu'elle n'était reconnue par aucun autre Etat ; qu'il ne voudrait pas non plus reconnaître le nouveau ministre et qu'il continuerait à ne traiter qu'avec l'ancien secrétaire Jacob.

Néanmoins, à peine nommé, Noël était parti pour Venise accompagné d'un Danton, frère ou neveu du représentant, qui lui servait de secrétaire. Pourquoi cette hâte, sinon dans l'espérance de trouver encore Hénin ? Il l'y trouva, en effet, et, depuis lors, la Légation de Venise, qui avait une si grande importance pour la facilité des communications de la France avec le Levant, ne fut d'aucun secours à Descorches qui ne put en tirer le moindre renseignement ni aucun avis sur le sort des lettres qu'il était réduit à faire passer par cette voie. A Constantinople, l'opinion publique rendait Hénin et ses amis complices de cette intrigue. Tout ce qu'on savait de ses propos, de ses relations en France l'y rattachait. C'était chez la citoyenne Sémonville que parvenaient les délations, les calomnies de cette coterie. Elle les répandait habilement et s'en servait de toutes manières pour entraver l'action de Descorches, pour lui faire perdre la confiance des membres du Gouvernement révolutionnaire.

Comme les causes de son rappel ne lui étaient pas connues, il appartenait au Gouvernement de les approfondir en tenant compte de ces renseignements. Quant à Descorches, il ne pouvait, en attendant plus de lumière, que suspecter fortement « ce coup porté de la même main que les autres » et conclure de cet ensemble de circonstances qu'il fallait chercher jusqu'à Vienne l'impulsion première qui les avait tous dirigés.

Dans cette intime conviction, il avait encore un devoir à remplir à l'égard du Gouvernement, c'était de signaler la conduite de son successeur qui, dès les premiers moments de son arrivée, loin de blâmer les procédés d'Hénin sévèrement jugés par tout ce qu'il y avait à Constantinople de francs républicains, avait distingué par ses attentions cet homme et les membres de sa coterie. Il avait eu fréquemment des entretiens particuliers de plusieurs heures avec Hénin, suivant dans toutes les Echelles la même ligne de conduite que cet agent coupable, devenant partout l'appui, le soutien des espérances de cette faction, dispersant dans des missions éloignées de la capitale tous les hommes si dévoués, si vigoureux dans leur républicanisme qui avaient été les collaborateurs de Descorches; enfin, choisissant comme dépositaire de sa confiance intime le drogman Venture, dont le moindre défaut pour les fonctions qu'il avait à remplir était de faire profession de mépris des Turcs et d'admiration des Russes « *particulièrement de ce qu'il y avait, sans contredit, de plus vicieux sur la terre, de Catherine II* ». Il exprimait si ouvertement ses sentiments qu'un jour, en pleine table, Descorches dut lui faire observer l'indécence de ces propos dans la bouche d'un drogman républicain français et dans la demeure du ministre de la République à Constantinople. Tel était l'homme que Verninac avait choisi pour en faire son principal lieutenant.

En réalité, Descorches était une victime sacrifiée à la nouvelle politique suivie depuis le 9 thermidor. Mais, tant à la Commission des Relations extérieures que dans le Comité de Salut public, on était fixé sur la valeur des accusations portées contre lui.

Cette opinion est confirmée par un rapport qui fut adressé à son sujet par la Commission des Relations extérieures au Comité de Salut public qui en avait fait la demande (1). On y constatait que lorsqu'il arriva à Constantinople, il y trouva *des patriotes exaltés et exagérés* comme il y en avait en France, que la plupart des consuls tenaient une conduite suspecte, que plusieurs de ceux-ci, ainsi que les drogmans, avaient été destitués ou avaient émigré, qu'Hénin, depuis le 10 août 1793, avait provoqué une profonde division dans la colonie française.

« Comment, ajoutait l'auteur du rapport, Descorches aurait-il pu déployer une grande activité ? Il était l'agent d'un Conseil exécutif *sans force et sans caractère*. Lorsque celui-ci fut supprimé, les Relations extérieures furent mises entre les mains d'hommes qui ne voulaient connaître que la diplomatie du canon. *On sait qu'au 9 thermidor, les cartons du Comité de salut public (section politique) étaient remplis de pièces et rapports auxquels on ne songeait même pas à*

____

(1) 18 messidor an III. Rapport sur Descorches au Comité de Salut public qui l'a demandé à la Commission des Relations extérieures. Exposé des faits pour le faire juger.

*répondre. Descorches était donc à peu près oublié et aban-
donné par le Gouvernement.* La prise de Toulon fut de la
plus extrême conséquence auprès de la Porte ottomane.

« Partout Descorches manifesta de bonnes intentions. Il
paraît animé d'un zèle pur et, à l'exception des soi-disants
patriotes du Levant, il ne s'est élevé aucune plainte contre
lui. Il semble même qu'il avait été désigné comme devant
être une des victimes de l'ancien Comité. Il n'en adoptait
pas certainement les principes et le système, *puisqu'il faisait
une guerre implacable aux anarchistes et aux désorganisa-
teurs de nos Echelles du Levant.*

« La prudence et la modération ont paru être les moyens
de prédilection employés par Descorches. Il cherchait à
ramener et à convaincre. Rarement il employa la sévérité et
jamais la violence. Enfin, il a projeté tout ce qui lui a paru
devoir être utile à son pays et si, relativement aux objets
de son administration, *le Gouvernement eût secondé son zèle,*
aucun soupçon et aucun reproche ne pourraient peser sur
lui, et alors on le jugerait sur ses actions, tandis qu'il ne
peut l'être que sur ses intentions. »

Cependant, le même Comité approuvait Verninac au sujet
de la réponse qu'il avait faite à Descorches après son arrivée.
« Nous sommes réellement surpris, lui écrivait-il, de ce que
le citoyen Descorches, malgré la mesure qu'il sait mettre
ordinairement dans ses démarches, se soit laissé aller à des
prédictions qui, si elles se vérifiaient, l'exposeraient au
soupçon d'avoir sacrifié à une ambition personnelle les intérêts de la chose publique (1). »

Après avoir ainsi fait l'historique, dans son long rapport,
des principales phases de sa mission et s'être déchargé le
cœur de tout ce qu'il contenait d'amertume pour les procédés qu'il avait eu à subir, Descorches traçait pour le
Directoire un tableau très complet de la situation politique
et militaire de l'Empire ottoman et de l'état moral dans
lequel il avait laissé les Turcs.

---

(1) 3 messidor. Le Comité de Salut public à Verninac.

Pour bien connaître la situation politique de cet Empire, il fallait le considérer : 1° en lui-même; 2° dans ses rapports extérieurs.

Considéré en lui-même, le Gouvernement de la Turquie ne présentait pas le caractère qu'on lui attribuait trop souvent d'un despotisme farouche et cruel. Ces idées inexactes se ressentaient des notions incertaines et vagues avec lesquelles les puissances chrétiennes jugeaient généralement les Turcs, restés jusqu'alors concentrés en eux-mêmes et à l'égard des Européens qu'ils ne désignaient encore que par le nom méprisant d'infidèles, vivant derrière une ligne de séparation très marquée, par l'effet de leurs mœurs, de leurs préjugés, de leur fanatisme religieux, de la différence et des difficultés de leur langue.

Le bruit d'exécutions, de supplices perçait de temps à autre le secret dont s'entourait ce peuple. Comment, sans frémir et s'indigner contre le despote, entendre parler de ce cordon fatal qui avait mis fin à tant d'existences sur le moindre ordre du Prince ! Mais si ces faits étaient exacts, les conséquences à en tirer ne l'étaient pas autant. Dans cet Empire tel qu'il était composé, avec des races si diverses et si hostiles les unes aux autres, la Terreur devait être l'un des principaux moyens du Gouvernement. D'autre part, le Grand-Seigneur et les Pachas, qui avaient le droit de vie et de mort, ne l'exerçaient qu'envers ceux qui leur étaient subordonnés dans le service public. Enfin, la nation turque avait une loi, loi consentie, portant tous les caractères qui la rendaient respectable pour elle et que l'enthousiasme de ses sectateurs sanctionnait encore tous les jours.

Cette loi, c'était le Coran qui contenait tout à la fois, les préceptes du culte, les règlements politiques et les règlements civils. C'est d'après elle que tout se faisait, tout agissait dans l'Empire, les uns en commandant, les autres en obéissant. Les ordres du Sultan n'en étaient que des émanations. Un corps nombreux de gens de loi, l'Uhléma, inviolable dans ses personnes et ses propriétés, était chargé de sa conservation et de son application pour tous ses effets civils. Dans les affaires importantes de l'Etat, le Sultan était obligé de faire précéder ses résolutions d'une déclaration du chef de l'Uhléma constatant qu'elles n'avaient rien de contraire à la loi. Ce chef et les principaux membres de ce corps assistaient aux grands Conseils de Gouvernement toutes les fois qu'il s'agissait de délibérer sur quelque grave mesure. On pouvait donc dire que les Turcs avaient une Constitution plutôt que de les croire courbés sous un régime despotique.

La loi de Mahomet attestait le génie de ce chancelier arabe. Elle honorait la sensibilité de son âme qui lui avait fait découvrir la vraie source du bonheur des hommes dans la pratique des vertus. Elle le portait à en répandre abondamment tous les germes dans le Coran où ils ne sont pas restés sans fruits pour les Turcs, généralement moraux et bons. Mais en même temps cette loi avait toutes les imperfections qui tiennent à l'œuvre d'un seul homme, à l'époque de ténèbres où elle fut conçue, à la grossièreté, aux préjugés de la race pour qui elle était destinée. Ce peuple toujours sous la tente, vivant de ses conquêtes et n'aspirant qu'à en faire, la partie administrative de la loi ne fut en quelque sorte qu'un Code militaire au lieu d'être une véritable organisation sociale. C'est ainsi que les Sultans n'ont été longtemps que des chefs d'armées consacrés, il est vrai, d'une manière particulière dans l'esprit du peuple comme lieutenants du Prophète.

S'ils envoyaient à la mort, c'était un exercice de l'autorité militaire qui leur était dévolue et pour ainsi dire un acte de discipline. C'est en vertu de cette même discipline, créée par la loi, que les Ottomans, employés dans les services publics, lui devaient une obéissance passive ainsi qu'aux Pachas, ses représentants dans les provinces. Cette obéissance ne tenait en rien à l'idée dégradante du droit de propriété d'un homme sur un autre, mais elle dérivait entièrement d'une idée bien différente qui l'annoblissait, de l'exécution de la volonté de Dieu, de la résignation aux décrets de la Providence. Tout ce qui se passait dans ce monde venait de Dieu qui ordonnait tout, disposait de tout.

Telles étaient les pensées les plus habituelles d'un Turc,

les plus profondément empreintes dans son esprit. Or, les sectateurs de Mahomet sont les élus de Dieu, de préférence à tous les hommes. De là, une haute opinion de leur dignité individuelle.

Devant l'immensité, la toute-puissance et la grandeur d'un Etre suprême vers qui leurs regards sont presque continuellement tournés, quelle distinction entre les hommes pourrait les frapper ! Aussi, s'ils reconnaissent la nécessité de certaines fonctions pour assurer les services publics et s'ils sont fidèles observateurs de la subordination qu'elles exigent, le sentiment de l'égalité est néanmoins très prononcé chez eux et se retrouve partout dans leurs mœurs. C'est pourquoi ils se montrèrent toujours fiers et dociles à la fois, enthousiastes et patients, obéissants à leurs chefs. C'est pourquoi on leur avait vu faire tant de prodiges. Rien n'avait pu leur résister tant qu'ils avaient vécu dans leurs camps et qu'ils n'avaient formé qu'une armée.

Il n'est pas sans intérêt de noter ici les appréciations de Descorches, cependant peu suspect de ce qu'on appellerait aujourd'hui le cléricalisme, sur la force qu'un peuple pouvait tirer du sentiment religieux, à l'heure où la Révolution française poursuivait en France la destruction du catholicisme qui était dans ce pays la religion nationale. Comptait-il remplacer l'ancienne foi par celle de la foule qui venait d'admirer le gilet de Robespierre dans la procession de l'Etre suprême ou qui allait écouter les discours de La Réveillère-Lepeaux dans les réunions des Théophilantropes ?

Cependant, après que les Turcs eurent, de conquête en conquête, acquis toutes les provinces occidentales de l'Asie depuis la mer Rouge jusqu'à la mer Noire et établi leur domination sur les débris de l'Empire grec, les attraits du plus beau pays de la Terre les rendirent bientôt sédentaires, comme le devinrent les Barbares sur les ruines de l'Empire romain. Les nations subjuguées restèrent au milieu d'eux et l'état dans lequel ils vécurent devint tout différent.

Mais, se conformant à un de leurs préceptes : « Tuez un homme et ne changez pas un usage », ils ne modifièrent pas leur régime politique. Suffisant dans un camp, bon pour une masse circonscrite et homogène comme une armée, il n'avait plus eu que des inconvénients et produit que des maux dans un vaste Empire qui aurait dû appeler des bras à la culture de son sol susceptible des plus belles et des plus riches productions, des navigateurs pour tirer parti des mers qui le baignaient en tous sens, de telle façon qu'il semble que la nature ait pris à tâche de réunir tous ses dons en faveur de ce pays.

Il aurait fallu tout au moins une législation appropriée aux besoins des peuples conquis qui apportaient dans le nouvel Etat des éléments hétérogènes. Mais toucher au Coran, supposer même alors qu'il pût être fait quelque amélioration à ce qu'il avait réglé, eût été considéré comme un sacrilège. Les Turcs étaient vainqueurs et quand on est le plus fort, ce n'est guère le moment où la raison triomphe. Le Coran continua donc d'être la loi unique et les Turcs restèrent soumis au régime militaire établi par Mahomet. Les vaincus furent traités en prisonniers, partagés comme sujets ou rayas entre les vainqueurs. Les terres furent divisées en bénéfices, à charge de service en temps de guerre, comme dans l'ancien régime féodal. Les Turcs n'avaient pas, toutefois, admis l'hérédité et l'ancien gentilhomme qu'était Descorches faisait observer à ce propos qu'ils avaient su éviter ainsi « la formation dans leur sein de cette loupe cancéreuse d'une noblesse de naissance, d'une caste exclusivement privilégiée qui avait longtemps affligé la France de plaies saignantes encore ».

Des mains qui n'avaient jamais manié que le sabre n'étaient guères disposées à saisir le soc et la bêche. Il dut paraître plus commode aux Turcs d'y employer les vaincus. Le travail, la misère, la servitude furent donc le partage des uns; aux autres furent réservés le repos et les jouissances.

D'une part, les nations subjuguées étaient plus nombreuses que les vainqueurs et leur donnaient des inquiétudes sur leur fidélité; de là la nécessité d'un régime militaire qui ne connaissait que la force et la sévérité. D'autre part, les vainqueurs se trouvaient disséminés sur une grande étendue et les liens de la discipline devaient se trouver relâchés en proportion de l'éloignement où ils étaient du pouvoir central. De là l'obligation de placer à la tête des provinces une autorité presque absolument semblable à celle du Sultan, l'autorité des Pachas qui, étant des hommes, ne la faisaient servir trop souvent qu'à la satisfaction de leurs vices et de leurs passions.

Le défaut de lois appropriées à la nouvelle situation des Turcs devait produire dans la capitale des effets encore plus fâcheux que partout ailleurs. Les rapports intimes qui existent entre un général et les troupes qu'il commande, les occasions fréquentes qui se présentent dans les camps pour le chef et pour ses compagnons de se voir, de se parler, ne furent plus les mêmes entre le Sultan et les Janissaires. La vie sédentaire au milieu d'une grande ville dut agir sur les uns et les autres; sur le Prince pour le rendre moins digne de commander; sur les soldats pour les rendre inquiets, moins portés à l'obéissance. Aussi les Janissaires mécontents s'assemblent, déposent les Sultans, les punissent quelquefois de mort des torts qu'ils leur imputent et en élèvent d'autres sur le trône.

Les Turcs n'étaient donc pas, vis-à-vis de leur Grand-Seigneur, dans la situation de sujets placés sous un régime despotique, puisque ces événements, lorsqu'ils se produisaient, se présentaient toujours au reste de la nation comme des actes naturels et légitimes d'une troupe ou d'un peuple qui destitue un chef dont il est mécontent.

Ces exemples déterminèrent peu à peu les Sultans à s'abstenir de la direction des affaires et à en remettre le fardeau avec la responsabilité à leur premier lieutenant, le Grand-Vizir, dépositaire du sceau de l'Empire, investi de la toute-puissance du Grand-Seigneur, tellement que l'on en cite qui ont donné cette preuve de fidélité aux intérêts de l'Empire d'ordonner l'exil et même l'exécution des propres favoris du Prince. Celui-ci, pour faire sa volonté, n'avait d'autre moyen que de destituer le Vizir qui s'y opposait et d'en appeler un autre plus complaisant.

Ainsi, un Grand-Seigneur végétant le plus souvent au fond de son sérail, dans la frivolité et la mollesse, entouré de femmes et de favoris; un Vizir à sa place sur la scène des affaires, revêtu de la plénitude du pouvoir militaire, pouvant tout ce que la loi ne défend pas, mais contenu dans son despotisme et son ambition par le respect religieux du peuple pour cette loi, par la force d'inertie qu'il rencontrait dans l'Uhléma, corps conservateur des traditions et de l'esprit musulmans, puissant par le nombre de ses membres, ses richesses, le grand crédit dont il jouissait; des Pachas à la tête des provinces avec la même étendue de pouvoir et les mêmes contre-poids, officiers amovibles au gré du Prince, mais souvent tentés et quelquefois en état de méconnaître ses ordres, de mesurer le degré de dépendance dans laquelle il leur convenait de rester sur les forces dont le Grand-Seigneur pouvait disposer pour les soumettre, telle avait été jusqu'alors la situation politique intérieure de l'Empire ottoman.

Nourris dans l'idée de leur supériorité sur les autres peuples par leurs victoires, par l'effroi qu'ils avaient répandu dans l'Europe, par l'empressement, même la bassesse que les autres Etats mettaient à rechercher leur amitié et à éviter surtout leur hostilité, les Turcs n'avaient jeté longtemps au delà de leurs frontières que des regards d'indifférence et de mépris. Toutefois, les relations commerciales que la nature avait établies entre la France et l'Empire ottoman, la prépondérance que la puissance de la France lui avait donnée dans les affaires générales, « jusqu'à ce que la corruption et la perfidie de la Cour de Versailles l'eussent livrée à ses ennemis en 1756 », avaient attiré de bonne heure sur elle l'attention de la Porte. Il en était résulté des relations plus ou moins actives suivant les circonstances, toujours amicales, jamais interrompues et une considération particulière pour l'ambassadeur de la nation française à Constantinople.

Cependant, quoique la France eût rencontré souvent l'occasion dans le cours de son histoire de concerter des mesures politiques avec la Porte, elle n'avait jamais été liée jusqu'alors que par des actes purement commerciaux, appelés capitulations. Il n'y avait jamais eu d'alliance stipulée par un traité.

Plusieurs autres Etats, à l'exemple de la France, avaient cherché à obtenir de pareilles capitulations et y étaient parvenus. C'étaient l'Angleterre, la Suède, le Danemark, Venise, Naples, l'Autriche, la Prusse, la Russie et l'Espagne.

Divers traités de paix avec Venise, l'Autriche et la Russie renfermaient des engagements particuliers relatifs principalement aux possessions respectives de ces pays. La Porte avait, en outre, un traité d'alliance avec la Prusse, sollicité par cette Cour quelques années auparavant, lorsqu'il était dans ses vues de susciter des embarras à la Russie.

« A cet égard, faisait observer Descorches, la mesure acquise de la versatilité du cabinet de Berlin, dans sa conduite politique et du peu de fonds à faire sur la fidélité de Frédéric-Guillaume à ses engagements, ne pouvait que répandre beaucoup d'incertitude sur l'exécution de ce traité depuis que les circonstances qui y avaient donné lieu étaient changées. La Porte n'avait pu que voir avec peine et inquiétude la Prusse se rapprocher de la Russie et s'entendre avec elle pour dévorer la pauvre Pologne, tandis que la Prusse, tant qu'elle avait été engagée dans la coalition contre la France, faisait des reproches amers à la Porte de l'inclination qu'elle laissait paraître pour la République française (1). »

Il pouvait sembler surprenant que la Perse ne jouât aucun rôle dans la politique extérieure de l'Empire ottoman, la Perse, un aussi grand pays, voisin immédiat de la Turquie sur une aussi longue étendue de frontières communes ! C'est qu'à Constantinople on pouvait presque ignorer son existence, tant les communications avec cette nation étaient nulles. Les Persans se déchiraient et s'épuisaient en guerres civiles qui duraient depuis longtemps. Ils étaient, en outre, séparés des Turcs par des provinces presque désertes qui intéressaient peu ces derniers. C'étaient des sectaires de l'Islamisme et le fanatisme religieux achevait d'éloigner d'eux les Ottomans.

---

(1) Correspondance ministérielle.

Toute l'attention de la Porte était concentrée vers la Russie avec qui elle se considérait comme en état permanent d'hostilité, tant par le désir de la vengeance que par la connaissance des projets ambitieux de cet insatiable voisin. Avec l'Empire russe, les traités de paix n'étaient que des suspensions d'armes.

La perte de la Crimée avait laissé au fond du cœur des Turcs une plaie qui ne devait se fermer que lorsqu'ils l'auraient vue au moins indépendante et redevenue ce qu'elle était auparavant, la terre nourricière de Constantinople. Leurs regrets s'aiguisaient tous les jours davantage par la crainte qui s'y joignait du parti que leur ennemi héréditaire pouvait tirer de cette possession pour tenter une invasion jusqu'au cœur même de l'Empire. Il ne fallait que trois jours avec un bon vent pour porter une flotte russe de Sébastopol sous les murs du Sérail. Que de craintes devaient susciter aux patriotes turcs cette idée qui ne les quittait pas !

Cependant, la Russie vue de près ne présentait, au dire de Descorches, que le spectacle d'un colosse aux pieds d'argile, que les symptômes d'une dissolution très avancée. Mais une longue expérience avait appris que le cabinet de Saint-Pétersbourg possédait merveilleusement l'art de se rendre fort des faiblesses des autres, de mettre à profit toutes leurs fautes et de suppléer par l'à-propos de ses démarches ce qui manquait à ses moyens d'action. Il venait d'en donner la preuve aux dépens de la Pologne et il devait entrer dans les vues gigantesques de Catherine II de saisir l'occasion où toutes les grandes puissances étaient fatiguées d'une guerre qu'elle n'avait pas, sans motifs, été une des plus acharnées à susciter et à entretenir contre la France avec le soin de n'y prendre part elle-même qu'en paroles et en déclarations empreintes « de son charlatanisme » pour achever l'exécution de son projet favori, pour forcer le Bosphore, repousser les Turcs au fond de l'Asie et « tâcher d'ensevelir ainsi dans les événements d'un règne éclatant le souvenir de ses vices et de ses crimes en le terminant par la restauration d'un Empire grec à Constantinople au profit de sa personne et de celle de son fils aîné, tandis qu'elle laisserait au cadet en partage les marais glacés de la Néva (1) ».

Ce qu'on connaissait du caractère de cette princesse, ce qu'on observait de sa conduite depuis trois ou quatre ans, cette escadre hivernée en Angleterre, cette entente qu'on la supposait occupée à conclure avec Malte, ainsi que Descorches en avait appris la nouvelle en Italie, ces rassemblements de troupes annoncés sur le Dniester et du côté du Caucase, tous ces symptômes étaient bien faits pour inquiéter les Turcs sur l'avenir et pour faire partager leurs craintes à ceux qui leur portaient intérêt.

Quand Descorches avait quitté Constantinople, les Turcs étaient encore abandonnés complètement à eux-mêmes. La Suède commençait seulement à témoigner sa bonne volonté. Que n'avait-elle des moyens en proportion ! Le Danemark ne donnait aucun signe de dispositions favorables. Ce pays n'avait d'autre représentant auprès de la Porte qu'un négociant sans expérience politique et à la dévotion des Russes. La Prusse s'était rapprochée de la Russie. Tous les autres Etats restaient dans l'ombre. La Porte avait envoyé, il y avait deux ans déjà, un ambassadeur en Angleterre pour approfondir les dispositions de ce pays, soit par rapport à la France, soit à l'égard de la Russie dont elle aurait bien désiré le tenir éloigné.

L'envoyé turc arrivé à Londres avait parlé, sans qu'on l'écoutât, de pacification avec la France et Descorches ignorait le langage qu'il avait tenu en ce qui concernait la Russie.

Mais les affaires de Pologne avaient amené le rapprochement de la Russie et de la Prusse et la Cour de Vienne méditait depuis longtemps l'annexion de la Bosnie. Les Turcs ne l'ignoraient pas. « *C'était une des vues que Joseph II avait carressées avec le plus de complaisance* (2). » Il était naturel de penser que le besoin de se refaire de leurs pertes

____

(1) Correspondance ministérielle.

(2) Correspondance ministérielle.

L'Autriche ne devait réaliser ce projet qu'un siècle plus tard. Il est intéressant pour l'histoire de le voir, dès cette époque, signalé par Descorches.

avec la France pourrait bien ramener cette idée dans l'esprit des Autrichiens et les faire se prêter volontiers, à cette condition, aux entreprises de la Russie.

Il n'y avait donc que la France en qui les Turcs pussent trouver le point d'appui dont ils avaient un si grand besoin. Aussi tous leurs vœux et leurs espoirs étaient-ils tournés vers la République. Cinq à six semaines déjà avant l'arrivée de Verninac ils étaient disposés à envoyer en France un ambassadeur.

Lorsque Descorches avait été prévenu de leur résolution de l'admettre à une audience publique et de lui reconnaître son titre officiel d'envoyé de la République française, il lui avait été dit que le jour même de la notification de cette décision, la nomination de leur ministre en France serait, par réciprocité, faite et annoncée, et que l'ordre lui serait donné de partir incessamment. Le choix en était même à peu près arrêté. Aussi Descorches, de retour en France après les retards qu'il avait essuyés dans son voyage, n'était-il pas peu surpris et affligé de ne pas trouver le ministre turc déjà installé à son poste et d'apprendre qu'il n'était plus question de son arrivée.

Il s'en fallait de beaucoup malheureusement que les Turcs eussent une force militaire capable de les protéger contre les entreprises de leurs puissants voisins. Depuis deux ans, il est vrai, ils avaient introduit dans leur armée et leur marine des améliorations importantes sur lesquelles il était permis de fonder des espérances pour l'avenir. Mais ce n'étaient encore que de faibles germes, des essais pour ainsi dire. Cependant, il n'existait pas en Europe une nation montrant plus d'aptitude au métier des armes. Forts, souples, adroits, durs à la fatigue, sobres, dociles, valeureux, les Turcs réunissaient toutes les qualités qui constituent le bon soldat. Les éléments de leur cavalerie étaient supérieurs. Composée comme elle l'était d'hommes exercés, agiles et habiles à tirer du cheval tout le parti dont il est susceptible, cette cavalerie avait joui dans tous les temps d'une réputation méritée. Mais cette foi aveugle dans leur loi religieuse, cette présomption, ce dédain de tout ce qui venait de l'étranger étaient aussi les causes principales de leur faiblesse dans l'art de la guerre en leur faisant conserver des institutions surannées, tandis que les progrès de la science militaire en Europe faisaient acquérir tous les jours des avantages à leurs ennemis.

Au moment de la conquête, les terres avaient été partagées en fiefs, à charge de service dans les armées. C'étaient le ban et l'arrière-ban de la féodalité. Telle avait été jusqu'alors la base de l'organisation des troupes turques. Point d'artillerie de campagne. Les Turcs ne s'en servaient que pour le service des places. Quelles armées pour résister aux vieilles troupes exercées d'après les règles de la tactique européenne !

Les Turcs avaient en outre des corps soldés de diverses espèces, Janissaires en très grand nombre, Spahis ou cavaliers. Mais leur solde très modique, réduite successivement par l'effet de l'altération des monnaies, était devenue presque nulle. Ces soldats avaient été forcés de chercher leur subsistance dans quelque profession différente. Ils étaient d'ailleurs honorés et privilégiés à plusieurs égards. Tous les marchands, les artisans aisés voulaient être enrôlés dans ces corps, devenir Janissaires sans toutefois sortir de leur boutique ou de leur atelier, sinon au moment de l'appel en cas de guerre. Il en résultait que ces troupes n'avaient habituellement de rassemblé que le nombre d'hommes nécessaire au service de sûreté des villes où ils résidaient et n'étaient assujetties à aucun exercice propre à leur donner une instruction militaire. Ce n'était donc plus qu'une milice s'armant, s'entretenant elle-même et ayant tous les inconvénients de cette sorte de soldats.

Les recherches de Descorches n'avaient jamais pu lui faire connaître ni leur nombre exact, ni le chiffre de la population de l'Empire ottoman.

Militairement, ces anciennes troupes turques ne devaient pas entrer en ligne de compte. Ce qui était certain, c'est qu'on trouverait toujours dans ce pays des hommes fort au delà des besoins. Il ne s'agissait que de former de bons cadres où ils pussent être employés utilement.

Lorsque les Turcs avaient commencé à éprouver des revers, une vingtaine d'années auparavant, les ministres étrangers qui leur portaient intérêt s'étaient appliqués à leur faire comprendre que la cause de leurs défaites était dans l'infériorité de leurs moyens militaires et que le sort de leurs campagnes ne ferait qu'aller en empirant, s'ils n'amélioraient pas leur manière de combattre. Quelques-uns d'entre eux ayant moins de préjugés et plus de lumières se rendirent à ces conseils. On insistait surtout sur la nécessité pour eux de mieux fortifier leurs places, de se former une artillerie de campagne et de se donner d'autres vaisseaux que leurs lourdes et si peu mobiles caravelles. Ils avaient, en conséquence, demandé plusieurs fois en France et en Suède des ingénieurs et des artilleurs qui leur avaient été envoyés.

Malgré la protection qu'ils avaient trouvée auprès des hommes éclairés qui les avaient fait appeler, de ces hommes privilégiés et trop rares, mais qui se rencontrent dans tous les pays, doués par la nature d'une sagacité qui leur fait apercevoir les besoins d'un peuple dont le plus grand nombre ne peut pas se rendre compte, ces instructeurs avaient été plus d'une fois entravés par la force d'inertie, l'insouciance et la mauvaise volonté de leurs élèves. Mais de nouveaux revers étaient venus fortifier leur autorité.

Dans la dernière campagne contre les Russes, le dégoût et le découragement s'étaient répandus dans les armées ottomanes au point — Descorches le tenait d'un ministre qui en avait été témoin — que leurs chefs eurent un moment la crainte de les voir se dissiper entièrement. On s'empressa de conclure la paix, mais le Gouvernement ottoman garda l'impression profonde de douleur et d'effroi que ces symptômes de dissolution lui avaient causée. Le jeune Sultan qui venait de monter sur le trône en fut également pénétré et, dès ce moment, toutes ses pensées furent de chercher des remèdes à cette situation et de les appliquer.

On se décida à avoir recours à la science des étrangers. Le Grand-Seigneur travailla lui-même à la rédaction d'un plan dans ce sens et l'on vit s'élever en plusieurs endroits de superbes casernes, des ateliers pour la fabrication de fusils, de baïonnettes dont l'usage était inconnu en Turquie, de canons, d'affûts, de poudre...

On vit pour la première fois une troupe turque exercée à l'européenne. De nouvelles forteresses furent commenoées, les anciennes réparées. On demanda de nouveau des officiers de diverses armes à la France et à la Suède. Ce n'était plus alors le vœu de quelques personnes éclairées, mais celui de la foule, depuis le soldat jusqu'au premier ministre. Les dispositions des Turcs en faveur de leur relèvement étaient devenues excellentes, mais il fallait maintenant quelque temps pour produire des réalités. L'artillerie était la plus avancée dans son organisation et son instruction. On comptait environ huit mille canonniers en état de servir. Les bombardiers formaient un corps à part d'environ trois mille hommes également exercés. Les corps d'infanterie instruits à l'européenne ne comprenaient pas plus de deux à trois mille combattants. Mais les cadres existaient pour une troupe de douze mille hommes.

Une école de mathématiques, créée autrefois par le Français Lafitte et tombée depuis lui, avait été réorganisée d'après un plan plus étendu. Il était question d'y installer une imprimerie et on y avait attaché des traducteurs d'ouvrages européens. La marine offrait plus d'activité qu'aucun autre Département, sous la direction du Capitan pacha Kutchuck-Hussein, camarade d'enfance du Sultan et son favori intime. Elle avait été entièrement transformée depuis deux ans par les travaux de l'ingénieur Brun et de ses maîtres ouvriers, pleins de zèle et très appréciés des autorités ottomanes. Il s'était fait plusieurs constructions nouvelles en vaisseaux de 74 et en frégates. Quand Descorches partit, il y avait un vaisseau à trois ponts sur le chantier, entièrement construit sur le modèle des navires de guerre français. La flotte se composait de quarante à quarante-cinq bâtiments de toutes grandeurs. Ils représentaient déjà une force imposante et les divers chantiers de l'Empire continuaient d'en construire. Mais, si la flotte ottomane possédait des navires, ce qui lui manquait le plus, c'étaient des officiers instruits et de véritables marins pour former les équipages.

Pouvait-on au moins trouver dans l'état moral et dans les mœurs de l'Empire ottoman les éléments de force et de résistance que sa situation militaire ne lui donnait pas encore ? On sait la séparation rigoureuse que la loi de Mahomet a établie entre les hommes et les femmes. Celles-ci occupées uniquement par les soins intérieurs du ménage se voient entre elles, se visitent, se rassemblent, mais ne sont accessibles à d'autres hommes qu'à leur mari ou au chef de famille. Un voile sévère leur tient caché le visage lorsqu'elles sortent ou lorsque quelque circonstance oblige les hommes à les approcher. Si, dès cette époque, l'amour et le goût du plaisir ne luttaient pas toujours avec désavantage contre les préceptes de la loi, ces infractions restaient soigneusement enveloppées des ombres du mystère, très nécessaire pour soustraire les coupables aux dangers qui les menaçaient, car il n'y allait pas moins que de la vie.

Il ne faudrait pas en conclure que les Turcs soient plus jaloux que d'autres hommes. Mais, dans leurs préjugés communs aux deux sexes, une femme qui découvre seulement son visage devant un autre homme que son mari ou son maître commet un acte d'impudeur qui lui imprime une tache déshonorante. Ces préjugés étant consacrés par la loi que les Turcs croient être la parole divine, c'est donc beaucoup plus pour une question de religion et par sentiment d'honneur que pour tout autre motif qu'ils apportent tant de sévérité dans leurs relations avec les femmes. La démarcation absolue qui partage dans ce pays les hommes et les femmes dans les usages habituels de la vie extérieure est si prononcée, qu'un Turc ne parlera jamais que dans des cas de nécessité de sa mère, de sa femme, de sa fille, et qu'il est contraire aux bienséances de lui en parler.

Descorches, notant les traits de mœurs qu'il avait eus sous les yeux, voyait dans cet état de séparation qui préservait la sensibilité souvent aveugle et faible de l'homme de la puissance trop commune de la femme, un motif pour que les Turcs conservassent un caractère plus mâle, des pensées plus fortes, des habitudes plus calmes, un jugement plus sain, car il était moins troublé par leurs sensations.

La dissipation n'était pas un besoin pour eux. Se mouvoir sans objet leur paraissait une fatigue, se reposer un plaisir. Ce n'était pourtant ni de l'apathie, ni un manque de sensibilité. Qu'on mit un Turc dans un lieu peu riant, renfermé, quelques commodités intérieures qu'il y trouvât, il devenait morne, s'y déplaisait, cherchait à le quitter. Qu'on offrit au contraire à ses regards un beau site, de la verdure, des arbres, de l'eau, son visage s'épanouissait. Il pouvait y rester seul longtemps sans ennui. La vue et le parfum des fleurs, la gaieté et le gazouillement des oiseaux suffisaient à le charmer. En un mot, si ce peuple éprouvait les inconvénients d'être resté très en arrière des Européens dans la connaissance des sciences, il avait aussi tous les avantages de s'être maintenu plus près de la nature.

La religion aussi avait agi sensiblement sur le caractère des Turcs et avait concouru à en prévenir la dégradation. C'était un hommage que le sans-culotte Descorches rendait, sans le vouloir, à l'influence morale de l'idée religieuse. Mahomet, tout en allant chercher dans le Ciel les moyens d'enraciner profondément, en la consacrant, sa domination et celle de ses descendants sur la Terre, s'était efforcé d'élever les hommes vers Dieu, en leur facilitant l'exercice de leur culte. Rien de plus simple que la pratique de la religion musulmane. Des prières seules, multipliées mais courtes, accompagnées de lectures du Coran et d'ouvrages de morale; point d'intermédiaires nécessaires. Chacun peut prier où il veut, en pleins champs comme dans sa maison; aller, ne pas aller à la mosquée. Le culte du musulman met son âme en rapports directs avec Dieu et tend à l'en rapprocher continuellement, à le tenir, pour ainsi dire, sans cesse en sa présence.

Des hommes élevés dans ces habitudes ne pouvaient être que silencieux et méditatifs, laisser peu de prise à ce qui pouvait détourner, égarer ou corrompre leurs dispositions naturelles, et comme en tout une mesure parfaite est difficile à garder, leur impassibilité devant les événements devait devenir bien souvent de l'indolence et leur résignation aux décrets du Destin, de l'imprévoyance.

Toutefois, leurs malheurs successifs et les dangers imminents qui les avaient menacés pendant leurs dernières guerres avec les Russes avaient modifié leurs mœurs en leur faisant reconnaître la nécessité d'acquérir des notions des arts européens. Il fallait donc faire tomber les barrières que le Coran avait établies entre les croyants et les infidèles et leurs préjugés perdirent dès lors une partie de la force qu'ils tenaient de leur vanité et de leur présomption nationale. Le corps des hommes de loi puissants sur l'opinion publique avait tremblé pour ses biens considérables à l'idée d'une invasion possible de l'ennemi jusqu'à Constantinople. Désirant trouver dans la restauration des affaires de l'Empire la garantie pour ses richesses dont sa sécurité alarmée lui faisait sentir le besoin, il s'était prêté lui aussi aux réformes et aux améliorations considérées comme indispensables.

En plus de la réorganisation intérieure de l'Empire, le Gouvernement ottoman se proposait d'établir des Légations permanentes dans tous les grands Etats de l'Europe et d'y adjoindre un certain nombre de jeunes gens pour leur procurer la connaissance des langues et des institutions étrangères et en rapporter l'usage en Turquie. Ce seul projet était bien fait pour étonner tous ceux qui connaissaient les anciennes idées des Turcs.

Autrefois, un ambassadeur ottoman qu'une circonstance extraordinaire faisait envoyer au dehors n'osait parler de ce qu'il avait vu qu'en le ridiculisant, lorsqu'il était de retour dans son pays.

C'est ainsi que Saïd-Effendi, chargé d'une mission en France vers 1740 et voulant donner au Sultan une idée de Versailles, avait fait élargir de quelques toises un ruisseau bourbeux, l'avait bordé de deux rangs d'arbres et en avait retenu les eaux pour les faire tomber en cascades de quatre à cinq pieds de hauteur !

Mais, s'il était permis d'attendre beaucoup de bien dans l'avenir des dispositions réformatrices des Turcs, les résultats devaient être longs à obtenir, s'ils restaient livrés à eux-mêmes. Il fallait donc que les soins de l'amitié suppléassent à ce qui manquait d'activité, de méthode, de persévérance au Gouvernement ottoman affaibli par les intrigues de Palais, les changements trop fréquents de ministères, peu fait pour les entreprises qui demandaient de l'esprit de suite et une vaste combinaison de moyens. « C'est ce qu'ils attendent de nous, en bons Turcs, disait Descorches. C'est ce que nous pouvons réaliser plus que personne, trouvant en eux toutes les dispositions les plus propres à la confiance que peut donner l'habitude de voir des amis dans les Français, dans la République leur salut et dans la Révolution une faveur de la Providence qui a voulu par ce prodige les retirer du précipice au fond duquel ils étaient presque tombés (1). »

Cet appui, la France devait-elle le donner à la Turquie dans les circonstances présentes ? C'est cette question qu'examinait Descorches dans la dernière partie de son mémoire.

Il appartenait au peuple français, qui venait de reprendre sa souveraineté usurpée, de chercher dans ses relations extérieures tous les moyens qu'elles pouvaient lui offrir d'accroître sa prospérité et de garantir sa sûreté.

Or, la prospérité de la France était due à la masse de sa population et à l'excédent des produits, soit de son sol, soit de son industrie qui fournissait les capitaux constitutifs de la richesse publique.

D'autre part, sa sûreté dépendait de ses liaisons avec d'autres Etats, c'est-à-dire d'un système politique tel que ses ennemis ne pouvant employer autant de forces pour l'attaquer qu'elle en aurait à leur opposer pour se défendre, elle eût devant elle la perspective d'une paix durable ou la certitude de prompts et décisifs succès sur les téméraires qui tenteraient de troubler son repos.

S'il était vrai que la prospérité de la France dépendait de sa nombreuse population et de l'excédent de ses productions, il n'y avait pas de relations plus favorables à l'ouverture de débouchés pour les produits de son sol et de son industrie, à l'enrichissement de ses habitants que celles

---

(1) Correspondance ministérielle.

qu'elle entretenait avec l'Empire ottoman communément appelé le Levant.

Les commerçants turcs étant obligés dans leur propre pays d'avoir recours à l'étranger, en raison de l'insuffisance de leur marine marchande, se servaient de bâtiments français de préférence à ceux de Venise ou de Raguse. La France, avant la Révolution, avait plus de quatre cents navires employés annuellement à cette navigation sur les côtes de l'Empire ottoman, appelée Caravane, infiniment profitable par la construction des bâtiments qu'elle nécessitait, par le travail qu'elle assurait à de nombreux ouvriers et par le bénéfice net qui en résultait. Trois ou quatre mille marins étaient formés et exercés pour cette navigation et plusieurs villes du Midi de la France lui devaient leur existence.

Les Turcs, arriérés dans les arts, ne s'adonnaient qu'à un petit nombre de fabrications spéciales ; toutes les autres leur étaient inconnues, celles même qui fournissaient aux besoins les plus généraux et les plus usuels. S'ils avaient fait parfois quelques tentatives, elles avaient échoué devant l'activité de l'industrie française, les ressources de son intelligence. Leurs matières premières restaient donc chez eux sans emploi. Aussi étaient-elles achetées par les négociants français, manufacturées, puis reportées dans leur pays après avoir passé dans une foule de mains et laissé dans chacune un bénéfice aux dépens du consommateur étranger. C'est ainsi qu'ils vendaient leurs laines, poils de chèvres, de chameaux, leurs cotons, leurs soies et qu'ils achetaient des draps, des étoffes de Lyon, des coutils, de la bonneterie en immense quantité, des mousselines trop négligées jusqu'ici. Le commerce français trouvait en outre chez eux des matières qui manquaient à ses besoins, drogues pour la pharmacie, cuivres, bois de construction pour les arsenaux, teintures, et il y importait des cafés, des sucres, des indigos.

A tous ces avantages se joignait celui de trouver, pour pénétrer par les mers de l'Empire ottoman dans les pays lointains auxquels elles servaient de barrière, des facilités de communication dues à la bienveillance et à l'indolence turques.

Dans la mer Noire, en effet, les plus grands fleuves de l'Europe qui s'y jettent semblent placés exprès par la nature pour solliciter des échanges et faciliter les transports dans les vastes et féconds territoires qu'ils arrosent, ainsi que le confirmait une ancienne expérience; l'inspection seule de la carte indiquait que la côte orientale de cette mer pouvait servir de lien à un commerce considérable avec la Perse, par la Perse avec l'Inde, par la mer Caspienne peu distante de la mer Noire avec la grande Tartarie et des pays encore presque inconnus que le Gouvernement de l'ancien régime avait eu le tort, au dire de Descorches, de trop négliger.

D'un autre côté, la mer Rouge, s'enfonçant dans les terres jusqu'à quelques lieues de la Méditerranée, offrait une voie directe et courte vers les grandes Indes, éprouvée avec succès par les Anglais et que devait rendre encore plus intéressante pour la France la possession par eux du cap de Bonne-Espérance.

Si le développement de la richesse de la France avait subi un temps d'arrêt occasionné par les événements de la Révolution, la guerre, l'émigration, l'arrêt presque absolu des relations commerciales qui en avait été la conséquence, l'exploitation du Levant avec ses ressources en tous genres ne paraissait-elle pas le moyen le plus puissant pour rétablir la prospérité de son industrie et de son commerce ?

L'amitié de la Turquie était également nécessaire à la sûreté de la France. Si la République avait triomphé des rois qui avaient ameuté l'Europe contre elle, pour la préserver comme ils le disaient de l'épidémie du mal français, c'est-à-dire de la contagion des idées de la Révolution, ses ennemis, bien que vaincus momentanément, n'avaient pas désarmé et il fallait s'attendre, pendant longtemps, à des représailles possibles. Si quelques-uns d'entre eux plus accessibles à la raison ou à la crainte de la France pouvaient être obligés de se rallier à elle, il en était d'autres qui seraient irréconciliables, ceux qui conservaient l'espoir de recouvrer les moyens de lui nuire. Ces pays étaient la Russie, l'Autriche et l'Angleterre.

Les vues dominatrices et ambitieuses de ces trois cours « se croyant assez sûres de leurs forces pour se faire un jeu de tous les droits » n'étaient que trop connues. Point de sûreté donc pour l'Europe, point de tranquillité, tant que ces colosses ne seraient pas brisés ou, tout au moins, en attendant cette œuvre du temps et de la propagande des idées révolutionnaires, réduits à l'impuissance, mis dans l'impossibilité de nuire par la coalition des autres Etats de l'Europe, tous sans exception intéressés à cette œuvre. C'était le rôle de la diplomatie française, aidée par la confiance que devaient inspirer les nouveaux principes qui la dirigeaient, d'engager avec ces Etats des négociations dans cette vue et, « en négociations, c'était être bien avancé que de n'avoir à parler aux autres que le langage de leur propre intérêt (1). » Il suffisait désormais de vouloir sérieusement pour que les difficultés que pouvait rencontrer cette entente disparussent devant l'art du négociateur. Rien ne semblait donc moins chimérique que l'idée d'une Ligue défensive commune, dont la République française serait le pivot. Or, la Porte ottomane se présentait à la tête des puissances ayant à cet égard un intérêt au moins égal à celui de la France et devait, par sa situation, « faire l'une des pierres angulaires de ce grand et salutaire édifice » dont l'urgence s'imposait pour la tranquillité de l'Europe.

La conclusion de Descorches était que les Turcs s'étaient prononcés de bonne heure pour la République;

Que ce sentiment ne s'était jamais démenti, même pendant les plus grandes crises de la Révolution;

Qu'ils désiraient une alliance;

Que la République ne devait attribuer qu'à leur situation très difficile et à la faiblesse de leurs moyens leur inaction;

Qu'ils avaient commencé des négociations pour contracter une alliance à l'époque de son départ et que leurs dispositions étaient telles que, bien entendues, elles devaient les amener à ce que la France désirait d'eux;

---

(1) Correspondance ministérielle.

Que leur état politique et militaire était loin, malheureusement, de rassurer sur leur sort, si, abandonnés à eux-mêmes, ils devaient soutenir seuls le choc d'une nouvelle guerre;

Que cependant leur état moral les rendait susceptibles de se relever de l'affaissement où une longue succession de défaites, de pertes et de trahisons les avait jetés;

Que les intérêts les plus majeurs, la prospérité et la sûreté de la République française lui commandaient la plus active vigilance pour leur conservation, la plus franche assistance pour leur fournir les moyens de se relever;

Qu'enfin l'occasion pressait pour la France comme pour eux et que les circonstances générales étaient telles qu'il ne restait peut-être à la République que peu de moments encore pour jouer sur la scène politique de l'Europe le rôle qui convenait à ses intérêts, à son avenir et à la puissance du Peuple français.

CHAPITRE VI

POLITIQUE EXTÉRIEURE
APRÈS LE 9 THERMIDOR

La politique extérieure de l'Europe pendant les premiers mois
de 1795. — Modification pacifique de la politique française
après le 9 thermidor. — Discours devant la Convention de
Boissy-d'Anglas, membre du nouveau Comité de Salut public.
— Attitude plus ferme des Turcs. — Discours de Merlin (de
Douai), et de Pelet, dans la séance de la Convention du 18 germinal an III. — L'opinion de Cambacérès sur les frontières
naturelles. — La paix avec la Prusse. — La Porte reconnaît
la République française.

Les bruits de paix qui circulaient un peu partout en
Europe depuis que les victoires des armées de la République
française avaient découragé les coalisés, rendaient alors
moins nécessaires les efforts que Descorches ne cessait de
prodiguer pour entraîner la Turquie dans une intervention
armée et dans une alliance avec la France. Des signes non
équivoques de lassitude se faisaient sentir dans les petits
Etats d'Allemagne et dans les réunions de la Diète germanique leurs représentants avaient demandé ouvertement la
paix. Même dans le Parlement anglais, plusieurs orateurs
avaient manifesté des dispositions pacifiques du moment où
la France ne voulait pas faire une politique de conquêtes et
ils avaient exprimé le désir de ne pas voir l'Angleterre s'immiscer dans ses affaires intérieures. Quant à la Prusse, elle
était devenue depuis longtemps suspecte à ses alliés qu'elle
ne soutenait que mollement. Dès le mois de janvier 1794,
les renseignements suivants adressés en France confirmaient
la mésintelligence qui régnait entre les coalisés. « La jalousie
qui règne entre Autrichiens et Prussiens de temps presque
immémorial trouve un aliment nouveau dans la querelle

actuelle par l'alliance même qui les réunit contre nature et malgré leur antique haine. Depuis le commencement des hostilités, on a toujours remarqué dans l'esprit de la coalition une méfiance sourde contre le roi de Prusse (1). »

Boissy d'Anglas, membre du Comité de Salut public, avait, dans la séance de la Convention du 11 pluviôse an III, prononcé un discours sur la situation extérieure de la République. Il avait fait entendre un langage pacifique et très différent de celui que tenait le même Comité pendant la Terreur, à une époque où on ne connaissait que la politique du canon. Il faisait aussi un exposé de la politique étrangère, telle que la comprenait le Gouvernement issu de la Révolution du 9 thermidor. « Depuis trois années, disait-il, l'Europe est inondée de sang; l'humanité gémit et souffre. Nous devons convaincre tous les hommes vertueux que nous détestons la guerre sans la craindre; que nous sommes toujours prêts à en faire cesser les horreurs, lorsqu'on nous présentera une paix conforme à notre dignité et propre à garantir notre sûreté. » Il montrait l'Autriche poursuivant son système traditionnel de conquêtes, au moyen de traités, de mariages, d'intrigues et de guerres. Avant que la Russie ne fût civilisée et que la Prusse ne fût devenue une puissance, la France, la Turquie, la Suède servaient seules de digue contre l'Empereur. Mais l'Autriche avait brisé ces contre-poids. Elle avait su affaiblir les Turcs en les sacrifiant aux Russes. Elle avait si bien séduit la France que la Prusse s'était vue un moment sur le point de disparaître, malgré Frédéric et ses soldats.

Depuis, elle avait failli deux fois s'emparer de la Bavière, d'abord par la force des armes, puis par échange. Voyant que les Français, malgré l'alliance, ne secondaient pas ses vues, elle avait voulu alors détruire son alliée grâce aux événements de la Révolution et s'emparer de l'Alsace-Lorraine et d'une partie des Flandres. Vaincue, elle craignait la paix, mais ne pouvait continuer la guerre, et les puis-

____

(1) Des bords du Rhin, le 24 janvier 1794. *Le Moniteur universel*, n° 140, 20 pluviôse an II (8 février 1794).

sances de l'Europe voyaient bien qu'elle voulait se servir d'elles pour lui rendre ce qu'elle avait perdu.

La Prusse devait regretter sa politique, Frédéric-Guillaume ayant écouté les conseils de l'ennemie traditionnelle de son pays plutôt que les envoyés pacifiques d'une nation libre qui lui montraient la vérité et lui offraient une amitié utile. L'Espagne, l'Empire, la Sardaigne avaient comme perspectives de subir le sort de la Hollande ou d'être dominés par les deux colosses qu'ils soutenaient, l'Angleterre et la Russie. Voilà les deux ennemis qu'il fallait dénoncer à l'Univers. Plus adroites, mieux placées, moins malheureuses que l'Autriche, ces deux nations avaient seules, jusqu'à présent, profité des malheurs universels et des erreurs de la coalition.

Depuis soixante ans, la Russie avait fondé de lointaines colonies, franchi le Caucase, soumis la Géorgie, étendu son influence sur la Perse, subjugué les Cosaques, détruit les Tartares, conquis la Crimée, partagé la Pologne, terrorisé l'Empire ottoman, soulevé la Grèce et menacé Constantinople.

Fallait-il rappeler l'entrée des Russes dans Berlin qui, sans un caprice imprévu de Pierre III, anéantissaient la puissance prussienne ?

Quant à Catherine, elle avait prodigué les promesses aux émigrés, les excitations aux princes allemands pour les entraîner dans une guerre qui les épuisait, tandis qu'elle prenait la Pologne et s'ouvrait par là les portes de l'Allemagne.

On pouvait dire, il est vrai, de l'Empire russe que c'était un colosse aux pieds d'argile, que la corruption lui enlevait toute force, toute solidité à ses ressorts, qu'il était immense mais désert, fastueux mais pauvre, que des conquêtes mal mûries avanceraient sa dissolution. Mais, avant de tomber, il écraserait de ses débris les autres peuples, Danois, Suédois, Allemands, Prussiens, Ottomans.

Ces peuples, trahis par Vienne, menacés par un nouvel Attila, avaient intérêt à s'unir à la France qu'on leur faisait craindre à tort. La constance de ses efforts garantissait la stabilité des traités qu'elle ferait avec eux. Une grande nation se gouvernant elle-même devait moins changer sa politique que les ministres éphémères d'une cour dirigée par des maîtresses, des favoris. Ces peuples avaient avec la France des intérêts communs. Ainsi Boissy d'Anglas, comme les autres révolutionnaires, voulait maintenir les traditions de la vieille politique française, l'alliée de la Porte ottomane et des Etats secondaires de l'Europe.

L'Angleterre aussi rêvait de conquêtes maritimes. Son Gouvernement qui se piquait d'être si moral, était opposé à la neutralité armée des Etats du Nord qui avait pour but de garantir la liberté du commerce des neutres ; il avait insulté l'ambassadeur de France et, par conséquent, violé le droit des gens ; il s'était lié avec les oppresseurs de la Pologne ; il soutenait le Pape tout en prétendant haïr le papisme. Il voulait s'emparer de toutes les colonies françaises et affamer des millions d'hommes. Il voulait encore contraindre Gênes, Venise, la Suède, le Danemark à ne pas rester neutres.

L'Angleterre avait excité les Turcs à faire la guerre, puis les avait abandonnés ; elle avait encouragé la révolution de Pologne et laissé les Polonais sans appui ; elle avait armé la Suède contre la Russie pour la trahir ensuite, forcé la Hollande à combattre la France pour la secourir faiblement ; elle avait excité à la révolte la Vendée et Toulon et assisté impassible à leur écrasement.

Elle était l'ennemie implacable de l'Espagne et n'attendait que la destruction de la marine française pour s'emparer de ses colonies, le Mexique, le Pérou, Porto-Rico, Cuba.

En 1790, elle avait déjà menacé l'Espagne qu'elle croyait faible. Elle s'était détournée alors contre la France espérant, grâce aux événements de la Révolution, pouvoir ensuite frapper plus sûrement l'Espagne.

Ses attentats sur la Corse indiquaient son intention d'expulser la France de la Méditerranée, comme l'Espagne de l'Océan.

Enfin, Boissy d'Anglas indiquait en ces termes le but poursuivi par la politique française, but qu'elle a cherché à atteindre dans tous les temps et qu'elle poursuivra tant qu'elle n'y sera pas arrivée, parce que la sécurité et l'avenir de ce grand pays en dépendent.

« Nos dangers passés, la nécessité d'en rendre le retour impossible, l'exemple de la ligue menaçante qui voulut nous envahir et qui a porté un moment la désolation dans le cœur de la France, le désir d'indemniser nos concitoyens de leurs sacrifices, le désir sincère de rendre la paix solide et durable, *nous obligent à étendre nos frontières, à nous donner de grands fleuves, des montagnes et l'Océan pour limites*, et à nous garantir ainsi d'avance et pour une longue suite de siècles de tout envahissement et de toute attaque. A ce prix, les puissances de l'Europe peuvent compter sur une paix inviolable et avoir des alliés courageux qui sauront bien les dégager du poids de ces deux colosses qui veulent dans leur coupable délire s'arroger tout à la fois l'empire de la terre et des mers (1). »

Les dispositions pacifiques du Gouvernement français se manifestaient alors par l'ouverture de négociations avec la Prusse. On écrivait de Bâle, le 4 pluviôse : « Les plénipotentiaires français ont échangé hier leurs pouvoirs avec ceux des plénipotentiaires prussiens parmi lesquels figure le comte de Goltz. C'est aujourd'hui que doivent s'ouvrir les conférences (2). »

Mais, à l'orient de l'Europe, les nouvelles n'étaient pas aussi rassurantes. La cour de Pétersbourg paraissait avoir l'intention de renvoyer dans leurs anciens quartiers les divers corps d'armée qui avaient été appelés des bords du Dniester et des frontières de la Finlande pour achever la réduction de la Pologne. On avait remarqué que les Russes, sous les ordres du général Suwarow qui étaient auparavant sur les frontières de l'Empire ottoman, ne s'étaient avancés du côté de la Pologne qu'à l'époque où la Russie avait cru n'avoir plus rien à craindre de la part des Turcs; actuellement le cabinet de Pétersbourg, croyant avoir quelques raisons de

---

(1) *Le Moniteur universel*, n° 133, 13 pluviôse an III (1er février 1795).
(2) *Le Moniteur universel*, n° 136, 16 pluviôse an III (4 février 1795).

redouter les Ottomans, s'empressait de renvoyer ses troupes dans les lieux les plus exposés (1).

Quant à l'Autriche, la Porte ottomane lui avait fait savoir récemment que les Bosniaques faisaient une opposition de plus en plus vive au démembrement de leur territoire et à la cession stipulée par le traité de Sistova de forteresses parmi lesquelles celles de Novi-Dabitza et de Gradiska. En conséquence, le Reis-Effendi avait demandé la restitution très prochaine de ces places et avait proposé à la cour de Vienne de lui donner un équivalent à son choix.

Le cabinet de Vienne avait répondu à cette proposition qu'aucun équivalent ne pouvait lui convenir, s'il ne comprenait pas Belgrade; qu'ainsi, la seule alternative serait, ou que la Porte forçât les Bosniaques à se soumettre aux stipulations du traité, ou qu'elle abandonnât comme équivalent définitif les forteresses que l'Autriche détenait comme équivalent provisoire (2).

Mais la nouvelle des succès prodigieux de la République française avait encouragé les Turcs et augmenté ostensiblement la considération dont les agents de la France jouissaient auprès d'eux. Les ministres de la coalition s'étaient plaints au Divan de la visite que des frégates françaises croisant à l'entrée des Dardanelles faisaient subir à des bâtiments qu'elles jugeaient suspects. Ils n'avaient obtenu du Divan aucune réponse.

Ayant été informé que les ministres de la coalition se disposaient à persécuter les agents polonais envoyés à Constantinople pendant la dernière insurrection, le Divan les avait placés sous sa protection spéciale.

Il était aussi décidé à mettre sur pied une armée considérable et abondamment pourvue de munitions de guerre; elle devait être commandée par un séraskier ou général en chef et se réunir près d'Ismailow. Cette place était devenue, par les fortifications qui venaient d'y être ajoutées, l'une des

---

(1) Grodno, le 6 janvier 1795. *Le Moniteur universel*, n° 143, 23 pluviôse an III (mercredi 11 février 1795).

(2) Vienne, le 20 janvier 1795. *Le Moniteur universel*, n° 144, 24 pluviôse an III (12 février 1795).

plus fortes de l'Empire turc. On y avait envoyé de nombreuses troupes d'artillerie.

Les agents des cours coalisées, préoccupés par ces préparatifs, cherchaient entre eux à pénétrer les sentiments et les véritables projets de la Porte (1).

D'autre part, l'Autriche était obligée de dégarnir ses frontières orientales en envoyant des renforts sur le Rhin et ces mouvements de troupes ne pouvaient qu'encourager les Turcs dans leurs dispositions belliqueuses.

On écrivait en effet d'Heidelberg à Paris que la cour de Vienne allait envoyer sur les bords du Rhin les contingents qui venaient de servir en Pologne sous les ordres du général d'Harmoncourt, que l'armée prussienne commandée par le général Mollendörff s'était repliée sur Francfort, laissant aux Autrichiens le soin de défendre Mayence et qu'il était arrivé à ces derniers un renfort de dix mille hommes venant de la Galicie, de la Bohême et de l'Autriche (2).

Le ministre de Russie n'avait pas eu moins de trois conférences avec le Reis-Effendi au sujet du règlement des dommages causés à des négociants russes par des confiscations de marchandises opérées pendant la dernière guerre. Il réclamait une indemnité de 1 million et demi de piastres. Mais le véritable but de la Russie était de faire tourner ces entretiens sur les affaires de Pologne. Catherine II espérait une neutralité constante du Sultan qui ne favoriserait en aucune manière les mécontents de ce pays. Le Reis-Effendi avait répondu que l'intention très ferme du Sultan était d'obtenir de l'Impératrice la fin de mesures de répression qui déshonoraient l'humanité. Il parla très librement de la Constitution du 3 mai 1791 et déclara que le désir de la Porte était de recevoir à ce sujet une réponse prompte et catégorique.

Le ministre de Russie avait vu aussi le Reis-Effendi et avait aussitôt après expédié un courrier à Berlin.

Les intentions du Grand-Seigneur paraissaient soutenues

____

(1) Constantinople, le 15 décembre 1794. *Le Moniteur universel,* n° 146, 26 pluviôse an III (14 février 1795).
(2) Heidelberg, le 30 janvier 1795.

par d'importants préparatifs de guerre. Les forteresses turques avaient été remises en état. Des Français dirigeaient les travaux du canal. Un ingénieur français était chef des constructions navales et construisait un vaisseau à trois ponts; des officiers français exerçaient un corps de canonniers, malgré l'éloignement des Turcs pour de nouvelles méthodes d'instruction et de nouveaux exercices.

Ainsi la renommée de la valeur française triomphait parmi eux. La Porte montrait par des attentions marquées son attachement pour cette nation dont elle estimait la bravoure et qu'elle aimait comme une amie fidèle. Elle avait déclaré valables des prises faites dans ses eaux territoriales par des frégates françaises (1).

Comme on l'écrivait de Genève à la même époque, les triomphes de la République française et son attitude depuis *l'immortelle journée du 9 thermidor* commençaient à lui être d'une grande utilité diplomatique.

L'influence de la coalition n'était rien moins qu'assurée en Italie. La République de Venise qui avait gardé jusqu'à ce jour la plus étroite neutralité se disposait à envoyer un ambassadeur à Paris. Les ministres anglais et espagnols en résidence à Venise avaient écrit à ce sujet à leurs cours pour demander des instructions sur la conduite qu'ils devaient tenir (2).

Tous les Anglais ne partageaient pas la haine farouche de la plupart de leurs compatriotes contre la France. Certains de leurs hommes politiques voyaient clair dans les menées des puissances continentales. Parmi eux était Fox qui s'exprimait ainsi devant le Parlement dans un discours en réponse à l'adresse du roi d'Angleterre au sujet de la guerre :

« Pour moi, je pense que l'Autriche ne nous secondera pas mieux cette année que la Prusse l'année dernière. *On me*

---

(1) Constantinople, le 15 décembre 1794. *Le Moniteur universel,* n° 156, 6 ventôse an III (mardi 24 février 1795).

(2) De Genève, le 5 janvier 1795. *Le Moniteur universel,* n° 122, 2 pluviôse an III (21 janvier 1795).

répond que la Prusse est une cour sans foi. Tous les Gouvernements arbitraires se ressemblent à mes yeux. L'Autriche et la Prusse m'inspirent une égale défiance. Où sont les preuves de la fidélité de l'Autriche à ses engagements ? A-t-on oublié qu'elle a été fortement soupçonnée de nous avoir trahis à Toulon en ne nous y envoyant pas les troupes promises ? On nous vantait aussi à la dernière session la coopération de la Prusse. Je ne sais s'il y a ici des officiers qui aient servi dans la dernière campagne; mais il est de fait qu'il a régné toujours entre les Anglais et les Autrichiens la plus grande animosité (1). »

Pendant que Fox constatait ces éléments de dissolution dans l'œuvre des coalisés, la Prusse et les puissances neutres négociaient avec la République française. On annonçait que le baron de Staël était arrivé à Paris. Le baron de Goltz y arrivait le 6 pluviôse et Merlin (de Thionville) était parti le même jour du côté du Rhin chargé d'une mission particulière (2).

Le comte Carletti venait d'arriver de son côté à Paris en qualité d'envoyé du grand-duc de Toscane, ami de la France (3).

A Constantinople, le Divan s'occupait sans relâche de tout ce qui concernait la sûreté extérieure de l'Empire ottoman. Ses soins se partageaient entre la marine et les armées de terre. Les fortifications de Bender avaient été achevées à l'exception d'un glacis auquel plus de mille ouvriers travaillaient journellement. L'artillerie nécessaire allait y être envoyée et la place ne devait pas tarder à être pourvue de toutes sortes de munitions de guerre et de bouche. Le fort d'Ackermann devait être augmenté de trois bastions. On s'occupait aussi de perfectionner les ouvrages d'Ismaïlow. Il y avait dans cette place une énorme quantité de bouches à feu et dans les batteries qui défendaient l'entrée du canal

---

(1) *Le Moniteur universel,* n° 126, 5 pluviôse an III (24 janvier 1795).
(2) Paris, le 6 pluviôse an III. *Le Moniteur universel,* n° 127, 7 pluviôse an III (lundi 26 janvier 1795).
(3) Paris, le 11 pluviôse. *Le Moniteur universel,* n° 133, 13 pluviôse an III (1er février 1795).

on comptait jusqu'à trois cents pièces de canon. On avait fortifié également les bouches du Danube et une nouvelle forteresse allait être construite à Burgas, sur la mer Noire, au fond du golfe de ce nom.

Le Divan avait pris toutes les mesures nécessaires pour hâter la construction de poudreries, de fonderies et de casernes destinées au logement des troupes exercées à l'européenne.

Les Janissaires eux-mêmes paraissaient plus disposés à se soumettre à la nouvelle tactique et même à changer leur costume (1).

L'Autriche avait rappelé l'internonce qui la représentait à Constantinople. Il avait comme successeur le comte Ludolph, ci-devant ambassadeur à Stockholm. On présumait que le cabinet de Vienne, ayant des inquiétudes sur la ligue politique que paraissait enfin adopter la Porte ottomane, allait faire jouer quelques intrigues auprès du Divan pour l'en détourner et qu'il voulait en confier la direction au comte Ludolph, fils du ministre de Naples auprès du Grand-Seigneur. Les conseils du cabinet de Pétersbourg avaient pu aussi contribuer à ce changement. En effet, il n'était pas surprenant que les deux cours redoublassent leurs efforts non seulement auprès du Divan, mais dans Constantinople même où la République française voyait augmenter le nombre de ses partisans.

Les troupes autrichiennes qui composaient les garnisons de Valenciennes, de Condé et du Quesnoy, s'étant engagées à ne pas servir contre la France, avaient été envoyées dans la Galicie et la Bukovine où elles pouvaient être employées contre la Pologne ou la Turquie (2).

Si l'Angleterre se défiait de l'Autriche et de la Prusse, la Prusse avait aussi des motifs pour tenir la Russie en suspicion. On écrivait de Berlin : « Les dernières lettres que le cabinet de Berlin a reçues de Constantinople mettent la per-

---

(1) Constantinople, le 1er décembre 1794. *Le Moniteur universel*, n° 134, 14 pluviôse an III (lundi 2 février 1795).

(2) Vienne, le 18 février 1795. *Le Moniteur universel*, n° 180, 30 ventôse an III (vendredi 20 mars 1795).

fidie de la cour de Russie dans une si grande évidence, surtout à l'égard de la Prusse, que ce ne serait plus une faute de la part des ministres prussiens, mais un crime de haute trahison de s'y laisser prendre davantage. Il paraît que le cabinet de Pétersbourg aurait persuadé au Divan que la Prusse était encore comme autrefois le principal auteur du prétendu partage de la Pologne, lequel n'est, au contraire, qu'un envahissement de ce royaume par l'Impératrice seule, d'après un plan de mauvaise foi et au profit de sa seule ambition. Notre ministre a eu ordre de déclarer à la Porte que Sa Majesté Prussienne, loin d'être l'instigatrice de cette extraordinaire entreprise, était résolue à ne pas tolérer, autant qu'il serait en son pouvoir, que la cour de Russie cherchât à s'agrandir et à s'étendre jusqu'à donner de justes inquiétudes à l'Empire ottoman.

« Si l'on en croit les dernières lettres de Vienne, l'Empereur n'est pas satisfait de la conduite que la Russie se dispose à tenir avec lui. Rien ne s'effectue des promesses que Catherine a faites à la maison d'Autriche à l'égard de la Pologne, et les Autrichiens, dont la jalousie habilement excitée a si bien aidé Catherine à tromper le roi de Prusse, auront bientôt à courir les risques d'avoir été perfides sans profit (1). »

Le ministre de Prusse avait bien essayé de justifier son maître auprès de la Porte d'une connivence secrète avec la cour de Pétersbourg pour un nouveau partage de la Pologne, mais il n'avait pu que s'alarmer pour sa réputation de l'accueil qu'il avait reçu.

Les intrigues de tous genres employées aussi de la part de la Russie et de l'Empereur n'avaient pas eu plus de succès lorsqu'un événement imprévu vint redonner confiance à la coalition. Le Reis-Effendi, homme habile et courageux qui avait été porté à ce poste au mois d'août 1794 par le Capitan-Pacha, venait de mourir dans d'horribles convulsions après avoir pris une tasse de café. Cette perte était si évidemment

---

(1) Berlin, le 1ᵉʳ mars 1795. *Le Moniteur universel*, n° 185, 5 germinal an III (mercredi 25 mars 1795).

funeste à l'intérêt français et à celui des amis de la France que, selon la clameur publique, le poison avait terminé les jours du Reis-Effendi.

Son successeur se nommait Bujeck-Deschikresk (1). Le Grand-Seigneur avait précédemment annoncé à la cour de Pétersbourg qu'il désirait vivement que les affaires de Pologne se terminassent de manière qu'on laissât jouir cette nation de son indépendance et qu'on lui rendît la Constitution de 1791. Le ministre russe n'avait pas encore répondu à cette signification.

La Porte qui avait alors à réprimer des troubles qu'un parti de rebelles entretenait dans les environs d'Andrinople et qui étaient sans doute liés à ceux d'Asie, ne doutait pas que les uns et les autres ne fussent excités et encouragés par la Russie (2).

Malheureusement, la France n'avait plus le même intérêt à faire la guerre et à pousser la Turquie dans la voie belliqueuse. Le moment où l'alliance ottomane aurait pu produire ses fruits les plus utiles était déjà passé.

Merlin (de Douai) constatait ces dispositions pacifiques dans la séance de la Convention du 18 germinal.

« Depuis que la justice, disait-il, tient les rênes du Gouvernement français et que vous avez déclaré *que vous ne vouliez plus diplomatiser avec l'Europe seulement à coups de canon*, les Gouvernements neutres cherchent à se rapprocher de vous et à renouer les liens d'alliance qui les unissaient à nous avant la guerre. Vous allez en trouver une nouvelle preuve dans la lettre adressée au Comité de Salut public par l'envoyé de la République française à Venise. » C'était une lettre de Lallement avisant de la nomination de M. Alvisi Guerini pour résider auprès du Gouvernement français, en qualité d'ambassadeur de Venise et en remplacement de M. Pisani, rappelé sur sa demande.

---

(1) Constantinople, le 28 janvier 1795. *Le Moniteur universel*, n° 189, 9 germinal an III (29 mars 1795).

(2) Constantinople, le 1er février 1795. *Le Moniteur universel*, n° 193, 13 germinal an III (2 avril 1795).

Dans la même séance, Pelet, dans un long discours où il exposait la situation intérieure et extérieure de la République française, faisait aussi étalage de sentiments pacifiques.

« La paix, disait-il, voilà le cri de tous les cœurs, voilà le cri de la raison et de l'humanité ! Tous les vœux de la Patrie l'appellent. Pourquoi ces vœux si ardents n'ont-ils pas été exaucés ? »

Après avoir parlé des opérations de la Diète de Ratisbonne et des débats du Parlement d'Angleterre, il ajoutait : « Après les brillants succès de la dernière campagne, dès qu'on eût vu tout céder à la force de nos armes, une idée séduisante de paix s'empara de tous les esprits; la France entière parut être dans l'attente de négociations qui devaient suivre. On espéra que la République traiterait séparément avec les puissances de l'Allemagne, que la Hollande serait obligée de désarmer, que l'Espagne s'empresserait de revenir à nous et à ses véritables intérêts et que l'Italie suivrait son exemple.

« On se flattait de voir ainsi la coalition dissoute, le continent pacifié et de n'avoir plus à soutenir qu'une guerre unique, mais nécessaire, qu'une guerre maritime contre l'Angleterre dont toutes nos forces réunies suffiraient pour écraser la puissance et l'orgueil.

« La situation militaire et diplomatique de l'Europe semblait rendre ces événements vraisemblables; les alliés étaient désunis; Prussiens et Autrichiens, Hollandais et Anglais ne pouvaient plus marcher ensemble.

« La cour de Vienne, désespérant de nous conquérir et même de nous vaincre, voyant les désastres d'une nouvelle campagne présagés par l'épuisement de ses trésors, par la destruction de ses armées, peu sensible à la perte des Pays-Bas, pouvait espérer des dédommagements avantageux en abandonnant ce fief onéreux à son suzerain, ces provinces toujours remuantes, toujours destinées à devenir la cause de guerres sanglantes.

« La Prusse mécontente et justement inquiète des progrès de la Russie, effrayée un moment par l'insurrection polonaise qui la menaçait elle-même en insultant ses propres frontières, brouillée avec l'Angleterre, se méfiant de l'Autriche, rappela ses troupes des bords du Rhin et envoya des agents en Suisse pour préparer les voies aux négociations avec la République française.

« Les délibérations de la Diète de Ratisbonne annonçaient que les princes de l'Empire soupiraient après la fin de la guerre. Ainsi toutes les puissances coalisées, à l'exception de l'Angleterre, la désiraient également.

« Le projet d'engager les principaux alliés dans des traités partiels, quoique difficile, ne semblait donc pas impraticable ; cependant, il ne s'est pas encore réalisé. Examinons les obstacles qui paraissent avoir été rencontrés et pourquoi les résolutions de l'Empire et les démarches de la Prusse n'ont rien produit.

« Il est évident que la Prusse et la Russie n'ont suscité et entretenu la coalition de l'Europe contre la France que pour pouvoir, sans obstacles, exécuter le partage de la Pologne ; les malheurs de ce pays si digne d'un meilleur sort seront l'éternel opprobre de l'Angleterre ; ses débris épars accuseront à jamais ce Gouvernement machiavélique.

« On vit, à la fin de la campagne de 1793, la cour de Berlin, dont les armées avaient été battues en prêtant un secours équivoque aux Autrichiens, les éloigner du théâtre de la guerre, montrer du dégoût pour cette entreprise désastreuse et peu après n'en recevoir pas moins les subsides de l'Angleterre.

« Ces contradictions s'expliquent quand on pense que le nouvel envahissement de la Pologne n'était pas consolidé. L'Autriche refusait encore de garantir ce nouveau partage ; La Prusse devait donc ranimer plus que jamais la guerre contre la France. L'Autriche épuisait ainsi sur les bords du Rhin son sang et ses trésors et le cabinet de Berlin, recevant les guinées de Londres sans trop exposer ses troupes, trouvait le temps et les moyens de s'établir dans ses usurpations en Pologne.

« Il est démontré aujourd'hui que la cour de Vienne soutenait Kosciusko, qu'elle fit faire quelques mouvements à ses troupes en Galicie et que la Prusse, obligée de se retirer honteusement devant Varsovie, rompit alors ses traités, renonça aux subsides et fit rétrograder les vingt mille hommes que commandait Hohenlohe qui ne s'arrêtèrent que lorsqu'on apprit la défaite de Kosciusko.

« Si, à cette époque, la Prusse parut vouloir se rapprocher de la République française, l'on peut supposer que ce fut pour se faire valoir aux yeux de la coalition ; elle vanta à Ratisbonne ses prétendues liaisons avec la France ; elle demanda que l'Empire lui confiât ses intérêts ; par cette manœuvre, elle empêcha que la médiation fût déférée à la Suède et au Danemark, et lorsque la cour de Vienne se plaignit du vote du Brandebourg qui appuyait celui de Mayence, la Prusse, déterminée sans doute par des pourparlers secrets, consentit à ce qu'elle fût chargée aussi de la négociation.

« Une observation incidente, qui n'est peut-être pas sans quelque importance et quelque intérêt, porte sur l'étonnement qui a dû être causé à notre siècle et que partagera la postérité en voyant le Danemark, la Suède, *la Turquie surtout*, s'en tenir à la neutralité dans un moment où ils pouvaient se réunir avec tant d'avantage et de raison à l'ennemi actuel de leurs ennemis naturels, pour se venger des torts et des outrages de la Prusse et de la Russie.

« Il est plus que probable que la cour de Vienne, craignant les symptômes d'insurrection qui se manifestaient dans la Galicie et que 'tout annonçait être fomentés par les intrigues de la Prusse et de la Russie, craignant aussi de se voir abandonnée et d'avoir seule à soutenir tout l'effort des armes de la République, consentit au partage de la Pologne à condition que la Prusse renoncerait à tout projet de négociation séparée avec la France.

« En supposant, comme rien n'est plus vraisemblable, que l'unique but de la Prusse dans cette guerre soit de s'assurer à jamais sa part de la Pologne, l'on doit croire qu'elle laissera tout en suspens du côté de la France jusqu'à ce qu'un traité définitif entre les co-partageants ait garanti et scellé cette œuvre machiavélique. »

Continuant le 19 germinal le discours qu'il avait commencé la veille, Pelet ajoutait : « Les désastres de la Pologne ont influé sur l'Autriche comme sur la Prusse et leur réaction s'y est fait également sentir.

« J'ai déjà dit l'intérêt que la cour d'Autriche prenait à l'insurrection de la Pologne, les mouvements qu'elle préparait pour soutenir Kosciusko, si celui-ci avait pu résister jusqu'à la fin de la campagne. Tout annonçait que l'Autriche, appelée au partage de ce malheureux pays, se serait déclarée en sa faveur, si elle n'avait pas été engagée dans une guerre avec la France (1). »

La division régnait entre les puissances qui voulaient se partager la Pologne, ainsi que le montre cet exposé.

A Vienne, le bruit courait que la Russie voulait favoriser la Prusse et ne pas permettre à l'Autriche de prendre Cracovie (2).

Quant à la France, son désir de la paix était alors sincère.

Déjà dans la séance de la Convention du 22 ventôse, Cambacérès avait demandé : « Voulez-vous être perpétuellement en guerre avec l'Europe ? » (*Non, non, s'était-on écrié.*) L'un de ses collègues lui avait répondu : « Vous allez, je l'espère, je le désire, donner la paix au peuple français. Remplissez cette mission importante et douce et ne craignez pas qu'on vous chicane sur les responsabilités. » (*Applaudissements réitérés.*)

Quelques jours auparavant, Cambacérès avait prononcé un discours, au nom du Comité de Salut public, sur les relations extérieures. « La paix, avait-il dit, est le but de la guerre. C'est l'ambition qui arme les rois; c'est la justice qui arme les peuples. La diplomatie de la République n'est pas embarrassée comme celle des cours; ni droits du sang, ni pactes de famille, ni intérêts de mariages n'arrêtent sa marche. Elle ne connaît de droits que ceux des nations; le genre humain est sa famille et elle ne s'allie qu'à l'intérêt

---

(1) *Le Moniteur universel*, n° 201, 21 germinal an III (10 avril 1795).
(2) Vienne, le 15 février 1795.

des peuples. Sa politique doit donc être aussi simple que facile. Telle sera la vôtre.

« L'Angleterre, l'Autriche et la Russie conspirent encore pour la domination. Il faut donc *faire des paix partielles;* une négociation unique pour la paix générale est encore impossible. Tandis que nos phalanges républicaines se préparent à de nouvelles victoires contre des ennemis irréconciliables ou irréconciliés, nous devons offrir à l'Europe l'exposé de nos principes et le gage de notre sagesse, rallier autour de nous les Gouvernements demeurés étrangers à une coalition impie, *accueillir* avec générosité les Etats qui auront rompu les chaînes de la ligue.

« Il y a encore impossibilité à accorder tant de puissances dont les projets et les vœux sont si contraires.

« La République a des limites naturelles dans les Alpes et les Pyrénées, dans les deux mers et dans un pays libre allié depuis plusieurs siècles; elle est contiguë vers le nord à des possessions étrangères dont la démarcation a causé des siècles de guerre. De ce côté, l'Autriche a voulu la Lorraine, '' ngleterre, Dunkerque.

« Dans ces pays, plusieurs fleuves, après avoir arrosé nos départements, prennent leur cours vers la mer et nous invitent à leur confier les productions de notre sol et de notre industrie. Examinez si les conseils de la nature, expérience des siècles, ne demandent point que vous traciez d'une main sûre les limites de la République française, base et garantie de la paix universelle. Vous verrez quels sont les moyens de concilier les traités particuliers avec cette idée principale que l'Europe sache que vous n'êtes point dirigés par des vues d'agrandissement, mais seulement par celles de votre repos (1) ! »

Des négociations avaient donc déjà été entamées avec la Prusse. Le comte de Hardenberg, envoyé par ce pays à Bâle, avait dû remplacer le comte de Goltz, décédé. Etait-ce un crime de l'Autriche ? Ce qui était certain, c'était que Londres et Vienne cherchaient à discréditer leur alliée (2).

---

(1) *Le Moniteur universel,* n° 165, 15 ventôse an **III** (jeudi 5 mars 1795). Séance de la Convention du 13 ventôse.
(2) Vienne, le 15 février 1795.

On annonçait aussi qu'Hertzberg devait quitter Berlin pour se rendre à Bâle comme envoyé prussien et à Constantinople, Sa Hautesse avait fait signifier aux ministres de la coalition que, vivement affectée de voir se continuer une guerre si meurtrière et si offensante pour l'humanité, elle offrait de son propre mouvement sa médiation. Les ministres des puissances coalisées avaient paru disposés à croire que leurs cours respectives s'empresseraient de répondre aux intentions du Grand-Seigneur et ils avaient promis d'instruire sur-le-champ leurs maîtres de cette proposition (1).

Dans la lutte que Fox soutenait contre Pitt au Parlement anglais, il s'était montré particulièrement agressif contre la Prusse qu'il accusait d'avoir manqué de bonne foi en 1794. Il était imprudent de trop compter sur un pays qui avait déjà violé ses engagements.

L'Autriche pourrait chercher son intérêt et son salut dans une paix avec la France. L'Angleterre resterait seule pour combattre les Français après avoir payé des subsides à ses alliés ! Pourquoi les Autrichiens avaient-ils abandonné Tournai ? Pourquoi lors de la retraite du duc d'York, avaient-ils si honteusement abandonné Condé et Valenciennes ? Les mouvements des Autrichiens avaient donné au duc d'York autant d'inquiétude que ceux de ses ennemis.

La conduite de la Prusse avait été si basse que les ministres anglais n'osaient plus la défendre. Quant à l'Empire dont faisait partie l'Autriche, il avait déjà entamé des négociations pour la paix, et les subsides fournis par l'Angleterre avaient servi à la Prusse contre la Pologne (2) !

Dans ce pays, le baron de Toll, qui y résidait en qualité de ministre de Suède, avait été indigné de la conduite des Russes. Sa cour avait peut-être, à ce moment, la preuve matérielle que Catherine II avait eu sur la couronne de Suède même des projets pareils à ceux qu'elle réalisait en

---

(1) Vienne, le 15 février 1795. *Le Moniteur universel*, n° 177, 27 ventôse an III (17 mars 1795).

(2) *Le Moniteur universel*, n° 173, 23 ventôse an III (vendredi 13 mars 1795).

Pologne, avec cette différence cependant que le cabinet de Pétersbourg avait commis chez les Suédois un crime de plus que chez les Polonais *où Stanislas-Auguste vivait encore.*

A Berlin, Hertzberg et le prince Henri, qui continuaient à jouir d'une grande influence, blâmaient ouvertement la politique prussienne. On y accusait Bisschofwerder d'avoir entraîné Frédéric-Guillaume dans la fatale coalition (1).

Ces dissensions entre les coalisés étaient connues du Gouvernement ottoman qui paraissait vouloir se dégager de leur tutelle. Le Divan avait expédié deux grosses caravelles à Smyrne pour y porter l'ordre de faire respecter les droits territoriaux de l'Empire ottoman, « attendu que trois frégates anglaises, faisant partie d'une escadre de la même nation qui croisait dans l'archipel, manifestaient des intentions hostiles contre des bâtiments français (2) ».

Ainsi apparaissaient dans toutes les circonstances les marques de la bienveillance toute particulière de la Porte pour la France.

Il y avait eu un moment où l'Autriche battue avait elle-même cherché à se rapprocher de la France. C'est ce qu'expliquait une lettre qui avait paru dans le *Moniteur universel* et qui était ainsi conçue : « On n'a pas oublié que la cour de Vienne envoya à Londres Mercy, le plus pacifique de ses négociateurs, le plus enclin à renouer avec la France ; qu'en même temps la mission de lord Spencer à Vienne parut terminée et son but manqué, et qu'on vit une scission s'effectuer entre les armées anglaise et autrichienne.

« Mais Kozciusko étant battu, Varsovie prise, la Pologne anéantie, le cabinet russe étant déterminé par l'or de la Prusse à adopter ses vues, l'Autriche n'a pu traiter avec la France sans s'exposer au ressentiment et aux forces réunies de ses redoutables voisins ; elle est donc venue se jeter

----

(1) Varsovie, le 11 février 1795. *Le Moniteur universel,* n° 177, 24 ventôse an III (14 mars 1795).

(2) Constantinople, le 28 janvier 1795. *Le Moniteur universel,* n° 189, 9 germinal an III (29 mars 1795).

dans les bras du cabinet de Saint-James, le seul dont elle
n'ait rien à craindre, le seul qui pût offrir à son apaise-
ment des secours pécuniaires.

« La politique autrichienne a toujours regardé les puissances maritimes, et surtout l'Angleterre, comme des alliés
nécessaires; sans son assistance, elle ne croit pas pouvoir
conserver les Pays-Bas et, avec elle, elle ne désespère pas
aujourd'hui même de recouvrer ce qu'elle a perdu.

« Malgré son épuisement, malgré le vide de ses armées,
si nombreuses en apparence, si peu complètes en réalité,
l'Autriche espère que ses forces seront suffisantes pour se
tenir sur la défensive au delà du Rhin; elle ne craint que
pour ses Etats d'Italie, mais elle se flatte que tous les efforts
de la République française se portant vers le Nord, la Lombardie ne sera pas inquiétée.

« La politique autrichienne est de gagner du temps;
les trèves, les suspensions d'armes seront pour elle un
triomphe.

« Colloredo et Thugut, les plus influents des ministres autrichiens, manquent de force et de courage pour diriger vers
une paix décisive la volonté de leur jeune Empereur, il est
vraisemblable que l'Autriche continuera la guerre; si elle
fait des démarches du côté de la France, elles seront timides
et peu sincères.

« Le plan français a été réalisé; il comportait l'occupation
de la rive gauche du Rhin et de la Hollande. La défense de
la France en sera plus facile, si la guerre continue; il ne
lui restera qu'à frapper de grands coups sur l'Italie, inonder
de troupes la Lombardie et le Piémont pour forcer Vienne
et Turin à traiter.

« Si la guerre est nécessaire, la France la fera; si la paix
paraît s'éloigner, c'est qu'on l'a crue peut-être trop prochaine et facile.

« L'entrée de la France en Hollande doit donner la paix à
l'Europe. La paix avec la Hollande est nécessaire pour
conserver les richesses de ce pays qui iraient à l'étranger;
ce pays serait à charge.

« Qu'il est beau de présenter l'olivier de la paix, lorsqu'on a le front ceint des lauriers de la victoire. Il est temps pour la France de borner elle-même ses conquêtes (1). »

La France paraissait, en effet, disposée à traiter avec ses ennemis puisque, dans la séance du 21 germinal, Rewbell faisait part à la Convention des articles du traité de paix conclu le 16 entre le ministre plénipotentiaire de la République française et celui du roi de Prusse.

Mais cette paix avec la Prusse était en même temps l'abandon de la Pologne, dont les habitants qui voulaient rester libres se réfugiaient les uns à Constantinople, les autres à Venise.

Le ci-devant chancelier polonais Kollontay avait trouvé moyen de soustraire en fuyant une très forte somme appartenant à l'Etat; son frère avait déposé ce trésor en Turquie (2).

Les relations diplomatiques de la République allaient redevenir normales avec plusieurs pays.

Dans sa séance du 2 floréal an III, la Convention avait décrété qu'elle recevrait M. Frédéric Staël-Holstein en qualité d'ambassadeur extraordinaire du roi de Suède. Le 4 floréal, Staël-Holstein fut admis et, à cette occasion, Merlin (de Douai) fit cette déclaration au nom du Comité de Salut public : « Avant le 9 thermidor, on vous disait à cette tribune que vous ne deviez diplomatiser qu'à coups de canon. Depuis que vous êtes rendus à vous-mêmes, il vous est permis de manifester vos propres pensées; vous avez plus d'une fois proclamé solennellement votre respect pour toutes les institutions de la diplomatie qui tiennent au droit des gens.

« Votre Comité de Salut public ne s'écartera donc pas de l'esprit qui vous anime et vous dirige en vous proposant aujourd'hui de fixer le mode de réception des ambassadeurs étrangers dans le sein de la représentation nationale. »

La Révolution s'humanisait et son esprit belliqueux s'atténuait. Mais, en même temps, les projets d'une alliance ottomane devaient en souffrir.

---

(1) *Le Moniteur universel*, t. 24, p. 171.
(2) *Le Moniteur universel*, n° 243, 3 floréal an III (22 avril 1795).

C'était cependant l'heure où l'ambassadeur de la République pouvait s'installer enfin dans le Palais de la Légation française à Péra, et était officiellement reconnu (1).

D'importants armements étaient toujours prévus par la Porte pour le printemps. Les matelots, les canonniers étaient exercés par des officiers étrangers, surtout français. De nombreux navires étaient en construction sur les chantiers. Le prince Ypsilanti, disgracié, avait été rappelé d'exil et on lui avait rendu le Gouvernement de la Valachie. Les Anglais ayant pris un navire français dans le golfe de Smyrne, alors qu'un firman ne légitimait les prises qu'à trois milles des côtes, la Porte avait ordonné au gouverneur de Smyrne de réclamer ce bâtiment et de le mettre provisoirement sous séquestre.

La famine régnait alors à Constantinople et dans l'Empire. La viande y était chère et rare ainsi que le pain. Aussi le Grand-Seigneur avait-il ordonné l'armement de vingt vaisseaux de guerre pour escorter les transports qui devaient aller chercher des grains en Syrie, s'opposer à l'exportation des grains des autres Echelles et donner la chasse aux corsaires qui infestaient l'archipel.

Andrinople était aussi exposée aux incursions des brigands et ces diverses circonstances n'étaient guères favorables aux projets belliqueux que pouvait nourrir la Porte (2).

Ses préparatifs paraissaient cependant d'autant plus urgents que la Russie ne cachait pas ses intentions hostiles. « L'ambitieuse Catherine, annonçait une correspondance de Prusse, non contente d'avoir envahi la Pologne, paraît vouloir usurper la plus belle partie de la Turquie et s'arroger la suprématie maritime dans le nord. Il court à ce sujet deux bruits qui ne sont pas sans vraisemblance ; le premier, qu'elle fait marcher une armée vers les frontières ottomanes, et le second qu'elle arme extraordinairement dans ses ports. On ajoute que l'Angleterre promet son assistance aux vastes

----

(1) Turquie. Extrait d'une lettre de Constantinople du 27 février 1795. *Le Moniteur universel*, n° 217, 7 floréal an III (26 avril 1795).
(2) Constantinople, le 15 février 1795. *Le Moniteur universel*, n° 221, 11 floréal an III (30 avril 1795).

desseins de la Russie. Il est bien temps enfin que l'Europe s'éclaire sur l'entreprise des deux cours les plus dangereuses pour l'indépendance des autres nations (1). »

C'était sans doute en vue de parer à ce danger et de défendre leur neutralité que la Suède et le Danemark levaient des troupes et poursuivaient avec la plus grande activité leurs préparatifs maritimes. L'escadre de ces deux pays devait être portée à trente-deux vaisseaux.

Il était arrivé à Constantinople un courrier extraordinaire de Stockholm avec des dépêches adressées à l'envoyé de Suède. Les ministres des diverses puissances étrangères avaient reçu également des courriers. Il circulait un bruit dont le temps seul pouvait permettre d'apprécier la valeur, c'est que le traité de subsides entre la Porte et la Suède venait d'être rétabli sur le même pied qu'avant la mort de Gustave III. On ajoutait qu'il y avait sur le tapis un traité d'alliance offensive et défensive entre la Porte, la Suède, le Danemark, la Prusse, la République française et la Hollande. En supposant ce traité véritable, l'objet précis d'une alliance aussi formidable était encore un mystère. Ce qu'il y avait de certain, c'était que le citoyen Descorches, ministre de France, avait de fréquentes entrevues avec le Reis-Effendi (2).

Cette nouvelle était confirmée par la lettre suivante, venue de Copenhague : « On parle d'un traité conclu entre la cour de Londres et celle de Pétersbourg, par lequel ces deux puissances prétendent se garantir réciproquement la prépondérance dans le Nord.

« La Grande-Bretagne veut arrêter les navires danois et ceux des pays neutres chargés de grains pour la France. Il va se former dans le Nord une contre-coalition qui saura faire respecter les principes de justice trop longtemps méconnus et violés. Le Danemark, la Suède, la Prusse, la Porte enfin éclairée sur les périls de sa temporisation, ne

---

(1) Thorn, le 15 avril 1795. *Le Moniteur universel*, n° 238, 28 floréal an III (17 mai 1795).

(2) Constantinople, le 30 mars 1795. *Le Moniteur universel*, n° 251, 11 prairial an III (30 mai 1795).

tarderont pas à s'unir étroitement. Les forces maritimes du Danemark et de la Suède sont prêtes (1). »

De Berlin, on écrivait encore au sujet du rapprochement de la Porte avec la Prusse : « La cour fait de grands préparatifs militaires. Notre cabinet étend de plus en plus ses rapports avec l'Empire ottoman. Il vient de terminer avec cette puissance une nouvelle convention relative aux droits de douane. Les négociants prussiens seront traités désormais dans les ports turcs comme les négociants français (2). »

La Porte cherchait à introduire d'utiles améliorations dans son système politique et militaire et à s'approprier les meilleures institutions des autres cours de l'Europe. La partie des relations extérieures, la tactique et l'art nautique avaient fait notamment l'objet de ses préoccupations.

Une nouvelle milice exercée particulièrement par des officiers français était en train de s'organiser. Les soldats qui la composaient avaient quitté le costume asiatique et — innovation considérable pour les Turcs ! — ils ne portaient pas la barbe.

Des écoles publiques devaient être créées pour toutes les branches de l'enseignement, pour les mathématiques, le génie, l'artillerie... On s'était assuré à cet effet le concours d'habiles professeurs français et italiens.

Enfin, et c'était un changement important dans les habitudes et les traditions du Gouvernement ottoman, le Grand-Seigneur avait résolu d'entretenir auprès des Etats de l'Europe des ambassadeurs permanents (3).

Un courrier extraordinaire avait enfin apporté le 4 mai, au ministre de Prusse en Turquie, la nouvelle de la paix conclue entre sa cour et la République française. Ce ministre eut à ce sujet une conférence avec le Reis-Effendi. Le ministre de France, le citoyen Verninac, récemment arrivé, et les autres membres du corps diplomatique, reçurent des copies du traité. Le lendemain, le ministre français rendit

______

(1) Copenhague, 20 mai 1795.
(2) Berlin, le 20 mai 1795.
(3) Constantinople, le 20 avril 1795. *Le Moniteur universel*, n° 270, 30 prairial an III (jeudi 18 juin 1795).

visite à celui de Prusse et de là tous les deux se rendirent ensemble chez le Reis-Effendi.

Ils pouvaient constater que les préparatifs de la Porte semblaient annoncer une guerre contre la Russie dont la situation de la Pologne serait la principale cause et dans laquelle la Porte aurait pour alliés effectifs les puissances du Nord réunies. Ce projet paraissait se suivre avec activité (1).

Le roi de Suède avait accédé en sa qualité de duc de Poméranie au traité de paix conclu entre la République française et le roi de Prusse. La ratification devait en être faite à la Diète de Ratisbonne (2).

La nouvelle de la reconnaissance par la Porte de la République française était aussi parvenue en Allemagne. On y savait qu'elle avait fait complimenter par son drogman, le citoyen Verninac, le nouveau ministre français, et que celui-ci attendait incessamment une audience du Grand-Vizir et du Grand-Seigneur (3).

Le citoyen Verninac avait notifié officiellement à la Porte la conclusion du traité de paix entre la France et le roi de Prusse. Le Grand-Seigneur avait reçu cette nouvelle avec des démonstrations de joie significatives.

Le Gouvernement ottoman, mettant en pratique le nouveau système qu'il avait adopté en ce qui concernait ses relations avec les puissances de l'Europe, avait fait choix de deux ministres qui devaient se rendre auprès des cabinets de Vienne et de Berlin avec le titre d'envoyés extraordinaires; le premier était Ibrahim-Bey, secrétaire de l'aga des Janissaires, personnage qui jouissait d'une grande considération dans le Divan; l'autre se nommait Ali-Effendi; il avait aussi la réputation d'un politique habile et était employé à la Chancellerie d'Etat (4). Ainsi la Turquie paraissait vouloir entrer de plus en plus dans le concert européen.

---

(1) Constantinople, le 10 mai 1795. *Le Moniteur universel*, n° 283, 13 messidor an III (mercredi 1er juillet 1795).

(2) Stockholm, le 30 mai 1795. *Le Moniteur universel*, n° 278, 8 messidor an III (vendredi 26 juin 1795).

(3) Hambourg, le 24 juin. *Le Moniteur universel*, n° 293, 23 messidor an III (samedi 17 juillet 1795).

(4) Constantinople, le 25 juin 1795. *Le Moniteur universel*, n° 295, 25 messidor an III (13 juillet 1795).

CHAPITRE VII

MISSION DE VERNINAC
ET D'AUBERT-DUBAYET

Verninac est reconnu officiellement par la Porte. — Ses premières négociations. — Rapport du ministère des Relations extérieures sur la situation de la France, notamment dans le Levant. — Rapports du même ministère au Directoire. — Instructions à Verninac. — Verninac fait accepter à la Porte un traité d'alliance qui n'est pas ratifié. — Verninac est rappelé le 16 ventôse an IV. — Les instructions envoyées à Aubert-Dubayet continuent celles données à Verninac, son précédesseur. — Descorches cherche vainement à se faire entendre du Directoire. — Ses réclamations. — Nouvelle campagne d'Hénin contre Descorches. — Descorches obtient une audience du Directoire le 3 floréal. — Le ministre des Relations extérieures est chargé de faire un rapport sur son compte. — Pénurie des finances du Directoire. — Situation de la France dans le Levant depuis le départ de Descorches. — Renseignements de Stamaty. — Nouvelles inculpations contre Descorches. — Il renouvelle ses réclamations pécuniaires. — Il demande que justice soit rendue à sa conduite. — Talleyrand, devenu ministre des Relations extérieures, l'informe qu'il a fait approuver par le Directoire les services qu'il a rendus dans son ambassade. — Rôle de Mme Descorches. — Rapport au Directoire exécutif fait par le nouveau ministre des Relations extérieures sur la mission de Descorches.

A l'heure où Descorches, de retour de sa mission, faisait au Directoire l'exposé de la situation dans laquelle il avait laissé le Levant, c'était Verninac qui, dès son arrivée à Constantinople, recueillait les résultats de la politique de son prédécesseur. Verninac avait fait son entrée dans la capitale de la Turquie le 14 avril 1795 (1), rejoint quelque

---

(1) « Le citoyen Verninac, nouveau ministre de la République française, est arrivé ici le 14 de ce mois. Il est accompagné du citoyen Ruffin, ancien drogman de France. » Extrait de la *Gazette nationale* du 29 prairial an III (mercredi 17 juin 1795). Nouvelles étrangères. Turquie.

temps plus tard par le citoyen Ruffin, cet ancien drogman qui, après son retour du Levant où il avait longtemps résidé, avait été occupé dans les bureaux du ministère des Affaires étrangères. Descorches l'avait déjà demandé comme l'agent le plus capable par sa réputation et ses services antérieurs, de servir d'intermédiaire entre la Porte et les représentants de la République. Plus heureux que Descorches, Verninac allait être reçu officiellement par la Porte (1). En même temps, le Gouvernement ottoman, rompant avec ses traditions, se décidait à entretenir des ministres résidents auprès des divers cabinets de l'Europe. Une note parue dans la *Gazette nationale de France* annonçait en ces termes cette nouvelle : « Convaincue de l'utilité qui résulte de cette institution de la politique moderne pour la facilité et la rapidité des communications et la surveillance des intérêts réciproques, la Porte a renoncé à cette fausse grandeur qu'elle a fait consister jusqu'ici à recevoir des ambassadeurs de toutes les puissances, sans leur en envoyer. Il n'est pas douteux que cette résolution n'influe puissamment sur le progrès des lumières en Turquie. Les Ottomans se familiariseront avec les mœurs, les usages et les connaissances des Européens auxquels ils étaient demeurés étrangers jusqu'à ce jour et chercheront sans doute à transporter les sciences et les arts dans leur pays. C'est demain que la Porte doit nommer les ministres qu'elle enverra auprès des cabinets de Berlin et de Vienne. Dans peu, la Porte s'occupera également du choix d'un ministre pour Pétersbourg (2). »

Verninac, dès son arrivée notifiée à la Porte, le 29 floréal, lui avait demandé sa reconnaissance préalable en l'informant de la conclusion de la paix avec la Prusse. Cette nouvelle, reçue par le Sultan avec de grandes démonstra-

---

(1) Le citoyen Verninac a été reconnu par la Porte en qualité d'envoyé de la République française. Il doit avoir prochainement une audience du Grand-Vizir. Constantinople, le 12 mai 1795.

(2) *Gazette nationale de France* du 29 prairial, l'an III de la République (mercredi 17 juin 1795). Correspondance de Constantinople du 25 avril.

tions de joie qui consternèrent les ministres d'Angleterre et d'Autriche, donnait à la Porte l'occasion de reconnaître la République française. La Porte avait en effet déclaré précédemment qu'elle attendrait pour consentir à cette reconnaissance *qu'une tête couronnée* lui en donnât l'exemple.

Ce fut le 2 prairial que Verninac reçut la visite d'étiquette de Moruzzi qui était redevenu drogman de la Porte et qui se rendit en grande pompe chez lui pour le complimenter. Le nouveau ministre, qui était reconnu officiellement par la Porte ottomane comme envoyé extraordinaire de la République française, fit présent au drogman d'une superbe montre enrichie de brillants d'une valeur de plus de six mille piastres, et la même, disait-on, que celle ayant appartenu à Marie-Antoinette (1).

Il devait avoir une audience du Grand-Vizir le 20 prairial. Dès le 1er prairial, il pouvait annoncer au Comité de Salut public que la République était reconnue à Constantinople.

Après cette reconnaissance officielle, les armes de la République furent placées sur la porte du Palais de l'ambassadeur. Le ministre de Prusse alla le complimenter et notifia de son côté au Divan le traité de paix conclu entre son pays et la République. Quant aux ministres des autres puissances, ils s'abstinrent de toute visite. A partir de ce moment, Verninac entra en rapports suivis avec les membres du Divan (2).

Dans un entretien avec Ratib, ancien ambassadeur à Vienne, et qui remplissait alors les fonctions de Reis-Effendi, Verninac avait rappelé qu'au début de la Révolution, les intrigues russes et autrichiennes faisaient prévaloir dans le Gouvernement français l'opinion que les Ottomans ne pouvaient plus se soutenir en Europe et qu'il y avait lieu de se partager leurs dépouilles.

---

(1) Bulletin républicain. Nouvelles de tous les pays et de tous les jours, n° 289, le 19 messidor an III (mardi 7 juillet 1795).

(2) Constantinople, le 26 mai 1795. *Le Moniteur universel*, 1er ther-midor an III (dimanche 19 juillet 1795).

La Porte avait fait fait observer de son côté que la paix conclue entre la France et la Prusse laissait à Frédéric-Guillaume la faculté de disposer de quatre-vingt mille hommes
sur la Vistule. Y avait-il dans le traité de Bâle des stipulations concernant la Pologne ? Verninac l'ignorait, car ce
n'était que par la voix publique qu'il avait appris que la
Prusse et l'Espagne avaient demandé à traiter.

Il faisait aussi allusion à un projet que la France avait
eu d'annexer Candie. Dumas y était allé en 1785 et 1786.
Un mémoire à ce sujet avait été remis à Castries, ministre
de la Marine, en prévision d'un démembrement de l'Empire
ottoman. Pour y mettre obstacle, la France n'aurait pas
fait alors d'efforts suffisants.

Un rapport du deuxième bureau du ministère des Relations extérieures donnait à cette époque ces intéressants
détails sur les vues du Gouvernement français à propos de
la situation de la France dans le Levant. « Elèverons-nous
notre voix, écrivait l'auteur du rapport, pour réparer les
malheurs attirés sur notre commerce du Levant, tant par
la trahison de plusieurs de nos agents politiques que par
les différentes factions qui ont agité quelques-unes de nos
Echelles. Nous ne croyons même pas devoir fixer l'attention
du ministre sur le mal en général qui est résulté *de la vas-
cillation* dans l'envoi de nos agents *ainsi que de l'abandon
total* dans lequel nous avons laissé gémir plusieurs d'entre
eux, abandon qui a compromis momentanément la gloire
de la République française. »

Triste aveu qui disculpait Descorches de l'insuccès de sa
mission !

Puis le rapport donnait un aperçu général des relations
de la France avec la Russie, la Prusse, la Pologne, la Porte
ottomane et les Puissances barbaresques.

Russie. — En 1793, les Français avaient été obligés
d'abandonner ce pays. Toutes relations commerciales et politiques étaient interrompues depuis.

Prusse. — La paix était rétablie avec cette puissance;
Caillard, nommé ambassadeur, était rendu à son poste. Cette

paix particulière devait préparer la paix générale et permettre d'utiliser la Baltique pour activer l'arrivage dans les ports français des denrées du Nord.

Pologne. — En 1793, on avait pu correspondre avec ce pays par l'intermédiaire du comité de Leipzig et de Parandier. La force des armes avait comprimé les élans généreux de ce peuple. Depuis, les relations avaient cessé. On ne pouvait offrir à ce malheureux pays que des larmes, des couronnes civiques et les palmes de l'immortalité pour sa glorieuse résistance,... ce qui était peu.

Porte ottomane. — Après la défection de Choiseul-Gouffier, Joseph Fonton, premier drogman, avait été élu chef provisoire et la Convention avait approuvé ce choix.

Toute la correspondance politique et consulaire avait été concentrée au Comité de Salut public.

Dans les Echelles, dès le mois d'octobre 1790, les Français avaient été chassé d'Acre et de Seyde et avaient dû se réfugier à Jaffa.

En Egypte, Magallon, avec ses compatriotes, avait dû fuir à Alexandrie.

Le rétablissement de la situation de la France dans le Levant se ferait à la paix.

Le Comité de Salut public avait envoyé à Verninac, sous les signatures de Sicyès, de Bry et Boissy, des instructions dans lesquelles on l'engageait *à ne pas trop presser la Porte en faveur de la Pologne.* Si la Pologne devait être rendue indépendante de la Russie et de l'Autriche, *il convenait que la Prusse gardât la partie de ce pays qu'elle avait annexée.*

Telle était l'une des premières conséquences du traité de Bâle dans lequel la France ne s'était pas préoccupée du sort de la Pologne. Un Polonais, Oginski, avait été envoyé par ses compatriotes réfugiés en France et à Venise auprès de la Porte pour obtenir son appui. Mais, depuis, le Gouvernement français avait été prévenu contre lui. N'était-il pas un traître ? Quelles étaient ses liaisons avec l'Impératrice (1) ?

____

(1) Instructions à Verninac, 1er vendémiaire an **IV**.

Ces instructions s'étaient croisées avec une lettre de Verninac annonçant que Saint-Priest émigré en Suède avait été avisé que cette puissance n'avait reçu comme subsides que 600.000 francs du Gouvernement français. L'accord ne se faisait pas entre le Danemark et la Suède. La Porte en avait aussi reçu avis par Saint-Priest et le Danemark n'avait pas encore reconnu la République (1).

Bien qu'arrivé depuis peu de temps à son poste, Verninac demandait déjà un congé. Il avait connu par le ministre d'Espagne les succès de l'armée d'Italie. Il signalait les résultats heureux obtenus par la mission militaire envoyée en Turquie. La Porte qui ne possédait au commencement de 1794 que dix canons de campagne montés en avait alors une centaine (2).

Dans un autre rapport au Comité de Salut public, Verninac faisant allusion aux événements des 12 et 13 vendémiaire, écrivait (3) : « Presque en même temps, nous apprenons ici la nouvelle des derniers dangers qu'ont couru la République et la Liberté dans les journées des 12 et 13 vendémiaire et qui ont été surmontés par la sagesse et l'énergie des représentants du peuple et par la fidélité des bons républicains. Grâces en soient rendues aux uns et aux autres et puisse le sang qui a coulé être le dernier qu'il aura été nécessaire de répandre pour cimenter l'édifice de la République ! Ces dangers, les plus grands qui aient menacé la liberté française, *nous étaient signalés depuis longtemps par la jactance de nos ennemis et par les lettres qui nous arrivaient d'Italie et de Marseille.* Même on avait porté la confiance dans le succès de ces intrigues que vous avez déjouées jusqu'à le proclamer formellement ici et ce fait me paraît trop important pour que je ne vous en rende pas compte. Nous apprîmes à Constantinople, vers le 13 brumaire, mais confusément, qu'il y avait eu de grands troubles à Paris avant que nous eussions pu en connaître parfaitement la nature et l'effet. Le ministre de l'Empereur fit répandre avec

---

(1) Verninac au Comité, 4 vendémiaire.
(2) Rapport de Verninac, 19 brumaire an IV (10 novembre 1795).
(3) Verninac au Comité de Salut public. Péra, 4 frimaire an IV

profusion dans tous les quartiers, dans tous les cafés, dans
tous les endroits publics, partout, l'extrait d'une gazette
de Bude annonçant que le 11 octobre quelques sections de
Paris s'étaient insurgées contre la Convention nationale,
qu'elles avaient mis le général Menou à leur tête, que la
Convention avait été assaillie et dissoute et que cent soixante-
cinq de ses membres avaient dû s'enfuir; que le même jour,
vers le soir, Charette, à l'armée duquel s'était réunie celle
des Pyrénées, était entré dans Paris, que Louis XVIII avait
été proclamé roy aux acclamations du peuple et qu'ainsi
avait fini la République française. Cette nouvelle fit un
moment une fortune inconcevable et l'on vit des gens crier :
« Vive le Roy ! »

« Je fis démentir cette nouvelle et établis que si ces événements avaient eu lieu, on les aurait appris à Constantinople, non pas par la *Gazette de Bude*, mais par des courriers extraordinaires; non pas le quarantième, mais le ving-
tième jour après leur réalisation, comme lors de la livraison
de Toulon et de quelques autres circonstances importantes.
Les envoyés de Prusse et d'Espagne, l'ambassadeur de Venise
se montrèrent très bien dans cette occasion. Des courriers
porteurs de ces nouvelles alarmantes avaient été envoyés
à Smyrne et des bateaux en mer pour jeter le trouble parmi
nos forces navales de l'archipel nouvellement arrivées. »

Au sujet du partage de la Pologne, Verninac informait
son Gouvernement qu'il avait été définitivement réglé par
une Convention signée à Pétersbourg le 24 octobre. Il tenait
ce renseignement du ministre de Prusse. Une population de
15 millions d'hommes était répartie entre les trois puissances
partageantes (1).

Thainville, alors à Alexandrie où l'avait envoyé Verninac,
donnait de son côté ce renseignement sur les affaires de
Pologne. Il mettait le Comité de Salut public en garde contre
un aventurier, un certain comte Aczac, très lié avec Florenville, qui se disait patriote polonais, mais qui, en réalité,
était un espion russe. C'est de cette source qu'étaient

____

(1) Verninac au Comité de Salut public, 14 frimaire an IV.

envoyées en Pologne des calomnies contre les agents de la République, notamment contre Descorches à qui il fallait bien se garder de se confier et qu'on représentait comme étant à la veille d'émigrer. Aczac avait fini par être découvert et rejeté par les Polonais de Constantinople (1).

Le Gouvernement français était aussi renseigné sur les projets que la Russie méditait contre la Turquie d'Europe par Durosoy, ancien secrétaire de Mavrocordato, ci-devant prince de Moldavie (2). La Russie promettait bien aux Grecs de l'archipel l'indépendance, mais ils ne feraient que changer de joug. Comme moyen de propagande, elle avait su attirer à sa cour un grand nombre de seigneurs grecs et moldaves qui désiraient le démembrement de l'Empire ottoman. Comme agents, elle avait à sa disposition Alexandre Mavrocordato, ce ci-devant prince de Moldavie qui, après avoir dans la dernière guerre livré cette province aux Russes, s'était réfugié à Saint-Pétersbourg; le patriarche Eugénius, l'archevêque de Pultava, et le général en chef Laskarow. Elle avait des émissaires dans l'archipel, auprès de la Porte et dans le ministère ottoman lui-même elle pouvait compter sur le concours de Missoglou, beau-frère du prince Mavrocordato.

Les troubles de Belgrade, de la Géorgie et de la Perse étaient le prélude d'une intervention de la Russie. Durosoy, sous différents prétextes, avait pu se rendre à Constantinople pour donner avis à Descorches de ces menées; mais il fut arrêté à Jassy et conduit à Saint-Pétersbourg où il resta six mois prisonnier.

Constantin Stamaty, cet agent secret, Grec de naissance, employé par le Gouvernement français qui l'avait envoyé précédemment à Jassy, en Moldavie, sur la proposition de Parandier, était venu de Hambourg où il résidait alors à Paris. Il écrivait à Reinhard qu'il servait la République depuis cinq ans et il ne pouvait présumer qu'une démarche, qu'il n'avait hasardée que pour le bien du service, l'expo-

---

(1) Thainville au Comité de Salut public. Alexandrie, le 15 frimaire an IV.

(2) Lettre de Durosoy, rue de la Harpe, maison de la Harpe, n° 164, au ministre des Relations extérieures. Paris, le 24 frimaire an IV.

serait à perdre la confiance du Comité de Salut public (1).

Quelques jours plus tard, il écrivait de nouveau que s'il avait cru devoir venir à Paris, c'était pour y réclamer *une mission officielle*. Aussi avait-il différé l'exécution des ordres du Comité de Salut public qui lui avaient été transmis à Altona par Parandier. Il languissait depuis trois mois à Paris et il demandait à être renvoyé à Hambourg, mais avec le titre de vice-consul (2).

On avait demandé à Verninac s'il pouvait l'employer comme secrétaire-interprète. Mais, le considérant comme suspect, il avait donné un avis défavorable (3). Stamaty devait être cependant nommé peu après consul général en Moldavie et en Valachie. Dans une lettre du 16 ventôse an IV, le ministre des Affaires étrangères demandait à Verninac de le recommander aux Princes de ces deux pays. Un autre Grec, Cadikra, ci-devant secrétaire d'Etat et conseiller intime du prince de Moldavie, servait aussi les intérêts de la France.

Le Gouvernement français s'était occupé à nouveau des secours à donner aux Turcs et de l'action que Verninac devait exercer dans ce sens. Le dernier partage de la Pologne, disait au Directoire le ministre des Affaires étrangères, a désillé tous les yeux *sur l'insatiable ambition de la Russie* et de faibles secours envoyés à temps auraient suffi pour l'empêcher. La triple alliance qui s'était formée à l'occasion de ce partage constituait un danger et il convenait de contenir l'ambition *de la Sémiramis de la Néva*. Le Directoire regrettait l'abandon de la Pologne.

Le ministre, dans son rapport, continuait ainsi : « Si l'on jette un coup d'œil attentif sur la correspondance des derniers envoyés de nos prétendus souverains à Vienne, Pétersbourg et Constantinople, on sera indigné de la lâcheté ou plutôt de la perfidie avec laquelle ces dignes valets de la cour ont prostitué à la maison d'Autriche notre commerce,

---

(1) Lettre de Stamaty, 15 messidor an III, Hôtel de Rouen, rue Saint-Benoît.

(2) Stamaty au Comité de Salut public, le 1er thermidor an III, rue de l'Université.

(3) Rapport du 14 nivôse an IV.

nos trésors et notre considération. Il en résulte l'isolement absolu de la Porte ottomane et son affaiblissement proportionné aux forces que nos ennemis les plus implacables puisaient dans nos propres moyens. Malgré le courage qu'elle a déployé dans la dernière guerre, la Porte tombait, victime de notre mauvaise politique, sous les coups de la coalition impériale. »

Les menaces de la Prusse et l'opposition constante des Polonais empêchèrent seules Catherine II de rejeter les Turcs en Asie. Alors, la Méditerranée aurait appartenu à l'Angleterre alliée de la Russie. C'eût été l'anéantissement du commerce de la France, de ses manufactures du Midi, de ses matelots et de sa marine.

L'opposition des Polonais au libre séjour des Russes sur leur territoire arrêta les projets ambitieux de ces derniers. Mais le danger était devenu plus grand depuis le partage de la Pologne et la Russie envoyait déjà des troupes en Géorgie.

En secourant les Turcs, la France ajournait indéfiniment les projets des Russes sur Constantinople et ceux de l'Angleterre sur la Méditerranée.

En outre, une diversion turque contre l'Autriche aurait eu un effet utile sur le Rhin.

La France ne pouvait envoyer de secours directs aux Turcs, mais elle était en mesure de leur apprendre à se servir de leurs propres moyens. Il fallait mettre leur flotte de la mer Noire à même de ruiner la flotte russe alliée des Anglais, perfectionner leur artillerie, bien que pendant la dernière guerre ils eussent obtenu des succès éclatants, malgré la supériorité des Russes en ce genre, créer des divisions d'artillerie légère, envoyer des ingénieurs et des ouvriers, établir des ateliers et fonderies pour la construction de canons. On proposait de désigner pour Constantinople Grobert, sous-directeur de l'arsenal de Paris, et Pampelonne, et de prendre du matériel dans les arsenaux de Meulan et de Valence (1).

---

(1) Rapport du ministre des Affaires étrangères au Directoire sur les secours à donner aux Turcs, 27 pluviôse an IV.

Un arrêté du Directoire envoyait en effet Pampelonne à Constantinople (1).

Un autre rapport rappelait que les changements fréquents dans la composition de l'ancien Comité de Salut public avaient été la cause de modifications dans les instructions données à Verninac. Les principes en différaient quelquefois en raison des circonstances.

Le Comité de Salut public, présumant trop peut-être de ses efforts pour la paix générale, avait recommandé au citoyen Verninac de ralentir ses négociations pour amener une rupture entre la Turquie et la Russie. Indépendamment de ce que ce changement de conduite pouvait avoir de surprenant, les suites qu'il avait eues étaient de nature à causer à la France quelques regrets. Il était très vraisemblable, en effet, que le partage de la Pologne n'aurait pas été consommé, si le citoyen Verninac avait réussi à donner à la Russie des inquiétudes qui eussent eu le double objet d'attirer sur un autre point les forces de l'Impératrice et d'encourager les Polonais à une résistance qui eût changé peut-être l'état de choses qui affligeait aujourd'hui les Français. Quoi qu'il en fût, moins occupé à découvrir des fautes qu'à les réparer, le Directoire avait donné de nouvelles instructions au citoyen Verninac. Une démarche extraordinaire auprès de la Porte était nécessaire pour lui expliquer les variations de la politique française. On ne pouvait donc pas donner à Verninac le congé qu'il sollicitait. Il convenait même d'envoyer un ambassadeur extraordinaire qui, de concert avec Verninac, annoncerait à la Porte les mesures énergiques que le Directoire avait l'intention de prendre. On proposait de désigner un militaire ayant un nom connu et illustré par des victoires pour capter la confiance et la considération des Turcs et de le mettre à la tête des troupes nouvelles qu'ils formaient. Pour les cadeaux à faire, on pouvait prendre l'avis de Descorches; mais il paraissait désirable d'envoyer comme présents des modèles de la nouvelle artillerie (2).

____

(1) Arrêté du Directoire. Pour copie conforme : Ch: Delacroix, 21 pluviôse an IV.

(2) Rapport du ministre des Affaires étrangères, 8 nivôse an IV.

Ce conseil devait déterminer sans doute la prochaine nomination d'Aubert-Dubayet.

L'intention du Directoire était donc de suivre dans ses grandes lignes la politique qui avait été adoptée vis-à-vis de la Porte depuis le commencement de la Révolution et qui était celle suivie traditionnellement par la France. Toutefois, ce rapport mettait en lumière les désastreux effets des fluctuations et de l'attitude vacillante du Comité de Salut public, qui avaient été si préjudiciables à l'influence de la France dans le Levant et au sort de la Pologne !

Le ministre des Affaires étrangères, s'inspirant des dispositions du Directoire *qui ne voulait laisser échapper aucune occasion de susciter des ennemis à la Russie,* avait recommandé à Verninac de profiter de la circonstance que lui offrait la guerre, que cette puissance s'était attirée en Perse, pour lui créer de nouveaux embarras. Aga Mehemed Khan, le régent actuel de la Perse, était considéré comme un ennemi plus redoutable pour les Russes que Pugatschef. Le ministre Delacroix conseillait à Verninac de lui envoyer des émissaires et de faire soulever les populations mahométanes sur la frontière russe (1).

Il signalait au Directoire l'utilité de la destruction du port de Cherson et rappelait que depuis soixante-quinze ans la France n'avait fait à la Turquie que de stériles propositions; il insistait sur la nécessité d'aider militairement ce pays en lui envoyant notamment de l'artillerie légère (2).

Dans un rapport du 20 pluviôse, Delacroix revenait sur le même sujet, insistant sur les mesures à prendre pour éviter la ruine de la Turquie. En cas de défaite des Turcs, la France occuperait Candie ou Rhodes pour sauvegarder le commerce de l'Asie Mineure.

Quant à l'Egypte, elle n'était d'aucun produit pour les Turcs. Elle était livrée à six mille brigands acharnés à la dévaster. Dix mille républicains suffiraient pour la délivrer,

---

(1) Le ministre des Relations extérieures au citoyen Verninac, 2ᵉ division, 4ᵉ bureau. Paris, le 4 pluviôse an IV.
(2) Rapport du 12 pluviôse au Directoire.

pour y ramener la paix et l'abondance et en faire un grenier inépuisable pour les départements méridionaux, une
route beaucoup plus courte pour les Indes Orientales et,
par conséquent, le centre d'un commerce plus avantageux.
La promesse d'une redevance en blé pour la nourriture de
Constantinople pourrait déterminer la Turquie à céder ce
pays.

Le pacha de Janina était un ami de la France. Quant
aux Grecs, ils redoutaient autant les Russes que les Turcs.
Il y avait lieu encore d'obtenir l'ouverture de la mer Noire,
le renouvellement et l'amélioration des relations commerciales et, au besoin, la création dans ce but d'un consulat
général des Echelles du Levant distinct de l'ambassade.

On voyait déjà germer dans ce rapport l'idée de l'expédition d'Egypte que devait réaliser Bonaparte, ce qui prouve
bien que celui-ci n'eut pas l'initiative de ce projet qui rentrait dans l'ensemble des conceptions du Gouvernement sur
l'action de la France dans le Levant.

Un rapport d'un agent français, Louis Dupéron, conseillait aussi de distraire le service des Consulats des opérations diplomatiques. Il attirait également l'attention sur le
danger que présentait la Russie qui avait asservi la Courlande, partagé la Pologne, démembré la Suède, envahi la
Crimée, morcelé l'Empire ottoman, qui menaçait la Grèce
et dont le pavillon flottait sur la mer Caspienne et la plus
grande partie de l'Asie (1).

Ce mémoire sur la Légation de Constantinople, rédigé à
la même époque, est encore à citer (2).

On y lisait qu'en temps ordinaire cette ambassade avait
un caractère plutôt administratif et commercial que diplomatique. Depuis le traité de Belgrade, la France avait pris
peu de part à la politique de l'Empire ottoman. Dans les
guerres qu'il avait eu à soutenir en 1768 et en 1787, elle
avait gardé la neutralité, soit par faiblesse de moyens, soit
par son asservissement à la maison d'Autriche depuis le

---

(1) Rapport de Dupéron, 24 pluviôse an IV.
(2) Mémoire sur la Légation de Constantinople, 26 pluviôse an IV.

traité de 1756. Elle se contentait de recueillir les fruits de ses relations avec les Turcs sans chercher à les fortifier contre leurs ennemis. Mais elle perdait ainsi peu à peu les ressources qui avaient fait fleurir son commerce dans la Méditerranée en laissant cet Empire devenir la proie de ses ambitieux voisins. Heureusement que le système du Gouvernement actuel paraissait devoir changer. Le rapport concluait de nouveau à la création d'un Consulat général des Echelles du Levant.

Les instructions qui furent envoyées ultérieurement à Aubert-Dubayet, le successeur de Verninac, complètent les indications sur la politique que le Directoire entendait suivre dans le Levant.

Un mémoire étendu adressé en ventôse à cet ambassadeur contenait les appréciations suivantes (1) :

« Les Turcs sont nos alliés les plus naturels, les plus anciens, les plus fidèles et les plus nécessaires. Nous n'avons éprouvé d'eux que loyauté et prévenances. *Nous ne leur avons répondu que par de l'indifférence ou de l'ingratitude.* Leur position et la nôtre commandaient les plus grands ménagements, appelaient des égards réciproques, invitaient à la franchise et à l'amitié. Ils ont fait toutes les avances; nous les avons accueillies avec froideur. Ils ont accordé à notre commerce des avantages précieux, les capitulations les plus avantageuses. Nous avons reconnu tout cela par le traité de 1756, ouvrage des salariés de l'Autriche. Les Turcs abandonnés aussi lâchement ne nous ont plus estimés; ils nous aimaient et nous aiment encore, tant il est difficile d'effacer les sentiments que la nature elle-même semblait avoir conseillés à deux peuples qu'elle avait destinés à s'entendre.

« Isolés au milieu de leurs ennemis les plus acharnés, les Turcs ont perdu insensiblement de leur puissance et de leur considération. La Russie avait juré de les chasser d'Europe; elle leur a fait plusieurs guerres dans lesquelles elle

---

(1) Ventôse an IV. Mémoire pour servir d'instructions à Dubayet, ambassadeur.

leur a successivement enlevé les différentes barrières qui lui fermaient l'entrée de Constantinople.....

« Cependant, nos relations avec l'Empire ottoman s'étaient ralenties; notre commerce avait perdu de son activité; nos capitulations étaient oubliées et nos privilèges tombaient en désuétude. Plusieurs fois, le commerce réclama l'attention du Gouvernement, mais presque toujours les réclamations furent étouffées par le crédit de Choiseul qui semblait avoir partagé, avec l'or de l'Autriche, la haine de ce pays contre les Turcs et avoir hérité du projet de consommer leur ruine.

« La Russie n'oubliait rien pour mûrir ce projet. Elle intriguait à Versailles pour empêcher qu'on ne changeât le système, et l'un des derniers ambassadeurs royaux envoyés à la Porte fut un ennemi déclaré des Turcs, un homme qui, dans « *Les Voyages de la Grèce* », avait manifesté le désir de leur ruine et fait graver à la tête de cet ouvrage une figure représentant la Grèce appuyée sur les tombeaux de Thémistocle et de Mithritade avec ce vers de Virgile :

Excoriare aliquis nostris ex ossibus ultor.

« Ainsi les Panin, les Orlöw, les Potemkin, les Soltikow étaient les législateurs, les héros qui devaient faire revivre les beaux temps de la Grèce et les féroces Samoièdes nous auraient représenté les habitants d'Athènes.

« Les temps et la politique sont changés.

« Les Français, rendus à la raison et à la sagesse, veulent enfin ouvrir les bras à leurs vieux amis et détourner loin d'eux l'orage que font gronder sur leurs têtes la rage et l'ambition. »

Dans ce but, la République devait rechercher l'alliance de la Suède et du Danemark, de la Prusse, de l'Espagne ainsi que des puissances riveraines de la Méditerranée. La Porte serait appelée à prendre part aux négociations pour la paix générale. On exigerait l'évacuation de la Crimée par les Russes et le retour aux conditions de la paix de Kainardji.

En ce qui concernait les Polonais, l'auteur du mémoire faisait ces recommandations à Aubert-Dubayet : « L'ambassadeur se gardera cependant de trop se livrer à ceux qui l'aborderont sous le couvert du civisme et de l'intérêt que leur cause inspire. *Plusieurs sont agents des Russes;* d'autres sont une autre espèce d'intrigants inquiets et dangereux; presque tous sont indiscrets et incapables dans leur malheur d'observer la mesure à laquelle nous devons nous astreindre. Il faut les encourager avec prudence et se borner à les inviter à se fier aux soins qu'on se donne pour les rétablir. Ils sont ordinairement très pressants dans leurs demandes et voudraient être instruits de l'état de chaque négociation; la prudence veut qu'on les engage à se tenir prêts à agir à la première occasion, mais ne permet pas d'entrer avec eux dans des détails dont quelques-uns pourraient abuser.

« Stamaty, nommé consul général des provinces au delà du Danube, pourrait nous être très utile.

« On avait cru d'abord devoir charger le citoyen Verninac d'éviter une rupture entre les Turcs et l'Autriche. Cette raison ne doit pas nous écarter de notre grand projet qui est d'assurer le rétablissement de la Pologne et la sûreté de l'Empire ottoman. »

Dans un complément d'instructions données à Aubert-Dubayet, le Directoire projetait l'envoi d'une escadre venant de Toulon qui embarquerait des troupes turques chargées de détruire les établissements russes de la mer Noire et de provoquer des soulèvements parmi les Cosaques et les Tartares. Les Russes ne pourraient plus attaquer la Turquie que par terre, à travers des régions désertes. La faiblesse des établissements russes dans la mer Noire avait été constatée. On pouvait faire dans ce sens des offres formelles aux Turcs (1).

Une note du ministre des Affaires étrangères du 17 ventôse an IV était encore une confirmation des regrets que l'indifférence de la France à l'égard de la Porte faisait alors éprouver. On y lisait : « C'est à notre insouciance, à notre abandon des affaires extérieures et à l'ignorance des envoyés

---

(1) Lettre du Directoire à Aubert-Dubayet. Signé : Le Tourneur, Barras, La Reveillère-Lepeaux, Rewbel, Carnot. Paris, le 9 germinal an IV.

à l'étranger que nous devons imputer la neutralité du Gouvernement turc, la passivité des Américains, des puissances de la Baltique, de l'Italie et les traités de Londres avec Philadelphie et les Algériens. »

Cependant, dans les derniers temps de son séjour à Constantinople, Verninac était parvenu à faire accepter par Selim III, le 4 prairial, un projet de traité d'alliance avec la France. Toutefois l'Angleterre était exceptée des puissances contre lesquelles cette alliance pouvait jouer. Le traité exécutoire, à partir de la pacification générale, portait que la France pourrait donner provisoirement à la Turquie un secours de trente mille hommes ou de huit vaisseaux de ligne et de douze frégates, ou l'envoi en numéraire de subsides représentant l'entretien de ces forces. Une clause du traité donnait à la France pour le commerce les avantages de la nation la plus favorisée et par conséquent l'ouverture de la mer Noire où les vaisseaux russes et autrichiens pouvaient déjà pénétrer.

Verninac avait demandé au ministre des Affaires étrangères la ratification de ce traité (1).

Parmi les agents secrets que le Gouvernement français employait pour traiter les affaires de Pologne, il faut citer Crutta qui, à l'époque de la guerre de 1787 entre la Russie et la Porte, avait poussé cette dernière puissance à un conflit armé, à l'instigation de l'Angleterre. Il avait été désavoué et depuis était resté suspect à la Porte. Il avait été ncmmé ensuite premier interprète de l'ambassade de Pologne auprès de la Porte. Descorches avait placé son fils à Chypre et Verninac avait voulu nommer le père chancelier drogman à Tunis.

A cette époque, Aubert-Dubayet, s'apprêtant à aller remplacer Verninac, écrivait au ministre des Affaires étrangères qu'il était sur le point de quitter Toulon, malgré le voisinage de la flotte anglaise (2).

____

(1) Péra, le 7 prairial an IV. Verninac au ministre des Affaires étrangères.

(2) Toulon, le 26 prairial an IV. Aubert-Dubayet au ministre des Affaires étrangères.

Allait-il être plus heureux que ses prédécesseurs ?

La mission qui lui était confiée, à l'heure même où Verninac paraissait devoir aboutir à conclure l'alliance si longtemps désirée, était en tout cas une démonstration nouvelle du préjudice que causait à la France l'instabilité de ses envoyés.

Le ministre des Affaires étrangères, en annonçant à Verninac la nomination de son successeur, sous le prétexte qu'il avait demandé un congé et que les relations avec la Porte réclamaient une activité particulière, lui laissait entendre néanmoins que le Directoire était très satisfait de sa conduite. C'était la formule banale employée pour adoucir la disgrâce (1).

Quant à Descorches, arrivé à Paris où il avait pris domicile rue d'Anjou, faubourg Honoré, il allait chercher à rentrer en grâce auprès du Gouvernement et il ne devait négliger aucune démonstration de soumission ni de dévouement pour atteindre ce but.

Il avait demandé au ministre des Relations extérieures s'il ne lui restait pas quelque devoir à remplir auprès du Directoire, si l'usage était établi ou s'il ne convenait pas qu'il lui fût présenté par le ministre au retour de sa mission. Il le sollicitait de prendre à cet égard les ordres du Directoire (2).

Il s'inquiétait de savoir si le Gouvernement n'avait pas trouvé qu'il eût mis trop peu d'empressement à quitter ses fonctions et à rentrer en France après son ordre de rappel, alors que les retards qu'il avait subis n'étaient dus qu'à des circonstances indépendantes de sa volonté.

Une cérémonie devant avoir lieu pour célébrer l'anniversaire de l'exécution de Louis XVI, *la mort du Tyran*, Descorches s'était demandé ce qu'il devait faire après avoir lu les dispositions relatives à la célébration « de ce jour mémorable ». Il avait consulté les commissaires de sa section qui

____

(1) Lettre du 16 ventôse an IV.
(2) Paris, rue d'Anjou, faubourg Honoré, le 16 nivôse, l'an IV. Marie Descorches au citoyen ministre des Relations extérieures. Correspondance ministérielle.

avaient estimé que sa position actuelle ne le mettait pas
dans la classe des citoyens auxquels il était enjoint de se
réunir au Champ de Mars.

« Ennemi par caractère et dans ma religion républicaine
de toute espèce d'ostentation, écrivait-il au ministre des Relations extérieures qui était alors Charles Delacroix, je me
suis, en conséquence, imposé à regret de m'abstenir de cette
démarche pourtant si conforme à mes sentiments, mais dans
laquelle j'ai craint que certains esprits, empressés de juger
les autres d'après eux, ne vissent autre chose que ce qu'elle
aurait été, un mouvement simple et vrai de mon âme.

« Je ne puis cependant, citoyen, renfermer ce qu'elle me
dicte dans cette circonstance et ce qu'elle me dictera toujours toutes les fois qu'il s'agira d'exprimer ma fidélité et
mon attachement fervent à la République, et je satisfais,
je vous prie d'en être bien convaincu, un de ses besoins les
plus pressants, en vous adressant la déclaration ci-jointe :
« Je déclare porter, et à jamais dans mon cœur, l'amour
« de la République et la haine de la Royauté (1). »

Serment imprudent pour le futur Préfet de Napoléon Ier et
de Louis XVIII !

La mission de Descorches lui avait imposé de lourds sacrifices, des avances qui ne lui avaient pas été remboursées
par le Gouvernement. Or, s'il ne pouvait pas, lorsqu'il était
à Constantinople, obtenir de subsides pour les besoins de la
Légation, il n'était pas plus heureux, depuis son retour en
France, dans ses réclamations ayant un caractère personnel,
si l'on en juge par la lettre suivante qu'il adressait, à cette
époque, au ministre des Relations extérieures. Après avoir
signalé à son attention le sort du jeune Humphrys, cet
étranger qu'il avait ramené et qui était resté à sa charge,
le Gouvernement ne lui ayant pas encore donné d'emploi, —
moyen pour lui-même de se rappeler au souvenir du ministre,
— il ajoutait : « Permettez-moi, citoyen, de vous faire souvenir en même temps de ma demande d'une somme de

---

(1) Paris, le 30 nivôse, l'an IV. Marie Descorches au citoyen ministre
des Relations extérieures. Correspondance ministérielle.

4.500 francs en espèces pour me mettre en état de satisfaire à des dettes sacrées que les malheureuses circonstances de mon voyage m'ont forcé de contracter. Ces dettes sont d'autant plus urgentes pour moi que l'honneur du caractère public dont j'étais revêtu et ma délicatesse personnelle sont fortement intéressés à ce que je les acquitte sans délai (1). »

Mais le Gouvernement du Directoire ne paraissait pas avoir la main : us ouverte que celui du Comité de Salut public et Descorches, quelques jours plus tard, pressé sans doute par des besoins urgents, était obligé de revenir à la charge en ces termes : « Je voulais avoir l'honneur de vous dire, citoyen ministre, que l'on ne pourrait répugner, plus que je ne le fais, à donner à mes démarches le caractère de l'importunité, surtout à des demandes pécuniaires, mais aussi que je voudrais bien pouvoir soulager mon cœur du poids qui l'oppresse de cette dette contractée envers les personnes sensibles et obligeantes sans le secours desquelles je n'aurais pu me rendre de Livourne ici. Je suis malheureusement si loin de pouvoir y subvenir par mes propres moyens, que je ne sais comment je vivrais, si ma femme ne s'était trouvée en état d'y suppléer par les profits d'un petit commerce de toiles (2) qui se fabriquent en grand nombre dans les cantons du département de l'Orne où nous avons notre habitation, commerce dont elle a eu la sage prévoyance de se ménager les ressources. Veuillez vous rappeler qu'il ne s'agit que de la somme modique, pour la caisse de votre département, de 4.500 francs (3). »

Voilà l'état où les événements de la Révolution avaient mis un ambassadeur de France et le Trésor public !

Descorches demandait pour vivre une somme de 4.500 fr. qui lui était due et que le Gouvernement ne pouvait lui fournir. Quant à la ci-devant marquise, elle était devenue marchande de toiles !

---

(1) Paris, le 6 pluviôse, l'an IV. Marie Descorches au citoyen ministre des Relations extérieures. Correspondance ministérielle.
(2) Les toiles de Vimoutiers.
(3) Paris, le 20 pluviôse, l'an IV. Marie Descorches au citoyen ministre des Relations extérieures. Correspondance ministérielle.

Descorches n'avait reçu non plus aucune réponse à sa demande d'audience du Directoire. Il la rappelait dans la même lettre : « Je me propose également, citoyen ministre, de vous répéter mon désir que vous ayez la bonté de me mettre, en me présentant au Directoire, à portée d'acquitter ce que je lui dois. Considérez, je vous prie, que plus d'un mois écoulé déjà depuis mon arrivée, sans que cet acte de convenance, sous tous les rapports, n'ait été rempli, ne peut manquer de prêter dans beaucoup d'esprits à des conjectures que j'ose m'assurer n'être pas dans l'intention du Directoire d'autoriser, me donnant à moi-même la conviction de ne les avoir pas méritées. »

Ayant lu dans les feuilles publiques une lettre officielle dans laquelle le Gouvernement rendait justice au zèle avec lequel l'envoyé de la République auprès de l'Etat de Gênes avait rempli les fonctions qui lui étaient confiées, ayant appris, d'autre part, le rappel de son successeur Verninac déjà remplacé et auquel cependant le Directoire exécutif réservait une autre destination, Descorches comparait son sort à celui de ses collègues et se plaignait avec amertume d'être moins bien traité qu'eux. Sa pensée se reportait à cette lettre du Comité de Salut public qui, celle-là, ne contenait aucun éloge et qui avait mis fin à sa mission « la plus épineuse et la plus laborieuse peut-être qui eût jamais existé, qu'il remplissait depuis plus de deux ans avec un succès presque miraculeux, osait-il affirmer, sans craindre d'être démenti par aucun de ceux qui connaissaient la scène où il avait été et qui l'avaient suivi ou jugé de bonne foi et sans passion (1) ».

Il rappelait au ministre des Relations extérieures que précédemment, envoyé extraordinaire en Pologne, il avait mérité le témoignage de la satisfaction du Gouvernement contenu dans une lettre de Lebrun et qu'il avait reçu à cette occasion le brevet de maréchal de camp. A son départ de Liége, où il avait fait un si long séjour en qualité de ministre

____

(1) Paris, le 24 pluviôse, l'an IV. Marie Descorches au citoyen ministre des Relations extérieures. Correspondance ministérielle.

plénipotentiaire, il avait mérité cet éloge du ministre des
Affaires étrangères de Louis XVI : « Vous y avez fait de
l'excellente besogne et vous avez prouvé que l'on peut n'être
qu'à Liége et servir très utilement. Vous auriez peut-être
été vingt ans ailleurs, sans avoir eu l'occasion d'acquérir la
bonne opinion que l'on a de vous au Conseil. »

Cependant, à Liége comme à Varsovie, il avait été poursuivi par l'hostilité des ennemis de l'Etat. Dans le premier
poste, c'est la colère de Marie-Antoinette qu'il avait encourue
pour avoir combattu la politique autrichienne. A Varsovie,
ce fut le jour même où y parvint la nouvelle de la fuite
de Varennes qu'il avait été reçu en audience par le roi de
Pologne. La plupart des représentants de la France à
l'étranger avaient commis cet acte d'infidélité vis-à-vis de
leur pays de cesser leurs fonctions, « n'ayant pas honte
d'avilir leur caractère jusqu'à se reconnaître les serviles
agents d'un maître. » Mais Descorches avait rejeté avec
indignation les insinuations qu'on lui avait faites pour que
l'audience fût au moins différée. Il se considérait, en effet,
comme ayant acquis la qualité de ministre de France par
la nomination du Roi, alors chef de la Nation. Mais il ne
dépendait que de la Nation et non « d'un individu qui n'en
était que l'administrateur, dont le sort personnel ne pouvait par conséquent influer en rien sur ses pouvoirs ni ses
fonctions. »

L'attitude qu'il avait prise à cette époque n'avait pas eu
le don de plaire « au traître Moustier », alors ministre à
Berlin et appelé depuis au ministère des Affaires étrangères.
Aussi avait-il été plusieurs fois question de son rappel; mais
on avait craint l'effet qu'il produirait sur l'opinion publique
et on s'était contenté de lui créer des difficultés de toutes
sortes. Fallait-il donc encore que Descorches, pour se faire
connaître, parlât de l'estime publique qu'il avait rapportée
de sa mission à Constantinople. Il avait extrait de son volumineux dossier une liasse de lettres plus flatteuses les unes
que les autres qui lui avaient été écrites à l'occasion de son
rappel et qu'il communiquait au ministre des Relations extérieures. C'étaient des lettres d'officiers, négociants, marins,

artisans français en résidence dans le Levant, de ses collaborateurs à la Légation, de Mourad-Cha, dit le chevalier d'Ohsson, l'ancien conseiller de la Légation de Suède, devenu ministre de cette cour, d'un médecin français du Reis-Effendi actuel, ci-devant ambassadeur à Vienne. Toute la colonie française, à peu d'exceptions près, s'était associée à ces témoignages d'estime et de regret.

Si Descorches ne les avait pas mis plus tôt sous les yeux du ministre, bien qu'il s'en glorifiât beaucoup, c'est qu'il se flattait qu'ils seraient superflus et que, destinés uniquement à son bonheur, il suffirait que le dépôt en fût consigné dans son cœur. Il attribuait à une sorte de fatalité l'obligation où il se voyait d'entretenir autant le ministre de sa personne, car il avouait avoir pensé qu'il n'en avait pas besoin. S'il avait accompli tous ses devoirs, il avait aussi des droits qu'il devait défendre, droits à l'estime de ses concitoyens, à celle du Gouvernement, à sa justice. La justice, il la demandait scrupuleuse, rigoureuse; c'était la seule qui pût satisfaire un républicain qui ne connaissait l'indulgence que pour les autres.

« Quoi, s'écriait-il, depuis le 7 nivôse je suis ici et je n'ai pas même été admis encore à paraître devant le Directoire ! Quoi, depuis le 17 germinal de l'année dernière mes fonctions publiques ont cessé et j'ignore encore les sentiments du Gouvernement à mon égard ! Ma position reste équivoque aux yeux du public, incertaine pour moi. Vous voudrez bien sentir, citoyen ministre, que si le Directoire juge à propos de ne plus employer mes services, ayant entièrement consacré jusqu'ici à la carrière diplomatique mon temps, mes études, ma personne, ma fortune, j'ai bien des mesures pressantes, à 46 ans, à prendre pour commencer un nouvel état. Justice ! justice ! Elle est, j'en suis bien sûr, dans votre cœur comme dans celui des membres du Directoire. Il ne faut donc que l'éclairer des lumières de la vérité et elle le sera, aussitôt qu'ils le voudront. »

Mais Descorches devait apprendre à ses dépens que la reconnaissance n'a jamais été la qualité distinctive des Gouvernements démocratiques, car, quelque temps plus tard, il faisait de nouvelles instances auprès du ministre, sa position n'ayant pas changé (1).

Les dates rapprochées de ses lettres montrent la hâte qu'il avait à être employé de nouveau, soit par besoin d'argent, soit par crainte d'être écarté définitivement des affaires publiques. Il racontait dans cette nouvelle lettre au ministre qu'un de ses amis ignorant son adresse et ayant rencontré Sémonville dans la rue la lui avait demandée. La conversation s'était engagée sur la mission qu'il avait remplie à Constantinople et Sémonville avait dit à son sujet : « Descorches n'a pas été trop bien reçu ici. Ces pauvres Turcs sont restés jusqu'à présent abandonnés à eux-mêmes, à leur impéritie. Le Gouvernement s'en est aperçu. Il veut les aider, mais il est à craindre qu'il ne soit bien tard. En général, il y avait de grandes et belles·choses à faire de ce côté-là. Elles n'ont pas été faites. C'est un grand malheur. Il paraît au total que Descorches n'a pas trop bien servi la République. »

« Monstre, ajoutait Descorches, tu ne t'acharnerais pas tant à le dénigrer, si cela était ! » Il se disait avoir le cœur oppressé par ces propos « d'un ennemi de sa Patrie ». Il faisait observer qu'il était impossible de renfermer plus de méchancetés en moins de paroles. Ce n'étaient point ces attaques dont il était honoré qui l'affectaient le plus, mais la position dans laquelle il restait contre toute justice, qui lui déchirait l'âme et qui laissait croire que de telles calomnies faisaient plus d'effet sur le gouvernement que les services et la vie entière sans reproche d'un agent environné de l'estime et de la confiance publiques, partout où il avait été employé (2).

« Reste-t-il des doutes au gouvernement à cet égard ? ajoutait-t-il. Me croit-il quelques torts ? Qu'on veuille donc bien me les dire pour que je fournisse mes défenses. Il n'est pas maître de son estime. Elle appartient à tous ceux qui

---

(1) Paris, le 3 ventôse an IV. Marie Descorches au citoyen ministre des Relations extérieures. Correspondance ministérielle.
(2) Descorches à Delacroix, 13 ventôse, l'an IV.

l'ont méritée. Il ne veut certainement pas éloigner de lui la
vérité. Il ne peut vouloir accabler, même de son indifférence,
un républicain qui a constamment rempli du fond du cœur
tous ses devoirs et avec profit pour la République. Au nom
des vertus républicaines, citoyen ministre, veuillez vous
faire représenter ma lettre du 24 pluviôse à laquelle je
me réfère et me faire jouir enfin de la justice que je réclame
et réclamerai jusqu'à la fin de mes forces. Salut et fraternité.
— Marie Descorches. »

Le ministre ne pouvait rester insensible à un appel
aussi pressant aux vertus républicaines. Dans une note qu'il
avait ajoutée au bas de la lettre, il donnait l'ordre au
citoyen Paganel de répondre à Descorches qu'il allait
faire très incessamment au Directoire un rapport sur sa
mission...

A l'occasion d'une recommandation qu'il adressait au
ministre en faveur d'un citoyen génevois, Merle d'Aubigné,
dont il n'avait eu qu'à se louer pour les services qu'il avait
rendus comme correspondant commercial avec le Levant et
qui se plaignait d'être en butte à des tribulations de toute
nature, Descorches trouvait dans la persécution dont cet
homme dévoué aux intérêts français était la victime une
nouvelle preuve de cette guerre sourde et la plus dangereuse
de toutes, de ces trames évidentes à ses yeux qui se manifestaient dans les plus petits détails et qui étaient ourdies
par la faction de l'étranger pour briser entre les mains du
gouvernement ses instruments les plus utiles, remplacer ses
meilleurs agents et perpétuer les divisions entre les citoyens
ainsi que l'instabilité des fonctionnaires publics si funeste
à la France. Il appartenait à la sagacité du ministre de
mettre à jour ce système perfide employé par les ennemis de
la République qui profitaient avec art des passions des uns,
de la faiblesse des autres pour la miner insensiblement en
l'attaquant dans la personne de ceux qui pouvaient la
servir. De là les calomnies passées, présentes et futures pour
circonvenir et tromper le gouvernement (1).

____

(1) Paris, le 16 ventôse an IV. Correspondance ministérielle.

Descorches ayant appris que Chénié dont il avait eu tant à se plaindre venait d'être nommé secrétaire de l'Ambassade de Constantinople, n'avait pu à cette occasion résister au besoin impérieux d'écrire une fois de plus au ministre (1). Il fallait que cet homme ne fût connu ni du Directoire, ni du ministre, ni du citoyen Aubert du Bayet, le successeur de Verninac, pour avoir été choisi. Descorches et ses collaborateurs qui revenaient du Levant, qui y avaient été témoins de sa conduite, étaient restés à cette nouvelle « *pétrifiés d'étonnement et d'effroi* ». Descorches écrivait donc : « Pour l'amour de la République, pour l'honneur du gouvernement, hâtez-vous, je vous en conjure, citoyen ministre, de porter remède à cette erreur. C'est déjà trop, je le dis franchement, qu'elle ait pu exister un seul instant. »

Joaillier de profession, mais surtout intrigant, « Chénié s'était montré à Constantinople un agitateur infatigable, le plus intrépide anarchiste, l'agent actif des menées du coupable Hénin, de cette association clandestine de trois ou quatre brouillons et d'autant de dupes qui, se parant du titre de membres d'une soi-disant Société populaire envoyaient à Paris leurs dénonciations calomnieuses, l'un des provocateurs des troubles de Smyrne ainsi qu'en faisait foi sa correspondance volumineuse avec le séditieux Noyane, trouvée dans les papiers de celui-ci lors de son arrestation. Pour être fixé sur ce personnage, il suffisait de se reporter à la correspondance de Descorches qui, dans le cours de sa mission, avait plus d'une fois signalé ses agissements. »

L'opinion dans le Levant sur cet individu, non seulement détesté mais suspect, était telle, au dire de Descorches, que sa présence à l'ambassade de France après l'inculpation d'émigration dirigée contre le fidèle secrétaire de ce dernier Emile Gaudin et due à la malignité des ennemis de la République, bouleverserait les idées de la colonie française qui ne jugeait les événements de France que par leurs conséquences au dehors.

Descorches faisait son devoir en prévenant le ministre et

____

(1) Paris, le 17 ventôse an IV. Correspondance ministérielle.

le Directoire connaîtrait bientôt la vérité ; le devoir du ministre était aussi de la lui dire.

Descorches revenait encore sur cette nomination fâcheuse en transmettant les plaintes qu'elle motivait de la part des négociants français (1). « Il y avait cependant, disait-il, une mine immense pour le commerce de la France dans le Levant et il était d'une bonne politique de s'intéresser au sort des établissements de commerce et de tenir compte de l'esprit des commerçants. Vous en savez d'ailleurs assez, citoyen ministre, pour que votre sagacité ait déjà percé l'esprit du système perfide des ennemis de la République qui profitent avec-art des passions des uns, des faiblesses des autres, pour la miner insensiblement en l'attaquant dans la personne de tous ceux qui peuvent la servir. De là les calomnies passées, présentes et à venir, pour circonvenir et tromper le ministère sur les négociants et sur tant d'autres ».

Delacroix avait prévenu les reproches de Descorches. Un arrêté du Directoire du 5 germinal avait rapporté la nomination qui avait été faite de Chénié comme second secrétaire de la Légation de Constantinople par l'arrêté du 13 ventôse.

Trullet, ce marin qui s'était signalé par ses voyages audacieux dans la Méditerranée, avait écrit aussi à Descorches pour lui signaler l'insuccès de la mission de Verninac et son peu d'influence sur la Porte (2).

On avait signifié à Trullet le 10 ventôse que la Porte n'agréait pas les services des officiers de marine que la France avait envoyés. Les affaires étaient traitées avec indifférence et sans le souci du bien public. Les navires n'étaient pas réparés, malgré les ressources de l'Arsenal et du port marchand de Constantinople. Le Capitan-Pacha refusait tout aux Français aujourd'hui. « Vous connaissiez, écrivait-il encore, ses bonnes dispositions pour eux. Vous pouvez juger de tout le reste. La considération, l'esprit pu-

---

(1) Descorches au ministre des Relations extérieures, 9 germinal an IV.

(2) Lettre de Trullet à Descorches. Constantinople, le 5 germinal an IV, arrivée le 16 brumaire, an V.

blic des habitants, tout est perdu pour nous. Si cela continue, nous allons devenir ce que nous étions du temps de Choiseul. La différence n'est pas sensible. Les affaires des particuliers sont toutes en souffrance dès qu'il faut recourir au Pouvoir. Les fripons ont un beau choix. Les preuves sont dans nos mains parce que nous en sommes les tristes victimes... » Tels étaient d'après cet exposé du patriote Trullet les singuliers progrès réalisés par l'influence française dans ces régions depuis le départ de Descorches.

C'est aussi à cette époque que Descorches, faisant allusion aux mesures prises par le gouverment russe contre ses compatriotes restés dans cet empire qui n'avaient pas abjuré leur foi républicaine, donnait son opinion sur « cet Edit de Catherine d'abominable mémoire, que l'indignation des siècles consacrerait dans l'histoire comme le chef-d'œuvre des horreurs du despotisme, portant proscription de tous les Français qui ne seraient pas traîtres ou lâches (1) ».

La nomination de Chénié avait coïncidé avec une nouvelle campagne menée par Hénin contre Descorches. N'ayant sans doute pas trouvé auprès du Directoire un encouragement suffisant et estimant que le crédit de son adversaire, même après son rappel, n'était pas encore assez atteint, Hénin venait de publier un mémoire qui n'était que la reproduction de ses anciennes dénonciations non seulement contre Descorches, mais aussi contre des membres de la Légation de Constantinople, plusieurs drogmans et consuls. Cette brochure portait le titre de *Sommaire* de la correspondance d'Etienne, Félix. Hénin, chargé d'affaires à Constantinople pendant les première, seconde et troisième années de la République (2).

Rattachant cet incident à tout un système de dénigrement et de perfidie où se reconnaissait la main de l'étranger, Descorches avait fait observer au ministre que sa person-

---

(1) Descorches au ministre des Relations extérieures, le 1er germinal an IV.

(2) Cet ouvrage avait été imprimé au Dépôt des Lois, place du Carrousel.

nalité n'était pas seule en jeu. C'était la République elle-même qu'on avait voulu atteindre en lui à Constantinople. C'était encore la République qu'on poursuivait à Paris. Ce n'était donc pas seulement une cause privée qui réclamait dans cette circonstance l'attention du Directoire et si les agents fidèles et zélés du gouvernement n'étaient pas assurés de trouver dans sa justice une protection contre les coups dont ils devaient être menacés pendant longtemps encore, « un baume aux morsures des serpents » qu'ils avaient comme Descorches à écraser sur leur route, comment la République serait-elle servie à l'avenir ?

Descorches s'en rapportait à la sagacité et à l'équité du ministre pour apprécier ce factum à sa valeur mais, comme il avait été livré au public, il lui paraissait qu'il ne pouvait pas autoriser par son silence les fausses impressions et les erreurs dans lesquelles il pouvait entraîner des esprits moins réfléchis ou moins éclairés. Il avait cru en conséquence devoir rédiger une réponse dont il communiquait le texte au ministre (1).

Il y disait notamment, s'adressant à Hénin : « Vous êtes-vous proposé dans ces dénonciations d'éclairer la justice du gouvernement contre des agents infidèles, des citoyens perfides ? Vous avez acquitté un devoir pénible pour une âme honnête, mais impérieux pour un citoyen pénétré des avantages qu'il a acquis avec ce beau titre et qui ne se dissimule pas les engagements qui y sont attachés.

« Eh bien ! citoyen, si telles sont vos intentions, me voilà ; je suis ici, prêt à répondre de mes actions, je voudrais pouvoir dire de mes pensées, non pas seulement pendant ma mission à Constantinople, mais durant ma vie entière. Vos pièces, les miennes, tout est entre les mains du gouvernement et je ne crains pas d'invoquer hautement le témoignage du citoyen ministre des Relations Extérieures et de tous les citoyens chefs des divisions de ce département dans lesquelles ces pièces se trouvent, pour attester de mes

____

(1) Paris, le 12 germinal, l'an IV. Marie Descorches à Etienne-Félix Hénin. Correspondance ministérielle.

vives et instantes instances à provoquer moi-même les rigueurs de cette justice qu'un gouvernement républicain doit à la chose publique, qu'il se doit à lui-même et qu'il doit aussi à ses agents qui ont rempli leur devoir avec zèle, fidélité, courage et fruit.

« Vos dénonciations dans leur temps, leur publication en ce moment ont-elles un autre but ? Je les livre alors au mépris qu'elles méritent. Je devais à mon respect pour l'opinion publique de lui fournir les moyens de se fixer, en mettant à côté de votre ouvrage ce peu de mots de réponse à laquelle je me borne, parce que je la crois suffisante. »

Il y avait près de quatre mois que Descorches était de retour de sa mission et n'ayant encore obtenu aucune réponse, malgré ses pressantes démarches, à sa demande pour être reçu officiellement par le Directoire, il s'était présenté de lui-même le 24 germinal à l'audience tenue par l'un de ses membres, le citoyen Rewhell. Il lui avait remis une pétition dont celui-ci, après l'avoir parcourue, avait promis de saisir ses collègues.

Ayant été appelé d'autre part au Bureau du Contentieux du ministère des Relations extérieures pour fournir divers renseignements, il y avait appris que le ministre avait donné l'ordre de faire le dépouillement de toutes les pièces le concernant qui se trouvaient dans les bureaux de son ministère et d'en donner un rapport circonstancié. Ce travail devait être terminé. Cependant les décadis passaient sans que Descorches fût fixé sur son sort et comme l'opinion publique ne pouvait se former que sur celle du gouvernement, puisque ses travaux diplomatiques étaient condamnés par leur nature à rester ensevelis dans le secret des archives, il sollicitait un témoignage d'approbation et de confiance que rendaient plus nécessaire encore pour son honneur et sa réputation les nouvelles attaques dont il venait d'être l'objet.

Le ministre Delacroix lui avait enfin fait savoir que le Directoire était disposé à le recevoir, que lui-même le présenterait et qu'il conviendrait d'un jour avec lui pour se rendre à cette audience. La lettre du ministre se terminait par ses mots que Descorches trouvait d'un prix infini pour lui dans les circonstances présentes : « Je me félicite de voir un patriote rempli de talents aussi distingués prêt à sortir de l'état d'anxiété où le retenait une indécision que j'aurais bien désiré pouvoir faire cesser plus tôt (1). »

Dès le lendemain, Descorches voyait le ministre et il était convenu qu'il serait présenté au Directoire le 3 floréal. Cette présentation eut lieu en effet. Après quelques explications données par le ministre et par Descorches sur sa position actuelle, le Directoire avait ordonné que le rapport du ministre sur sa mission lui fût fait incessamment. Mais, détail bien extraordinaire, il fut reconnu dans cette audience *que sa correspondance politique ne se trouvait ni dans les bureaux du Directoire, ni dans ceux du ministère des Relations extérieures* (2) !   •

Il semble résulter de ce renseignement que toutes les pièces relatives à la mission de Descorches ne furent pas conservées dans les Archives du ministère des Affaires étrangères. Les documents qu'il a laissés n'auraient donc que plus de prix encore pour cette partie de l'Histoire de la Révolution française. De nombreux papiers historiques concernant l'époque de la Terreur ont ainsi disparu, les hommes ayant joué un rôle alors ayant eu intérêt à ne pas laisser subsister les traces compromettantes de leur conduite.

Avait-on aussi voulu supprimer les nombreux rapports de Descorches pleins de reproches au sujet de l'abandon dans lequel on l'avait laissé à Constantinople et détruire cet acte d'accusation contre le Gouvernement révolutionnaire.

Un revirement commençait donc à se dessiner en faveur de l'ancien envoyé. C'est ainsi que Delacroix écrivant à son collègue le ministre de la Police générale, lui faisait observer au sujet des attaques contenues dans le dernier factum d'Hénin qu'il ne fallait accorder aucune confiance à son témoignage lorsqu'il s'agissait de Descorches, de son secrétaire Gaudin qu'il avait accusé d'émigration et d'inci-

---

visme, d'Humphrys et en général des agents de la République dans le Levant (1). Il mettait en garde son collègue contre « l'opiniâtre aigreur » d'Hénin qui renouvelait sans cesse des dénonciations dont aucune n'était prouvée et qui à Constantinople avait servi un parti bien plus que la République.

Ce langage du ministre des Relations extérieures était le résultat des nombreuses interventions de Descorches pour détruire la réputation défavorable que les attaques de ses ennemis étaient parvenues à créer tant à lui-même qu'à son entourage. Dans ce but, il avait communiqué au ministre des lettres qu'il avait reçues de ses anciens collaborateurs Gaudin et Humphrys dans lesquelles ceux-ci mettaient à nu le fond de leur cœur et qui étaient la meilleure preuve de leur ardent amour de la Liberté ; car, ainsi qu'il le faisait remarquer, *c'est surtout dans l'administration des Affaires* étrangères qu'il importe que celui qui la dirige puisse *pénétrer jusqu'au fond de l'âme de ceux qui y sont employés.*

Descorches ayant été informé par le ministre que le rapport qu'il devait faire sur son compte avait été remis au citoyen Rewhell, chargé de le soumettre au Directoire, crut devoir écrire à ce dernier pour qu'il ne tardât pas à s'acquitter de cette mission (2).

« J'ai vivement senti, disait-il, en recevant cette information, tout ce qu'a de tranquillisant l'idée que le sort de cette affaire si importante à mon bonheur est entre vos mains. Mais, citoyen directeur, mon cœur est bien malade et restera cruellement affligé tant que l'apparence du plus léger nuage subsistera entre le Directoire et moi.

« Veuillez ne pas laisser languir davantage dans cette douloureuse position un fidèle et zélé soldat de la République qui a défendu avec quelque courage et mérite un poste

---

(1) Paris, le 7 floréal, l'an IV. Le ministre des Relations extérieures au ministre de la Police générale. Correspondance ministérielle.

(2) Paris, le 16 floréal, l'an IV. Marie Descorches au citoyen Rewbell, membre du Directoire exécutif. Correspondance ministérielle.

difficile et ouvert à bien des traits, qui n'a certes pas d'autre tort et qui, en vérité, devrait recueillir autre chose que des dégoûts. »

Ne recevant pas de réponse, il se présenta quelque temps plus tard à l'audience du Directoire, mais on lui dit à la porte de la première pièce qu'il fallait *aux hommes* des cartes pour entrer et comme il n'en avait pas, il dut se retirer. Sous le règne du galant Barras, *les femmes* avaient sans doute plus de facilités pour pénétrer dans ce sanctuaire.

Il adressa donc une seconde lettre à Rewhell, craignant qu'il n'eût reçu des renseignements défavorables sur son compte. Il réclamait de nouveau la justice qui lui était due, depuis bientôt cinq mois qu'il était de retour à Paris (1).

Le traité de paix avec la Sardaigne venait d'être ratifié. Descorches mit à profit cet événement pour se rappeler à l'attention de son ministre qu'il félicitait d'en avoir été l'auteur. Il avait autrefois complimenté « Lebrun » ; c'était à Delacroix qu'il adressait alors ces propos flatteurs : « Je n'aspire, citoyen, qu'une occasion de vous faire connaître mon cœur tout entier et ce sentiment n'appartient pas seulement au ministre. Croyez, je vous prie, qu'il tient beaucoup à l'opinion que j'ai conçue de l'homme. Je me présente toujours avec vous avec le désir de vous en convaincre et toujours je me retire mécontent de moi, m'en voulant de je ne sais quel embarras qu'une sorte de fatalité semble s'attacher à jeter entre nous, toutes les fois que j'ai l'honneur de vous voir. Pour le faire disparaître, je recommande, si vous le permettez, à votre indulgence une timidité à parler et une difficulté à rendre à l'improviste les idées qui me sont naturelles, et à votre justice, les traits de la calomnie qui doivent être usés devant elle aujourd'hui (2). »

La correspondance qu'il entretenait à cette époque avec

----

(1) Paris, le 27 floréal, l'an IV. Marie Descorches au citoyen Rewbell, membre du Directoire. Correspondance ministérielle.

(2) Marie Descorches au citoyen Charles Delacroix, ministre des Relations extérieures. Correspondance ministérielle.

le même ministre au sujet de ses réclamations pour les créances qu'il avait sur le Gouvernement en dit plus sur la pénurie des finances de la République, à l'époque du Directoire, que de longues dissertations historiques sur le même sujet. Le ministre des Finances avait fait part à son collègue Delacroix de l'impossibilité où se trouvait en ce moment le Trésor public d'acquitter les 11.080 francs en numéraire dont ce dernier avait ordonnancé le paiement au profit de Descorches le 4 floréal ; il ajoutait même que la totalité de ses réclamations ne pourrait être payée qu'en mandats (1). Delacroix en avait averti Descorches qui donnait cet accusé de réception : « J'ai différé, citoyen ministre, de répondre à votre lettre, pour me donner le temps de faire encore toutes les recherches en mon pouvoir des ressources qui suppléassent aux moyens qui me manquent absolument de satisfaire à mes engagements. Ces recherches, citoyen ministre, n'ont malheureusement abouti qu'à me faire sentir plus vivement les rigueurs de la cruelle impuissance du dénuement pécuniaire auquel je suis réduit : cruelle, car rien ne m'est plus sensible, je vous assure, que d'être forcé de renoncer au bonheur que j'aurais trouvé à porter cette nouvelle offrande sur l'autel de la Patrie, en acceptant l'arrangement que désire le citoyen ministre des Finances (2). »

Descorches rappelait au ministre avec quel empressement, lorsqu'il s'était agi de régler ses comptes, il avait fait abandon de tout ce qui lui revenait personnellement. Mais pouvait-il disposer de même de ce qui n'était pas à lui ?

Il lui avait été fait des avances soit à Constantinople, soit en cours de route pour les dépenses de son voyage de retour. Il en avait fourni les détails. C'était le montant d'une dette sacrée, car elle avait été consentie en raison du caractère public dont il était revêtu. Il fallait donc qu'elle fût acquittée en numéraire. On ne verrait pas sous le Gou-

---

(1) Le 22 floréal, l'an IV. Le ministre des Relations extérieures à Marie Descorches. Correspondance ministérielle.

(2) Paris, le 28 floréal, l'an IV. Marie Descorches au citoyen ministre des Relations extérieures. Correspondance ministérielle.

vernement de la justice et de la vertu, des étrangers qui
l'avaient secouru dans sa détresse, qui avaient eu foi dans
la parole d'un agent de la République, devenir victimes de
leur zèle à la servir ! Quelle situation lui ferait-on en outre,
si après avoir recueilli au dehors pour prix de ses travaux
la considération et l'estime publiques, il allait devenir du
fait de son Gouvernement une sorte de banqueroutier ! Et
envers quels créanciers ! Cependant, tous les prêts à
acquitter n'étant pas d'une égale urgence, il n'avait de
besoins immédiats que pour le paiement d'une traite sur
Gênes d'environ 700 piastres échue déjà depuis plus d'un
mois. Le tiers des 11.080 francs qu'il devait lui était
seulement nécessaire pour le moment. Le ministre des
Finances fixerait l'époque du paiement des deux autres tiers
et il chercherait à obtenir des délais des autres créanciers.

Voilà à quelles transactions étaient réduits les fonctionnaires publics, sous le Directoire, le Trésor ne pouvant faire
face à une dette criarde de 11.080 francs pour des dépenses
d'ordre diplomatique !

Cette proposition de marchandage ne fut même pas
accueillie, car quelque temps plus tard, Descorches écrivait
la note suivante : « Marie Descorches, ex-envoyé... sort du
bureau du citoyen Dupré, oppressé par la plus profonde
douleur. Il s'est présenté, d'après le conseil de ce citoyen
chez le citoyen Ramel (1), mais il n'était pas visible.
Pénétré de respect pour les laborieuses et importantes
occupations du ministre des Finances, Descorches ne s'est
pas permis d'insister ; il s'est retiré, n'emportant d'autre
consolation que l'espoir d'un moment prochain d'audience
que le citoyen Ramel voudra bien lui accorder pour s'en
faire entendre (2). »

Descorches fit une nouvelle tentative pour pénétrer auprès
du ministre des Finances. Il se présenta à son cabinet le
14 prairial à sept heures du soir, muni de la lettre d'au-

____

(1) Ramel, alors ministre des Finances.
(2) Note de Descorches. Paris, le 11 prairial, l'an IV. Correspondance ministérielle.

dience qu'il avait reçue le 12 du même mois. Mais à huit heures, ayant vu entrer chez le ministre plusieurs chefs de service qui devaient travailler avec lui, il s'était encore retiré, jugeant qu'il était inutile de faire plus longtemps antichambre.

Le ministre des Finances de la République française n'aimait pas beaucoup sans doute les créanciers, Descorches s'en était rendu compte, car dès le lendemain, il s'excusait ainsi de sa démarche : « Je sais, citoyen ministre, que vos occupations sont si immenses, votre temps si précieux, que je craindrais d'avoir à me reprocher de devenir indiscret, en vous priant de nouveau d'avoir la bonté de m'entendre.

« Il m'en coûte déjà assez, je vous assure, d'être contraint par la plus dure nécessité de prendre place par mes demandes parmi les importuns qui vous accablent.

« Mais, *au nom de l'humanité*, citoyen ministre, veuillez jeter un regard attentif sur ma position. Veuillez me dire s'il est bien possible qu'un refus de votre part d'autoriser le paiement de l'ordonnance qui m'a été délivrée par le ministre des Relations extérieures me réserve la plus affreuse amertume pour un homme honnête à qui la République et la probité sont bien plus chères que la vie et qui voit l'honneur de l'une et la délicatesse de l'autre compromis si je dois terminer les travaux de ma laborieuse mission par une sorte de banqueroute envers des hommes qui par zèle pour le service et confiance en moi m'ont secouru dans mes embarras (1). »

Descorches avait bien essayé de faire un emprunt, mais il était obligé d'avouer qu'en raison de la dureté des temps et ne possédant comme propriétés que des terres, il n'avait pu trouver de crédit ! Sa situation était d'autant plus intéressante qu'occupant des emplois publics depuis trente ans, qu'appartenant au ministère des Affaires étran-

---

(1) Marie Descorches au citoyen ministre des Finances. Correspondance ministérielle.

gères depuis quinze ans, il avait dépensé pour le service de l'Etat plus du quart de ses capitaux, environ deux cent mille francs en numéraire. De plus, abandonné pour ainsi dire à lui-même comme il l'avait été à Constantinople, se dirigeant au milieu des écueils, il avait, pendant les deux années les plus mouvementées de la Révolution, maintenu, défendu, fait triompher envers et contre tous les intérêts de la République qui lui étaient confiés, ravitaillé une division de ses frégates, préservé du désespoir ses nombreux agents dans les diverses Echelles qui n'avaient reçu pendant longtemps ni direction, ni traitement ; défrayé d'autres agents de diverses sortes qui lui étaient envoyés sans être munis de ressources et auxquels pour les faire vivre il devait en procurer, sans en avoir d'assurées pour lui-même.

Il terminait ainsi sa lettre : « Je vous en conjure, veuillez enfin au nom de l'humanité accorder quelque intérêt à l'état du cœur souffrant d'un père de famille qui n'a pas encore goûté la satisfaction d'embrasser ses enfants, bien qu'il soit à Paris depuis plus de cinq mois où il n'est retenu que par la loi que sa probité lui fait d'assurer les intérêts de ses prêteurs. »

Il faisait valoir la même considération à Rewbell lorsqu'il lui écrivait le 22 prairial qu'étant père lui-même il devait comprendre le désir qu'il avait de rejoindre le plus tôt possible ses enfants alors à la campagne. Bien qu'après le règlement de ses comptes, 58.000 livres lui restassent dues, il ne réclamait que ce qui lui était rigoureusement nécessaire pour remplir ses engagements, c'est-à-dire cette somme de 11.080 francs qui avait été ordonnancée à son nom et dont il ne demandait pour le moment que le tiers que le ministre des Finances se refusait même à payer. Aussi priait-il Rewbell de recommander au citoyen Ramel, ministre des Finances, la prompte terminaison de cette affaire. (1).

Enfin, il fut avisé par Rewbell lui-même que le Directoire

---

(1) Paris, le 22 prairial, l'an IV. Note de Descorches pour le citoyen Rewbell. Correspondance ministérielle.

avait décidé qu'un acompte serait versé : Ramel donnait
en effet le 27 prairial l'ordre aux commissaires de la Trésorerie nationale de payer à Descorches, en numéraire
effectif, la somme de 3.693 francs représentant le tiers des
11.080 francs qui avaient été ordonnancés à son nom le
4 germinal précédent (1). Descorches touchait cette somme
le 28 prairial et dès le 30 prairial, muni de cette provision
qu'il attendait sans doute impatiemment pour partir, il
prenait la route de ses propriétés d'Aubry-le-Panthou où il
devait retrouver sa famille qu'il n'avait pas vue depuis le
22 janvier 1793.

Descorches était tenu au courant des événements qui,
depuis son départ, se passaient à Constantinople et les
nouvelles qu'il recevait n'étaient pas de nature à diminuer
ses inquiétudes au sujet des conséquences fâcheuses de son
rappel, car il ne pouvait s'en consoler et dans un sentiment
bien humain il se persuadait que les affaires de la France ne
pouvaient désormais qu'aller de mal en pis. Des amis
dévoués le confirmaient dans cette opinion. L'un de ses
correspondants, Constantin Stamaty, grec d'origine et
naturalisé français, lui écrivait : « Je n'ai pas rencontré un
seul homme de ce pays qui ne vous regarde comme l'honneur
de la nation française, l'homme en qui on reconnaisse le
plus de perfections. Depuis Trawnick jusqu'à Constantinople, tout retentit de vos éloges. Tous vous regrettent...
Voilà ce que j'entends dire tous les jours dans ce pays-ci.
Votre popularité a laissé dans l'esprit des Turcs des traces
qui font la sûreté et la considération de tous les Français.
Mais, cher citoyen, tout le reste de votre ouvrage est
détruit. Epargnez-moi les détails ; ils ne pourraient
qu'affliger votre cœur brûlant pour les intérêts et la gloire
de votre nation. » Stamaty constatait que des intérêts de
la plus haute importance dont dépendait le salut de
l'Empire ottoman étaient devenus l'objet de la plus froide
indifférence. « Il suffit, ajoutait-il, que le ministre français

---

(1) Paris, le 27 prairial, l'an IV. Le ministre des Finances aux
commissaires de la Trésorerie nationale. Correspondance ministérielle.

sollicite quelque chose, pour que tout traîne, tout languisse. Et dans quel moment, grand Dieu ! quand tout retentit de notre gloire. Tout est ici à recommencer (1). »

Chargé d'une mission à Bucharest pour s'y occuper des intérêts communs de la France et de la Turquie, Stamaty n'avait pu partir parce que la Russie s'opposait à son départ. Il devait donc attendre à Constantinople de nouveaux ordres du Directoire. Parlant des Turcs, il disait : « Il faut être russe ou allemand pour être bien reçu par cette canaille vile et rampante. » Quel changement, depuis le retour de Descorches, s'était donc accompli dans l'esprit de cette nation peu de temps auparavant si empressée pour la France ! D'après l'opinion de Stamaty, Verninac s'était efforcé de bien faire, mais n'ayant pas les lumières nécessaires et ayant voulu suivre une toute autre route que son prédécesseur, il avait échoué dans presque toutes ses entreprises et n'avait obtenu aucun résultat appréciable.

Il en gémissait, mais il n'était plus temps, le mal était fait. Son successeur Aubert-Dubayet dont l'arrivée était annoncée ne paraissait pas, ce qui était encore un très grand mal dans les circonstances présentes. La défection de la Suède qui venait de se rapprocher de la Russie avait eu pour résultat de rendre les Turcs encore plus circonspects. « Ils sont devenus intraitables depuis, disait Stamaty. Le chevalier d'Ohsson, le représentant de la Suède qu'on avait vu précédemment si dévoué aux intérêts français en avait perdu *la tramontane*, il ne savait plus ce qu'il faisait, donnait à dîner à l'ambassadeur russe et paraissait à la promenade en sa compagnie. Aussi, la Légation de France avait-elle rompu toutes les relations avec lui.

Verninac avait pressenti son remplacement, car il écrivait dès le 13 pluviôse au drogman de la Porte Moruzzi que le bruit courait qu'il serait remplacé par *Sémonville* et il demandait pour se faire bien voir de son Gouvernement que la Turquie ouvrit la mer Noire à la France.

---

(1) Papiers de Descorches. Lettre de Constantin Stamaty. Constantinople, le 22 thermidor, an IV.

Le Directoire avait en effet suivi le conseil qui lui avait été donné de nommer un militaire à l'ambassade de Constantinople et il avait désigné pour ce poste Aubert-Dubayet, le ministre de la guerre.

Verninac devait recevoir une autre destination (1). A l'occasion de ce changement qu'il avait connu aussitôt, Descorches étant malade et ne pouvant voir lui-même le ministre, Ch. Delacroix lui envoyait le 29 pluviôse John Humphrys, insistant pour que celui-ci fût renvoyé comme agent secret à Constantinople qu'il n'aurait jamais dû quitter. Le remplacement de Verninac était en effet aux yeux de Descorches la justification de la conduite de son ami.

Annonçant le départ de Verninac, Stamaty s'exprimait ainsi sur son compte : (2) « Ce personnage enfin est parti et laisse derrière lui une traînée de mépris et de diffamation. Son successeur Aubert du Bayet qui, comme vous le savez, ne professe pas la plus grande tempérance dans ses discours, n'est pas le dernier à mettre au grand jour les qualités et les talents extraordinaires de son devancier. Il vante surtout sa modestie et son éloignement pour le poste qu'il a rempli si glorieusement en citant le paragraphe de l'une de ses lettres écrites au Gouvernement par laquelle il demandait au Directoire d'être employé à Constantinople avec le nouvel ambassadeur ou autrement. Il voulait vraisemblablement faire ici le pendant d'Hénin. Vous pouvez juger aussi ce que l'esprit satirique d'Aubert du Bayet glose sur la vente de ses effets qui s'est faite comme de clerc à notaire. Verninac a emporté seulement de cet objet 23.000 piastres en argent comptant, car il n'a pas voulu accepter de lettre de change. Malgré celà, arrivé aux Dardanelles, cet homme de grande mémoire s'est rappelé qu'il avait oublié de mettre en ligne de compte un vieux tapis estimé 30 piastres qui s'est

---

(1) Arrêté du Directoire exécutif du 19 pluviôse an IV. Pour expédition conforme : Le Tourneur. Le secrétaire général : Lagarde. Pour copie conforme : le ministre des Relations extérieures : Ch. Delacroix.
(2) Papiers de Descorches. Lettre de Stamaty. Péra, Constantinople, le 3 nivôse, l'an IV de la République.

trouvé dans un grenier et il a écrit à l'ambassadeur pour réclamer cette somme. De pareils traits ne laissent pas que de former la réputation d'un homme. Mais il faut convenir qu'ils font aussi ombre aux belles actions, aux procédés nobles et généreux dont ils servent à relever l'éclat. Tout le monde s'est rappelé de vous à cette occasion encore et de la manière supérieure dont vous vous êtes conduit à l'égard de Verninac. Mais ce n'est pas cette seule fois que les amis de la chose publique ont parlé de vos vertus et des rares talents que vous avez déployés dans la pénible carrière que vous avez parcourue. »

N'ayant trouvé que peu de concours auprès de Verninac et d'Aubert-Dubayet pour lui faciliter l'accomplissement de la mission dont il était chargé, Stamaty attendait avec impatience l'ordre du Directoire « de quitter ce pays où tout était accablant pour une âme qui haïssait essentiellement ce qui ne respire pas le plus pur républicanisme ».

Avant son départ de Paris, Descorches avait dû se justifier de nouvelles accusations dont il ignorait la provenance. Il avait, sur la demande du ministre des Relations extérieures, fourni un mémoire justificatif au bureau du Contentieux du ministère.

On l'accusait, entre autres méfaits, d'avoir fait chanter dans les réunions décadaires qu'il présidait souvent à Constantinople une chanson dans laquelle la guillotine était célébrée. Or, si la guillotine avait été le principal instrument du règne de la Terreur, ses admirateurs étaient depuis cette époque devenus suspects à leur tour.

N'étant ni poète ni chanteur, Descorches était bien embarrassé pour dire quelles chansons on avait chanté dans ces réunions qui groupaient les patriotes de Constantinople. Il se rappelait seulement que ies plus habituelles étaient *l'Hymne à la Liberté*, *l'Hymne à l'Etre Suprême*, *Veillons au salut de l'Empire*, *la Carmagnole*. Mais il avait toujours pris soin d'écarter les propos qui pouvaient blesser les ministres étrangers, de calmer l'exaltation de ses compatriotes qui avant son arrivée avait provoqué des scènes scandaleuses et des agressions à leur égard.

On lui reprochait de s'être appuyé pendant son séjour à Constantinople sur les négociants qui, assemblés le 8 octobre 1792, avaient, sauf Florenville l'un de ses accusateurs, requis le traitre Choiseul de continuer ses fonctions. C'était une surprise, répondait Descorches. Le plus grand nombre de ces négociants redigèrent le même jour une protestation contre ce qui avait été décidé le matin. Le 8 décembre 1792, une nouvelle délibération de la colonie française anéantit la précédente. Ces faits étaient d'ailleurs antérieurs à la mission de Descorches qui n'était arrivé à Constantinople qu'au commencement de juin 1793. Quant à Florenville qui s'était précédemment muni d'une lettre de protection de l'Angleterre, il avait le jour même, ou le lendemain du 8 octobre 1792, écrit à Choiseul pour s'excuser de n'avoir pas signé l'adresse qui lui avait été envoyée. Ce Florenville était un négociant orgueilleux à en être risible, le plus fastueux de Galata sous l'ancien régime, faisant toujours bande à part, le courtisan le plus assidu des ministres, devenu entre les mains d'intrigants qui l'avaient caressé et enivré de leurs éloges, l'intitulant le Patriarche des patriotes du Levant, un mannequin excellent *pour leurs dégoûtantes farces*. (1).

Il n'était pas exact non plus que Descorches eût créé une place de proconsul pour Vincent Pech, signataire de l'adresse à Choiseul contre laquelle il avait, lui aussi, protesté le jour même. S'il avait, il est vrai, exercé les fonctions consulaires avec le consentement de Descorches, en sa qualité de député de la Nation, c'était en vertu d'une décision prise précédemment par le ministre Lebrun. Descorches avait fourni dans le temps tous les éclaircissements utiles sur cette mesure qui se liait à toutes celles ayant pour but de préserver l'administration du Levant de la désorganisation dont elle était menacée.

Les rapports officiels de Descorches indiquaient dans quel esprit il avait présidé aux fêtes et assemblées qui réunissaient ses compatriotes, n'ayant voulu que leur inspirer

---

(1) Note de Descorches, Correspondance ministérielle.

l'amour de la Liberté. Pour juger sa conduite, il fallait se transporter au temps où il vivait alors, tenir compte de l'état d'opinion qui existait et il croyait n'avoir aucun reproche à se faire. C'était le système de défense employé par tous ceux qui étaient menacés par la réaction thermidorienne. Carrier et Le Bon en appelèrent aussi à l'état d'esprit qui régnait pendant la Terreur et, non sans raison, ils rendirent la Convention qui les avait stimulés, solidaire de leurs crimes.

Descorches, ainsi qu'or l'a vu, n'avait pu toucher avant de quitter Paris qu'une partie de la somme qui lui était due par le Gouvernement. Aussi, après son arrivée à Aubry-le-Panthou, rappelait-il cette créance au ministre des Relations extérieures (1).

Il demandait à recevoir un second tiers. C'était un poids qui oppressait son cœur, « étant bien douloureusement affecté de laisser en souffrance des personnes qui l'avaient obligé, sans autre intérêt que celui de leur zèle pour le service de la République ». Il priait le ministre de trouver bon que son épouse, retenue à Paris par des affaires de famille, eût l'honneur de lui remettre sa lettre et de recueillir à cette occasion les conseils qu'il aurait, espérait-il, la bonté de ne pas lui refuser sur les démarches qu'il conviendrait qu'elle tentât pour obtenir ce paiement.

Il n'interverait pas seulement pour lui, mais aussi pour d'autres créanciers qui, à l'exemple de Vincent Pech, le gérant du Consulat de Constantinople, avaient fait des avances aux fonctionnaires de l'Etat. Ses réclamations étaient une nouvelle preuve de l'abandon dont les agents de la France dans le Levant avaient été victimes. « Nous n'avions pas seulement, disait Descorches, à lutter contre la masse d'inimitié qui cherchait à nous écraser. La faim était aussi là qui nous menaçait de ses dents allongées. Nos malheureux fonctionnaires ne recevaient nulle part aucun

---

(1) Aubry-le-Panthou, le 8 thermidor, l'an IV de la République une et indivisible. Marie Descorches au citoyen ministre des Relations extérieures. Correspondance ministérielle.

traitement. Plusieurs étaient aux abois, jetaient vers nous des cris lamentables et nous faisaient craindre sans cesse ou le scandale d'une conduite honteuse ou la désorganisation du service. Comme moi et avec moi Vincent Pech les soutenait, les encourageait et les secourait de sa poche, lorsque la nécessité devenait pressante (1). »

C'est ainsi qu'il avait avancé à divers agents des quartiers de leur traitement contre leurs mandats sur la Chambre de Commerce de Marseille. Mais la suppression de cette Chambre, celle du Bureau provisoire qui l'avait remplacée pendant quelque temps, les difficultés de communication créées par la guerre, l'absence totale de fonds en France et d'une organisation financière en avaient rendu jusqu'alors le paiement impossible.

L'heure de la liquidation était arrivée pour le Gouvernement de la République. Il fallait acquitter les dettes énormes contractées depuis le commencement de la Révolution. Descorches recevait lui aussi de nombreuses réclamations qu'il transmettait fidèlement à son ministre.

C'était la maison de Banque Georges Achard et Cie, de Genève, dont il s'était servi pour faire passer sa correspondance, afin d'échapper à l'inquisition autrichienne, qui lui réclamait, pour port de lettres, la modeste somme de 126 francs ! (2).

C'était le comte Zulati, Consul de la République en Dalmatie, qui lui demandait le remboursement de 25.000 francs qu'il avait, disait-il, avancés pour les mêmes frais de correspondance avec le Levant. « Je reçois, écrivait Descorches, des lettres lamentables de notre pauvre Consul en Dalmatie Bartoletty Zulati. Il est à bout de voix et me paraît, par ce qu'il m'écrit, dans un état près du désespoir. Ses moyens de crédit sont épuisés. Il voudrait pourtant

___

(1) Aubry-le-Panthou, canton de Vimoutiers, par le Sap, département de l'Orne, le 8 thermidor, l'an IV. Marie Descorches au citoyen ministre des Relations extérieures. Correspondance ministérielle.

(2) Aubry-le-Panthou, le 18 brumaire, an V. Marie Descorches au citoyen ministre des Relations extérieures. Correspondance ministérielle.

préserver notre considération et les intérêts du service de la chute de ce très utile établissement dont il sent le poids devenir au-dessus de ses forces pécuniàires. Il se désole et ne sait plus où donner de la tête (1). » Pour remercier Zulati de ses bons services, on avait, par mesure d'économie, réduit son traitement de quatre à deux mille livres.

On sait quel procédé employa le Directoire pour faire face aux réclamations dont il était assailli. Il ne trouva rien de mieux, après le 18 fructidor, que de faire banqueroute en créant le Tiers consolidé.

Apprenant que Barthélemy venait d'être nommé directeur, Descorches se réjouissait du triomphe que la justice, les vertus et les talents venaient de remporter par son entrée dans le Directoire dont l'opinion publique lui avait ouvert les portes. Il invoquait leur ancienne amitié pour qu'il usât de son influence auprès de ses nouveaux collègues afin de lui faire donner le témoignage d'approbation qu'il attendait toujours de l'équité du Directoire. Ce n'était pas le désir d'appeler l'attention sur lui qui lui faisait faire cette démarche. Il ne demandait, au contraire, qu'à jouir des douceurs de sa retraite où il cultivait, avec délices, ses enfants et ses champs. Il ne demandait que cette marque d'estime du Gouvernement comme récompense de ses travaux et de son dévouement aux intérêts de la République (2).

Mais le rapport sur sa mission que le Directoire avait demandé après la réception de sa pétition du 23 germinal de l'année précédente et l'audience qui lui avait été accordée, était allé s'enterrer dans les papiers de Rewbell à qui il avait été remis. Un an s'était écoulé depuis et, malgré les instances réitérées de Descorches auprès de ce Directeur, il n'avait pu obtenir qu'il le fît passer sous les yeux de ses collègues.

____

(1) Aubry-le-Panthou, le 18 brumaire an V. Marie Descorches au citoyen ministre des Relations extérieures. Correspondance ministérielle.

(2) Aubry-le-Panthou, par le Sap, le 21 prairial an V. Marie Descorches à son ancien camarade Barthélemy. Correspondance ministérielle.

Descorches se disait subir un véritable supplice, car l'opinion publique, ne sachant comment se fixer, pouvait croire fondées les accusations de ses adversaires et le Directoire seul pouvait l'éclairer.

Aussi, ne se contentant pas de la lettre destinée à Barthélemy, Descorches écrivait le lendemain au Directoire pour réclamer de nouveau un examen de sa conduite (1).

De plus, il adressait une lettre personnelle à chacun des directeurs, les citoyens La Reveillère-Lepeaux, Carnot et Barras pour appeler leur attention sur sa nouvelle pétition, rappelant que c'était la troisième fois, depuis bientôt dix-huit mois qu'il était de retour de sa mission en Turquie, qu'il se voyait obligé de faire appel à la justice du Directoire (2).

Il avait employé, en effet, tous les moyens en son pouvoir pour que la vérité pût arriver jusqu'au sein du Directoire. Le sort de ses précédentes pétitions l'avertissait suffisamment qu'il ne lui restait plus d'autre ressource que de porter à la connaissance de chacun de ses membres en particulier la nouvelle lettre qu'il était contraint de leur adresser.

Comme un nouveau ministre des Relations extérieures venait d'être nommé, Descorches crut bien faire en lui exposant sa situation (3). Certes, il lui en coûtait de lui adresser des réclamations importunes dès son installation dans ses fonctions ministérielles et au milieu des embarras qu'elle comportait. Mais Descorches avait un motif qui ne permet pas ordinairement d'attendre. C'était le besoin d'argent qui le pressait et, bien qu'il sentit « combien de difficultés environnaient encore les affaires dê cette nature », il invoquait la justice du nouveau ministre pour obtenir du Gouvernement le solde qui lui restait dû de ses appointements pendant sa mission en Turquie. Il rappelait que le

---

(1) Aubry-le-Panthou, le 22 prairial an V. Marie Descorches au Directoire exécutif. Correspondance ministérielle.

(2) Aubry-le-Panthou, le 28 prairial an V. Correspondance ministérielle.

(3) Aubry-le-Panthou, le 8 thermidor an V. Marie Descorches au citoyen ministre des Relations extérieures. Correspondance ministérielle.

manque de moyens pécuniaires avait été pour lui l'une des principales difficultés à vaincre. 80.000 francs de traitement annuel, qui lui avaient d'abord été alloués par le Conseil exécutif, avaient été bientôt réduits à 60.000 francs par le Comité de Salut public. Mais, pendant les années de crises 1793 et 1794, les communications étaient devenues si difficiles qu'il ne put presque jamais toucher son traitement.

Le ministre des Affaires étrangères lui avait bien annoncé plusieurs millions mis à sa disposition. Mais comment auraient-ils pu parvenir jusqu'à lui ? Les fonds nécessaires aux plus indispensables besoins de la légation, de l'administration des Echelles, d'une division de frégates, en station dans l'archipel, n'étaient même pas assurés. Ses appels au Gouvernement restaient sans réponse et il n'avait sous les yeux que l'effroyable perspective de la désorganisation totale des services causée par ce dénuement.

Il lui fallut donc suppléer par lui-même à ce manque de ressources, en inventer, en créer par tous les moyens. A cette occasion, il témoignait de son estime et de sa reconnaissance pour la majorité des Français, marins et négociants, se trouvant dans les différentes Echelles, en rappelant la confiance et l'assistance qu'ils lui avaient données. Il en avait été de même pour la nation ottomane et il disait à ce propos : « Nous n'avons peut-être dans aucun temps joui à Constantinople, et comme Français et comme républicains, d'une considération aussi générale, aussi animée de tous les sentiments propres à la rendre féconde en tous genres. » Toutefois, dans sa pénurie, il avait été souvent obligé de suppléer au crédit que les circonstances refusaient à l'envoyé de la République par des garanties ou des engagements personnels. De retour de sa mission, il y avait bientôt déjà dix-huit mois, il avait rendu ses comptes et malgré les estimations les plus modérées, ils laissaient en faveur de Descorches, après avoir été apurés par le précédent ministre des Relations extérieures, un solde de cinquante quatre mille et quelques centaines de livres. Descorches faisait observer en outre qu'il n'avait rien demandé et qu'il ne lui avait été rien alloué pour les frais d'établissement qu'il était d'usage de compter aux ambassadeurs.

Or des traites l'avaient précédé à Paris, venant de différents ports où il lui avait été fait des avances sans intérêt pour les dépenses de son voyage de retour. Combien leur prompt et exact remboursement ne lui était-il pas sacré ! Cependant ces traites étaient restées en souffrance. Elles se montaient à environ sept mille francs dont il demandait le paiement comptant. Toutefois, comme en ce moment les opérations militaires réclamaient toutes les ressources du Trésor public, qui ne disposait, pour y faire face, que de rentrées fictives pour la plus grande partie et toujours décroissantes en raison de la dépréciation de plus en plus grande du papier monnaie, Descorches « ne résistant pas au besoin de son cœur qui lui inspirait d'offrir ce tribut à la Patrie » n'avait pas réclamé le paiement immédiat du solde de son compte. Pouvait-il prévoir que ce sacrifice, commandé par les circonstances, lui serait par la suite imputé comme un tort, qu'on s'en ferait une arme pour repousser ses réclamations ultérieures, pour éluder le paiement de sa créance ? C'était pourtant ce qu'il avait éprouvé. L'ordonnance des premiers sept mille francs avait bien été délivrée, mais il n'avait pu obtenir le remboursement du surplus qui lui était dû. Or, plus d'un an s'était écoulé depuis, et d'une part les recouvrements de valeurs en numéraire, d'autre part la cessation presque complète des hostilités avaient amélioré la situation du Trésor public. Cependant les engagements qu'avait pris Descorches faisaient l'objet des réclamations de créanciers fatigués d'attendre et la vente de son argenterie et des autres effets qu'il avait laissés à Constantinople avait été loin d'y suffire.

Sa femme, retenue à Paris par des affaires personnelles et munie de ses pouvoirs pour s'occuper de la liquidation des siennes, se trouvait actuellement sans moyens et n'en avait pas en vue pour satisfaire aux nombreuses instances, dont plusieurs menaçantes, qui lui étaient faites. Elle s'était adressée au prédécesseur du ministre, au citoyen Charles Delacroix, qui n'avait pas voulu prendre de décision.

donnant au reste le conseil d'adresser une réclamation au Directoire. Si le nouveau ministre voulait recevoir sa femme, insinuait Descorches, elle pourrait lui donner sur cette affaire, toujours en instance, les détails que ne comportait pas une lettre déjà trop longue. Descorches, pour conclure, déposait entre les mains du ministre l'hommage de sa confiance dans le Gouvernement de la République qui ne pouvait vouloir que celui qui avait déjà dépensé, pour le service public, près de deux cent mille francs prélevés sur sa fortune personnelle et sur l'héritage de ses enfants, « ne recueillit pour récompense d'avoir toujours fait son devoir que l'amertume de la détresse et la douleur bien plus vive encore de ne pouvoir remplir ses engagements ». Il demandait donc au ministre de mettre le plus tôt possible le Directoire à portée de juger de la légitimité de cette créance et de l'urgence des motifs qui le forçaient de solliciter au moins un acompte pour le moment, en attendant l'époque qu'il le suppliait de faire fixer pour le paiement du surplus.

Ce nouveau ministre n'était autre que Talleyrand qui, par sa souplesse, était parvenu à entrer dans les bonnes grâces du Directoire et qui, à partir de ce moment, n'allait pas cesser de jouer un si grand rôle dans la politique extérieure de la France. Homme d'un esprit plus délié que ses prédécesseurs, comprenant mieux qu'eux les devoirs attachés à ses fonctions ministérielles, ayant la conscience de ce que doit être un Gouvernement régulier, de la protection qu'il doit assurer à ses agents, il avait répondu à la pétition de Descorches. Mais l'ancien évêque d'Autun, par souvenir sans doute de son ancien sacerdoce, distribuait au pétitionnaire sous la forme d'éloges au lieu d'argent un peu de cette eau bénite dont les hommes de cour qu'il avait naguère fréquentés étaient prodigues. « J'ai présenté, lui écrivait-il, au Directoire exécutif votre lettre du 24 pluviôse et les pièces que vous lui avez adressées à l'appui de votre demande. Je lui ai fait en même temps un rapport sur vos opérations politiques et administratives à Constantinople. Il m'autorise à vous marquer qu'il est satisfait du compte que j'ai mis sous ses yeux. Il reconnaît le mérite des services que vous avez rendus à la République française dans votre mission auprès de la Porte ottomane.

« Salut et Fraternité. — Ch.-Marie Talleyrand (1). »

Bien que Descorches dût compter sur un réconfort plus substantiel, il ne pouvait que montrer sa satisfaction de ces premiers éloges qui lui étaient donnés au bout d'un temps si long par le Gouvernement de la République. Il la témoigna en ces termes dans sa réponse à Talleyrand : « Citoyen ministre, je reçois la lettre que vous m'avez fait l'honneur de m'écrire le 1ᵉʳ du courant par laquelle vous voulez bien m'informer que le Directoire exécutif a été satisfait du compte que vous lui avez mis sous les yeux de mes opérations politiques et administratives à Constantinople. Veuillez, citoyen ministre, transmettre au Directoire exécutif avec l'hommage de mon respect, l'assurance que le dévouement qui m'a fait employer tous les efforts dont j'étais capable pour le service de la République dans les missions dont j'ai été chargé est scellé dans mon cœur par des sentiments qui y vivront autant que je respirerai.

« Salut et Fraternité. — Descorches (2). »

Ce titre de citoyen ministre, le futur prince de Bénévent n'allait pas tarder sans doute à le trouver trop peu respectueux, sous la plume d'un ambassadeur.

Le prédécesseur de Talleyrand ayant appris que le Directoire venait enfin de rendre justice à Descorches, n'avait pas tardé, mû par un sentiment bien humain, à le féliciter de la lettre qu'il avait reçue, mais que lui-même n'avait pas jugé à propos d'écrire pendant qu'il était au pouvoir.

C'était à Mᵐᵉ Descorches qu'il s'adressait : « Je vous félicite bien sincèrement, madame, de la justice que vient

____

(1) Paris, le 1ᵉʳ fructidor an V de la République française. Le ministre des Relations extérieures au citoyen Descorches. Relations extérieures. 2ᵉ division politique. Correspondance ministérielle.

(2) Aubry-le-Panthou, le 7 fructidor an V. Marie Descorches au citoyen ministre des Relations extérieures. Correspondance ministérielle.

enfin d'obtenir le citoyen Descorches. Elle était bien due aux services réels et essentiels qu'il a rendus à sa patrie. Je désire de toute mon âme que ses talents et son civisme ne soient pas plus longtemps perdus pour elle. Soyez persuadée, madame, que j'apprendrai toujours avec plaisir tout ce qui pourra contribuer à son bonheur et au vôtre. Permettez-moi de vous rappeler l'espérance que vous m'avez donnée de venir passer une journée dans notre solitude avec les personnes qui vous accompagneraient. Ma femme se joint à moi pour vous en presser. Vous n'ignorez pas la satisfaction sincère que vous nous causerez et j'espère que ce motif suffira pour vous déterminer. Agréez, madame, l'assurance de mon respect. Ch. Delacroix (1). »

Barthélemy lui aussi, dès la décision du Directoire à laquelle il avait participé, avait été des premiers à complimenter Descorches. Il lui écrivait le 1ᵉʳ fructidor : « Je vous dois, citoyen, depuis bien longtemps une réponse. Je vous l'aurais faite tout de suite, si je n'avais consulté que mon ancienne amitié pour vous, mais je me suis trouvé entraîné à la différer, parce que j'ai toujours cru d'un instant à l'autre que la satisfaction que vous sollicitiez vous serait accordée. Au contraire, elle a successivement éprouvé des obstacles par les raisons ou plutôt par les personnes que vous connaissez. A la fin, il a été décidé hier que le ministre des Relations extérieures vous écrirait la lettre qui avait été projetée par son prédécesseur. Seulement elle a été rendue plus brève.

« Quant à vos réclamations pécuniaires, vous êtes instruit, citoyen, que leur légitimité est bien reconnue. L'extrême embarras du Trésor public est seul la cause qu'il n'y est pas satisfait de suite.

« Assurez-vous bien que ce n'est pas ma faute si vous n'avez pas obtenu incessamment toute la justice qui vous est due. J'espère que vous en êtes bien convaincu, comme aussi du désir que j'ai de trouver des occasions de vous

---

(1) Charenton-Saint-Maurice, le 5 fructidor an V. Correspondance ministérielle.

manifester toute l'étendue de mon ancien et inviolable attachement pour vous (1). »

Descorches remercia Barthélemy. Il n'avait plus douté de la justice du Directoire lorsqu'il avait vu l'estime publique porter un homme de bien à la première magistrature de la République et les suffrages de la représentation nationale l'y appeler. Il se félicitait d'avoir triomphé avec son appui des intrigues ourdies contre lui et dont la lettre du nouveau directeur contenait l'aveu. Aussi, tout en pensant sans doute dans son for intérieur que quelques subsides eussent complété utilement les marques d'approbation du Directoire, témoignait-il de toute sa satisfaction à Barthélemy à qui le rattachaient les souvenirs précieux que son passage à Baden, quand il était allé à Constantinople prendre possession de son poste et plus anciennement son séjour à Vienne, avaient gravés dans son âme. « Ma femme, ajoutait-il, ne m'a laissé ignorer aucune de vos bontés. Elle savait trop bien le plaisir qu'elle me faisait. Il est impossible, citoyen, d'en être plus flatté et plus touché que je le suis (2). »

Ainsi était encore mis en évidence le rôle de Mme Descorches, de cette femme si utile qu'on avait vu agir en faveur de son mari, à l'époque la plus dangereuse de la Terreur, auprès de la Société des Jacobins et des farouches proconsuls qui siégeaient au Comité de Salut public et qui avait su les captiver à un point tel que des traditions de famille la représentent comme ayant obtenu la confiance de l'incorruptible Robespierre.

Restée à Paris, en relations avec les personnages influents de l'époque, elle ne cesse pendant toute la Révolution de s'employer pour Descorches, d'agir en sa faveur auprès des autorités. Elle parvient même, au moyen du commerce qu'elle a créé dans son pays, à se procurer les ressources que ne lui donne plus une fortune délabrée. Après le retour de Descorches, on la voit encore le servir auprès du

____

(1) Paris, le 1er fructidor an V. Correspondance ministérielle.
(2) Aubry-le-Panthou, le 4 fructidor an V. Correspondance ministérielle.

ministre Delacroix, de Barthélemy, et son mari, escomptant
le profit qu'il peut tirer de son esprit intrigant, veut la
pousser dans le cabinet de Talleyrand.

Ce sont sans doute ses démarches jointes aux instances
réitérées de Descorches qui avaient valu à ce dernier de
recevoir enfin de Talleyrand et du Directoire l'approbation
de sa conduite que depuis si longtemps il sollicitait
vainement.

Un long rapport sur sa mission avait été en effet soumis
au Directoire par les soins du nouveau ministre des Relations
extérieures (1). On y rappelait la pétition qu'il avait adressée au ministre de ce département, dès le 24 pluviôse
de l'an IV et dans laquelle il demandait qu'on eût pour lui
les mêmes égards que pour Verninac qui avait été aussi
rappelé, mais auquel le Directoire exécutif réservait une
autre destination et pour l'envoyé de la République française à Gênes dont les lettres de récréance contenaient
d'honorables témoignages de satisfaction et d'estime.

L'objet principal de sa demande était donc une approbation du Gouvernement qui fixât l'opinion sur sa conduite
et qui fit cesser en même temps l'incertitude où il était de
savoir si l'espoir de servir la République lui était réservé.

Descorches, à l'appui de sa demande, avait présenté une
analyse succincte des services qu'il avait rendus à la
France sous l'ancien et le nouveau Régimes dans les Légations importantes et difficiles dont il avait été chargé.

Or, les déclarations par lesquelles il s'était appliqué à
prouver son attachement à la Révolution, sa fidélité aux
principes, son zèle infatigable dans l'exercice de ses fonctions, causes principales de toutes les disgrâces qu'il avait
essuyées, avaient démontré au Gouvernement combien cet
agent était pénétré du droit que ses œuvres lui avaient
acquis à un résultat plus heureux.

Il résultait de l'examen de sa conduite que partout où il
avait été employé, il s'était montré digne de la confiance

____

(1) Rapport sur le citoyen Marie Descorches, ex-envoyé à Constantinople. 8e bureau. Contentieux politique. Correspondance ministérielle.

du nouveau Gouvernement républicain. Ministre plénipotentiaire à Liége, il y avait mérité l'hostilité de Marie-
Antoinette pour avoir réussi à déjouer une intrigue autrichienne. En Pologne, à l'époque de la fuite du ci-devant roi,
il avait su honorer son caractère tandis que ses collègues
dans les cours du Nord l'avilissaient jusqu'à se déclarer les
agents d'un maître; il s'était, lui, fait reconnaître pour
l'envoyé de la nation française et il était parvenu à
obtenir, en cette qualité, une audience du roi de Pologne.
A Constantinople enfin où, selon ses expressions, il
remplissait depuis plus de deux ans « la plus épineuse et la
plus laborieuse mission, avec un succès· presque miraculeux », il avait mérité l'estime des Français du Levant, la
confiance du Gouvernement ottoman, le plus tendre attachement de la part de ses collaborateurs et un regret
général avait marqué son départ.

Des lettres authentiques et originales remises au bureau
du Contentieux politique du ministère des Relations extérieures étaient les meilleures preuves des allégations du
citoyen Descorches (1). Toutes ces pièces lues avec
attention faisaient concevoir la meilleure opinion de son
caractère et une haute estime pour ses talents. On y voyait
que les consuls et vice-consuls lui avaient accordé leur
entière confiance, que presque tous les Français avaient
loué la conduite qu'il avait tenue envers eux, que les
employés de tout ordre dans les bureaux de la Légation
s'étaient séparés de lui comme l'auraient fait des enfants
reconnaissants d'un père tendre, que le Reis-Effendi par
l'organe d'un Français son médecin, lui avait exprimé
avant son départ ses regrets et ceux du Grand-Seigneur (2).
C'est muni de ces preuves de sa bonne administration que le
citoyen Descorches avait quitté Constantinople pour se
rendre auprès du Gouvernement qui le rappelait.

---

(1) Lettre du vice-consul de Smyrne du 26 germinal an III.
Lettre des citoyens français du 25 germinal an III.
Lettre des citoyens français composant les bureaux de la Légation du 28 germinal an III.
(2) Lettre du médecin du Reis-Effendi du 7 floréal an III

Le vice-consul et le drogman chancelier des Échelles de Syrie et de Palestine, Adanson et Beaussier, résumaient l'opinion de leurs compatriotes dans ces adieux qu'ils avaient adressés à Descorches : « Dis à nos concitoyens que tu as formé un foyer de patriotisme dont les rayons bienfaisants s'étendent au loin dans toutes les Échelles du Levant. Dis-leur que tu y as trouvé des hommes purs, amants passionnés de la Liberté, de l'Egalité, de la Justice, criant : Vive la République, vive la Convention ! Dis-leur qu'il n'y avait plus rien à faire pour le bonheur commun et pour le tien. »

A côté de ces pièces sur lesquelles Descorches fondait son droit à la justice qu'il sollicitait, devaient figurer les dénonciations multiples et les accusations graves qui avaient été dirigées contre son administration par quelques Français établis dans le Levant. Il appartenait au Gouvernement de les peser dans sa sagesse et de décider quel degré de confiance devait leur être accordé. Il convenait d'abord d'établir dans quelles circonstances le citoyen Descorches était arrivé à Constantinople et quels étaient alors les rapports politiques de la République française avec la Porte et les relations des Français entre eux dans le Levant (1).

Une grande partie de ces Français, Provencaux d'origine, avaient embrassé avec ardeur la cause de la Révolution, et leur naturel impétueux et bouillant devait imprimer au patriotisme dans le Levant le caractère de l'exagération pour mieux marquer une réaction contre les agissements des Choiseul-Gouffier, des Chalgrin, des nombreux consuls et drogmans qui se coalisaient pour trahir la République, ruiner ses Etablissements et susciter à leur patrie de nouveaux ennemis. Ces traîtres abandonnèrent leur poste, dès l'instant qu'ils ne purent plus faire tourner leur autorité au détriment de la chose publique.

Mais, si les contre-révolutionnaires n'avaient plus le pou-

____

(1) Ce paragraphe du rapport et les suivants donnaient le résultat des appréciations du ministre des Relations extérieures après le dépouillement de la correspondance consulaire et de toutes les pièces fournies à la Division du Contentieux par celle des Consulats. Dans

voir, le goût de l'indépendance, l'esprit d'insubordination avaient continué à se manifester chez quelques hommes qui, se déclarant les patriotes par excellence, signalaient comme aristocrates tous Français, même ceux revêtus d'une autorité qui opposaient à l'exagération de leurs opinions les règlements, les ordonnances par lesquels étaient régis les Etablissements de la France dans le Levant. C'est à ce moment que le Conseil exécutif, pour en préserver la ruine totale, envoya Descorches à Constantinople où Sémonville n'avait pu arriver.

Lorsque Descorches put parvenir dans la capitale de l'Empire ottoman, en juin 1793, Fonton, chancelier de la Légation, venait de passer sous la protection du Gouvernement russe. N'ayant pu le faire arrêter, Descorches fit choix, pour son remplacement, de Georges Fleurat, homme dont le zèle et la probité égalaient l'attachement à la Patrie.

Toutes les branches de l'administration confiées au citoyen Descorches attirèrent ses regards et subirent les réformes que demandait l'intérêt public. Il ne tint pas à lui que l'utile et intéressant établissement des Jeunes de Langues, destiné à devenir une abondante pépinière de drogmans, n'acquit une consistance solide et durable.

Le Gouvernement français n'ignorait pas de combien d'ennemis publics et privés le principal agent de la République était, à cette époque, entouré dans la ville de Constantinople.

L'influence russe cherchait alors, par tous les moyens, à dépouiller la France de l'ancienne considération dont elle jouissait auprès de la Porte. Secondés par les envoyés des puissances coalisées, les agents de Catherine semaient l'or et prodiguaient les présents, ressort principal des négociations politiques chez les Turcs, tandis que Descorches, ministre *d'un Conseil exécutif impuissant, pusillanime,* incapable de montrer ce caractère énergique qui eût pu rassurer la Porte contre les projets ambitieux de la Russie, réduit aux seules ressources de ses talents, soutenait la dignité de la Répu-

---

l'une et dans l'autre, on s'était formé la même opinion sur les dénonciateurs et le dénoncé. — Note de Descorches. Correspondance ministérielle.

blique, sinon avec avantage, au moins sans échec pour elle et sans humiliation pour lui (1).

Descorches négociait sans succès dans l'intérêt de la République parce que, abandonné par le Conseil exécutif de France, il luttait seul contre des agents qui se montraient avec toute la puissance et tous les moyens dont disposaient les Gouvernements qu'ils représentaient. Ce fut pourtant à cette situation si pénible et si indépendante de sa volonté que Descorches dut les nombreuses dénonciations dont trois ou quatre Français l'accablèrent auprès du Comité de Salut public de la Convention.

Le ministre des Relations extérieures avait dû examiner ces dénonciations et le caractère de leurs auteurs. Ces dénonciations, en général, se détruisaient les unes par les autres. Le même homme était représenté à la fois comme coupable d'exagérations que la dignité de ses fonctions réprouvait, que la morale proscrivait et comme un aristocrate protecteur des émigrés et complice de tous les intrigants, de tous les machinateurs de complots contre-révolutionnaires dans les Echelles du Levant. Descorches pouvait-il avoir été en même temps un royaliste effronté et un extravagant révolutionnaire !

Quels étaient ses dénonciateurs ? Des hommes turbulents, impatients de toute règle, ennemis de toute autorité et dont les opinions exagérées avaient également nui dans le Levant aux patriotes et au commerce. Leurs expressions étaient celles de la haine, leur style celui des persécuteurs. Tous leurs écrits décélaient l'impatience d'usurper le pouvoir et d'exercer des vengeances. Les innombrables lettres, d'Hénin en particulier, respiraient toutes la haine et le désir de se débarrasser d'un agent qui parlait au nom de la Loi.

Les pièces principales à la charge de Descorches étaient : 1° une dénonciation à la Convention nationale, par les patriotes de Smyrne, revêtue seulement de trois signatures; 2° un long mémoire de Chénié, très volumineux et dénué de pièces probantes, contenant tous les griefs qui pouvaient être

---

(1) Telle était, consignée dans un rapport officiel, l'opinion du Directoire sur le Conseil exécutif qui, en 1793, dirigeait la politique de la République française.

imputés à Descorches, tant comme royaliste que comme jacobin exagéré. Ce mémoire n'était appuyé que par la signature de l'auteur; 3° la correspondance d'Hénin « aussi dégoûtante par la répétition des torts non prouvés de Descorches que révoltante par le ressentiment et l'animosité qui la caractérisaient ».

Parmi les accusations dirigées contre le citoyen Descorches, la plus grave, si elle était fondée, celle qui devait le plus appeler sur cet ancien envoyé de la République la sévérité du Gouvernement était relative au citoyen Roubeau, frappé par des Russes, et qui, pour avoir tiré une légitime vengeance de cette insulte, au moment même où elle lui était faite, avait été perfidement attiré chez un magistrat turc et bâtonné par son ordre.

L'honneur français avait été blessé, le droit des gens violé et l'amitié trahie dans la personne de Roubeau, et Descorches avait été accusé de n'avoir pas assez fait pour empêcher cet outrage ou pour obtenir une réparation satisfaisante.

A cette accusation reproduite plusieurs fois et de diverses manières dans les mémoires de Noyane, autre accusateur de l'envoyé de la République, de Chénié et dans les lettres d'Hénin, le citoyen Descorches avait opposé sa correspondance avec le Gouvernement sur cette affaire (1). La conduite qu'il avait tenue envers Roubeau, l'énergie qu'il avait déployée à l'égard des ministres de la Porte ne permettaient pas de douter de l'indignation qu'il avait ressentie et manifestée après cet attentat, des efforts qu'il avait faits pour obtenir une réparation éclatante, de la résolution qu'il avait prise de quitter Constantinople et des légitimes motifs qui l'y avaient retenu, à la suite des explications qu'il avait eues au sujet de Roubeau avec les ministres du Grand-Seigneur et avec le prince Moruzzi.

On reprochait encore à Descorches de s'être introduit à la dérobée dans le Palais de la Légation de France et de n'avoir pas soutenu dans cette circonstance la dignité de la Répu-

---

(1) Extrait de deux dépêches du citoyen Descorches du 25 septembre et du 10 octobre de l'an II.

blique. Ce reproche était fait par Hénin, ce qui paraissait devoir en affaiblir la gravité. Descorches n'ayant jamais été reconnu n'avait pu s'établir dans le Palais national ni l'habiter avec la pompe et l'éclat qui appartiennent à l'ambassadeur d'un grand peuple. Il était également certain que la manière de vivre du citoyen Descorches à Constantinople, pendant sa mission, avait été non seulement modeste, mais presque obscure. Enfin, Chénié, qui n'omettait aucune occasion de dénoncer Descorches, n'avait pas cru devoir faire mention dans son mémoire de cette entrée furtive dans le Palais national ni de l'avilissement qui en serait résulté pour la République.

Mais, ce qui achevait d'excuser Descorches, ou plutôt ce qui prouvait que son installation dans le Palais national devait être considérée comme un événement qui l'honorait, comme une victoire remportée par lui sur la coalition des ministres étrangers, c'était sa dépêche au Comité de Salut public du 5 ventôse de l'an III par laquelle il rendait compte de cette prise de possession, des marques de sympathie que le Gouvernement ottoman avait données à la France à cette occasion, de la fureur des agents de la coalition et de leurs efforts pour faire révoquer l'autorisation donnée par la Porte, et généralement regardée à Constantinople comme un acheminement à une parfaite reconnaissance de la République.

Il était superflu de rapporter la série des torts imputés à Descorches puisque, d'un côté, ils n'étaient pas prouvés par des pièces authentiques et que, de l'autre, pour en laver l'agent de la République, il suffisait de remonter à la cause des dénonciations dont il avait été l'objet.

Déjà l'administration de Descorches avait été représentée sous le même aspect favorable au Comité de Salut public par la Commission des Relations extérieures, dans un rapport daté du 18 messidor an III (1).

Ses opérations politiques avaient été, à la même époque, soumises au Comité de Salut public, par le Bureau diploma-

---

(1) Rapport du citoyen Boulouvard, chef de la division des Consulats.

tique, dans un rapport qui n'avait pas été porté à la connaissance du ministre des Relations extérieures (1).

Il résultait, toutefois, de l'ensemble des pièces mises sous ses yeux que le citoyen Descorches avait administré les Établissements du Levant, à la satisfaction des Français et du Gouvernement ottoman, en se conformant aux règlements et aux lois et que, s'il était l'objet de plusieurs griefs de la part de quatre ou cinq personnes, dont certaines avaient perdu la confiance du Gouvernement, ces accusations s'évanouissaient à défaut de preuves. Il ressortait en outre de cet examen que le peu de succès obtenu par Descorches dans sa mission était imputable aux circonstances, « *à la nullité du Conseil exécutif et au système adopté à cette époque par le Comité de Salut public* », plutôt qu'à sa faiblesse ou à son imprévoyance. Ce qu'avait fait Descorches, sans moyens, sans appui, sans caractère reconnu, faisait présumer qu'il aurait très avantageusement servi la République s'il eût été placé dans des circonstances moins défavorables et secondé par un Gouvernement énergique et éclairé sur ses véritables intérêts.

Quoique la destitution de Descorches fût un acte de l'ancien Gouvernement (2), le ministre des Relations extérieures ne pensait pas que le Directoire exécutif dût repousser la réclamation de cet agent de la République par un silence qui serait décourageant pour ceux qui suivaient la même carrière et désespérant pour le citoyen Descorches, qui considérait l'estime de ses concitoyens comme la plus précieuse récompense d'un républicain, soit pendant l'exercice des fonctions qui lui étaient confiées, soit au sein de la retraite. Or, il appartenait au Gouvernement de provoquer en faveur de ses agents cette estime publique par des témoignages de sa satisfaction quand il la croyait méritée.

Le ministre pensait donc que le Directoire exécutif pouvait

----

(1) Rapport sur la partie diplomatique de la mission du citoyen Descorches par le citoyen Reinhard, alors chef du Bureau diplomatique du Comité de Salut public, depuis ministre plénipotentiaire à Hambourg.

(2) Descorches avait été rappelé par un arrêté du Comité de Salut public du 22 brumaire an III.

l'autoriser à écrire au citoyen Descorches une lettre qui devait faire cesser ses inquiétudes sur les suites des dénonciations portées contre lui et de l'arrêté par lequel le Comité de Salut public de la Convention nationale avait prononcé son rappel.

Le ministre avait en conséquence préparé la lettre suivante : « J'ai mis sous les yeux du Directoire exécutif, citoyen, votre lettre et les pièces que vous m'avez adressées à l'appui de votre demande. Je lui ai fait en même temps un rapport sur vos opérations politiques et administratives à Constantinople. Le Directoire, qui pouvait à toute rigueur garder le silence sur votre réclamation, puisqu'elle était relative à des actes de l'ancien Gouvernement, m'autorise à vous marquer qu'il est satisfait du compte que je lui ai rendu et que, ni les dénonciations faites contre vous, ni l'arrêté de votre destitution ne doivent affaiblir le mérite des services que vous avez rendus à la République française, durant votre mission auprès de la Porte ottomane. »

Ce témoignage de Talleyrand, bon juge en matière de services diplomatiques, apportait enfin à Descorches la satisfaction tardive qu'il n'avait cessé de réclamer depuis son départ de Constantinople. Le rapport qui précédait cette lettre ne faisait que résumer les justifications de Descorches lui-même. Il y faisait un large emprunt et témoignait de l'influence que l'ancien envoyé de la République avait retrouvée dans les bureaux des Affaires étrangères. Descorches pouvait donc triompher. C'était la condamnation de ses dénonciateurs et l'approbation sans réserve de ses services. Il ne restait plus qu'à compléter la réparation qui lui était due en l'appelant à un nouveau poste. Les conséquences de ce retour de faveur n'allaient pas tarder à se manifester et Descorches devait bientôt recevoir une nouvelle marque plus éclatante de la confiance du Directoire.

CHAPITRE VIII

POLITIQUE EXTERIEURE
DU DIRECTOIRE

Descorches nommé de nouveau ambassadeur à Constantinople, le 15 fructidor an VI (1798). — Ses remerciements. — Objet de la deuxième mission de Descorches. — Son exposé de la politique extérieure du Directoire. — La mission de Descorches est ajournée le 24 vendémiaire an VII. — Descorches invoque sa situation privée pour demander une compensation. — Représailles des Turcs contre les Français. — Conséquences désastreuses de l'expédition d'Egypte. — Note de Descorches pour le Directoire sur la situation nouvelle à l'égard de la Turquie. — Son intervention auprès du chevalier d'Ohsson, envoyé extraordinaire de Suède auprès de la Porte. — Intentions inquiétantes du Directoire sur la Turquie. — Descorches cherche à les écarter. — Projet de médiation de la Suède. — La politique de Talleyrand. — Nouvelles notes de Descorches pour le Directoire. — L'expédition d'Egypte. — Les fautes commises par le Directoire. — Fin du rôle politique de Descorches dans les affaires extérieures de la France. — Déclin de l'influence de la France dans le Levant. — Suite de la carrière de Descorches. — La France et la Turquie pendant le XIXe siècle. — Conséquences de la politique de la France à l'égard de l'Empire ottoman.

Descorches s'était retiré à Aubry-le-Panthou cherchant à oublier, dans les verts herbages du pays d'Auge qui en font une des plus riantes et des plus riches contrées de la France, l'ingratitude des hommes. Il la supportait au milieu des siens, ainsi qu'il se plaisait à le dire.

Nouveau Cincinnatus, après les grands emplois qu'il avait remplis, il était retourné à ses champs, lorsqu'il y reçut cette lettre du ministre des Affaires étrangères qui vint le surprendre dans sa solitude (1).

---

(1) Paris, le 19 fructidor, l'an VI de la République française une et indivisible Le ministre des Relations extérieures au citoyen Descorches. Correspondance ministérielle.

« Je m'empresse, citoyen, de vous adresser copie d'un arrêté du Directoire exécutif qui vous nomme à l'ambassade de la République à Constantinople. C'est une résidence dans laquelle vous avez déjà été employé d'une manière satisfaisante et il m'est infiniment agréable d'avoir à vous annoncer que vous êtes de nouveau appelé à y servir la Patrie.

« Les circonstances de votre première mission étaient difficiles et si vos efforts n'ont pas eu des résultats bien caractérisés, du moins ont-ils eu cet avantage que je sais très bien apprécier qu'ils ont levé tous les obstacles et frayé la route à vos successeurs.

« Les circonstances actuelles ne sont ni moins délicates, ni moins importantes, mais les succès que, j'aime à le croire, vous saurez obtenir, seront plus décisifs et doivent fixer pour longtemps la nature de nos rapports avec la Turquie.

« Quelle que soit au surplus la tâche qui vous est imposée en ce moment, elle n'est pas au-dessus de vos moyens et vos services passés répondent que le Directoire exécutif n'aura qu'à s'applaudir de son choix. — Ch. Maurice Talleyrand. »

Descorches était nommé aux appointements annuels de cent quarante mille francs, traitement qu'il ne devait pas dédaigner dans sa détresse pécuniaire (1).

Grande fut sa joie en apprenant cette nouvelle. Il était rappelé à l'activité avec le titre d'ambassadeur et désigné pour un poste de choix. Puis, quelle satisfaction pour son amour-propre que de retourner triomphant, investi de nouveau de la confiance du Gouvernement, dans cette ville de Constantinople où il avait essuyé tant de déboires, où sa mission précédente avait été traversée par les intrigues d'implacables adversaires. Il pouvait se considérer comme bien vengé du mal qui lui avait été fait. Il s'empressa donc d'exprimer

---

(1) Correspondance ministérielle. Extrait du registre des arrêtés du Directoire exécutif du 15 fructidor an VI de la République française une et indivisible. Pour expédition conforme. Le président du Directoire exécutif. Signé : Treilhard. Par le Directoire exécutif : Le secrétaire général : S. Lagarde. Pour copie conforme : Le ministre des Relations extérieures : S.-Ch.-Marie Talleyrand. Par le ministre : Le secrétaire général : S. Paganel.

toute sa satisfaction au ministre auquel il devait cette nomination (1).

« J'ai reçu hier, lui écrivait-il, par le courrier ordinaire, la lettre en date du 19 que vous m'avez fait l'honneur de m'écrire avec la copie incluse de l'arrêté pris le 15 par le Directoire exécutif pour me nommer à l'ambassade de la République à Constantinople.

« Je suis profondément pénétré des divers sentiments que cet acte du Directoire exécutif est fait pour exciter en moi ; mais, ce n'est sûrement que par des actes aussi que je puis le lui témoigner d'une manière digne de lui. Je supprimerai donc toutes les protestations et me bornerai pour le moment à vous prier, citoyen ministre, de l'assurer que toutes mes facultés, qui ne cesseront d'être dévouées à la Patrie tant que je respirerai, sont à sa disposition; que je suis tout entier, depuis l'instant où j'ai connu ses ordres, aux mesures nécessitées par une destination si imprévue et qui me surprend au milieu d'occupations assez multipliées. »

Descorches annonçait sa prochaine arrivée à Paris. Toutefois, un scrupule lui était venu. Il était le beau-frère d'inscrits et non rayés sur la liste des émigrés. L'un de ses beaux-frères était Talon, ci-devant membre de l'Assemblée constituante. Enfin, il était un ancien noble. Jusqu'à quel point les lois des 3 brumaire, 19 fructidor et 9 frimaire lui étaient-elles applicables ?

Cette déclaration faite, il remettait entièrement son sort entre les mains du Directoire, se félicitant d'avoir cette occasion de lui donner une première preuve de ses sentiments de respect, de dévouement et de zèle dont il allait lui porter l'hommage.

Il terminait ainsi sa réponse : « Vous me flattez, citoyen ministre, par la lettre dont vous m'avez honoré de votre suffrage pour mes anciens labeurs dans la résidence où le Directoire me renvoie. C'est me faire jouir d'une récompense bien douce pour moi de m'offrir au terme de la carrière où je dois rentrer, un but qui ne pourra que répandre beaucoup

---

(1) Aubry-le-Panthou, le 26 fructidor an VI. Marie Descorches au citoyen ministre des Relations extérieures. Correspondance ministérielle.

d'attraits sur mes constants efforts pour l'atteindre. Sous vos auspices et votre direction, il me semble que les difficultés ne sauraient être les mêmes que celles que j'ai eu à combattre, et déjà fier comme citoyen d'appartenir au Peuple français, je sens mon âme s'élever, à ce qu'il me paraît, au-dessus de tous les obstacles en pensant à tout ce qui suppléera mes moyens personnels lorsque j'aurai à m'exprimer comme organe du Directoire de la République. »

En même temps que Descorches était informé officiellement de sa nomination, il recevait cet avis officieux du citoyen Boulouvard, chef de la 2me division politique et consulaire du ministère des Relations extérieures (1). « Je dois, mon cher et digne concitoyen, des compliments à mon pays, à vous et à moi-même sur votre nomination. Je les fais et vous savez avec quelle sincérité. Le ministre me recommande de vous inviter à vous rendre auprès de lui *immédiatement* après la réception de sa lettre. Je connais votre zèle et sa constance. Je compte donc avoir le plaisir de vous revoir bientôt. En attendant, recevez, je vous prie, mes salutations et embrassements fraternels. »

Descorches s'empressa de répondre à cette lettre et de remercier Boulouvard (2) : « Que la Fortune me réserve-t-elle, lui écrivait-il, Dieu seul peut le savoir ? Il y aurait peut-être matière à bien des sollicitudes, si je m'arrêtais à cet examen. Je suis commandé, je ne regarde plus ni en avant, ni en arrière, je ne vois que cela et je marche. »

Il retrouvait l'ardeur patriotique qui l'animait en 1793 dans sa première mission pour écrire encore : « Dans les paperasses et les comptes jusqu'au col, tout en mouvement autour de moi, je crois pouvoir vous assurer et ne pas vous compromettre en vous priant d'en être garant auprès du ministre, qu'au train dont j'y vais, deux fois vingt-quatre heures, trois jours au plus ne s'écouleront pas

---

(1) Paris, le 17 fructidor an VI de la République française. Le chef de la 2e division politique et consulaire du ministère des Relations extérieures au citoyen Descorches. Correspondance ministérielle.

(2) Aubry-le-Panthou, le 23 fructidor an VI. Marie Descorches au citoyen chef de la 2e division politique et consulaire du ministère des Relations extérieures. Correspondance ministérielle

lorsque vous me lirez, sans que j'aie eu le plaisir de vous embrasser. Tout à la Patrie, c'est-à-dire à la République, ce qui sera toujours synonyme dans ma langue. »

Talleyrand en annonçant à Descorches sa nomination lui avait fait entrevoir que les circonstances actuelles n'étaient ni moins délicates, ni moins importantes qu'à l'époque de sa première mission. A quelle situation nouvelle voulait donc faire allusion le ministre des Affaires étrangères du Directoire ?

Descorches, à qui décidément on réservait les missions les plus ingrates, était chargé de faire accepter par la Turquie l'occupation de l'Egypte dont l'expédition était décidée par le Directoire. Il avait fallu sans doute ce motif important pour amener le Gouvernement à le rappeler à l'activité en lui confiant l'ambassade de Constantinople, à une époque où ses anciennes relations avec la Porte pouvaient être utilisées avec profit. Mais il ne pouvait arriver que tardivement à son nouveau poste. Les pourparlers qu'il devait engager auraient dû précéder l'expédition au lieu de la suivre. Les Turcs, surpris brusquement par cette prise de possession de l'une des provinces de leur Empire, allaient devenir les ennemis de la République et c'est ainsi que par la faute du Gouvernement français, par sa légèreté et son imprévoyance, la France était destinée à perdre en un moment les bénéfices de la politique traditionnelle que, depuis des siècles, sa diplomatie avait suivie dans le Levant.

Selon sa promesse, Descorches n'avait pas tardé à revenir à Paris pour y prendre les instructions du ministre, ainsi qu'en témoigne une lettre qu'il lui adressait le 27 vendémiaire an VII (1).

Il avait lu et relu avec toute l'attention qui lui avait été recommandée un projet d'instructions relatives à son ambassade et il se considérait suffisamment riche en moyens de négocier.

Il ne lui restait qu'à désirer de trouver les portes ouvertes pour faire parvenir jusqu'au Divan les sentiments d'intérêt que le Directoire conservait pour l'Empire ottoman et pour

____

(1) Paris, le 27 vendémiaire an VII de la République française. L'ambassadeur de la République près la Porte ottomane au citoyen ministre des Relations extérieures. Correspondance ministérielle.

y faire fructifier ses intentions bienveillantes Il estimait toutefois qu'il serait utile de joindre à ces instructions un précis de la situation politique de la France vis-à-vis des principaux Etats de l'Europe. Une proposition d'alliance ne manquerait pas en effet d'acquérir plus de poids, si l'ambassadeur était en état de présenter en même temps à la Porte un concert établi ou près de l'être avec les cours de Berlin et de Madrid notamment. Dans ces deux cours, les négociations allaient sans doute recevoir sous la direction du ministre une nouvelle impulsion à raison du parti que la France pouvait tirer de l'inquiétude avec laquelle ces cabinets devaient envisager la consommation des vues ambitieuses de la Russie sur l'Empire ottoman, si les bruits répandus de l'entrée d'une armée et d'une flotte russe dans le cœur de la Turquie se vérifiaient. Ne pourrait-on pas, dans ce cas, amener la cour de Berlin à faire entrer dans ses moyens d'opposition au torrent si menaçant de l'ambition moscovite la résurrection d'une Pologne ? On utiliserait ainsi pour la cause commune les Polonais qui, en grand nombre, nourrissaient encore dans leur cœur l'amour de la Patrie et de la Liberté. Descorches n'abandonnait donc pas cette idée qui lui était si chère de la reconstitution au centre de l'Europe d'un royaume de Pologne. Ne pourrait-on pas aussi déterminer la cour d'Espagne, intéressée à ne pas laisser établir dans la Méditerranée la Russie comme puissance maritime, à combler avec ses vaisseaux le vide que devait trop longtemps encore laisser dans ces parages la destruction presque complète de la flotte française ?

Il n'y avait pas de motifs moins pressants à faire valoir à Stockholm et à Copenhague. « Je ne saurais croire, citoyen ministre, écrivait Descorches, que ces moyens mis en œuvre par des mains comme les vôtres restent sans effet. Leur emploi et ses résultats se lient trop intimement à ma mission, à ce qu'il me semble, pour que vos ordres ne me prescrivent pas, en outre, de même qu'aux Légations de ces divers pays, d'entretenir entre nous une correspondance qui tienne mutuellement informés ceux qui en sont chargés des progrès que chacun pourra faire vers le but commun. » Descorches appelait aussi en ces termes l'attention du ministre sur l'Italie. « J'ai toujours remarqué pendant ma résidence à Constantinople que les nouvelles d'Italie intéressaient le ministère turc. Je vous demande, si vous le permettez, le même ordre à l'égard de nos Légations dans cette partie de l'Europe. »

Talleyrand avait chargé Descorches de rédiger un article pour les feuilles publiques sur la situation extérieure. Le ministre en avait paru content et lui avait donné son approbation. On peut donc y voir un exposé officiel de la politique extérieure suivie à cette époque par ie Directoire (1).

« Il n'était peut-être pas en ce moment, y lisait-on, un seul coin de l'Europe dont les échos ne retentissent de la déclaration de guerre des Turcs contre la France. Chaque gazette publiait sur cet événement des détails à sa manière dans lesquels il était beaucoup plus aisé de reconnaître la main qui les avait tracés que l'exactitude des faits. Rien à cela que d'ordinaire. Mais n'y avait-il pas lieu de s'étonner qu'aucune de ces gazettes, pas même celles qui prétendaient connaître les secrets des cabinets, n'eût encore entrepris d'expliquer à ses lecteurs les causes d'un événement aussi extraordinaire, d'une monstruosité politique telle que la Porte ottomane unie aux Russes et faisant la guerre à la République française ? Le XVIIIe siècle si fécond en événements extraordinaires avait-il donc donné l'habitude de ne plus s'étonner de rien ? Bien qu'une nouvelle puissance, celle des Lumières, se fût formée en Europe depuis peu, y eût pris une place importante et amené des résultats qui déjouaient les vieux calculs de la routine, ce n'était pas à elle qu'il fallait attribuer le phénomène nouveau dont il s'agissait.

La Porte ottomane unie aux Russes ! Ainsi l'insatiable avidité de Catherine II, sa politique envahissante, l'infatigable activité de ses intrigues, les soins et la constance qu'elle avait mis à les nourrir, l'or qu'elle y avait sacrifié, toute la politique d'un long règne n'auraient abouti qu'à lui laisser le

---

(1) Paris, le 21 vendémiaire an VII. Article pour les feuilles publiques rédigé d'après les ordres du ministre qui en a paru content et l'a adopté. Correspondance ministérielle.

regret de mourir sur le chemin de Constantinople ! Cependant après la conquête, pour ne pas dire l'escroquerie de la Crimée, lorsque cette princesse était allée visiter en grand appareil cette nouvelle acquisition si précieuse pour ses vues ultérieures, il lui avait été élevé à l'entrée de la presqu'île un arc de triomphe sur lequel on lisait en gros caractères : « C'est ici le chemin de Constantinople. » Et ce serait Paul Ier, dont le règne n'était encore signalé que par ses caprices et ses inconséquences, qui verrait non seulement sans obstacle, mais encore aux frais mêmes des Turcs et appelés par eux, ses vaisseaux franchir tranquillement le Bosphore si convoité par sa mère et toujours fermé pour elle ! Ses troupes reçues en amies sur des territoires qu'elles avaient naguère couverts de carnage et de deuil et dont elles devaient éterniser les malheurs !

Oh , bizarrerie des destinées humaines ! Qu'était donc devenue cette prudence naturelle au caractère ottoman et qui avait rendu jusque-là la marche de son Gouvernement particulièrement recommandable ? Certes, tant que les causes de ce phénomène ne seraient pas développées, on était fondé à croire qu'une sorte de fatalité avait frappé d'aveuglement le Grand-Seigneur et son Divan. Mais l'Egypte ?...

Oui, sans doute, les faux amis de l'Empire ottoman, la cour de Londres, par exemple, qui (la Porte ne saurait l'avoir oublié) lui avait donné la mesure de sa loyauté dans la dernière guerre où elle l'avait engagée contre la Russie et ses ennemis héréditaires, plus dangereux encore par leur perfidie pendant la paix que par leurs armes pendant la guerre, les cours de Vienne et de Pétersbourg avaient dû lui représenter sous des couleurs trompeuses et irritantes le passage du général Bonaparte et des héros qu'il commandait à travers ce pays pour aller porter dans l'Inde un coup mortel à l'orgueil et à la tyrannie maritime du cabinet britannique (1).

---

(1) Il résulte de cet article inspiré par le Directoire que le but final de l'expédition d'Egypte dirigée surtout contre l'Angleterre était une invasion de l'Inde et que l'Egypte ne paraissait devoir faire l'objet que d'une occupation temporaire. (*Note de l'auteur.*)

Mais la Turquie n'aurait-elle pas dû se tenir sur ses gardes, en raison même de la provenance de ces excitations ? Et dans tous les cas, ne fallait-il pas attendre les explications que la France avait à donner avant de juger ses intentions. Elles eussent été satisfaisantes. La Porte aurait vu bientôt que la réalité n'était pas ce qu'on s'appliquait à lui faire croire, que cette expédition était loin d'être conçue dans des vues hostiles à son égard et qu'il était aisé de la faire tourner à son très grand avantage présent et à venir. Encore une fois qu'était devenue la prudence ottomane si vantée ? En admettant que la Porte eût eu des motifs fondés de plaintes contre la République française, qu'elle eût été réellement blessée, en quoi consistaient ces blessures ? Elle était atteinte sur un des points les plus éloignés de l'Empire, là où il était notoire que le Grand-Seigneur n'exerçait qu'une autorité nominale, où le pouvoir était concentré entre les mains de quelques chefs rebelles au Sultan et disposant d'une milice à leurs ordres. Pour remédier à ce mal, le Grand-Seigneur devait-il ouvrir son cœur à des poignards dirigés de tout temps contre lui ?

Autre singularité, contraste d'un autre genre que l'Histoire ne manquerait pas sûrement de recueillir et de consigner dans ses annales ! C'était de voir, à l'heure où arrivaient de toutes parts les nouvelles mesures hostiles à la France auxquelles la Porte se laissait entraîner, l'ambassadeur de la République prêt à rejoindre son poste, à s'acheminer de nouveau vers Constantinople. S'il existait encore des Ottomans pouvaient-ils méconnaître plus longtemps leurs vrais amis, après une démarche aussi conciliante ? N'était-ce pas leur dire que l'antique amitié de la France était toujours la même, qu'elle savait surmonter de justes ressentiments, qu'elle ne pouvait se déterminer à considérer les Turcs comme des ennemis, qu'elle leur tendait encore une main secourable sur le penchant de l'abîme où ils allaient se précipiter ? A l'heure où le droit sacré des gens était violé avec tant de fureur à Constantinople, l'ambassadeur turc était invité à se rendre chez le ministre des Relations extérieures, chargé par le Directoire de lui dire qu'il n'avait à redouter aucunes représailles du Gouvernement français, ni pour lui, ni pour les personnes attachées à son ambasade et qu'il continuait à jouir de tous les égards dus à son caractère. Quel contraste entre les procédés des deux nations ! »

Si Descorches espérait par cet article faciliter la nouvelle mission dont il venait d'être chargé, il devait encore éprouver une amère déception. La fatalité qui jetait les Turcs dans les bras de leurs adversaires semblait s'acharner aussi sur lui en mettant fin à son ambassade, avant même qu'il n'eût quitté Paris.

Cette nouvelle lui fut apportée par une lettre du ministre des Relations extérieures, qui était ainsi conçue : « Je vous transmets, citoyen, la copie certifiée d'un arrêté par lequel le Directoire exécutif surseoit à l'exécution de celui qui vous envoie près de la Porte ottomane en qualité d'ambassadeur de la République française.

« J'aurai soin de vous faire connaître les dispositions ultérieures du Directoire à votre égard.

« Salut et fraternité. — Ch. Maurice Talleyrand (1). »

Suivait le texte de l'arrêté (2).

Le Directoire exécutif arrête ce qui suit :

ARTICLE PREMIER. — Il est sursis à l'exécution de l'arrêté par lequel le citoyen Descorches est envoyé près la Porte ottomane en qualité d'ambassadeur de la République française.

« ART. 2. — L'époque du départ et celle d'où courront les appointements du citoyen Descorches seront déterminées, par un arrêté particulier, lorsqu'il y aura lieu.

« ART. 3. — Le présent arrêté ne sera pas imprimé. Le ministre des Relations extérieures est chargé de son exécution. »

L'expédition de cet arrêté portait les signatures du président du Directoire exécutif Treilhard, du secrétaire général

____

(1) Paris, le 29 vendémiaire an VII de la République française une et indivisible. Le ministre des Relations extérieures au citoyen Descorches. Correspondance ministérielle.

(2) Extrait du registre des arrêtés du Directoire exécutif du 24 vendémiaire, l'an VII de la République française une et indivisible.

Lagarde, du ministre des Relations extérieures. Ch. Maurice Talleyrand.

L'attitude violemment hostile de la Turquie avait déterminé le Directoire à prendre cette mesure.

Il n'avait pas cru qu'il fût plus longtemps de la dignité de la France de continuer à entretenir des relations officielles avec une puissance qui se mettait en état d'hostilité ouverte et qui malmenait les Français établis sur son territoire. Ainsi s'évanouissait le beau rêve un instant caressé par Descorches de revenir à Constantinople avec toute l'autorité attachée aux fonctions d'un ambassadeur de France. Cette nouvelle lui causa une vive déception dont il fit part en ces termes au ministre des Relations extérieures (1).

« J'ai reçu la lettre que vous m'avez fait l'honneur de m'écrire avant-hier, renfermant l'arrêté du Directoire qui surseoit à l'exécution de celui par lequel j'étais envoyé près la Porte ottomane en qualité d'ambassadeur de la République.

« La rédaction de ce nouvel arrêté m'a paru, je vous l'avouerai, ne pas rendre ce que le Directoire a voulu dire, car le Directoire n'a pu vouloir que je fusse puni de mon dévouement à ses ordres, de l'empressement et du zèle que j'ai mis à les remplir et de la compensation que mon cœur trouvait à tant de sacrifices qui lui coûtaient, dans la pensée que j'allais être à portée de rendre encore quelques services à la République. Les paroles consolantes dont vous avez bien voulu, citoyen ministre, accompagner la première communication verbale que vous m'avez donnée du changement apporté par les circonstances aux intentions du Directoire par rapport à ma mission, m'avaient d'ailleurs rassuré d'avance sur mon sort. C'est donc avec autant de tranquillité que de confiance que je me repose sur la justice du Directoire et sur vos soins pour la déterminer en ma faveur. »

La situation privée de Descorches était en effet pour lui un sujet d'inquiétudes et il en faisait la confidence au ministre.

____

(1) Paris, le 1er brumaire an VII de la République française. L'ambassadeur de la République française près la Porte ottomane au citoyen ministre des Relations extérieures. Correspondance ministérielle.

Obéissant à ses ordres, il s'était préparé pour un prochain départ. Or, il devait trouver la maison, destinée au logement de l'ambassadeur à Constantinople, dénuée de tout par la vente que la veuve d'Aubert-Dubayet avait fait du mobilier de son mari avant de rentrer en France. Quant aux meubles qui lui avaient servi dans ses précédentes missions et qu'il avait laissés à Varsovie, ils avaient disparu en même temps que la malheureuse République polonaise et, dans le cours de sa dernière mission en Turquie, il avait été bien loin de pouvoir réparer ce désastre. En prévision de son prochain départ pour Constantinople, il avait donc dû recruter un personnel, faire tous les achats nécessaires à la tenue d'une maison convenable et digne du rang qu'il allait occuper. Informé qu'il ne trouverait rien à Constantinople, il avait dû se munir de tout ce qui était indispensable et, comme il n'avait rien à lui, il avait dû tout acheter. Le ministre devait en outre considérer que n'étant pas domicilié à Paris, *cultivateur de profession*, les ordres du Directoire qui l'avaient enlevé à ses champs et à ses travaux l'avaient nécessairement engagé dans des frais considérables, causés par son déplacement et celui de sa famille et par les mesures qu'il avait dû prendre pour assurer, en son absence, l'exploitation de ses propriétés.

Tous ces frais, y compris ceux d'achat des voitures, linge, argenterie, en un mot de son trousseau d'ambassadeur se montaient à environ trente-six mille francs. Ce chiffre n'était qu'approximatif, car, par une mesure d'économie, il avait commandé à Venise tout le gros linge ainsi que celui de table et il n'en connaissait pas le montant.

Père de famille, il espérait que ce titre l'excuserait auprès du ministre de s'arrêter autant sur ces détails domestiques. Suivant le principe auquel il avait toujours obéi dans les fonctions publiques qu'il avait occupées, il avait cette fois encore tout subordonné au bien du service et aux convenances qui en faisaient à ses yeux une partie essentielle. Aussi, à la nouvelle de sa nomination, sa femme et lui n'avaient pas calculé leurs facultés personnelles et sa femme notamment n'avait pas hésité à faire des frais fort au-dessus de leurs moyens pour meubler convenablement un logement dans la maison qu'ils occupaient à Paris et qu'elle installait actuellement. Elle demandait pour cet objet une somme de neuf à dix mille francs sans laquelle elle allait se trouver dans le plus grand embarras.

La galanterie bien connue de Talleyrand allait-elle refuser à Mme Descorches, à cette femme si insinuante, l'accueil favorable que ses demandes avaient reçu des farouches proconsuls du Comité de Salut public de la Convention nationale ?

« Maintenant que les faits vous sont connus, citoyen ministre, concluait Descorches, il ne me reste qu'à m'abandonner de nouveau à la justice du Directoire et à la vôtre, et, je le répète, c'est avec la sécurité d'une entière confiance. » Descorches prodiguait trop les assurances de cette confiance pour qu'elle fût bien sincère, et elle trahissait plutôt ses inquiétudes sur la générosité du Directoire. L'expérience l'avait instruit.

En communiquant au ministre des Relations extérieures une lettre d'un négociant de l'Echelle de Constantinople, qui se trouvait alors à Marseille, Descorches se faisait l'écho des doléances de ses compatriotes du Levant « exposés aux ravages de la tempête affreuse élevée contre eux partout où le Gouvernement ottoman pouvait exercer les fureurs de son irritation envenimée de tout ce que la haine anglo-russe pouvait y mêler de poison » (1).

« Quels changements, écrivait l'auteur de cette lettre à Descorches qui l'avait avisé de sa nomination à Constantinople ! Quelle alliance monstrueuse ! Que d'horreurs l'ont suivie ! Qui eût jamais pensé que la Porte eût pu consentir à adopter les mesures atroces qu'elle vient de faire exécuter contre tous les Français domiciliés dans les Etats du Grand-Seigneur (2) ! »

---

(1) Paris, le 26 brumaire an VII de la République française. L'ambassadeur de la République près la Porte ottomane au citoyen ministre des Relations extérieures. Correspondance ministérielle.

(2) Marseille, le 15 brumaire an VII. Le citoyen Bonnin au citoyen Marie Descorches, ambassadeur extraordinaire de la République près la Porte ottomane. Correspondance ministérielle.

L'histoire de ces Français était vraiment lamentable. A Smyrne, ceux d'entre eux qu'on avait pu arrêter avaient été jetés dans des cachots, chargés de fers, et n'avaient trouvé un adoucissement à leurs peines que sur les instances multipliées et énergiques, mais humiliantes pour l'amour-propre national, des consuls étrangers, et, en particulier, de celui d'Angleterre qui, bien que représentant une puissance en guerre avec la France, avait cru, par raison d'humanité, devoir intervenir en leur faveur.

Contre les usages reçus dans l'Empire ottoman, les ministres des puissances amies de la France avaient en vain demandé à les protéger.

La Porte, implacable, n'avait jamais voulu y consentir. Elle avait mis à prix l'arrestation de tout Français qui serait découvert dans sa retraite. Elle avait menacé de mort ceux de ses sujets qui, débiteurs de Français ou dépositaires de leurs biens, ne les dénonceraient pas. Tous les Français du Levant étaient l'objet de multiples vexations. Leurs maisons de commerce étaient anéanties. Aussi, un grand nombre d'entre eux, pressés par les besoins imminents de leur famille, déchirés par le spectacle affreux de leurs femmes, de leurs enfants qui allaient tomber dans la misère, de leur ruine prochaine, avaient été réduits à la nécessité de solliciter des puissances ennemies de la France l'appui que celles qui étaient ses amis n'avaient pu leur donner. Mais, ainsi que le faisait remarquer le correspondant de Descorches, le malheureux qui va se noyer, trouvant une planche sur laquelle il se sauve, regarde-t-il si le bord où les flots vont le pousser est un rivage ennemi?

Descorches espérait que le Directoire ne tiendrait pas rigueur à ses compatriotes d'un acte commandé par le salut de leurs familles et la conservation de propriétés françaises. Il n'assimilerait pas des patriotes, ses amis les plus sincères, aux émigrés qui avaient abandonné leur patrie pour la desservir ou pour la combattre.

Telle était la cause de l'intervention de Descorches auprès du ministre des Relations extérieures. Il sollicitait du Directoire un arrêté n'assimilant pas aux émigrés les Français du Levant

qui, dans les circonstances présentes, auraient eu recours
à la protection des nations ennemies de la France, d'autant
plus que les représentants de ces pays avaient fait, en l'ac-
cordant, un calcul qu'il importait de déjouer. Ils espéraient
que la République repousserait à jamais les Français qui se
seraient mis sous leur protection et qu'il serait alors aisé
à leurs nationaux de s'emparer des Etablissements français
et de supplanter les hommes industrieux qui les avaient créés.

Quand on compare la situation qui était faite en ce moment
aux Français du Levant à celle qu'ils avaient su acquérir
dans les premières années de la Révolution, alors que le nom
français était si populaire parmi les Turcs, ainsi que le
prouve surabondamment la correspondance de Descorches,
tout esprit qui juge avec impartialité les événements ne peut
que déplorer l'imprévoyance coupable du Directoire, successeur des autres Gouvernements révolutionnaires, qui avait
décidé l'expédition d'Egype, sans prendre avec le Gouvernement ottoman les précautions indispensables, et qui avait
ainsi fait perdre à la France, dans le Levant, les fruits
accumulés par une politique séculaire.

Bien que son départ pour Constantinople fût dès lors
remis à une date indéterminée, Descorches cherchait, tout
en restant à Paris, à atténuer les conséquences désastreuses
de l'expédition d'Egype pour la politique qu'il avait suivie
et qu'il espérait voir reprendre avec la Porte dans l'avenir.
C'est ainsi que sa correspondance de l'époque fait mention
d'une lettre qu'il adressait à une personne qu'il avait connue
pendant sa mission à Constantinople, qui avait toute son
estime et sa confiance, et dont il comptait utiliser l'influence
auprès de la Porte dans les circonstances critiques dues aux
partis extrêmes auxquels elle venait de se laisser entraîner (1).

Ces circonstances étaient telles que les amis sincères de
l'Empire ottoman ne pouvaient apercevoir, dans l'avenir,
que des malheurs toujours plus affreux pour cet Etat. Ces
maux, dont la perspective affectait Descorches profondément,

---

(1) A M. Alexandre. Paris, le 29 vendémiaire an VII ïe la République française. Correspondance ministérielle.

étaient-ils donc sans remède ? Il repoussait, malgré l'apparence, l'idée qui les lui présenterait comme désespérés. C'est
pourquoi, connaissant la sagacité de son correspondant,
cédait-il au besoin qui le pressait en ce moment de chercher, partout où il pouvait se flatter d'en trouver, quelques
points d'appui sur lesquels il pût encore reposer quelques
espérances pour la réalisation de ses vœux.

On avait trompé les Turcs quand on leur avait peint l'expédition d'Egypte sous les couleurs d'une invasion, d'une
conquête; ils n'avaient qu'à donner aux explications de la
France le temps de parvenir, et ils eussent bientôt vu que
cette expédition avait été conçue dans un esprit bien différent.

On les avait perfidement trompés lorsqu'on leur avait dit
que la France entretenait des intelligences avec Passavan-
Oglou. On les avait encore trompés quand on avait éveillé
et nourri leurs craintes de soulèvements fomentés par la
République en Morée ou ailleurs.

C'était, au contraire, une vérité des plus constantes que le
Directoire voulait loyalement et désirait du fond de son cœur,
non seulement la conservation de l'Empire ottoman dans son
intégrité, mais encore son affermissement de la manière la
plus solide, et qu'il ne s'était jamais plus généreusement
occupé d'y contribuer. Nommé ambassadeur de la République près de la Porte ottomane, Descorches se félicitait
déjà d'avoir à lui en porter les preuves les moins équivoques.
Il allait partir, malgré les bruits qui retentissaient de toutes
parts de mesures de rigueur contre les Français, de préparatifs hostiles, malgré les nouvelles de guerre. Le Directoire
savait les membres de la Légation française renfermés aux
Sept Tours, et il ordonnait encore à son ambassadeur de se
mettre en route, tant il avait confiance dans la pureté de ses
intentions et dans l'effet de la vérité sur Sa Hautesse et son
Divan, aussitôt qu'elle pourrait être mise sous leurs yeux.
Il ordonnait au ministre des Relations extérieures de tran-
quilliser l'ambassadeur ottoman sur son sort et de l'assurer
qu'il continuerait à jouir en France des égards dus au caractère dont il était revêtu.

Sur ces entrefaites, le jour même où les malles de Descorches allaient être placées sur ses voitures, était arrivé le fatal manifeste de la Porte « sonnant le tocsin de la guerre la plus envenimée par tout ce que la passion pouvait y ajouter d'irritant ». Une pareille pièce et la publicité qui lui avait été donnée ne permettaient plus à la dignité du Gouvernement français que son ambassadeur se mît en route. Son départ avait donc été suspendu, seulement suspendu; c'était l'expression littérale de l'arrêté.

Assez grand pour s'élever au-dessus de ses justes ressentiments, le Directoire prouvait ainsi qu'il était encore prêt à entendre la voix de l'amitié qui parlerait infailliblement avec succès à sa générosité et qu'il était disposé à tendre, jusqu'à la dernière extrémité, une main secourable aux vieux amis de la France, la seule main, peut-être, capable de les retenir sur le bord de l'abîme où ils allaient se précipiter, s'ils persistaient dans leur aveuglement.

Le correspondant de Descorches le félicitait, dans sa réponse, sur sa nomination à l'ambassade de Constantinople, nomination, disait-il, qui aurait dû être faite à la place de feu Aubert-Dubayet, ou tout au moins après son décès (1). Car les populations du Levant n'avaient pas cessé de donner leurs suffrages à Descorches, et l'étonnement avait été grand de voir à la tête de la mission française des hommes comme Carra-Saint-Cyr et Ruffin, tous deux sans crédit et sans influence auprès des ministres ottomans.

« J'ai été constamment d'avis, écrivait ce correspondant, et c'est l'opinion générale ici, que, si vous aviez été à la tête de la mission, votre crédit personnel aurait empêché tout le mal; la France n'aurait pas perdu l'influence qu'elle exerçait depuis trois siècles dans cet Empire; ses intérêts politiques et commerciaux dans le Levant ne seraient pas anéantis. »

Cette opinion ne faisait que devancer celle de la postérité qui ne s'explique pas que le Directoire ait pu entreprendre l'expédition d'Egypte, sans même avoir, à Constantinople, un représentant assez autorisé pour traiter avec la Porte dans des circonstances aussi difficiles.

____

(1) Constantinople, le 4 frimaire (24 novembre 1798).

Il ne restait plus qu'un espoir, ajoutait le correspondant de Descorches, c'était la décision par laquelle le Directoire ne faisait que suspendre la mission de son ambassadeur, montrant par là qu'il connaissait l'importance des intérêts de la France dans le Levant et qu'il était toujours animé du désir de maintenir l'intégrité de l'Empire ottoman et d'apporter de prompts remèdes à la situation présente, autant pour rétablir l'ancien crédit de la France dans ces régions que pour empêcher les cours de Pétersbourg et de Londres d'y étendre et d'y consolider leur influence.

Homme sans affaires et sans emploi, ce correspondant, si dévoué aux intérêts français, demandait à Descorches de disposer de lui en tout ce qui pourrait lui être utile et notamment de lui indiquer les moyens à employer pour rectifier les idées du ministère ottoman et le rendre accessible aux propositions de conciliation du Gouvernement de la République, ainsi que les voies dont il convenait de se servir à Vienne ou ailleurs pour faire passer ses lettres en toute sûreté, plusieurs de celles-ci ayant dû être interceptées à Vienne. Le bruit courait que le courrier de Paris à Constantinople y était ouvert et mis sous les yeux du ministre ottoman. Il attendait donc des intructions et les éclaircissements nécessaires « pour entamer l'ouvrage important de coopérer par son zèle à rétablir le crédit de la France dans le Levant ».

Descorches fit part de cette obligeante proposition à Talleyrand mais la réponse qu'il reçut fut vague. Il dut reconnaître que les premières dispositions du ministre des Relations extérieures, d'après lesquelles il avait écrit à son correspondant de Constantinople, s'étaient depuis modifiées et que Talleyrand ne pensait plus à utiliser cet instrument pour travailler à un rapprochement avec les Turcs.

La situation nouvelle que créait dans le Levant ce revirement si complet des dispositions de la Turquie à l'égard de la France, revirement qui bouleversait les bases de la politique traditionnelle des deux pays, avait inspiré à Descorches une note qui, sans aucun doute, lui avait été demandée par Talleyrand pour être mise sous les yeux du

Directoire. Ces réflexions tirent donc leur importance tant du caractère de leur auteur que des circonstances qui les avaient inspirées (1).

Descorches croyait devoir rappeler, dans la situation présente, la comparaison qu'il avait faite des Turcs en rendant compte de sa première mission à Constantinople. On ne pouvait mieux comparer les Turcs, disait-il alors, tels qu'ils avaient été jusqu'à présent dans leurs relations avec les Etats Européens, qu'à des aveugles dont la marche et le sort dépendaient de la fidélité du chien ou de la solidité du bâton qui les aidait à se conduire. Il ajoutait : « Ce n'était pas en les battant sur leurs frontières, en leur enlevant quelques lambeaux de leur Empire que les Russes leur avaient fait le plus de mal, c'était en viciant par la corruption et l'intrigue toutes les parties de leur administration intérieure. »

Anciennement, la France était pour eux le chien fidèle, le bâton solide qui les guidaient et les défendaient de leurs ennemis. Mais, dans les années qui avaient précédé la Révolution, les ambassadeurs de France auprès de la Porte n'avaient plus été que des ministres russes et autrichiens. Comment en eût-il été autrement puisque depuis *le honteux et désastreux traité de 1756*, on en pouvait dire autant du cabinet français lui-même ! De sorte que ce malheureux Empire affaibli dans ses moyens de défense contre les attaques de dehors, rongé à l'intérieur par l'intrigue, n'offrait que les symptômes d'une prochaine dissolution. Les bons Ottomans le sentaient, mais n'apercevaient aucun remède possible et se résignaient dans la consternation aux décrets de la Providence, lorsque la nouvelle de la Révolution française vint faire luire à leurs yeux le premier rayon d'espérance à laquelle ils eussent osé se livrer depuis longtemps.

Tel était l'état des Turcs quand vint les trouver Descorches.

---

(1) Paris, le 21 nivôse an VII de la République. Quelques réflexions politiques sur la position actuelle des Turcs et sur ses conséquences. Correspondance ministérielle.

Ce germe de restauration était si fécond qu'en dépit de toutes résistances et des efforts ennemis, des crises révolutionnaires les plus violentes qui entravaient l'action du Gouvernement français en absorbant son attention et qui réduisaient le ministre de France aux seules forces qu'il pût trouver dans son zèle et celui de ses collaborateurs, l'esprit de la Turquie se trouva en peu de temps changé. Tout y était devenu actif. L'influence atténuée des vieux préjugés jusque-là très puissante sur ce peuple fanatique et esclave de ses usages, indiquait même une amélioration morale très sensible. Les Turcs, lorsque Descorches les quitta, en étaient au point de se sentir en état de relever la tête qu'ils tenaient abaissée par la crainte des Russes, ils étaient prêts à faire jouir la France de tous les avantages commerciaux qu'elle aurait désirés et à courir, en s'unissant sincèrement et étroitement à elle, toutes les chances d'une destinée commune.

Descorches rappelait ces faits parce que, quoique notoires pour tous ceux qui avaient été à portée de les connaître, ils étaient peut-être restés trop ignorés du grand public, la malveillance et l'intrigue qui s'étaient attachées à sa personne pendant toute la durée de sa mission les ayant dénaturés et obscurcis à plaisir. Mais ils prouvaient ce dont les Turcs étaient capables, quel concours ils pouvaient apporter à la France.

Si on considérait la position actuelle des Turcs, on voyait l'intrigue russe toujours active, toujours aux aguets des circonstances propres à faire perdre à la France l'ascendant qu'elle avait acquis sur le Divan, les mettant toutes à profit et enfin renforcée de tout ce que des liens nouveaux avec le cabinet de Londres pouvaient joindre de moyens aux siens, trouvant le prétexte de l'irritation suscitée par l'expédition d'Egypte pour détacher la Porte entièrement de la France, exciter son ressentiment jusqu'à lui faire déclarer la guerre et lui dicter, dans l'aveuglement de sa colère, son propre arrêt de mort, car on ne pouvait guère nommer autrement le monstrueux traité d'alliance qu'elle lui avait fait consentir.

Il n'était pas douteux que cette position ne fût très critique, très périlleuse pour l'Empire ottoman. On connaissait trop bien les desseins que la politique ambitieuse de la cour de Pétersbourg couvait depuis longtemps à ses dépens pour ne pas penser qu'elle eût l'intention secrète, comme conséquence de cette alliance, de faire payer cher à ses voisins les services perfides qu'elle avait l'air de leur rendre.

Mais était-il aussi certain que cette vue fût partagée par le cabinet de Londres ? On connaissait par une longue expérience la mesure dans laquelle les intérêts de ses alliés le touchaient. Ses démonstrations les plus affectueuses et ses promesses recouvraient toujours l'arrière-pensée de s'assurer de leur soumission, tout au moins de leur docile complaisance à ses volontés (1). Or, la Russie maîtresse du Bosphore, enrichie de nouvelles dépouilles enlevées à l'Empire ottoman, bientôt puissance maritime redoutable sur la Méditerranée, serait-elle bien alors cette alliée complaisante et docile qui convenait à l'Angleterre ? Ne pouvait-on pas penser à Saint-James à ce que Descorches avait dit lui-même, *in petto*, en apprenant le triomphe des Russes à Constantinople : « A présent, c'est la France qui va être circonvenue par les astucieuses insinuations du cabinet anglais, tendant à lui persuader que la France et l'Angleterre doivent être les meilleures amies du monde. »

Etait-il d'ailleurs un seul Etat en Europe qui pût voir sans inquiétude cet accroissement infini de la Russie ? Cette puissance gigantesque n'avait-elle pas déjà donné souvent la mesure de l'usage qu'elle voudrait et saurait faire de son ambition insatiable ? Que n'oserait pas dans son arrogance et l'ivresse de ses succès le Gouvernement qui n'avait pas craint tout récemment, comme s'il se fût érigé en Tribunal suprême, de mander pour ainsi dire à sa barre un magistrat de Ratisbonne, se déclarer le restaurateur et le vengeur *de ces pirates* consacrés sous le nom religieux de Chevaliers de Malte et dont la France avait purgé la Méditerranée ? Colosse aux pieds d'argile, il était vrai jusqu'ici, devant

---

(1) Ce que disait alors Descorches de l'Angleterre peut s'appliquer à la politique de cette nation dans tous les temps. (*Note de l'auteur.*)

bien plutôt le rôle qu'il avait joué dans toutes les grandes affaires aux illusions que pouvait donner son éloignement et aux savantes intrigues de Catherine II qu'à ses forces réelles, on ne pouvait comparer plus justement cet Etat qu'à un arbre usé par les fruits précoces que des moyens artificiels lui avaient fait produire, mais, avec un domaine aussi vaste, aussi varié et aussi fécond dans plusieurs de ses parties, il ne lui faudrait sans doute que peu d'années d'une administration sage et éclairée pour en ranimer la sève et lui faire pousser des rameaux vigoureux. Qu'on supposât avec cela la Russie affranchie de toute crainte comme de toute gêne au Midi par la disparition des Turcs, ce n'était pas certainement se laisser effrayer par des fantômes que de voir en même temps la Suède sous son joug, le Danemark à ses pieds, la Prusse continuellement menacée et jusqu'à l'orgueilleuse Vienne forcée de s'abaisser devant sa puissante voisine. En un mot, la scène où s'élaboreraient les grandes combinaisons de la politique européenne serait transportée à Pétersbourg. Mais non, cela ne pouvait pas être, à moins que la République française cessât d'exister. Le sang de Descorches s'enflammait rien qu'en laissant sa plume tracer ce tableau, son cœur soulevé lui disait qu'un pareil malheur ne saurait affliger l'Europe et qu'il appartenait à la République française, géant elle-même dès son berceau, de devenir le régulateur de cette partie du monde et d'y faire régner la justice, la paix, l'harmonie pour le plus grand bonheur des peuples qui l'habitaient, « en faisant rentrer dans son lit ce torrent dévastateur de la Néva, torrent fangeux dont les exhalaisons putrides et corrosives ne pouvaient porter, partout où elles se répandaient, que la désolation, la misère et la mort ».

La France ne pouvait souffrir que ces débordements inondassent tant de pays dont les intérêts naturels appelaient son influence et que l'imminence du danger qui les menaçait devait associer en ce moment aux mesures que la sagesse du Directoire ne pouvait manquer de lui dicter pour le conjurer. Mais, en raisonnant comme si la perte de la puissance ottomane était infaillible dans le cas où l'influence

russe prédominerait en Europe, convenait-il à la France ou
ne lui convenait-il pas que cet Empire s'écroulât et fut
partagé ? Il fallait laisser désormais à l'Histoire le soin
oiseux d'examiner quels reproches la France avait à se
faire au sujet de la situation respective dans laquelle elle
se trouvait à l'heure actuelle avec les Turcs. Des coups
portés de part et d'autre la constituaient en état de guerre.
Il ne fallait donc plus parler des liens de l'ancienne amitié
qui l'unissait à la Turquie que pour faire ressortir la
solidité des principes qui les avaient noués, principes
immuables comme l'ordre naturel des choses d'où ils déri-
vaient, principes supérieurs aux événements indépendants
des circonstances et ne pouvant varier avec leurs effets
passagers. La position géographique des deux Etats, leurs
rapports anciens leur donnaient politiquement les mêmes
ambitions à comprimer, les mêmes ennemis à craindre, les
mêmes intérêts à défendre en Europe et commercialement
des avantages réciproques à retirer de l'échange de leurs
produits. C'étaient des vérités si connues, si palpables qu'il
était superflu de s'y arrêter. Il était connu que dans tous
les temps, l'amitié de la Turquie avait été l'une des bases
de la politique extérieure de la France, de même que le
commerce du Levant alimentait depuis longtemps les départements méridionaux, qu'il y avait répandu l'abondance et
la prospérité, que la France lui devait la formation d'une
marine marchande considérable et par elle les moyens de
subsistance de plusieurs milliers de marins. Ce commerce
était susceptible d'une grande extension, il offrait encore
une mine vierge et très riche à exploiter par l'ouverture de
la mer Noire. On savait avec quelle impatience les fabricants
et négociants français convoitaient cette voie, on n'ignorait
pas ce qu'avait été Trébizonde pour l'Europe occidentale,
on sentait donc tout le parti que l'activité et l'industrie
françaises pourraient tirer bientôt des facilités d'accès
données sur ces côtes aux vaisseaux portant le pavillon de
cette nation, des communications qui seraient ainsi rendues
possibles avec la Perse, les Indes et même la grande Tartarie
par la Caspienne. Quand Descorches avait quitté Constan-

tinople, il voyait le moment où la France allait avoir accès dans cette mer Noire si convoitée !

C'étaient là sans doute des avantages positifs, certains, éprouvés, tous infiniment précieux et tels que les rapports de la France avec aucun Etat du monde n'en offraient une réunion aussi complète et aussi étendue dans ses résultats.

L'idée de la destruction de l'Empire ottoman se liait donc nécessairement, dès le premier examen, à celle d'un grand désastre pour la France, de pertes nombreuses et sensibles pour son commerce, d'un vide difficile à remplir.

Descorches se demandait, toutefois, si les traditions séculaires de la diplomatie française auxquelles elle restait attachée par la force de l'habitude, parce qu'on n'avait encore rien découvert de mieux, n'exerçaient pas une trop grande influence dans ces considérations, si la France ne pourrait pas, elle aussi, retirer sa part des dépouilles de l'Empire ottoman, s'il n'était pas possible, enfin, de substituer à l'état actuel, qui avait fait jouir la France dans le passé des avantages qu'il venait d'exposer, un ordre de choses différent, capable de lui en procurer ultérieurement de plus grands encore qui n'étaient pas soupçonnés.

Dans l'imagination, rien n'était plus aisé. Mais ce n'étaient ni un roman ni un rêve qu'il s'agissait de faire. Il importait même d'écarter soigneusement de matières aussi sérieuses toute espèce d'illusion; il fallait donc prendre comme point de départ de ses raisonnements des données telles qu'elles existaient. Or, en raisonnant dans l'hypothèse du renversement de l'Empire ottoman, quelle pouvait être la combinaison la plus favorable à la France ?

L'Egypte deviendrait sa possession, la Grèce serait rendue libre et Passavan-Oglon serait assez fort pour se former un Etat indépendant en créant le royaume de Bosnie sur les décombres de la Turquie.

En laissant de côté tous les obstacles, toutes les chances contraires, en admettant comme certain ce qui n'était que très rigoureusement possible, tels étaient les résultats qu'on pouvait prévoir, comme donnant satisfaction aux vœux de la France, dans l'hypothèse d'un renversement de l'Empire ottoman. Mais, malgré les répugnances de la France, il fallait bien faire une part et une large part à la Russie, en force sur les lieux, sans barrière aucune devant elle, appelée par les victimes elles-mêmes qu'elle devait égorger; il fallait en faire une à l'Autriche, qui ne consentirait à un pareil démembrement tout au plus qu'à cette condition, et enfin assurer une autre part à l'Angleterre *qui, certainement, n'accéderait jamais, autant que sa supériorité sur mer lui permettrait de s'y opposer, à la possession de l'Egypte par la France*, à moins qu'une nécessité irrésistible lui commandât la paix, et, alors, elle ne manquerait pas de prétendre en compensation à la possession tout au moins de l'île de Candie.

Si on se transportait ensuite par la pensée au milieu de ce nouvel état de choses, on n'y voyait plus cet Empire ottoman qui étayait si bien à l'Orient de l'Europe le système des alliances de la France, qui faisait contre-poids à la puissance d'attraction de l'Autriche et de la Russie sur les Etats secondaires de l'Europe.

Que trouvait-on à sa place? Un poids considérable de moins dans l'un des plateaux de la balance, et ce poids même presque entièrement transporté dans l'autre plateau. Quels moyens seraient offerts à la diplomatie française dans l'avenir pour rétablir l'équilibre? Sur quelles bases faire désormais reposer une paix solide? Descorches ne les voyait pas et s'en inquiétait pour son pays.

A la place de ces relations commerciales nourries par l'amitié et la confiance, favorisées par les mœurs et les habitudes des Turcs, aimant à jouir de la vie sans travail et sans soucis, livrant aux négociants français leurs matières premières, et les recevant avec plaisir et empressement, façonnées par l'industrie; au lieu de ces comptoirs appartenant à des Français admis, protégés partout, dont les agents, jouissant d'exemptions et de faveurs refusées aux Turcs eux-mêmes, pouvaient recueillir de première main toutes les productions de ce vaste pays et faire pénétrer les leurs jusque dans l'intérieur des terres, on ne verrait plus dans l'avenir que proscriptions, gênes, concurrence, rivalités jalouses et haineuses, causes de discordes entre les peuples.

Et cette mer Noire si désirée ! Elle serait perdue pour la France, et la perspective d'y pénétrer un jour ne laisserait plus que des regrets.

Si on regardait du côté de la Bosnie, les yeux se reposaient sur le tableau d'un peuple loyal et brave, plus près du bonheur assurément que sous les Pachas avides et corrompus que la Porte lui envoyait et dont la main de fer le tenait enchaîné aux vieilles routines d'une pitoyable administration. Les Bosniaques aimaient la France ; la reconnaissance devait les attacher à ce pays. Mais leur nombre et leurs moyens ne répondaient pas à ce qu'il fallait pour qu'ils pussent devenir des alliés utiles. Heureux si leurs montagnes pouvaient les protéger assez pour préserver leur indépendance ! Ils inquiéteraient l'Autriche qui les menacerait sans cesse et la France aurait, en définitive, bien plus d'efforts à faire pour eux que de services à en recevoir.

Il n'était pas, sans doute, de philosophe, de républicain qui ne s'attachât par des vœux ardents à la pensée que le démembrement de l'Empire ottoman pourrait être l'époque de la résurrection de cette illustre Grèce, dont le nom seul réveillait dans tous les esprits cultivés et nourris de l'antiquité de si beaux et de si intéressants souvenirs. Quel jour serait-ce que celui où les députés d'Athènes et de Sparte viendraient mêler leurs voix à celles des républicains français pour célébrer les bienfaits de la Liberté et recevoir, dans les transports d'une joie commune, les félicitations de la France de leur en avoir ouvert la carrière.

Mais, hélas, que la réalité était loin du rêve ! Que les Grecs contemporains étaient loin de leurs aïeux ! C'était une vérité pénible qui devait être dite. Il était difficile, à moins d'avoir vécu près des Grecs, de se faire une idée exacte du degré de dégradation et d'abâtardissement auquel cette malheureuse nation était tombée. Pour qu'elle fût libre, il fallait que la Liberté fît tout pour elle, et, la plus grande difficulté qu'elle devait avoir à vaincre, c'était certainement de rendre dignes d'elle de tels hommes. Il ne fallait pas d'ailleurs négliger cette considération que ce peuple, disséminé dans toutes les parties de l'Empire ottoman, n'avait de cohésion nulle part, hormis dans quelques petites îles de l'Archipel, qu'il ne formait point de ces masses nécesssaires aux grands mouvements, soit par la force qu'elles leur donnent, soit par l'ascendant qu'elles exercent sur les esprits.

La résurrection de la Grèce que Descorches prévoyait dans ses combinaisons ne pourrait donc avoir lieu qu'à l'aide de grands efforts de la France, qui devraient être continués pendant longtemps encore, tant pour les motifs déjà indiqués qu'en raison de la situation géographique de ce pays. La Morée, en effet, avait trop de côtes pour ne pas être toujours exposée aux coups d'un ennemi qui arriverait par mer. Aussi, si le cœur s'épanouissait à l'idée de cette résurrection, la raison obligeait d'y voir en même temps une entreprise très difficile et infailliblement fort onéreuse pour la France.

Il était certain, toutefois, que la France trouverait une grande compensation dans la possession de l'Egypte. Comme colonie et comme entrepôt du commerce de l'Inde, elle ne pouvait faire d'acquisition plus importante. Mais, pour jouir de ces avantages, il fallait en avoir la tranquille possession, consolidée par une paix durable. Et comment allier dans l'ordre des possibilités actuelles cette tranquille possession, cette consolidation d'une conquête avec l'intérêt majeur que l'Angleterre avait à s'y opposer, *avec la supériorité de ses forces maritimes ?*

Il n'était point de paix possible, à ce qu'il semblait, avec la conservation de l'Egypte, ou, si l'Angleterre y était forcée par quelque circonstance extraordinaire, *maîtresse de la mer comme elle l'était en ce moment*, elle s'assurerait au moins de l'occupation de quelque poste dans l'Archipel, d'où elle pourrait intercepter à sa volonté les communications de la France avec l'Egypte, l'y attaquer et détruire ses forces lorsque l'occasion lui en paraîtrait favorable. Ainsi donc, l'état de choses le plus conforme aux vœux de la France qui, dans l'ordre des possibilités, pourrait remplacer l'Empire ottoman, serait loin de lui procurer les avantages que sa destruction lui ferait perdre.

Enfin, cette belle Egypte, loin d'offrir les riches compensations que la France pourrait trouver dans sa possession, ne devait donner, pour le moment, que des soucis. Plus Descorches souhaitait et convoitait les avantages qu'elle pouvait procurer à son pays, plus ses vœux s'attachaient ardemment à chaque pas que les braves soldats français y faisaient et plus ses sollicitudes le tourmentaient. Ils avaient fait ces héros, ils devaient faire des prodiges jusqu'au dernier moment, mais à quoi aboutirait leur vaillance, tant qu'ils resteraient exposés aux attaques simultanées et sans cesse renaissantes du fugitif Mourad-Bey par la Haute-Egypte, des Turcs par la Syrie, de ces mêmes Turcs et des Russes alliés par mer, si ce n'était pour rendre plus amère au patriotisme français la perte que la Patrie ferait d'enfants aussi précieux !

La clairvoyance de Descorches annonçait déjà le désastre de cette armée héroïque qui, partie avec Bonaparte, devait reprendre tristement le chemin de la France sous la conduite du général Menou, et la fin lamentable d'une épopée qui s'annonçait si brillante !

Ces considérations que Descorches disait lui être dictées « par le plus pur et le plus fervent amour de la Patrie », mûries d'ailleurs autant que son esprit l'en rendait capable, le conduisaient à cette conclusion évidente :

1° Que dans l'état actuel des choses, la France n'avait et ne pouvait avoir de plus grand intérêt à ménager que la conservation de l'Empire ottoman;

2° Que c'était autant suivre les conseils d'une saine politique qu'obéir au juste sentiment de la grandeur qui convenait au Gouvernement de la République, de laisser, comme il l'avait fait jusqu'ici, tomber à ses pieds les folles provocations de la Porte et de continuer à ne voir dans les Turcs que d'anciens amis égarés, de leur tendre toujours la main pour les sauver de l'abîme où ils se précipitaient et de travailler même, par tous les moyens, à les arracher à leur aveuglement et à rétablir des rapports si utiles aux intérêts de deux pays.

Etait-il donc possible qu'il n'y eût pas de ces moyens, lorsque la nature des choses et tant d'intérêts concouraient au même but ? C'est ce que Descorches se proposait d'examiner dans un second mémoire, si ces premières réflexions étaient jugées de nature à présenter quelque utilité, au premier ordre qu'il en recevrait.

Il s'efforçait aussi de faire agir en faveur de la France les relations qu'il s'était créées à Constantinople dans le monde diplomatique ainsi qu'en fait foi la lettre suivante qu'il adressait au chevalier d'Ohsson devenu envoyé extraordinaire de la Suède auprès de la Porte ottomane et dont il avait déjà pu apprécier le concours dans maintes circonstances pendant sa première mission (1).

« Que vous devez souffrir, monsieur l'Envoyé, lui écrivait-il, des événements désastreux qui affligent vos regards depuis quelque temps ! Vous pouvez juger par l'état de votre cœur de ce qui se passe dans le mien, que vous connaissez bien et qui n'a pas changé, et vous concevrez aisément le besoin que j'éprouve d'épancher brièvement avec vous et à la hâte les sentiments dont je suis oppressé dans cette triste circonstance. Je profite pour cela d'un courrier d'Espagne qui va être, à ce que j'apprends, expédié à M. de Bouligny pour lui porter les secours pécuniaires destinés par le Gouvernement à nos malheureux concitoyens victimes en ce moment de leur fidélité à la Patrie. »

Descorches rappelait la destination nouvelle que le Directoire lui avait donnée en le nommant ambassadeur de la République auprès de la Porte. Retiré dans ses terres où il ne pensait qu'à jouir du bonheur qu'il y goûtait, la nomination dont il avait été l'objet et à laquelle il était loin de s'attendre, devait sans doute convaincre le chevalier d'Ohsson, ainsi que quiconque connaissait ses sentiments et ses principes, de l'esprit qui l'avait déterminée.

Il avait eu lieu bientôt de s'en convaincre plus particulièrement, lorsqu'arrivé à Paris, aussitôt après sa nomination, les intentions du Gouvernement lui avaient été manifestées.

Il s'était infiniment félicité de devoir être le porteur des

____

(1) Paris, le 29 vendémiaire an VII, à M. le chevalier d'Ohsson, envoyé extraordinaire de Suède près la Porte ottomane. Correspondance ministérielle.

preuves les moins équivoques que ces intentions par rapport aux Turcs n'avaient pas cessé d'être conformes à l'antique et utile amitié qui unissait la Turquie à son pays. Jamais il n'avait tant désiré avoir des ailes pour être plus tôt à Constantinople. Il eût été aussitôt entendu des ministres du Divan, il en était peut-être temps encore. Les intentions sincères et amicales du Gouvernement français eussent été connues et alors que de maux prévenus ! Mais, hélas ! au lieu de cela, l'intrigue, ennemie maîtresse du terrain, avait su tout faire tourner à son profit. Les pauvres Turcs égarés s'étaient précipités, tête baissée, dans l'abîme. Qu'avaient-ils donc fait de la prudence qui leur était naturelle et qui les avait souvent si bien servis ? Chaque courrier, chaque lettre n'apportaient plus que le bruit éclatant, menaçant, provocant des mesures de rigueur contre les Français, de préparatifs hostiles, d'une guerre imminente. Cependant, le Directoire, confiant dans ses intentions et ne pouvant croire que les Turcs fussent capables de briser avec autant de précipitation des liens qu'ils avaient tant d'intérêt à maintenir, se plaisait à penser qu'il suffirait que la vérité leur parvînt pour dissiper ces nuages et donnait des ordres pour que tout fût disposé en vue du prochain départ de Descorches. Bien qu'il sût les membres de la Légation française renfermés aux Sept Tours, il donnait encore des instructions au ministre des Relations extérieures pour rassurer l'ambassadeur ottoman sur son sort et continuer à le faire jouir des égards dus à son caractère, lorsque le fatal manifeste de la Porte était arrivé : « Vous le connaissez, M. l'Envoyé, ajoutait Descorches. Aucune des réflexions qu'il peut faire naître ne vous aura échappé. Je ne m'arrêterai pas à le qualifier. Sa lecture m'a déjà fait que trop de mal. Il me suffira de vous dire qu'il nous a offert le complément de la perfidie des faux amis, dans les bras desquels la Porte s'est laissé jeter, et qui ne se sont trop évidemment offerts à elle que pour l'étouffer. Une pareille pièce et sa publicité ne permettaient plus à la dignité du Directoire de me laisser mettre en marche. Mon départ *a été suspendu*. Suspendu, M. l'Envoyé, vous remarquerez cette expression littérale de l'arrêté et vous sentirez, sans que je m'étende davantage, les conséquences qu'elle renferme. Ainsi, nos ressentiments restent encore ajournés, la voix de l'amitié se fait encore entendre. Il y aurait donc moyen, de notre côté, de prévenir les suites affreuses que l'état actuel des choses rend, si je ne me trompe, bien imminentes pour nos vieux amis. Y en aurait-il aussi du vôtre ? Je crains fort que non. Mais, en vous le demandant, M. l'Envoyé, à vous que les lumières et la sagacité mettent plus à portée que personne d'éclairer et de résoudre cette importante question, je me ménage au moins la consolation, dans les malheurs que je prévois, de n'avoir rien négligé de ce qui dépendait de moi pour les conjurer. »

Le chevalier d'Ohsson pouvait regarder comme une vérité constante et la donner pour telle à qui il le jugerait à propos que la Porte avait été trompée lorsqu'on lui avait fait croire que le Gouvernement français avait entretenu des intelligences avec Passawan-Oglou, le chef de l'insurrection bosniaque. Descorches attestait, au contraire, que lorsqu'il s'était agi de déterminer sa route, le premier mot de Talleyrand, le ministre des Relations extérieures, avait été de lui recommander de ne pas penser à celle de Vienne, malgré ses avantages pour éviter de prêter aux soupçons que la Porte pourrait concevoir d'intelligences avec les insurgés bosniaques. On l'avait également abusée en éveillant et en nourrissant ses craintes d'un soulèvement que la France penserait à fermenter en Morée ou ailleurs. Il avait pu être tenu des propos inconsidérés, fait des démarches indiscrètes à ce sujet, mais ces démarches et ces propos n'avaient jamais été que la manifestation d'opinions individuelles auxquelles ne s'était pas associé le Directoire, qui voulait loyalement et désirait cordialement non seulement la conservation de l'Empire ottoman dans son intégrité, mais encore tout ce qui pouvait le consolider et contribuer à sa prospérité.

Mouradja d'Ohsson répondit à Descorches par l'intermédiaire du baron de Staël, le ministre de Suède à Paris (1) :

---

(1) Constantinople, le 24 novembre 1798. Dépêche de Mouradja d'Ohsson au baron de Staël. Correspondance ministérielle.

« Je viens de recevoir, écrivait-il à ce dernier, une lettre de M. Descorches du 29 vendémiaire roulant sur des objets qui ne me permettent pas de lui adresser ma réponse en blanc. J'ai donc recours au chiffre et à vos bontés, M. le Baron, pour exposer à cet ami, et ma douleur profonde sur les circonstances actuelles et ce que la prudence commande dans ce malheureux état de choses.

« Il serait inutile de m'étendre sur les motifs de la rupture, sur la nature des griefs mis en avant, sur les circonstances qui ont attaqué et l'amitié et la confiance, sur le nouveau système adopté dans un moment urgent, sur la difficulté de combattre par de simples assertions des faits existants, sur l'épineux de toute tentative pour faire rompre de nouveaux liens contractés par la conviction d'un danger réel, enfin sur les oppositions vigoureuses que l'on rencontrerait dans ceux qui ont intérêt à maintenir la ligue pour une cause réputée commune.

« Dans cet état de choses, on doit sentir, M. le Baron, que ce serait s'exposer sous plus d'un rapport à des désagréments bien amers, en se permettant la moindre démarche, le moindre mot, la moindre insinuation, sans l'aveu formel, sans les ordres précis de ses supérieurs.

« *J'ai lieu de croire que les Turcs ne demanderaient pas mieux que d'en venir à une conciliation* qui aurait pour base la réparation du passé et une sûreté réelle pour l'avenir. Ces deux conditions paraissent indispensables pour les disposer à écouter les propositions qui leur seraient faites et à tenter d'eux-mêmes les efforts nécessaires pour rompre leurs chaînes actuelles. Et si quelque chose peut les encourager à ces efforts, c'est la confiance que leur inspireraient non pas des démarches directes, mais la médiation ou les bons offices d'une Cour amie, nullement suspecte à leurs yeux. Ce moyen même exige le plus grand secret. Sur le moindre soupçon, il est hors de doute que les alliés feront l'impossible pour traverser cette tentative. »

Il fallait que l'irritation des Turcs fût bien grande pour que le chevalier d'Ohsson, qui s'était signalé si souvent pendant la première mission de Descorches par son dévouement aux intérêts français, se refusât pour le moment à agir directement en faveur de la France. Il rendait toutefois ce nouveau service au Gouvernement français de lui indiquer une médiation comme possible et il laissait entrevoir clairement que la Suède pourrait être la nation médiatrice.

Le ministre de Suède à Constantinople se lamentait ensuite sur l'avenir, faisant preuve d'une rare perspicacité lorsqu'il prévoyait la longue suite de guerres qui, jusqu'en 1815, devaient continuer à désoler l'Europe. « Telle est, M. le Baron, écrivait-il à ce sujet, ma manière de voir sur les moyens, ou pour mieux dire sur les espérances de prévenir de plus grands maux. On ne peut sans doute attribuer qu'à un génie tous les malheurs qui affligent et qui affligeront encore l'humanité. Peut-on voir sans frémir le crêpe noir qui couvre les quatre parties du monde ? Jusques à quand le temple de Janus restera-t-il ouvert ? Quel est le politique de nos jours qui ne tremble à l'aspect des nouvelles convulsions qui menacent notre globe ?

« Je ne mène ici moi-même que des jours tristes. Heureux encore si je puis les consacrer au bonheur de la Suède et à celui de ses amis ! Personne ne connaît mieux mes sentiments que le citoyen Descorches. Mais le devoir et la prudence, je le répète, ne peuvent qu'enchaîner ces sentiments. Il faut des ordres de notre maître auguste pour les mettre en activité et pour exercer mon zèle qui est et sera toujours à toute épreuve. Quel bonheur pour moi que celui de pouvoir frayer les chemins à un négociateur aussi estimable, sans parler de la douce satisfaction que j'aurai de l'embrasser sur le théâtre même où il s'est déjà distingué par ses talents ! »

Les termes de cette lettre étaient très flatteurs pour Descorches. Mais le sage et avisé ministre de Suède, tout en donnant un bon conseil, ne voulait agir que s'il en recevait l'ordre de son Gouvernement, justifiant ainsi les éloges que Descorches avait fait maintes fois de sa prudence et de son expérience de diplomate.

Descorches voulut, toutefois, remettre en mains propres à Talleyrand la réponse qui lui avait été communiquée par

M. de Staël. Cette audience, dans laquelle il s'ouvrit avec Talleyrand d'un projet de médiation de la Suède, eut lieu le 4 pluviôse 1798.

Le ministre lut avec attention la dépêche, parut réfléchir, et finit par dire qu'il prendrait les ordres du Directoire à cet égard, mais qu'il croyait que sa pensée, en ce moment, était de considérer la Turquie comme une victime que son imprudence avait jetée sur la scène pour être immolée à la conclusion de la paix. Descorches ayant manifesté combien il était effrayé des conséquences désastreuses de ce parti et s'étant étendu sur ce sujet avec Talleyrand, celui-ci lui dit définitivement qu'en mettant sous les yeux du Directoire la dépêche du chevalier d'Ohsson, il développerait en même temps devant lui ces conséquences de la nouvelle politique qu'il paraissait vouloir suivre à l'égard de la Turquie. Descorches avait, en outre, informé le ministre, ainsi qu'il y était autorisé par M. de Staël, que ce dernier était prêt à dépêcher un courrier à sa cour, si l'on voulait travailler à une conciliation, et qu'il ne faisait aucun doute que le r.. c. Suède ne transmît immédiatement à son représentant à Constantinople les ordres nécessaires à cet effet.

Ce revirement dans les dispositions du Gouvernement français à l'égard de la Turquie donnait de vives inquiétudes à Descorches. Ne pouvant taire plus longtemps ses préoccupations, il crut devoir écrire à Talleyrand, dès le lendemain de son entrevue, et revenir sur le sujet qui y avait été traité (1).

« J'avais le cœur bien gros, lui disait-il dans cette lettre, citoyen ministre, lorsque je vous ai quitté hier. J'étais horriblement effrayé sur l'avenir. Je suis rentré chez moi, la tête pleine d'idées accablantes qui m'ont conduit à quelques nouvelles réflexions que j'ai jetées rapidement sur le papier. Veuillez en recevoir l'hommage comme un nouveau tribut de mon amour de la Patrie. »

Tout d'abord, Descorches rappelait les deux principales

____

(1) Paris, le 5 pluviôse de l'an VII de la République. Lettre envoyée le 6 au ministre. Marie Descorches au citoyen ministre des Relations extérieures.

objections qu'on pouvait élever contre une politique d'alliance avec certaines puissances et de réconciliation avec la Turquie, objections qui paraissaient alors prévaloir dans l'esprit du Directoire. Une question, en effet, dominait actuellement la politique des divers cabinets des pays d'Europe.

L'impression produite par la proclamation et le triomphe des principes républicains, qui avaient rendu aux Français leurs droits et qui frappaient de mort les pouvoirs usurpés, était telle sur toutes les têtes couronnées et les ministres des Cours européennes qu'il s'agissait désormais de savoir si le Gouvernement représentatif prévaudrait sur le Gouvernement absolu. Il n'y avait donc pas lieu d'engager des négociations en vue d'alliances à contracter avec des puissances qui ne pouvaient que désirer la chute de la République.

Quant à la Turquie, jetée par son imprudence dans le conflit qui existait entre la République française et les grandes puissances européennes, on pouvait ne la regarder que comme une victime venue en quelque sorte s'immoler elle-même à la conclusion de la paix.

Telles étaient donc, présentées dans toute leur vigueur, les objections qui s'élevaient contre les efforts que Descorches n'avait cessé de tenter pour faire comprendre l'intérêt infini que la République française avait non seulement à prévenir la destruction de l'Empire ottoman, mais encore à travailler de toute sa force à le consolider et à tirer parti du bouleversement apporté dans les affaires générales de l'Europe par la Ligue anglo-russe, pour asseoir le système des alliances de la France et lui assurer, par ce moyen, la prépondérance qui convenait à sa puissance, en même temps qu'une paix durable et solide dont elle avait besoin pour goûter les bienfaits du nouveau régime.

Le parti auquel la République devrait s'arrêter définitivement présentait une si grande importance que le ministre ne pouvait que désirer s'entourer de toutes les informations utiles pour l'aider dans sa tâche.

Examinant la première objection, à savoir que les Français n'avaient pas besoin de rechercher des alliances, Descorches répétait ce qu'il avait déjà dit, il y avait bien longtemps, qu'il ne fallait jamais compter sur le cœur des rois, qu'il n'en était aucun qui pût devenir l'ami sincère de la République française. Mais il n'en tirait pas cette conclusion que la France ne devait pas, ne pouvait pas avoir de liaisons avec eux. Il ne pouvait voir que comme une chimère qui lui plaisait certainement autant qu'à qui ce fût, mais qui n'en était pas moins une illusion très dangereuse pour la France et pour la Liberté elle-même, l'écroulement immédiat de tous les trônes. S'il était hors du pouvoir de son pays qu'il n'existât plus de rois en Europe, les rapports nécessités par la nature et la force des choses entre leurs Etats et le sien donnaient des avantages à recueillir ou des dangers à conjurer par des liaisons bien combinées avec certains d'entre eux.

La France devait donc désirer de ces liaisons. Les sentiments personnels des rois pouvaient les en détourner, mais ils y étaient amenés par leurs intérêts politiques qui, dans telle ou telle circonstance, pouvaient même les commander si impérieusement que les plus grandes préventions seraient incapables d'y mettre obstacle. Ces liaisons pouvaient donc avoir lieu.

Il fallait toutefois reconnaître qu'à l'heure actuelle la situation était telle que l'intérêt politique de la plupart des nations favorisait les sentiments de répulsion pour une entente, que la France ne trouvait nulle part d'accès à la confiance et que ses propositions les plus avantageuses restaient sans effet.

Mais, pour ne pas se tromper dans la part à faire dans cet état d'esprit à l'irritation ou à la répugnance des Etats monarchiques, il fallait considérer que la politique est assez défiante de son caractère, surtout la politique des rois auxquels il devait d'autant moins en coûter de soupçonner qu'on voulût les tromper, qu'il leur en coûtait ordinairement très peu de tromper eux-mêmes quand ils croyaient y trouver leur compte ; que la confiance, en général, se compose de bien des choses. Il fallait aussi faire de bonne foi un examen de conscience et se demander *si la politique intérieure de la République, rendue peut-être nécessaire par la mobilité des événements et la force des circonstances, avait présenté jus-*

qu'ici tous les caractères propres à inspirer cette confiance ?

C'était une allusion discrète faite par Descorches aux fautes du Gouvernement révolutionnaire continuées par le Directoire.

Si le résultat de cet examen faisait reconnaître les causes pour lesquelles la République ne possédait pas encore la confiance de l'Europe, il appartenait à son Gouvernement, en les faisant disparaître, d'en détruire en même temps les conséquences.

Et puis, s'il était vrai que les haines monarchiques l'eussent emporté partout sur l'intérêt politique des Etats, comment expliquer que l'intrigue anglo-russe eût rencontré des obstacles tels, quand elle avait voulu renouer une coalition générale, qu'elle n'avait pu parvenir jusqu'ici qu'à ménager à la France l'occasion favorable « de nettoyer l'Italie des deux trônes qui la déshonoraient encore » !

Enfin, en supposant que toutes les monarchies fussent également hostiles à la République, il fallait tenir compte des différences qui existaient dans les forces dont leurs chefs pouvaient disposer ainsi que de leurs intérêts politiques traditionnels, permanents, dont quelques-uns pouvaient être communs avec ceux de la France.

Le Gouvernement français devant donc former des liaisons avec tels ou tels Etats de l'Europe, ou, en d'autres termes, ayant à constituer la seule force qui lui restât à acquérir pour compléter l'organisation politique de la République, c'est-à-dire un système d'alliances, une Fédération de certains pays, il fallait conclure même de cette haine des rois que ces liaisons ne pourraient être contractées avec utilité et autant de solidité que l'opposition des sentiments pouvait le permettre, qu'avec les Etats dont les moyens ne sauraient servir assez puissamment ces mauvaises dispositions pour les rendre redoutables à la France et dont les intérêts politiques communs avec ceux de cette nation en seraient comme le contre-poison.

En résumé, Descorches préconisait le système d'alliances qu'il avait défendu dès les débuts de la Révolution française, l'union de la France avec les puissances secondaires, l'établissement d'une Fédération à la tête de laquelle serait placée la République française pour faire contrepoids aux grandes puissances monarchiques qu'il appelait dévorantes, la Russie et l'Autriche d'un côté de l'Europe, l'Angleterre de l'autre.

Examinant la seconde objection qu'on pouvait opposer à un rapprochement de la République française avec la Turquie, à savoir que cette dernière puissance était devenue une victime qui s'offrait d'elle-même pour fournir des compensations à la conclusion de la paix, Descorches rappelait les avantages immenses qu'il avait déjà exposés et que la France devait trouver dans la conservation de l'Empire ottoman.

Il convenait d'ailleurs de se rendre compte de ce que serait cette paix. Comment l'obtenir aux dépens de la Turquie ? Ce ne pouvait être, sans doute, qu'en s'entendant avec les Russes et les Autrichiens qui s'empareraient et resteraient possesseurs de portions plus ou moins grandes, à leur convenance, de l'Empire ottoman. Dans ce partage, l'Egypte resterait à la France.

Il lui faudrait aussi la Grèce et quelques îles dans l'Archipel formant les anneaux de cette chaîne de belles colonies. On devait convenir qu'au premier coup d'œil ce plan pouvait paraître séduisant. Mais, en politique, *il fallait surtout vivre dans l'avenir*, se garantir soigneusement des illusions pour peser avec d'autant plus de maturité les moyens d'exécution de ses projets et toutes leurs conséquences possibles.

Dans ce démembrement éventuel de l'Empire ottoman, on voyait d'abord les Russes et les Autrichiens prenant part au partage, mais se trouvant dans une position bien inégale; les Russes, sans inquiétudes d'aucun côté, n'étant exposés au moindre danger et pesant de toute leur masse sur la malheureuse proie qu'il s'agissait de dépecer, saisis déjà, pour ainsi dire, de la part qui leur plairait le mieux; les Autrichiens, au contraire, avec les armées françaises victorieuses en face d'eux et sur leurs flancs, prêtes au premier signal à menacer de nouveau leur capitale, si peu confiants dans leurs forces qu'une armée nouvelle avait été formée pour les augmenter. En outre, la cour de Vienne n'était certainement pas assez aveugle pour se dissimuler les dangers qu'il y avait pour elle dans l'avenir à voir les clefs du Bosphore passer entre les mains des Russes, et ce devait être pourtant le seul appas qui pouvait déterminer la cour de Pétersbourg à contribuer au démembrement de l'Empire ottoman, puisque c'était le seul avantage réel qu'elle trouverait à ajouter un nouvel accroissement à un territoire déjà trop étendu.

La crainte ou la nécessité pouvait donc seule faire surseoir l'Autriche à un pareil partage qui serait tout entier, à ce point de vue, en faveur de la Russie. De ce moment, les destinées et le repos de tout le nord et du centre de l'Europe seraient absolument à la merci de ce Gouvernement qui n'avait pas de mesure dans son ambition, que la France ne pouvait atteindre et auquel on ne voyait aucune nation capable de résister.

Il était vrai que la France aurait l'Egypte, la Grèce, d'autres territoires, compensations à l'expansion démesurée de la puissance russe.

Mais l'Angleterre ? Elle n'était comptée pour rien jusqu'à présent dans ces arrangements, et pourtant elle serait long-temps encore maîtresse sur mer partout où elle le voudrait. Car on ne pouvait se dissimuler cette vérité sans s'abuser qu'aucune nation ne pourrait la faire consentir à un tel partage. La France lui abandonnerait-elle en compensation les possessions bataves aux Indes, le Cap ? Servirait-elle bien sa cause en trahissant ainsi celle de ses alliés ? Serait-ce bien un procédé pour la République de s'assurer les avantages qu'elle pouvait espérer de ses acquisitions dans la Méditerranée, en fournissant à son ennemie héréditaire de nouveaux moyens d'alimenter sa puissance maritime et d'en soutenir la supériorité ? *En outre, que pourrait faire la France de la Grèce, de l'Egypte, tant qu'elle n'aurait pas la maîtrise sur mer, ou tout au moins qu'elle ne serait pas en état de la disputer ?*

Alors même que la France aurait la possession de la Grèce du consentement des puissances, ne devait-elle pas craindre que les Russes, dont l'Empereur était Patriarche de l'Eglise grecque, n'exerçassent une sourde influence sur ce peuple, *le plus stupidement fanatique qu'on pût imaginer,* et qui deviendrait bientôt un ennemi, bien loin d'apporter un concours utile.

Pour ces diverses raisons, le projet de prendre pour base de la paix le partage de l'Empire ottoman présentait le triple inconvénient :

1° D'être impraticable dans son exécution par suite de l'opposition d'intérêts des parties qui devaient y concourir;

2° De n'aboutir, dans le cas même de sa réalisation, qu'à procurer à la France des possessions précaires, contestées, qui la tiendraient dans un état de paix armée et qui fourniraient le prétexte de querelles toujours renaissantes, au moyen desquelles Paul, Georges, la cohorte de leurs semblables, qui ne rêvaient que l'anéantissement de la République, chercheraient en l'épuisant à obtenir le résultat que l'impuissance de leurs armes ne leur permettait plus d'atteindre autrement;

3° D'être désastreuse dans ses conséquences, non seulement par l'impossibilité évidente de combiner par ce moyen la formation d'alliances avec la Turquie et les Etats secondaires de l'Europe, d'une Fédération, seule base qui restât à donner à la République pour lui assurer dans les siècles à venir le degré de gloire et de prospérité qui lui convenait, mais encore en mettant à la place des avantages de ce système tous les inconvénients contraires.

« Je le répète, concluait Descorches, une telle combinaison me paraît inexécutable au point que je ne puis, je le dirai franchement, citoyen ministre, en attribuer la pensée jetée parmi nous qu'à quelques-unes de ces insinuations perfides, sorties furtivement des cabinets de Pétersbourg ou de Londres, dont leur artifice exercé en ce genre a souvent su tirer si bon profit, dans la vue d'user traîtreusement en ce moment de l'accueil que nous pourrions lui faire pour nous rendre impossible toute conciliation avec les Turcs, éveiller de nouvelles défiances, indisposer toujours plus contre nous les autres Etats de l'Europe qu'ils n'ont pu encore entraîner dans leur Ligue et aussi, en attirant notre attention sur cette idée, la détourner des projets qui pourraient seuls conjurer efficacement *les désastres affreux qui menacent nos braves vainqueurs de l'Egypte*, si le printemps les y surprend sans que nous soyons parvenus à les dégager. Cette considération seule, si je ne me trompe, est du plus grand poids. »

Descorches faisait de nouveau allusion à ces intrigues secrètes nouées à l'étranger, dont il avait plus d'une fois signalé l'existence dans le cours de sa mission à Constantinople, et qui, au moyen d'intermédiaires influents auprès du Gouvernement français, avaient souvent, s'il fallait l'en croire, exercé une funeste action sur les événements de la Révolution.

Au contraire, en s'arrêtant à l'idée de maintenir l'intégrité de la Turquie, en mettant à profit les dispositions présumées de la Porte dont le ministre de Suède s'était fait l'écho, en entendant des paroles de conciliation, non seulement la République pouvait se livrer à l'espoir fondé de tirer son armée d'Egypte de sa situation trop hasardeuse, mais encore elle pouvait l'utiliser en lui facilitant l'exécution du grand projet de son passage aux Indes; elle pouvait aussi, par le raffermissement de l'Empire ottoman sur ses bases, conserver cet Etat dont l'existence était essentielle à son système d'alliances, à sa politique traditionnelle telle qu'elle avait toujours été pratiquée, quand elle avait été dirigée par le souci des vrais intérêts français et hors de laquelle on ne pouvait concevoir aucune paix durable ni fructueuse.

C'était donc à une politique pacifique avec la Turquie que Descorches conviait le Directoire, en réponse aux efforts « qu'accumulait en ce moment la rage britannique, pour soulever de nouveau l'Europe contre la France, et les champs de la politique offraient des rameaux d'olivier à cueillir non moins glorieux pour la République que les lauriers dont la victoire couronnait tous les jours ses armées aux champs de la guerre ».

Non content de faire cet exposé destiné au Directoire dans lequel la question d'Orient était traitée sous ses différents aspects, Descorches tenta encore une démarche auprès de Talleyrand pour obtenir une réponse à l'offre de médiation de la Suède. Il se rendit chez le ministre le 11 pluviôse de l'an VII et lui demanda ses ordres sur le langage qu'il devait tenir à M. de Staël en lui rapportant la copie déchiffrée de la lettre du chevalier d'Ohsson. Le ministre le chargea de faire valoir à l'envoyé de Suède que le Directoire ne croyait pas que le Divan fût assez libre en ce moment pour qu'on pût s'arrêter à l'idée d'une démarche efficace en faveur d'un rapprochement, qu'il fallait auparavant que ses soins, pour réparer le désastre d'Aboukir, eussent donné à la France les moyens de changer sa situation dans la Méditerranée; qu'alors il verrait avec plaisir la Porte ottomane revenir à une plus juste compréhension de ses intérêts et concourrait volontiers aux moyens de conjurer sa perte à laquelle elle s'était si imprudemment exposée.

Dans la conversation qui suivit, le ministre laissa apercevoir à Descorches le fond que faisait le Gouvernement du Directoire, bien que, néanmoins, il ne les indiquât pas, sur l'effet des mesures dont il s'occupait pour opérer prochainement ce changement si désirable de la situation de la France dans la Méditerranée. Toutefois, Talleyrand convenait avec son interlocuteur que, si la France ne parvenait pas à reprendre la supériorité sur mer, l'expédition d'Egypte se trouverait gravement compromise. « Et les Russes, fit observer Descorches ! Serait-il possible de se familiariser avec l'idée de les voir à Constantinople ? Qu'avez-vous pensé de mes alarmes que je vous ai encore exposées dernièrement sur les maux infinis que j'aperçois dans un nouvel agrandissement de cette puissance et dans la destruction de la barrière qui l'a retenue jusqu'ici au midi ? — J'ai lu, répondit le ministre, vos mémoires avec intérêt. Ils sont pleins de bonnes choses; les principes en sont sains. J'y ai remarqué un œil exercé, ouvert sur l'ensemble de l'Europe et qui voit bien. C'est pourtant un système... Quant aux Russes, nous ferons ce que nous pourrons pour sauver la Turquie de leur ambition et, *si nous ne le pouvons pas, nous profiterons de son écroulement.* — Profiter ! s'écria Descorches, dont ces paroles contredisaient tous les conseils. Où sont les compensations à de tels préjudices ! »

Talleyrand se révélait déjà ce qu'il devait être, n'ayant pas de système arrêté sur la politique extérieure de la France, ne cherchant qu'à profiter avec habileté des événements accomplis au lieu de les faire naître, ne voulant pas prendre de résolutions énergiques, souple et fuyant, évitant de laisser deviner sa pensée. Descorches le remarqua. « Comme dans cette circonstance, écrivait-il, il évita manifestement, ainsi que toujours, d'aborder les questions qu'il s'agissait de discuter et que j'en ai dit plus qu'il ne fallait dans mes mémoires pour les examiner et pour déterminer les bases sur lesquelles, seules, je crois que notre système politique peut être assis avec solidité, il devenait inutile que j'en dise davantage. Je me suis retiré bourrelé comme à l'ordinaire de sollicitudes sur l'avenir. Les causes n'en sont que trop sensibles; je ne m'arrêterai pas à les détailler ici; j'observerai seulement qu'il ne peut être que bien pénible à un ami de la Patrie et de la République d'avoir à allier ce qui me fut dit par le ministre lorsque je lui portai la lettre du chevalier d'Ohsson avec son langage dans cette dernière entrevue, la confiance que l'on paraît accorder aux moyens de nous faire reprendre la supériorité dans la Méditerranée, lorsque tant d'obstacles s'y opposent, avec la conviction des dangers auxquels cette élite d'hommes précieux dans tous les genres est exposée en Egypte, si ces moyens ne réussissent pas, avec les conséquences de la guerre des Turcs, lorsque les compensations, si avantageuses qu'on les suppose, sont au moins si incertaines. Hélas ! hélas ! »

En sortant de chez Talleyrand dont le langage lui faisait pousser cette exclamation de désespoir, Descorches s'était rendu chez le baron de Staël pour remplir la commission dont il était chargé. Le ministre de Suède fit montre de nouveau de ses dispositions à servir la France par l'envoi d'un courrier à sa Cour, dès que la demande en serait faite. Il ne put se défendre, lui aussi, tout en se félicitant des avantages qui résulteraient pour la France de l'amélioration de sa position dans la Méditerranée, de manifester de l'inquiétude et des doutes sur les moyens d'exécution de ce projet.

Descorches ne voulut pour sa part négliger aucun moyen de faire prévaloir auprès du Directoire la politique qu'il considérait comme nécessaire pour les intérêts de son pays. Il avait demandé par deux fois une audience particulière au Président du Directoire. Ne recevant pas de réponse, il prit parti de lui faire parvenir dans une note les observations qu'il aurait voulu lui présenter verbalement (1). C'était un devoir, disait-il, dicté par sa conscience, par les missions qu'il avait remplies successivement en Pologne et en Turquie et qui l'avaient mis à portée de voir de près cette partie de l'Europe et de faire un examen approfondi de l'influence que les événements qui s'y déroulaient pouvaient avoir sur les intérêts de la France. La situation du Levant devait d'autant plus, à l'heure actuelle, appeler l'attention du Directoire, que, des départements du littoral de la Méditerranée, des cris lamentables s'élevaient déjà au sujet des pertes que leur occasionnait l'état de guerre avec la Turquie et les Régences barbaresques, et qu'elle ne pourrait que s'aggraver si les hostilités se prolongeaient. En outre, les dernières nouvelles de Constantinople annonçaient que la paix était faite avec Passawan-Oglou et que le Capitan-Pacha était de retour dans la Capitale. Or, ce favori, intime du Sultan, manifestait hautement en faveur de la France des sentiments contraires à ceux du ministère ottoman, et ses dispositions fortifiaient infiniment les motifs que le Gouvernement français avait de penser qu'il serait peut-être possible de travailler efficacement à rappeler la Porte à elle-même, à la rapprocher de la France, à tirer par là l'Empire ottoman du pas très périlleux où son imprudence l'avait jeté et à sauver avec lui les grands intérêts que la République avait et aurait toujours à la conservation de ce pays dans son état actuel, tant que le progrès des lumières n'aurait pas amélioré l'état moral de ses habitants.

Le même jour, Descorches informait Treillard de l'envoi de ce mémoire « sur lequel ce citoyen directeur avait bien voulu jeter déjà quelques regards d'intérêt (2). » Il faisait observer qu'il s'était abstenu d'entrer dans les détails d'application

---

(1) Paris, le 1ᵉʳ ventôse de l'an VII de la République française. Marie Descorches au citoyen président du Directoire exécutif. Correspondance ministérielle.

(2) Paris, le 1ᵉʳ ventôse, l'an VII de la République. Marie Descorches au citoyen Treilhard, membre du Directoire exécutif. Correspondance ministérielle.

ou d'exécution, parce qu'il fallait sans doute que les idées fondamentales en quelque sorte de son système fussent arrêtées pour se livrer avec quelque utilité à l'examen des idées secondaires qui ne devaient être que les conséquences des premières. « Puisse, citoyen directeur, écrivait-il, cet épanchement de mes pensées et de mes sollicitudes vous faire lire dans mon cœur et vous le montrer tel qu'il est, aussi sincèrement et activement dévoué à la prospérité de la République que l'amour de la Patrie et de l'Humanité puisse le rendre ! »

Dans la note destinée au Directoire, Descorches rappelait qu'à la fin du dernier mois de vendémiaire, le ministre des Relations extérieures, en lui transmettant les ordres des directeurs qui l'invitaient à suspendre son départ, lui avait témoigné en même temps que le Gouvernement de la République était encore disposé à ne voir dans les Turcs que d'anciens amis égarés (1).

Il s'était donc proposé d'écrire à Constantinople à deux personnes dont il avait précédemment éprouvé les sentiments, l'intelligence et la capacité, et qui possédaient de nombreuses relations dans le pays pour avoir leur avis sur la possibilité de travailler à un rapprochement avec la Turquie.

Ces lettres, dont le contenu était approuvé par le ministre des Relations extérieures, avaient été expédiées aussitôt. Il y avait environ un mois que la réponse de l'un de ses correspondants lui était parvenue, sans détails, puisqu'il ne pouvait écrire qu'en clair, mais il laissait entendre que l'irritation des esprits n'était pas telle qu'elle fermât tout accès aux tentatives qui pourraient être faites en vue d'un rapprochement. En effet, l'auteur de cette lettre, bien qu'étant par sa situation et celle de sa famille entièrement dans la dépendance du Gouvernement turc, ayant par conséquent tout à craindre de son mécontentement, s'offrait sans réserve à servir les intérêts de la France, suivant les indications qu'on lui ferait parvenir. Descorches avait porté cette réponse à son ministre, mais il n'avait pas tardé à recon-

____

(1) Paris, le 22 pluviôse an VII. Note pour le Directoire. Correspondance ministérielle.

naître, dans l'accueil qu'elle avait reçue, que le temps écoulé et apparemment les circonstances survenues depuis l'époque où il avait écrit, avaient modifié les intentions du Gouvernement français. Toutefois, comme celui-ci ne s'expliquait pas sur les motifs de ce changement qui restaient inconnus à Descorches, ses idées sur l'état de guerre existant entre la France et la Porte et sur ses conséquences ne pouvaient que rester les mêmes. Il avait donc regardé comme un devoir de les soumettre au ministre des Relations extérieures dans son mémoire du 21 nivôse.

Sur ces entrefaites, il avait reçu la seconde réponse qu'il attendait, celle du chevalier d'Ohsson, de nature, sous tous les rapports, à fixer plus particulièrement l'attention du Gouvernement français, à déterminer sa confiance et à fortifier l'opinion qu'il y avait lieu de travailler efficacement à un rapprochement.

Il n'avait plus rien à dire au sujet de cette réponse qui avait été mise par Talleyrand sous les yeux du Directoire. Il ne la rappelait que parce qu'elle avait fait l'objet de sa lettre du 5 pluviôse dans laquelle il soumettait, au ministre des Relations extérieures, les réflexions qu'avaient fait naître dans son esprit quelques développements où il était entré dans une conversation qu'il avait eue avec lui à cette occasion.

Descorches accueillerait certainement avec tout le respect qui lui était dû les mesures auxquelles le Directoire jugerait à propos de s'arrêter définitivement, mais tant qu'elles ne seraient pas connues de lui et qu'il pourrait les croire encore l'objet des délibérations du Gouvernement français, il se permettait d'avouer librement que sa conviction des conséquences infiniment graves et funestes pour la France de l'écroulement de l'Empire ottoman, si les Autrichiens et les Russes surtout devaient y prendre part, était si intime et si profonde qu'il était devenu comme le martyr de ses pensées depuis qu'il avait cette crainte, et il éprouvait le besoin de se reposer sur le témoignage de sa conscience d'avoir employé tous les efforts en son pouvoir pour détourner ces maux des destinées de la République.

Tel était le but de l'envoi de ce nouveau mémoire aux directeurs qui voudraient bien, espérait-il, en agréer l'hommage en raison des sentiments qui l'avaient inspiré.

Cette expédition d'Egypte, que Descorches déplorait si profondément parce qu'elle avait pour conséquence de détruire toutes les combinaisons auxquelles il s'était attaché dans le cours de sa mission et de rendre les Turcs entièrement hostiles à la France, avait été conçue par le Directoire qui, voyant les défaites subies par la Turquie dans ses guerres précédentes, les désordres de son administration et l'épuisement de ses finances, l'agitation qui régnait dans plusieurs de ses provinces, l'Albanie, la Serbie, la Grèce, la Syrie, les révoltes et l'insubordination de la plupart des Pachas, croyait fermement que l'Empire ottoman touchait à sa dissolution. Reprenant les doctrines de Choiseul et de Vergennes, le Directoire pensait donc qu'il était de l'intérêt de la France de se faire sa part dans les dépouilles de la Turquie et de prendre même les devants, sans se concerter ni avec ce pays qui était le principal intéressé, ni avec l'Europe, ce qui constituait une autre faute (1). Il pensait aussi qu'une affirmation éclatante de la puissance française en Orient était une des conditions de sa suprématie dans la Méditerranée, une nécessité de la lutte avec l'Angleterre. La France ayant fait en Amérique pendant le dix-huitième siècle des pertes irréparables, il s'agissait aussi de créer dans une autre partie du monde une colonie fertile dont le sol était favorable aux plus utiles cultures, à celles du sucre et du café, et qui pourrait remplacer Saint-Domingue.

L'occupation de l'Egypte, position commerciale de premier ordre, qui se trouvait sur la route des Indes, qui pouvait servir d'entrepôt pour les marchandises provenant de ces riches régions, était indiquée comme devant porter un coup fatal aux intérêts de la Grande-Bretagne et à sa domination dans son

---

(1) Le ministre des Relations extérieures Delacroix avait adopté avec empressement le projet d'une expédition en Egypte et l'avait présenté au Directoire dans les premiers jours de ventôse an IV. Seul, La Réveillère s'y était opposé. L'expédition avait été alors ajournée

Empire indien par les secours que la France pourrait faire passer à son fidèle allié Tippoo-Saïb.

Il y avait longtemps que l'idée d'une expédition en Egypte était envisagée en France. Dès 1672, Leibnitz proposait ce projet à Louis XIV. On avait vu l'Autriche et la Russie, dans le cours du dix-huitième siècle, alors qu'elles cherchaient à s'entendre pour le partage de l'Empire ottoman, offrir à plusieurs reprises l'Egypte comme compensation à la France. Bonaparte, partageant les mêmes vues, songeait déjà, pendant sa campagne d'Italie, à poursuivre ses conquêtes en Orient, le pays où il y avait de la gloire à acquérir, où les grands conquérants de l'antiquité avaient pu donner libre cours à leur ambition. Il avait préparé son plan en s'emparant sur la route de Constantinople des Iles Ioniennes, dernières possessions des Vénitiens dans les eaux de la Grèce. Cette occupation des soldats français n'avait pas manqué de réveiller chez les Grecs leurs idées d'indépendance qu'entretenait aussi la Russie. Bonaparte révélait sa véritable pensée quand il écrivait au Directoire le 16 août 1797 : « Les Iles Ioniennes sont plus intéressantes pour nous que toute l'Italie ensemble. Je crois que si nous étions obligés d'opter, il vaudrait mieux restituer l'Italie à l'Empereur et garder ces îles qui sont une source de prospérité et de richesse pour notre commerce. *L'Empire des Turcs s'écroule tous les jours*. La possession de ces îles nous mettra à même de le soutenir autant que cela est possible, ou d'en prendre notre part. Les temps ne sont pas éloignés où nous sentirons que, pour détruire véritablement l'Angleterre, il faut nous emparer de l'Egypte. Le vaste Empire ottoman qui dépérit tous les jours nous met dans l'obligation de penser de bonne heure à prendre des moyens pour conserver notre commerce du Levant. »

Talleyrand qui avait succédé à Delacroix approuvait Bonaparte et lui répondait le 23 août : « Rien n'est plus important que de nous mettre sur un bon pied en Albanie, en Grèce, en Macédoine et autres provinces de l'Empire turc d'Europe et même dans toutes celles que baigne la Méditerranée, notamment l'Egypte qui peut nous devenir un jour d'une grande utilité. Le Directoire, en approuvant les liaisons que vous avez établies avec la nation albanaise, désire que vous fassiez connaître le peuple français au reste des provinces turques d'une manière qui, tôt ou tard, puisse tourner à leur profit et au nôtre et au désavantage de nos communs ennemis (1). »

Aussi Bonaparte pendant les négociations qui précédèrent la paix de Campo-Formio pensait-il toujours aux préparatifs d'une grande expédition en Orient. Il s'était fait remettre les mémoires du ministère des Affaires étrangères qui traitaient  cette question, les rapports de Mazowski, officier du génie, chargé récemment d'une mission en Turquie, de Magallou, consul au Caire, et de Prix-Réal, négociant dans cette ville, qui, ainsi que les autres Français établis en Egypte, avaient à souffrir des mauvais traitements et des exactions journalières des Mamelücks, de Poussielgue qu'il avait chargé d'inspecter les Echelles du Levant. On pressait le Directoire dans ces documents de renoncer à l'alliance de la Porte et de s'approprier les parties de l'Empire ottoman qui échappaient à la domination du Sultan, incapable notamment de s'opposer à une entreprise contre l'Egypte où son autorité était illusoire. Bonaparte avait entamé en outre des relations avec les Souliotes qui luttaient pour leur indépendance contre Ali-Pacha de Janina, avec les Maïnotes. Il avait offert d'autre part un traité d'alliance à ce même Ali-Pacha. Il proposait à Talleyrand le 13 septembre 1797 de s'emparer de Malte qui, avec Corfou, rendrait la France maîtresse de la Méditerranée. Il préconisait enfin une expédition en Egypte qu'il représentait comme n'appartenant pas au Grand-Seigneur. Il pressentait toutefois des difficultés avec la Turquie, car il ajoutait dans sa lettre à Talleyrand : « Je désirerais que vous prissiez quelques renseignements et me fissiez connaître quelle réaction aurait sur la Porte notre expédition d'Egypte. »

Bonaparte a indiqué à Sainte-Hélène « que le principal but de l'expédition des Français en Orient était d'abaisser la puissance anglaise. C'est du Nil que devait partir l'armée

---

(1) Voir LAVALLÉE : *Histoire de la Turquie*, t. II, p. 252.

qui allait donner de nouvelles destinées aux Indes. L'Egypte devait remplacer Saint-Domingue et les Antilles et concilier la liberté des noirs avec l'intérêt des manufactures françaises. La conquête de cette province entraînait la perte de tous les établissements anglais en Amérique et la presqu'île du Gange. Les Français une fois maîtres des ports de l'Italie, de Corfou, de Malte et d'Alexandrie, la Méditerranée devenait un lac français. »

Après la paix de Campo-Formio, qui débarrassait le Directoire de la guerre continentale et qui élevait la République à un si haut degré de gloire et de puissance (1), l'expédition d'Egypte fut définitivement résolue, bien que Talleyrand eût préféré que la France fît d'abord alliance avec l'Autriche et l'Angleterre contre la Russie, pour partager, sans cette dernière puissance, l'Empire ottoman. Mais le Directoire était peut-être heureux d'avoir cette occasion d'éloigner Bonaparte que son énorme popularité après la campagne d'Italie commençait à rendre suspect à ses yeux. Déjà, le 20 frimaire an VI (10 décembre 1797), lorsque Bonaparte dans une audience solennelle du Directoire lui avait présenté le traité de Campo-Formio ratifié par l'Empereur, Barras lui avait répondu par un curieux discours qui laissait percer les véritables sentiments du Directoire à l'égard d'un général qui l'importunait de l'éclat de ses triomphes. Il l'avait invité à aller planter à Londres l'étendard tricolore (2). « Enfin, lui avait-il dit, dans le style emphatique de l'époque, couronnez, citoyen général, une si belle vie par une conquête que la grande nation doit à sa dignité outragée. Allez, par le châtiment du cabinet de Londres, effrayer les Gouvernements insensés qui tenteraient encore de méconnaître la puissance d'un peuple libre. Votre cœur est le temple de l'honneur républicain ; c'est à ce puissant génie qui vous embrase que le Directoire confie cette auguste entreprise... Allez punir dans Londres des outrages trop longtemps impunis... »

Le Directoire avait-il songé sérieusement à une descente

---

(1) Voir l'opinion d'un contemporain, Lacretelle jeune. Précis historique de la Révolution française, t. II, p. III. Imprimerie Didot jeune . 1810.

(2) *Id.*, p. 817.

en Angleterre ? Qu'avait-il préparé pour un si grand projet ? Bonaparte le fit revenir sur cette idée d'une expédition insuffisamment mûrie et dans laquelle il risquait, quant à lui, de compromettre par un échec retentissant la gloire naissante qu'il avait conquise en Italie.

Le Directoire choisit donc un autre genre d'ostracisme pour éloigner Bonaparte et s'affranchir du joug de cette grande renommée. De l'Océan, ses regards se portèrent vers la Méditerranée, et c'est ainsi que fut décidée cette expédition d'Egypte dont les préparatifs se faisaient déjà depuis quelque temps et dans laquelle les véritables intérêts de la France eurent moins de part que la satisfaction de l'ambition d'un conquérant et la jalousie mesquine d'un Gouvernement déjà décrié.

On sait quelles furent les conséquences déplorables pour la France de cette résolution. Descorches, avec sa vieille expérience de diplomate avisé, avait indiqué le côté faible de cette politique. Pour assurer le succès de l'expédition, il eût fallu à la France *la supériorité sur mer*, et elle ne l'avait pas. Nelson se chargea, à Aboukir, de démontrer avec éclat cette vérité, et le corps expéditionnaire isolé de la métropole, abandonné à ses propres forces, ne pouvait, malgré une bravoure légendaire, qu'échouer dans son entreprise. D'autre part, la résistance des Turcs, sur laquelle on ne comptait pas, arrêta net à Saint-Jean-d'Acre, avec l'aide des Anglais, la marche projetée de Bonaparte vers l'Orient.

Si le Gouvernement de Louis XVI s'était apprêté à prendre sa part des dépouilles de l'Empire ottoman, il s'était efforcé, tout au moins, d'en retarder le plus possible la chute, d'en faire profiter la France et de n'obtenir des compensations que d'accord avec l'Europe. Au contraire, le Directoire, en enlevant brutalement à la Turquie une de ses provinces, sans négociations préalables, ni avec la Porte, ni avec les autres nations intéressées, précipitait la ruine de l'Empire ottoman et s'aliénait irrémédiablement la seule grande puissance qui, dans le cours de la Révolution, fût restée sympathique à la République française et n'eût pas pris parti contre elle. On se faisait des ennemis irréductibles des Turcs blessés dans leur amour-propre et qui avaient jusqu'alors considéré les Français, malgré de nombreuses infidélités, comme leurs meilleurs amis et leurs protecteurs. On donnait ainsi raison aux grandes puissances qui, par leurs envoyés à Constantinople, n'avaient cessé de conseiller aux Turcs de se défier de la Révolution française.

Les appréciations que Descorches avait données sur le caractère des Turcs, calmes et apathiques d'ordinaire, mais très susceptibles sur le point d'honneur et irritables à l'excès quand leur amour-propre est froissé ou qu'on les a trompés, se vérifièrent alors. La violence de leur hostilité montra tout à la fois l'imprudence et l'ignorance dont avait fait preuve le Gouvernement français.

Enfin, les populations chrétiennes, sur lesquelles la France croyait pouvoir compter pour l'aider dans le cours de cette expédition, avaient été habituées à voir dans les Français des protecteurs de leur religion. C'était la justification de l'action de la France en Orient en même temps que l'explication de son influence dans ces régions. Mais l'expédition de 1798 était loin d'avoir un but religieux et de ressembler aux anciennes Croisades.

Bonaparte, en affectant dans ses proclamations tant de déférence pour le Coran, éveilla la défiance des chrétiens d'Egypte et de Syrie, très nombreux encore. Les soldats révolutionnaires respectaient mieux les mosquées que les monastères, et à la prise de Jaffa ils ne firent pas de distinction dans la répression entre les musulmans et les chrétiens.

Ces derniers qui, en Syrie, avaient d'abord pris les armes, attendant des Français leur liberté, s'abstinrent de tout mouvement et ne se joignirent pas à l'armée française.

Pendant la Révolution, les ordres religieux, dont les intérêts avaient été négligés, sinon entièrement méconnus, et même combattus par les agents de la France, avaient dû se placer sous la protection étrangère. Il en résultait aussi une diminution de l'influence française qui ne devait pas être reconquise par les troupes de cette nation débarquant en Egypte et apportant avec elles des idées qui n'étaient pas celles des peuples où elles voulaient s'établir et pour lesquelles

les questions de religion, marque caractéristique le plus souvent de la distinction des races, ont une si grande importance.

Ce fut une des causes profondes de l'échec de l'expédition d'Egypte. La France porta alors la peine d'avoir méconnu pendant la Révolution le rôle qui avait fait sa force et son prestige en Orient, celui de protectrice de la chrétienté.

Il eût fallu tout au moins que la France eût à cette époque, à Constantinople, un représentant qui fût capable de négocier en son nom, d'éclairer le Divan sur les causes et le but de l'expédition d'Egypte, d'apaiser son irritation et de la maintenir dans la neutralité. On pouvait se présenter en amis, expliquer à la Porte, ainsi que Descorches l'avait insinué, que l'expédition d'Egypte n'était pas dirigée contre elle, mais contre les Mameluks qui ne reconnaissaient pas l'autorité du Sultan et qui, depuis plus d'un siècle, entravaient les relations commerciales de la France et persécutaient ses négociants; que cette occupation, dirigée aussi contre les Anglais et destinée, tout en rétablissant le commerce français, à ouvrir un passage dans l'Inde, n'était que temporaire; qu'elle n'avait donc pas un caractère hostile à l'Islam. Il eût été peut-être possible à la France, une fois établie dans ces régions, d'arriver à un arrangement avec la Porte, soit avec une indemnité, soit par tout autre moyen. On pouvait faire valoir aussi l'occupation de Malte qui, de tout temps, avait été un centre hostile à la Turquie, mais qui, désormais, entre les mains des Français, les vieux amis des Ottomans, ne présenterait plus pour eux les mêmes dangers. Mais Aubert-Dubayet était mort et, par une impéritie vraiment extraordinaire, n'avait pas été remplacé à une époque où la présence d'un envoyé autorisé de la France eût été plus que jamais nécessaire auprès des Turcs. Quand eut lieu l'expédition d'Egypte, la France n'était représentée à Constantinople que par Ruffin, très au courant des questions d'Orient, mais agent d'ordre secondaire, simple chargé d'affaires, et n'ayant pas l'autorité nécessaire pour négocier dans des circonstances aussi délicates. Il n'avait pas d'ailleurs, ce qui est inouï, reçu d'instructions ! On voit que le Directoire suivait les errements du Comité de Salut public par l'abandon dans lequel il laissait les représentants de la France à l'étranger.

La surprise du Divan avait été extrême en apprenant le débarquement des Français en Egypte, et les ministres étrangers, notamment ceux d'Angleterre, d'Autriche et de Russie, eurent beau jeu pour exciter l'orgueil musulman à se venger d'une telle insulte et de cette atteinte à l'intégrité de l'Empire ottoman. Ruffin, livré à lui-même, ne put donner d'explications satisfaisantes. Il fut conduit aux Sept-Tours et le Sultan déclara la guerre à la France (12 septembre 1798).

Les conséquences de cette hostilité de la Porte furent désastreuses pour le commerce et les négociants français. Tous les Français établis à Constantinople furent emprisonnés. Spencer Smith, le ministre anglais, s'établit dans le Palais de l'Ambassade de France où Descorches était entré après tant d'efforts ! Les Etablissements français dans les Echelles, en Grèce, en Syrie, furent complètement ruinés et leurs biens confisqués. Des vaisseaux anglais se présentèrent dans les principaux ports de l'Archipel, forçant, notamment à Smyrne, à Beyrouth, les autorités musulmanes à arrêter les marchands français. En même temps, une flotte russe venue de Sébastopol franchissait les Dardanelles et venait bloquer les îles Ioniennes pendant qu'Ali-Pacha s'emparait de Butrinito et de Prevesa que le traité de Campo-Formio avait donnés à la France.

Les missions et les monastères du Levant, qui n'avaient pas encore abandonné le protectorat de la France, malgré le dénuement dans lequel elle les laissait depuis le commencement de la Révolution, durent implorer l'appui du roi d'Espagne, et la plupart furent plongés dans une misère profonde.

De tels désastres, des ruines difficilement réparables, même avec le temps, ne devaient être que bien peu compensés par le prestige que les armes françaises allaient rapporter de l'expédition d'Egypte et les souvenirs qu'elle laisserait dans l'esprit des populations de ces régions. La France faisait de nouveau connaître son nom en Orient, comme à l'époque des Croisades, mais elle échangeait pour les fumées

de la gloire et une influence morale très aléatoire, puisqu'elle
n'aurait plus la force de l'exercer, les solides avantages
qu'une politique séculaire d'entente avec l'Empire ottoman
lui avait donnés dans le Levant.

L'expédition d'Egypte marqua la fin du rôle politique de
Descorches dans les affaires étrangères de la France. Là
aussi s'arrête la correspondance qu'il a laissée. Cette expédition ayant été entreprise sans qu'il eût été consulté, bien
que sa compétence eût pu être plus intelligemment mise à
profit, il s'était efforcé, tout au moins, de tenir son Gouvernement en garde contre les dangers qu'elle présentait. Il
avait indiqué la vraie cause qui devait la faire échouer, *l'infériorité de la marine française dans la Méditerranée*, et il
avait insinué quelques moyens pour ramener les Turcs à des
dispositions meilleures. Il avait rendu ainsi un dernier service
à son pays.

Bonaparte, nommé premier consul, lui confia, en l'an VIII,
une mission spéciale en Egypte, dont le principal but était
d'amener le retour de l'armée française. Mais le général
Menou, qui avait succédé à Kléber assassiné, capitula et la
frégate qui portait Descorches, parti de Toulon, dut rentrer
dans ce port, ayant reçu en cours de route l'avis de cette
capitulation.

La paix se rétablit cependant avec la Porte, car il n'est
pas de guerre éternelle.

L'abandon de l'Egypte par la France en fut d'ailleurs le
prix. De plus, cette expédition porta un coup fatal aux espérances que la France avait pu avoir de reprendre dans le
Levant une situation prépondérante.

La Porte était entrée volontiers dans la voie pacifique, car
elle n'avait pas tardé à s'apercevoir du piège dans lequel
elle était tombée quand elle avait écouté ses pires adversaires qui l'avaient décidée par leurs excitations à faire la
guerre à la France, son unique amie. Les Russes avaient
profité de cette attitude de la Porte, nouvelle dans l'histoire,
qui mettait aux prises ses armées avec celles de la France
à Aboukir, au Mont-Thabor, à Saint-Jean-d'Acre, pour la
tenir plus étroitement encore sous sa tutelle.

C'est ainsi qu'ils avaient paru dans le Bosphore, l'objet de leurs convoitises séculaires, et fait passer leur flotte de la mer Noire dans la Méditerranée pour s'emparer des Iles Ioniennes, sous le prétexte de les protéger contre les Français. Les Turcs avaient même dû envoyer un contingent de troupes dans l'armée de Souwarof, en Italie. Sous le même prétexte d'en chasser les Français, les Anglais s'étaient établis en maîtres dans l'Egypte et la Syrie et imposaient brutalement leur direction à la politique du Gouvernement ottoman.

Ainsi se vérifiaient encore les prédictions de Descorches, quand il représentait maintes fois à la Porte que son refus de l'alliance française la mettrait à la merci des grandes puissances de l'Europe, qui ne cherchaient qu'à profiter de sa faiblesse pour démembrer l'Empire ottoman, tout en paraissant prendre sa défense.

Napoléon, ce chef couronné de la Révolution française, devait suivre à l'égard de la Turquie la même politique, trop souvent vacillante et indécise, dont Descorches s'était plaint avec tant d'amertume pendant la période révolutionnaire. Descorches n'eut pas d'ailleurs à donner de conseils à un Gouvernement qui s'était privé de son expérience diplomatique, et sa correspondance avec le Directoire est la dernière manifestation qu'il ait laissée de son rôle dans la politique extérieure de la France.

Toutefois, à l'exemple de tant de célébrités révolutionnaires qui oublièrent facilement leur foi républicaine, il servit l'Empire. Le 11 frimaire an IX (1801), à l'époque où fut organisée la nouvelle administration départementale, il est nommé préfet de la Drôme, poste qui était bien modeste pour un ambassadeur ayant joué un rôle important sur un si grand théâtre. Il devait rester dans ce département pendant toute la durée de l'Empire.

L'ancien chevalier de Saint-Louis est nommé membre de la Légion d'honneur en l'an XII, créé baron de l'Empire le 31 janvier 1810, puis officier de la Légion d'honneur le 30 janvier 1811 (1). Le serment par lequel il s'était engagé

(1) Dictionnaire historique et biographique de la Révolution et de

à servir l'Empereur, après celui de haine à la Royauté et d'inébranlable attachement à la République qu'on lui avait vu prêter avec tant d'ostentation à Constantinople, ne l'empêcha pas, en 1814, de rester le préfet du frère de Capet, dont, en 1793, il avait célébré l'exécution avec un féroce patriotisme.

On le voit encore, à cette époque, préfet de Valence (1). Mais le baron impérial a repris son titre de marquis de l'Ancien Régime, pensant sans doute qu'il lui donnerait, sous la monarchie restaurée, plus d'illustration. Au moins reprenait-il le titre de ses aïeux qui aurait pu le dispenser, pour figurer dans l'aristocratie, d'en recevoir un de Napoléon Ier; ainsi que d'autres jacobins de ses amis, pour ne citer que M. le duc d'Otrante et M. le comte Carnot.

Au retour de l'île d'Elbe, il fut le premier préfet qui publia les actes du nouveau Gouvernement impérial qu'il avait reçus de Grenoble. Ce zèle qui, malheureusement, se compliquait d'un nouveau manquement à ses serments, lui valut d'être nommé préfet de l'Aude pendant les Cent-Jours. Mais, cette fois, la mesure était comble et, à la seconde Restauration, Louis XVIII, qui, avec une indulgence déjà extraordinaire, l'avait maintenu une première fois dans ses fonctions, ne crut pas pouvoir les lui conserver. Cette révocation définitive mit fin à une carrière marquée par de si nombreuses palinodies qu'elles pourraient à bon droit faire croire à une absence complète de convictions politiques, si elles n'avaient pas été imitées par tant d'hommes de cette époque.

Descorches se retira dans ses propriétés de Normandie, où il vécut jusqu'à sa mort, très mécontent, sans doute, de la Restauration qui lui avait enlevé sa préfecture. Cet événement avait dû aigrir son caractère, car, à en croire une tradition de famille, il avait fait inscrire cette devise à l'entrée de son château : « Qui connaît les hommes, aime à vivre loin d'eux. » Pendant les années paisibles de sa retraite, il avait dû, dans le calme des champs, repasser dans sa

---

l'Empire du Dr Robinet. Librairie historique de la Révolution et de l'Empire. Paris, 1898, 41, rue de Seine.

(1) V. Almanach royal pour les années 1814 et 1815. .

mémoire les péripéties de sa carrière si agitée, les déboires qu'il avait éprouvés, les événements si dramatiques auxquels il avait été mêlé, tant d'efforts inutilement dépensés dans cette ambassade de Constantinople où il avait essayé de servir son pays, sans trouver l'aide sur laquelle il croyait pouvoir compter, et cette expérience d'une longue existence n'avait pas été sans le dégoûter quelque peu de l'Humanité !

Lorsque la Révolution de 1830 arriva, il était trop âgé pour qu'elle lui rouvrit l'espérance de rentrer dans la vie active. Il mourut cette même année à quatre-vingt-un ans, le 2 septembre 1830.

Il avait pu voir toutefois, non sans dépit, son vieil ennemi Sémonville, dont aux débuts de la Révolution il avait déjà signalé l'esprit tourné vers l'intrigue et qui était devenu Grand-Référendaire de la Chambre des Pairs, se ménager encore la faveur du nouveau règne par des menées qui avaient contribué à la chute de la branche aînée des Bourbons.

Le caractère de l'homme mis à part, Descorches laissait au moins, en mourant, le souvenir d'un diplomate habile, exercé, d'un patriote plein de sollicitude et de zèle pour les intérêts de son pays. Elevé à la vieille école de la diplomatie française, il était imbu de ses traditions les meilleures, de celles qui avaient fait dans le passé la grandeur de la France et établi sa suprématie en Europe. Son esprit avisé et ouvert avait discerné le rôle qu'il appartenait à la France de jouer dans le Levant et il n'avait pas dépendu de lui que ses efforts fussent couronnés de succès, n'ayant rencontré qu'indifférence et incapacité chez ceux qui auraient dû le diriger et auxquels il avait dû se borner à donner des conseils sans en être écouté. La mort lui épargna de nouvelles déceptions. De son vivant, il n'avait pu assister au relèvement de l'influence française dans l'Empire ottoman, qui allait diminuer de plus en plus au profit des deux grandes puissances orientales, la Russie et l'Autriche, de l'Angleterre et plus tard de l'Allemagne.

La Turquie, livrée aux dissensions et aux troubles intérieurs, n'ayant que des forces militaires insuffisantes, mal administrée, était en proie à une apathie de jour en jour plus grande, indice d'une décomposition prochaine à laquelle l'Europe ne devait plus cesser de se préparer en vue de se partager ses dépouilles. Elle allait perdre successivement, dans le cours du XIXᵉ siècle, ses plus belles provinces.

Après le traité de Berlin, le Gouvernement ottoman chercha un appui auprès de l'Empire d'Allemagne, et cette politique nouvelle a eu en partie sa cause dans le nouveau groupement des puissances que l'alliance franco-russe, ébauchée dès 1889, a formé en Europe. Cette alliance était destinée à porter un coup fatal à l'influence que la France avait pu conserver dans le Levant, et lorsque la guerre de 1914 éclatera, la Turquie, menacée de perdre Constantinople, objet de la convoitise séculaire des Russes, s'alliera à l'Allemagne. Sa participation à la guerre mondiale en amènera la prolongation en entravant les communications de la France et de ses alliés avec la Russie.

Enfin, le traité de Lausanne, effaçant d'un trait de plume les Capitulations et les droits réservés depuis des siècles aux Français dans l'Empire ottoman, achèvera de leur enlever l'autorité et le prestige qu'ils tenaient de ces prérogatives qu'une politique constamment suivie à travers les âges avait su leur obtenir, et l'occupation de la Syrie ne sera pas de nature à améliorer leurs relations avec les Turcs.

L'exposé succinct des relations que la France eut avec la Turquie aux différentes époques de son histoire n'est pas inutile pour montrer la versatilité de sa politique et expliquer ainsi la cause principale de la diminution progressive de son influence dans le Levant où, depuis les Croisades, elle avait joué un rôle dominant. Mais déjà, aux temps lointains de la coopération armée des deux pays, François Iᵉʳ et Henri II, tout en profitant pour l'accomplissement de leurs desseins de la force qu'ils tiraient du concours des Turcs, paraissaient avoir honte de cette alliance et la dissimulaient autant qu'ils le pouvaient à l'Europe. Ils n'obtinrent donc pas les avantages qu'une alliance ouverte, déclarée, qu'une action concertée des deux pays les plus puissants alors à l'Orient et à l'Occident de l'Europe leur auraient assurément donnés.

Leurs successeurs directs, puis Henri IV, Louis XIII, Louis XIV, Louis XV, Louis XVI commirent les mêmes fautes. Ils étaient partisans, en principe, du maintien de l'intégrité de l'Empire ottoman, et on pouvait dire, en effet, avec quelque raison, que les Turcs, avec qui ils comptaient des intérêts communs, n'avaient pas de meilleurs amis que les Français. Néanmoins, cette amitié fut traversée de trop d'abandons, d'infidélités et même d'actes hostiles pour empêcher, d'une part, la décadence de l'Empire ottoman et, d'autre part, pour donner à la France l'accroissement de puissance et de prestige en Orient que l'appui effectif de la Turquie lui aurait plus d'une fois assuré dans ses conflits avec l'Europe. La monarchie française n'était même pas éloignée, à la fin de l'Ancien Régime, d'accepter un démembrement de l'Empire ottoman analogue à celui de la Pologne pour en prendre cette fois sa part.

La Révolution française, malgré les efforts de son envoyé à Constantinople pour renouer les traditions historiques de la France, se désintéressa de toute action dans le Levant avec une indifférence, une méconnaissance des intérêts français si grandes qu'on n'en avait pas encore vu d'exemples et que la correspondance inédite de Descorches met en pleine lumière. Les Gouvernements qui lui succédèrent, notamment celui de Napoléon Ier, ne firent rien pour réparer les erreurs d'une politique d'abandon dont tirèrent parti l'Autriche et la Russie, les deux grandes puissances voisines de l'Empire ottoman et guidées dans leur conduite à son égard par des sentiments moins bienveillants et moins désintéressés que ceux de la France. La Prusse elle-même a fini par acquérir, grâce à de patients efforts, une autorité sur la Porte que la France avait autrefois exercée.

La politique intérieure de la France, depuis 1789, ayant eu une répercussion au dehors, lui fit négliger les intérêts religieux dont le protectorat, dans un pays où les questions religieuses jouent un rôle si important, est intimement lié au maintien de l'influence des nations qui l'exercent, et la France l'avait pendant longtemps seule exercé.

Les autres puissances et, en première ligne, la Russie, qui

sut mettre à profit avec tant d'habileté sa sollicitude pour
ses coreligionnaires appartenant à l'Eglise orthodoxe, recueil-
lirent avec empressement les épaves de ce protectorat que la
France, avec tant d'insouciance de ses intérêts moraux, de
ceux plus réalistes de son industrie et de son commerce,
laissa tomber bénévolement entre leurs mains, sacrifiant
ainsi sa position privilégiée dans tout le Levant à des conceptions philosophiques dont l'effet le plus certain fut de l'affaiblir et de la diminuer dans le reste du monde.

La situation de la France dans la Méditerranée dépendait
aussi de celle qu'elle occupait dans l'Empire ottoman, où
son commerce avait été si prospère et avait fait pendant
longtemps la richesse de ses provinces méridionales. Ce fut
surtout sa rivale sur mer, l'Angleterre, qui recueillit les
avantages que la France avait acquis laborieusement pendant
le cours des siècles dans le bassin de la Méditerranée, grâce
à l'influence qu'elle avait exercée sur la Sublime Porte.
N'a-t-on pas vu l'Angleterre, avec cette persévérance et cet
esprit de suite qui caractérisent sa politique, profiter des
guerres de la Révolution et de l'Empire qui laissèrent la
France diminuée après avoir épuisé ses forces, puis de la
complaisance des Gouvernements qui suivirent pour installer
ou consolider sa situation dans toutes les parties de la Méditerranée où elle pouvait avoir intérêt à prendre pied, à
Gibraltar et en Egypte, gardant ainsi les deux entrées de
cette mer, à Malte et à Chypre, ces sentinelles vigilantes à
l'Orient et à l'Occident du bassin méditerranéen, dont la
possession lui permit de surveiller la navigation de toutes
les puissances ?

Quant à la France, elle s'est trouvée, par le fait d'événements auxquels elle s'est trop souvent prêtée, écartée de
plus en plus de ces régions du Levant, où elle avait naguère
été prépondérante.

Elle a peu à peu été reléguée sous la surveillance toujours
inquiète de l'Angleterre dans la partie occidentale du bassin
de la Méditerranée et sur les côtes du continent africain que
baigne l'Atlantique, c'est-à-dire loin de ces grandes routes
qu'aurait pu lui ouvrir la Porte ottomane, de celles qui

conduisent dans les Indes et dans les riches contrées de l'Extrême-Orient appelées dans l'avenir à un si grand développement. Aussi, dans le concert des nations où doivent se régler les destinées du monde, ne joue-t-elle qu'un rôle limité à l'importance des intérêts qu'elle a à conserver.

Les changements de Gouvernement qui se sont succédé en France depuis 1789 n'ont pas été étrangers aux erreurs, aux hésitations, à la politique contradictoire et vacillante de la diplomatie française à laquelle on peut reprocher le manque d'esprit de suite, de persévérance, de continuité dans les vues.

D'autre part, les événements ont modifié la situation de la Turquie à laquelle l'Europe a enlevé par lambeaux plusieurs de ses provinces et dont l'alliance n'aurait plus les avantages qu'elle aurait pu offrir encore pendant la Révolution française. La Turquie, devant les périls qui la menacent de toutes parts, ne se soutient plus que par la vigueur persistante de sa race et par le sentiment religieux qui la fait dans le monde la protectrice de l'Islam. Mais depuis la déposition du Sultan, qui était pour les Musulmans le représentant du Prophète, elle est en train de perdre cette force morale.

En outre, un nouveau groupement des puissances a modifié la politique que la France pouvait suivre en Orient, et son alliance avec la Russie ne lui laissa plus dans ces contrées la liberté d'action dont elle jouissait autrefois. Mais cette alliance compensa-t-elle ailleurs la perte des avantages que la France aurait retirés du développement de la puissance des Turcs et d'une étroite collaboration avec eux ?

C'est à cette diminution de la puissance de son pays que pensait Descorches, lorsqu'arrivant à Constantinople en 1793, pauvre voyageur, sous un nom emprunté, il voyait dans sa petite maison de Galata le moment propice pour reprendre la politique traditionnelle de la France, celle qu'elle avait suivie aux époques les plus brillantes de son passé. Il cherchait les moyens d'assurer la grandeur de sa patrie et, pour y parvenir par une liaison encore possible, il songeait à l'alliance ottomane !

TABLE DES MATIÈRES

Les Presses Universitaires de France, 49, boulevard Saint-Michel, Paris

LIBRAIRIE FÉLIX ALCAN

REVUE HISTORIQUE

BIMESTRIELLE

Dirigée par Ch. BÉMONT et EISENMANN

ABONNEMENT : France et Colonies : **90** fr.

Tarif extérieur nº 1 : **105** fr. — Tarif extérieur nº 2 : **120** fr.

Le numéro : **2** fr.

REVUE

DES

SCIENCES POLITIQUES

Publiée avec la collaboration des Professeurs
et anciens Élèves de l'École libre des Sciences politiques.

Paraît tous les trois mois
(43e année, 1927).

Rédacteur en chef : **Maurice CAUDEL**,
Professeur à l'École libre des Sciences politiques.

ABONNEMENT : France et Colonies : **40** fr.

Tarif extérieur nº 1 : **45** fr. — Tarif extérieur nº 2 : **50** fr.

Le numéro : **12** fr.

9077. — Coulommiers. Imp. PAUL BRODARD. — 5-27.